Ikuo Amano
天野郁夫 著

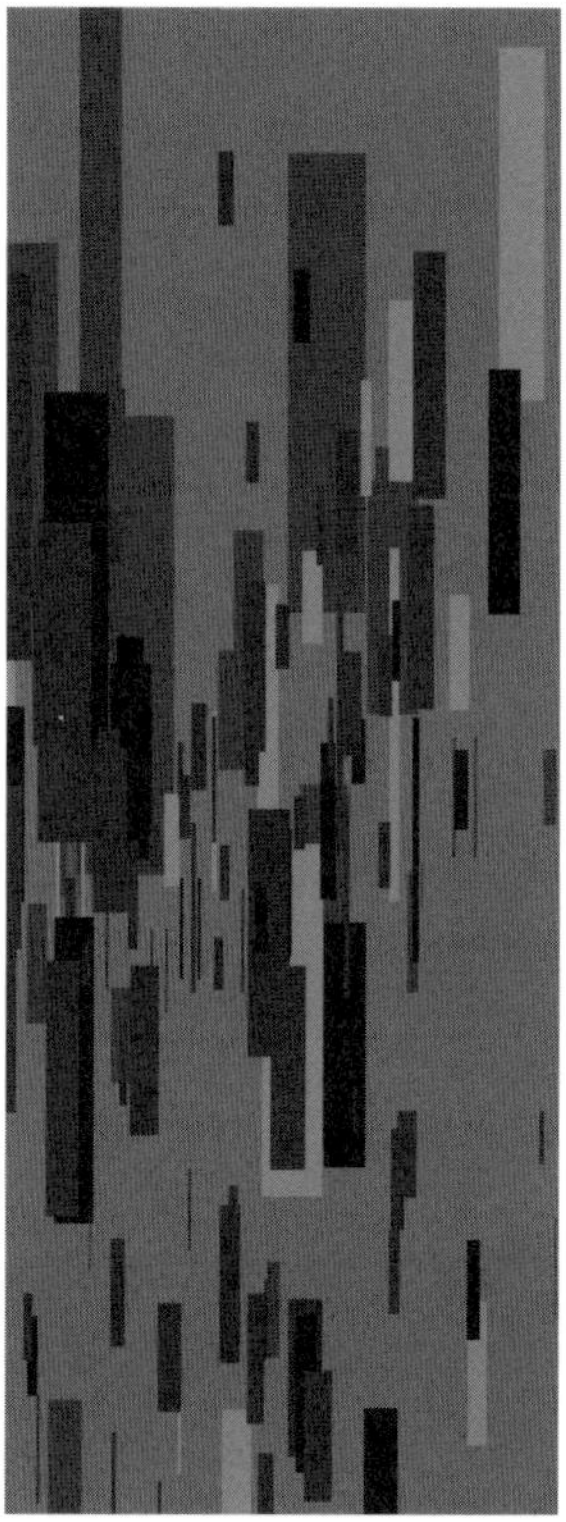

新制大学の時代

日本的高等教育像の模索

名古屋大学出版会

新制大学の時代——目　次

第II部　反省と批判

第III部　修正と改革

第6章　答申の評価と成果

凡　例

一、引用文中の［　］は引用者による補足を、〔　〕は引用元における補足を示す。

一、引用文中の（中略）（後略）等は引用者による省略を示す。なお、引用文中の……は原文のものである。

一、引用文中の「／」は改行を示す。

一、原則として、引用文中の漢字は新字体を用い、仮名遣いは原文のままとする。

一、引用の出典については、研究書・一般書の場合は、筆者名・文献名・頁数を掲げる（各章で既出の場合は文献名を省略する。ただし同一筆者の文献が複数ある場合は文献名を掲げる）。資料や学校史の場合は、文献名と巻数・頁数を掲げる。文献の書誌情報については、巻末の参考文献を参照されたい。

プロローグ

新制大学　学校教育法に基づく大学。旧制の大学令による大学に対比しての呼称。六・三・三制の学校体系の頂点に置かれ四年制を原則とする。
――『広辞苑』第三版、昭和五八年

昭和二二年（一九四七）に公布された学校教育法に基づいて、新しい大学制度が発足してから七〇年余になる。発足当時、旧制度の大学との対比で使われてきた「新制大学」という呼称は今では死語に近い。昭和四四年の『広辞苑』第二版になかった「新制大学」の語が第三版で採録されたのは、昭和五八年である。この頃にはすでに、歴史的な用語とみなされるようになっていたことがわかる。本書で取り上げるのは、その「新制大学」がまだ生きた言葉として、社会的に広く使用されていた時代の物語である。その時代の終わりを、ここでは昭和三〇年代の末に求め、昭和三八年に出された中央教育審議会の「大学教育の改善について」答申、いわゆる「三八答申」を、新制大学の時代の終わりを告げる象徴的な出来事としたい。その理由は追々見ていくこととして、「旧制」「新制」という対比の意味についてまず、簡単に説明しておく必要があるだろう。

新制と旧制

昭和二二年（一九四七）の学校教育法の公布は、一四〇年余のわが国の近代高等教育の歴史のなかで最大の転換点であった。

戦前期の高等教育制度は大きく分ければ大学・高等学校・専門学校・師範学校の四つの学校種からなっていた。旧制度の最後の年、昭和二二年の高等教育機関の総数は五九六校、その内訳は大学四九校、高等学校三九校、専門学校三六八校、師範学校等一四〇校であった。それに対して新制度への移行直後の昭和二五年の校数は、大学二〇一校、短期大学一四九校となっている。四九校の大学を含む旧制度下の多様な高等教育機関は、再編統合されて、単一の新しい大学（と暫定措置としての短期大学）に大転換を遂げたのである。旧制度の高等学校が事実上大学の一部であったことからすれば、このことは、新制度のもとでの大学の大多数が専門学校等を母体とする、いわば「昇格」校で占められたことを意味している。同じく大学と呼ばれていても、「新制大学」は、「旧制大学」とは歴史も水準も全く異なることをあらわす呼称として、関係者の間で、さらには広く社会的に使用されるようになったのである。

もちろん「旧制」「新制」の別は、そうした大学としての出自だけにあるのではない。旧制大学の準拠法令である大正七年（一九一八）の「大学令」第一条には「大学ハ国家ニ須要ナル学術ノ理論及応用ヲ教授シ並其ノ蘊奥ヲ攻究スルヲ以テ目的トシ兼テ人格ノ陶冶及国家思想ノ涵養ニ留意スヘキモノトス」とある。これを「学校教育法」第五二条の「大学は、学術の中心として、広く知識を授けるとともに、深く専門の学芸を教授研究し、知的、道徳的及び応用的能力を展開させることを目的とする」と対比すれば、旧制の「国家のための大学」から新制の「国民・市民のための大学」へと、大学としての目的の大転換が図られたことがわかる。すべての新制大学に導入されることになった「一般教養教育」課程はその転換の象徴であり、さらにいえば、それはわが国が理想としてきた高等教育・大学のモデルが、ヨーロッパ的なそれからアメリカ的なそれへと大きく切り替えられたことを意味していたのである。

ヨーロッパ・モデルとアメリカ・モデル

明治初年の短い模索の時期を経て、わが国が最高学府としての大学のモデルを、中世以来の伝統をもつヨーロッパ大陸の諸大学、とりわけドイツの大学に求めたことはよく知られている。明治一九年（一八八六）に発足した「帝国大学」（と高等学校）の制度はそうしたモデル選択の象徴にほかならない。その後、大正七年（一九一八）の「大学令」の公布まで、その帝国大学だけが正規の大学であり、大学令の公布により設置が認められるようになった官公私立の大学も、帝国大学に範をとるヨーロッパ型の大学であった。

高等教育機関としてはその大学（と高等学校）のほかに、明治の早い時期から「専門学校」と呼ばれる、大学に比べて教育年限の短い教育機関が多数設置されてきた。戦前期を通じて高等教育システムのなかで校数・在学者数ともに大きな比重を占めたのは、その専門学校であった（なお、師範学校は中等学校の一種として発足し、昭和一八年になってようやく専門学校レベルへの「昇格」を認められた）。

その専門学校だが、官公私立のうち、官公立は主として、ヨーロッパ諸国の高等工業学校や高等商業学校に似た農・工・商の「実業専門学校」からなっていたが、多数を占めた人文・社会系の私立専門学校は、私学の国であるアメリカのカレッジと多くの共通点をもっていた。実際に、キリスト教系の私立専門学校はカレッジをモデルに設置され、また慶應義塾や早稲田のようにアメリカの私立大学に経営や教学のモデルを求め、交流をはかる学校もあった。概括的に言えば、戦前期のわが国の高等教育システムは、ヨーロッパ・モデルの大学と官学、アメリカ・モデルの専門学校と私学という、性格の異なる二つの部分から構成されていたと見ることができるだろう。ここで詳述することは避けるが、それが、近代化を急ぐ日本という後発国家が、制約された資源状況の下に意図せざる形でつくり上げた、さまざまな矛盾や葛藤をはらんだ独自の高等教育システムの姿であった（詳細については天野『大学の誕生』上下参照）。

学制改革論議

明治末になると、その複雑な高等教育システムをめぐって、改革論議が盛んになる。大学に比べて短い年限、低廉なコストで簡易な教育課程を提供してきた私立専門学校のなかに、年限を延長して専門教育の水準を高め、大学への昇格を求める動きが生じたことが、その一つの理由である。実際に、明治三〇年代の後半になると、高等教育機関としての整備充実に努め、制度上は専門学校だが、高等学校に準ずる予科の設置を条件に校名に「大学」を付すことを認められる私学が相次いで出現した。もう一つの理由は、新興国家として勢いを増したアメリカの高等教育に向けられ始めた関係者の関心の高まりである。例えば、明治四〇年代の初めにアメリカを訪問して帰国した元東京帝国大学総長・文部大臣の菊池大麓は、高等学校の学芸大学校（リベラルアーツ・カレッジ）化を中心に、すべての高等教育機関の再編統合によるアメリカ・モデルへの転換を提唱して、改革論議の火付け役となっている。それに何よりも、性急な近代化に伴う政治的・社会的な必要に応じて無計画につくり上げられてきた、複雑な制度の合理化・効率化を求める強い要請が、官民挙げての学制改革論議の最大の基盤となっていた。

大正期に入っていっそう高揚したその学制改革論議に決着をつけるべく、大正六年（一九一七）九月に政府は、内閣直属の審議会「臨時教育会議」を設置する。明治以来つくり上げてきた学校教育制度の包括的な再検討を目的とした、わが国最初のこの大型審議会の「大学教育及専門教育」に関する答申は翌七年六月に出されるが、その結論はヨーロッパ・モデルの堅持であった。同年一二月には官公私立の専門学校のうち、大学と認めるに足る水準を達成したものについて、高等学校卒業者を入れるかそれに準ずる大学予科を設置することを条件に、大学への「昇格」を認める「大学令」が公布される。こうして、わが国の学制は、①六年制の小学校、五年制の中等学校（中学校・高等女学校・実業学校）を経て、三年制の高等学校・大学予科から三年制の大学に至る系統と、②中等学校から直接三年制の専門学校に進学する系統の二つから、言い換えれば高等教育が二つの層から、編成されることが確定した。

これが昭和二二年(一九四七)まで続くことになる「旧学制」の概略だが、このうち大学の設置について政府は厳しく抑制的であり、戦前期を通じて大学数が五〇校足らずにとどまったことは、すでに見たとおりである。それに対して、いわば「短期高等教育機関」である四〇〇校に近い専門学校の設置については統制は緩やかで、とくに多数を占めた私立専門学校の場合、教育課程の編成も、その水準も著しく多様であった。

戦間期から戦時期へ

一部専門学校の大学昇格を認めるだけで、その意味で中途半端に終わった学制改革については、その後も議論が絶えなかった。

中等教育の大衆化が進み進学希望者が急増する一方で、世界的な経済不況により高等教育卒業者の就職難が深刻化するなか、昭和期に入ると学制改革論議が再び大きな盛り上がりを見せる。官民の各種審議機関・教育団体等からさまざまな改革案が提示され、文部省がそれらを集めた資料集(『学制改革諸案』昭和一二年)を編集・刊行するほどであった。最有力視された「教育改革同志会案」を見ると、六年制の小学校に接続する中学校・高等女学校・実業学校は統合して五年制の「中学校」(普通中学校・女子中学校・実業中学校等)とし、さらに大学・高等学校・専門学校も整理統合して新しい三~五年制の「大学校」に転換し、その上に学術研究機関である「大学院」を置くとされている。他の改革案の多くも、中等・高等教育段階の諸学校の、単一の学校種への再編統合を求めるものであった。いわゆる「複線型」から「単線型」への学制の転換である。そのモデルがアメリカの学校制度にあったことは言うまでもないだろう。

こうして再燃した改革論議に決着をつけるべく昭和一二年(一九三七)一二月、政府は再び内閣直属の「教育審議会」を設置して審議を開始した。審議会は、昭和一五年九月の「高等教育ニ関スル件」を含めて七件の答申を出し、昭和一六年一〇月に幕を閉じるのだが、対米開戦を目前にした時期のその答申の内容は、学制の抜本的改革からはほど遠いものであった。「改善の要項として答申せられたものは、多くは教育の基本精神と、それに基く内容及び方法の改善に関する事項である。したがって学校制度の構成に就いての問題、例えば各学校の性格、年限、連絡関係等の改革に就いては大体従来の構成を基にしていて、これを著しく改めるような方策を見ることができない」という、翌一七年に出された文部省編の『学制七十年史』の記述(七九)は、文部省自身が答申内容に不満を抱いていたことを教えてくれる。学制改革論議は再び不発に終わり、敗戦を迎えることになる。

教育刷新委員会

敗戦直後の昭和二一年(一九四六)八月、政府は占領軍の求める教育改革を審議する場として、史上三番目となる、内閣直属の審議会「教育刷新委員会」(昭和二四年に教育刷新審議会に改称)を設置する。"Japan Education Reform Committee"という英訳に見るように、教育改革を目的に掲げた大型審議会である。昭和二二年の学校教育法は、その第一回の建議「学制に関すること」に基づいて制定・公布されたものにほかならない。

連合国、実質的にはアメリカの占領下での学制改革である。新しい学校体系が、教育の民主化を求めるアメリカの影響力というより、強い意志のもとに構築されたことはあらためて言うまでもあるまい。刷新委員会の設置に先立つ昭和二一年三月に来日したアメリカ教育使節団(第一次)が、帰国時に提出した報告書のなかで、小学校六年・中学校三年・高等学校三年からなる単線型のいわゆる六・三・三制の学校体系の導入を勧告したことは、よく知られている。

この報告書についてはは同時に、それが高等教育制度の改革について、具体的にほとんどふれていないことを指摘しておかなければならない。事実、四年後の昭和二五年にやってきた第二次教育使節団の報告書が、「第一次訪日アメリカ教育使節団は、高等教育について勧告するにあたって、現在の教育機関の組織のままで望ましい改革をすることに注意の大半を傾けた。しかし、日本人はこれらの諸機関を改革しようとする場合、高等教育の全制度を改組することが必要であると考えた。そして、この改組を外形的な面において急速に成し遂げた」と述べている（伊ケ崎・吉原編『戦後教育の原点2』一三）。高等教育制度に関するかぎり、改革は占領軍（ＧＨＱ／ＣＩＥ）の、しばしば強力な指導・助言のもととはいえ、日本側の主導で進められたのである。

その日本側の改革構想の原点となったと考えられるのは、第一次教育使節団の来日に備えて文部省が昭和二一年二月、急遽組織した「日本教育家の委員会」が作成した報告書に示された学制案である。委員会の決議ではなく、多数意見として示されたその案は、「小学校三年・初級中学校三年・上級中学校三年」の上に、旧制度による大学・高等学校・専門学校・師範学校の別を廃止してすべての高等教育機関を再編統合した、新しい四〜五年の大学、それに大学院を置くという、アメリカ・モデルに近い学校体系案であった。この日本側の報告書は、使節団に示されることはなく、文部大臣に提出されたのは二一年四月になってからであり、ＣＩＥがその存在を知ったのは同年五月のこととされている（『教育刷新委員会・教育刷新審議会会議録』第一巻「解題」一〇。以下『会議録』と略記）。ただ、その一方で「教育家の委員会」の委員長であった南原繁（東京帝国大学総長）が使節団の委員長と極秘裏に会談し、この使節団の報告書を先取りするような、高等教育の「単線化」案を含む日本側の学制改革構想を、アメリカ側に伝えていたことが知られている（土持『米国教育使節団の研究』三八）。教育刷新委員会の発足と同時に副委員長（のちに委員長）に就任したのはその南原であり、「教育家の委員会」のメンバーの多くが刷新委員会の委員に任命されていることも、指摘しておくべきだろう。

昭和二一年といえば、教育審議会が幕を閉じてからわずか五年後のことである。教育刷新委員会の委員の多くが（そして文部官僚も）、不発に終わった戦前期における改革論議の記憶を鮮明にとどめていたとしても不思議はない。実際に南原は一〇年前に作成された「教育改革同志会」の学制案について、当時は実現不可能と考え反対したが、今は賛成していると述べたとされる（同、一五五–六）。刷新委員会での議論は、そうした戦前期以来の改革論議の延長上に位置づけ、読み解かれる必要がある。占領軍の強い指導・助言があったとはいえ、審議の開始からわずか一年余の短期間に、六・三・三・四の学制案が策定され、すべての旧制高等教育機関を再編統合して、原則四年制の「新制大学」とすることを定めた学校教育法が制定・公布されるに至った背景には、そうした長い改革論議の積み重ねがあったことを知っておかねばならない。

新制大学の誕生

こうして昭和二二年（一九四七）に新制中学校、二三年に新制高等学校の発足と新学制への転換が進行していく。順序からすれば昭和二四年に新制大学ということになるが、文部省は当初、その実施をさらに遅らせ、時間をかけて旧制から新制への移行を図ることを構想していた。多様な学校種から構成される旧制度の高等教育を、単一の大学からなる新制度に転換させる、とくに多数の専門学校・師範学校を大学に「昇格」させるためには、多大な資源の新規投入が必要とされるが、敗戦直後の窮乏した経済と国家財政のもとでは、その調達に大きな困難が予想されたからである。

それだけでなく、学校教育法の公布により、旧制の諸高等教育機関を再編統合して、新しい大学に移行させることは決まったものの、設置認可の基準から管理運営の仕組み、さらには最も重要な教育課程の編成まで、新制大学の制度と組織の具体的な形については、未検討・未確定の課題が数多く残されていた。行政当局である文部省としては、当然の判断であったといってよいだろう。しかし、教育の民主化を占領政策の最重要課題の一つに掲げる占領軍は先送りを許さず、昭和二四年どころか、二三年からの新制大学発足を指示してきた。新学制が公布されたのだから、準備を整え設置認可を求めてきた学校には、審査の上早急に新制大学への移行、あるいは昇格を認めるべきだというのである。こうして昭和二三年春には公私立一二校、二四年には国公私立一六八校の新制大学が一斉に発足することになった。

旧制度の五〇校足らずから、昭和二四年にすでに一八〇校に急増した新制度の大学の多数を占めたのは、専門学校等からの「昇格」校であり、しかも、準備不足のまま、人的にも物的にも厳しい資源状況のもとでの性急な発足であった。「ヨーロッパ的な大学」から「アメリカ的な大学」へ、「国家のための大学」から「国民・市民のための大学」へ、「エリート養成のための大学」から「市民的教養のための大学へ」という理念と目的の大転換も、大学関係者によってすら、十分に理解されていたとは言いがたい。「新制大学」は、同じく大学と呼ばれても、「旧制大学」に比べて水準や質においても、社会的な威信の点でも、一段低い位置づけを免れなかった。

発足に際して、とりわけ大きな変化を経験したのは国立セクターである。私立セクターの諸学校は、大学にせよ専門学校にせよ、法人単位で移行・昇格を考えればよかったが、国立セクターでは、大学・高等学校・専門学校・師範学校の四つの学校種をさまざまな組み合わせで再編統合して、新大学を発足させねばならなかったからである。とくに「一県一大学」を原則に県内のすべての国立校を統合して発足した、いわゆる「地方国立大学」は、キャンパスの分散を免れなかったことから「タコの足大学」、「駅弁大学」などと揶揄的に呼ばれることになった。人的・物的な諸条件だけでなく、教育の理念から教育課程、さらには管理運営の仕組みまで未検討・未整備なままに、いわば「早産」を強いられた「新制大学」にとって、昭和二三・二四年は「大学として」ではなく「大学を目指して」の出発の時であったと見るべきだろう。

本書の狙いと構成

これが「旧制大学」と対比される「新制大学」の成立に至る歴史的経緯の概略である。その苦難に満ちた誕生の詳細な物語は、前著（天野『新制大学の誕生』上下）で紡いだ。本書で描くのは誕生からあと、およそ一五年間の新制大学の、これもまたさまざまな困難と曲折のなかでの模索と成長の物語である。

その一五年間は、これから見ていくように、新しい「大学とは何か」が理念だけでなく実践的・現実的な課題として、審議機関を含む政府・文部省だけでなく大学人たちや関連の諸団体さらには経済団体などによって、真剣に厳しく問われ、熱く議論された時代であり、それ故に可能性と希望に満ちた時代でもあった。

アメリカ的な理想と革新、日本的な現実と伝統の両者が衝突する中で、あるべき新しい「日本的」な大学像をめぐって何が問題になり、議論され、さまざまな可能性の中から何が選択され、選択されなかったのか。新制大学の発足直後から始まり、昭和三八年の中央教育審議会の「大学教育の改善について」答申まで、ほぼ一五年にわたって展開された錯綜した激しい議論の中に、現代につながる日本的な大学・高等教育の制度と組織が立ち上がってくる、その過程を跡づけることに本書の狙いがある。

以下、大きく三つの部分からなる本書の概要を示しておくことにしよう。

第Ⅰ部　模索と選択

まず、第Ⅰ部で取り上げるのは、昭和二二年（一九四七）の学校教育法公布から、占領期が終わる昭和二七年頃までの時期である。

四年制を原則に旧制度の大学・諸学校を再編統合して発足することは決まったものの、新しい目的規定に沿った教育研究の組織体として、「新制大学」の内実をどのようにつくり上げていくのか、また四年制学部教育を中核に新しい高等教育システムをどう構築していくのか、問題は山積していた。これら制度と組織に関わる未検討・未確定の諸課題について、政策決定に関わる主要なアクターである、文部省・教育刷新審議会・GHQ／CIE・大学基準協会の間で、さまざまな、しばしば激しい議論が展開される。四者のせめぎあいの形で現れたヨーロッパ・モデルとアメリカ・モデル、日本的現実とアメリカ的理想の葛藤の中で、何が課題として取り上げられ、議論され、決定され、あるいはされなかったのか。政策的な模索と選択の過程を見ることがここでの狙いである。

激しい議論の基底にあったのはなによりも、日本側・アメリカ側の双方に存在した、歴史と伝統を異にする二つの国の、大学に関わる基本理念、大学・高等教育システムの構造や管理運営、研究教育や社会的機能等の現実についての知識や情報の著しい不足、そして認識のギャップである。それが顕在化し、議論の紛糾を招いた主要な政策課題として、ここでは大学の設置認可、短期高等教育、管理運営、大学院、教育課程編成、国立セクター再編の六つを取り上げたい。いずれもその後長く尾を引き、今に至るまで満足のいく結論を得ているとはいいがたい、根の深い、日米間の認識ギャップが最も鮮明に露呈された問題群であることが明らかになるだろう。

第II部　反省と批判

第II部では、改革構想が実施に移され、発足した新制大学の現実が可視化されるとともに、関係者の間にさまざまな戸惑いや反省、さらには批判の声が高まった昭和二〇年代後半から三〇年代初めまでの時期を問題にする。反省や批判の声はまず、昭和二五年（一九五〇）の第二次アメリカ教育使節団の来日を機に、教育刷新審議会・文部省・使節団の三者による改革のレビューの形で現れ、昭和三〇年に入ると大学関係者、さらには卒業生を受け入れる経済人の間に広がり、戦後改革の見直しの気運が一気に高まっていく。

改革の現場を担ってきた大学人たちの反省と批判は、四年制を原則としながら一般教育制度を導入した結果、専門・職業教育の年限が二年～二年半に短縮された学部教育のあり方をめぐって始まった。一般教育・教養教育を重視するアメリカが、この問題にどう対応しているのか、実態についての学習が進み、情報や知識が増すとともに、日本の専門学部制とアメリカのカレッジ制との違い、さらにはそのカレッジ制を支える、一方ではプロフェッショナル・スクール、他方ではジュニア（コミュニティ）・カレッジという、それぞれに高度・低度の専門・職業教育を担う高等教育機関の存在の重要性について、大学関係者の認識が深まっていく。そしてそれが、職業大学院の制度化を見送り、短期大学の設置を暫定措置にとどめ、旧制度のすべての高等教育機関の、四年制新制大学への全面的移行をはかった結果生じた、組織形態から教育課程編成にまで及ぶ「画一化」に対する疑問や批判を喚起することになる。

その画一化に対する反省と批判から大学人たちが求めたのは、学部のリベラルアーツ・カレッジ化でも、プロフェッショナル・スクールの設置や短期大学のジュニア（コミュニティ）・カレッジ化でもなく、専門学部制と一般教育課程の枠内での改善による、専門・職業教育の充実、あるいは年限延長という形での画一性打破であった。アメリカ・モデルへのいっそうの接近をはかるのでも、旧制度への回帰をはかるのでもなく、一般教育課程の存続を前提としたうえで、学部段階での完結的な専門・職業教育という戦前期以来の伝統と遺産を修正しつつ継承し、教育課程編成の改善・合理化、多様化を進め、新しい日本的な大学・高等教育制度を再構築していく――それが大学人たちの基本的な志向であったといってよいだろう。

「画一化」を批判する声は、敗戦の打撃からの復活を遂げた、卒業者の最大の受け入れ先である産業界からも上がり、制度の見直し、改革要求となって高まっていく。ただ人材、とりわけ科学技術人材の養成という、大学人とは異なる視点からするその新制大学批判は、旧制度の大学・専門学校へのノスタルジックな記憶に支えられ、新しい学校種の創設や、理工系の専門教育と一般教育の関係見直し要求等の形で、政府・文部省に向けられることになる。

第III部　修正と改革

第III部では、こうした反省と批判を踏まえて、昭和三〇年代に入って本格的に始動し、昭和三八年（一九六三）の中教審答申に結実する、文部省をはじめとする政策主体の側の新制大学制度の見直しと再改革への取り組みを、それが引き起こした大学・学術諸団体の側の対抗的な動きと関連づけながら見ていく。

再改革への動きは、占領末期の昭和二六年に首相の私的諮問機関として設けられた「政令改正諮問委員会」の答申に始まり、占領期が終わると、教育刷新審議会の後身として昭和二七年六月に設置された文部大臣の諮問機関・中央教育審議会に主要な舞台を移していく。戦後の学制改革は「民主主義をその基本理念とし、過去の教育の欠陥を是正することを目的として新しい制度のもとに関係各方面の多大の努力が払われたにもかかわらず、一般にいまだ習熟を欠くものがあり、所期の効果をあげるに至っていないものが多く、その目的を達成するにはなおいっそうの努力を要する。またその改革のうちには必ずしもわが国の実状に適するとはいいがたい点も認められる。／これらの諸点に関し、民主主義の根本概念にもとらない限り、実情に即してこれに適当な是正を行うことは現下の急務であると信ずる」という、第一回答申（「義務教育に関する答申」）の冒頭の一文にあるように、その中教審が真っ先に目指したのは、戦後改革の包括的な見直しであった（『中央教育審議会答申総覧（増補版）』）。なかでも「実情に即し」た「適当な是正」が「現下の急務」とされたのは、学制改革によって一大変革を経験した大学・高等教育制度である。昭和三八年の「大学教育の改善について」答申、いわゆる「三八答申」は、中教審が、戦後改革の総点検的な見直し作業の結果たどり着いた「是正」策を、包括的に示したものにほかならない。

ここでは、その「三八答申」に至る文部省・中教審の政策的な修正と再改革に向けた動きを、一方では科学技術庁・科学技術会議、経済企画庁・経済審議会など他官庁からの改革要求と、他方では日本学術会議・国立大学協会・私立短期大学協会・大学基準協会など、大学・学術団体の対応と抵抗とに関連づけながら跡づけていく。

「三八答申」

細部の部分的な修正は別として、第Ⅰ部で見る六つの改革課題のうち、短期高等教育問題は短期大学側の強い抵抗のもと、短大制度の恒久化と高等専門学校制度の発足という、文部省にとってみれば不本意な形で決着を見る。最重要の課題である管理運営問題についても、これまでの経緯を踏まえて大学側に妥協的な提言が盛り込まれたにもかかわらず、大学・学術諸団体からの批判と反対は強く、結局、管理運営組織の整備・法制化は不発に終わる。

大学の設置認可、大学院、教育課程編成という残る三つの課題はいずれも、新制大学制度に対する最も大きな批判の声となって大学の内外に沸き起こった、「画一化」とかかわる問題である。「三八答申」は、この三課題について、短期大学と高等専門学校のほかに「大学院大学」という新たな類型を設定する、設置基準を改定して複数化する、また専門教育に合わせた一般教育の課程編成を可能にするなどの方策により画一化の打破を目指す、いわゆる「種別化」構想を打ち出すが、大学・学術団体側の強い反対に直面する。文部省や中教審と同じく画一化に批判的であった大学側が重視したのは、大学自身の主体的な選択と努力による「多様化」と、そのための設置基準の緩和・弾力化であり、大学院大学の別格化によって制度の平等性を損なう、大学・高等教育機関の「種別化」ではなかった。「三八答申」の「種別化」構想もまた、実質的にお蔵入りとなる。

このように、多くの課題を再びあとに残すことになる「三八答申」だが、その重要性は、文部省が管理・統制の権限を持つ高等教育の「国立セクター」について、大きな変革をもたらした点にあると見ることができる。旧帝国大学をはじめとした講座制を採る一群の大学の、事実上の「大学院大学」化、一般教育の担当組織としての「教養部」の設置、学芸学部の教育学部への改組、文理学部の解体と専門学部化などがそれである。「三八答申」が、アメリカ・モデルの時代、さらには新制大学の時代の終わりと、日本的な大学・高等教育システムを求める旅への出発を告げるものであったことが明らかになるだろう。

第Ⅰ部　模索と選択

第1章　未完の大学改革

1　情報と認識のギャップ

戦後の学制改革

敗戦からほぼ半年後の昭和二一年（一九四六）三月初め、連合国軍総司令官ダグラス・マッカーサーの招きによってアメリカ教育使節団が来日し、同月末には報告書を提出して帰国した。使節団の勧告に基づいて昭和二一年八月には教育刷新委員会（二四年六月、教育刷新審議会に改称）が設置され、この内閣直属の審議機関を主要な舞台に学制改革の議論が開始された。審議の結果、初等・中等教育段階を小学校六年・中学校三年・高等学校三年の、「六三三制」と呼ばれる新しい制度に再編することがまず決まり、それに続く高等教育段階には四年制の大学だけを置くことが決定したのは、昭和二一年一二月のことである。

この決定に基づいて文部省は昭和二二年三月に「学校教育法」を制定・公布し、二三年早々に「大学設置委員会」を設置して、大学・高等学校・専門学校・師範学校と多様に分化した旧制度下のすべての高等教育機関を、再編統合して新制大学に移行させるという大事業に着手した。準備が十分に整わぬまま、二三年四月には占領軍の圧力で公私立一二校の新制大学の抜け駆け的な設置認可を強いられるなど、曲折を経て、二四年四月から五月にかけて国公私立一六八校が一斉に発足する。教育刷新委員会での審議の開始からわずか三年足らずの間に、わが国の高等教育史上最大の制度改革の設計図が描かれ、実行に移されたことになる。

独立性を認められ、強い権限を与えられていたとはいえ、アメリカを主体とする連合国軍による占領下での審議である。教育刷新委員会には陰に陽にＧＨＱ（連合国軍最高司令部）、とりわけ文教問題の担当部局であるＣＩＥ（民間情報教育局）からの強い働きかけや指示、圧力があり、さまざまな軋轢や妥協を経て実施された改革であった。教育刷新委員会の会議録を読んでいくと、そうした委員会とＧＨＱ／ＣＩＥ、文部省の三者間の激しく生々しい議論の跡が浮かび上がってくる（天野『新制大学の誕生』上下参照）。

その教育刷新委員会での審議が、新しい大学の年限や組織形態など制度的な改革論議に終始したこともあって、教育課程の編成を中心とした教育内容面の改革については、大学関係者による民間団体として設置された「大学基準協会」が、大きな役割を果したことが知られている。大学基準協会は、ＧＨＱ／ＣＩＥの主導のもと設置されたものであり、別動隊視されるほどその強い指導下に置かれたことから、教育刷新委員会や文部省との間にさまざまな軋轢を生んだことも指摘しておくべきだろう。一連の制度改革の青写真は、アメリカ側と日本側、より具体的にはＧＨＱ／ＣＩＥ、大学基準協会、教育刷新委員会、そして文部省の四者の、相互に葛藤と対立をはらんだ見解や主張の交換や妥協の過程で、時には混迷や分裂の痕をとどめたままに作成されたのである。

不十分な相互理解

わが国にとって高等教育制度の抜本的な改革は、戦前期を通じて繰り返し議論を重ねながら、結論を得るに至らなかった積年の政策課題であった。日米開戦前年の昭和一五年（一九四〇）九月にも、戦前期最後の内閣直属の審議会である教育審議会から「高等教育ニ関スル件」について答申が出されている。しかし、対米開戦直前の時期でもあり、改革構想としては文部省自身が不満足と認めざるを得ないレベルにとどまり、課題の解決には至らなかった。それが敗戦直後、アメリカ占領下で、戦前期の議論の水準を大きく超えるドラスティックな制度改革構想が、ごく短期間に決定され実施に移されることになった。施設設備等の物的資源と資金は言うまでもなく、教員という人的資源までもが決定的に不足していた時代の大改革である。旧制から新制への移行にあたって大きな困難に直面し、反省や批判の避けがたい多くの課題をあとに残したのは当然というべきだろう。

しかし、あとで詳細に見るように、新制大学制度の発足直後にすでに始まるその反省と批判を読み解いていくとき、そこから浮かび上がってくるのは、日米ともに、それ以上に不足していたのが相互の高等教育システムについての情報と知識、深いとは言わぬまでも正確な理解であったという事実である。わが国の大学・高等教育史上最大の改革は、戦前期以来の長い助走期間があったとはいえ、占領下という特異な時期に、熟慮の結果というにはほど遠い、混迷した議論と妥協の産物として短期間に決定され、実施に移されたのだということを、まず確認しておく必要があるだろう。

日本の側について言えば、アメリカのシステムについて、知識が全く欠けていたわけではない。明治初年以来、学制改革論議が盛り上がるたびに、アメリカに新しい学校体系のモデルを求めようという動きが繰り返し登場したことは、よく知られている（天野「教育の日米関係」『日本の教育システム』）。新興国というだけでなく、ヨーロッパ諸国には見られぬ大きな私立セクターを持ち、大学以外の多様な水準・形態の高等教育機関（専門学校・高等学校・師範学校）からなる日本の高等教育システムが、アメリカのそれと外形的に多くの共通点を持っていたことからすれば、それは当然のことといってよいだろう。大正期の初めには、アメリカの大学を見聞して帰国した元東京帝国大学総長で文部大臣も務めた菊池大麓によって、学制改革論議の口火が切られるが、その菊池が描いたのは専門学校を「大学校（カレッジ）」に、高等学校を「学芸大学校（リベラルアーツ・カレッジ）」に、そして帝国大学は研究機能重視の「大学（ユニバーシティ）」に転換するという、アメリカ・モデルへの改革構想であった。昭和一〇年代の学制改革論議の主流を占めたのも、基本的にその構想を継承する改革案である。日本側は早くから、アメリカの高等教育制度に浅からぬ関心を持ち続けてきたのである。

ただ同時に、学制改革が「学校制度の改革」を意味したことからも知られるように、そこでの議論の焦点は何よりも、学校段階の区切りや修業年限のような外形的な部分に置かれていた。政治・社会体制に不可分に組み込まれた高等教育システムを動かしている基本理念、制度や組織の運営、教育課程の編成、果たしている機能の現実にまで議論が踏み込むことはなく、したがって知識や情報も限られていたことを指摘しておく必要があるだろう。さらにいえば、学制改革論者の多数を占めたのは、主としてドイツの大学に留学経験を持ち、ヨーロッパ的な大学のあり方を理想と考える帝国大学出身者であり、私立大学主体のアメリカ高等教育の実態について知識や情報を持つ論者は少数にとどまっていた。戦後の学制改革論議の主要な舞台となった教育刷新委員会の委員たちもまた、その点で基本的に変わりはなかった。

日米の認識ギャップ

知識や情報を欠いていたという点では、占領下の改革に指導・助言という形で有形・無形の圧力をかけ、改革を方向づける役割を果たしたＧＨＱ／ＣＩＥのスタッフも同様、というよりそれ以上であった。占領軍としてやってくる以前から、日本の教育システムについて関心を持ち、十分な知識や情報を得ていた司令部関係者は、ほとんどいなかったといってよい。そして当然のことながら、敗戦国日本の学校教育制度の抜本的改革を考える際に、彼らが暗黙裡に、あるいは明示的に準拠枠としたのは、分権主義的な民主主義に基礎を置く、しかも当時の国際的状況からすればきわめてユニークな、ヨーロッパ大陸のそれとは著しく異なる米本国のシステムにほかならなかった。ＣＩＥの教育課長であったマーク・Ｔ・オア（Mark T. Ore）が帰米後に執筆した論文のなかの、次のような一節は、それを裏書きするものといえよう。

事前に日本に関する知識があった［教育課の］担当官はほとんどいなかった。その上、米国では、教育は州の責任とされていたので全国レベルで訓練をつむ基盤が過去になかった。（中略）その［担当官の］中には、（中略）小中学校の教師、校長もいれば市の教育長、大学の学生部長や学部長、教育学の教授、州の教育担当官や、米国教育局の役人も含まれていた。多くの場合、それぞれの専門分野では有能であったが、任務に就いた時には、日本の教育に関する知識はきわめて限られたもので、全国的規模で計画を作成したり、方針の責任を取るような経験はなかった。（中略）担当官のほとんどの者が意識的に避けようと努力したが、必然的に彼らは自国の経験や教育に沿って進める結果になった。このため、日本の状況では不適切な計画や弊害を生み出すこともあった。（オア『占領下日本の教育改革政策』一七六）

そのオアの下で課長補佐を務めたジョゼフ・C・トレーナー（Joseph C. Trainor）は、のちに長大な回顧録を執筆している（*Educational Reform in Occupied Japan : Trainor's Memoir*, Tokyo : Meisei University Press, 1983. 土持ゲーリー法一『新制大学の誕生』に、高等教育に関する部分の抄訳（三六–四三）がある）。そのなかでトレーナーは、とくに高等教育改革の構想については、CIEの内部に意見の対立を抱えていたこともあり、アカデミアとしての大学・高等教育の自由と自治を尊重するアメリカ的な建て前から、介入を極力控え、日本側の自由で主体的な選択に委ねることになったとしている。

しかし、そのことは、CIEが、改革構想に影響力を行使するのを全面的に避けたことを意味しない。教育刷新委員会とCIE、文部省の三者による「ステアリング・コミッティ」と呼ばれる常設の連絡協議機関が置かれ、刷新委員会で審議される学制改革の主要課題はすべて、事前・事後にそのコミッティにかけられ、CIE側の理解や合意を得る必要があったからである。

教育刷新委員会の会議録を読み解いていくと、CIEとのそうした折衝の過程で、双方の知識・情報の不足と、互いに暗黙裡に前提とする大学像の食い違いがたびたび表面化して混乱を招き、誤解を生み、改革の方向性にひずみを生じたことがわかる（天野『新制大学の誕生』上下参照）。関連する用語・ジャーゴンの微妙な翻訳上・解釈上の相違もあり、そうした彼我の制度の根本的な違いが十分認識されることのないまま、ＧＨＱ／ＣＩＥの指導と助言という形の圧力を陰に陽に受けながら、しかし最終的にはたしかに日本側の「主体的な選択」のもとに、アメリカ的な諸制度の外形的な導入が推進されるのである。

アメリカ側の日本理解

戦後の学制改革の最も重要な起点となった第一次「米国教育使節団報告書」を読むと、有力大学の学長・学部長や教授が多数を占める団員たちが、大学・高等学校・専門学校・師範学校という多様な教育機関からなる、外形的にみればアメリカのそれと共通点の多い、しかしその実態の著しく異なる日本の高等教育システムについて、不十分ではあったが、ＣＩＥの担当官と違って訪日前にある程度の知識を得ていたこと、またその全面的な再編を望んでいたのではなく、基本的には従来の制度を尊重し、設置認可の手続きや教育課程編成の自由化・柔軟化をはかることによって、漸進的に改革を進めるのが望ましいと考えていたことがうかがわれる。

高等段階の諸学校において、教養教育（liberal education）の機会を増やすためには大学（universities）につながる準備学校（preparatory schools, Koto Gakko）や専門学校（more specialized colleges, Senmon Gakko）の教育課程を相当程度自由化し、より広範囲の人々が一般カレッジ教育（general college training）を受けられるようにすることが望ましい。大学における勉学も、現在専門学校が提供している準専門職（semi-professional）レベルの専門的訓練も、こうしたより広範囲な文化的・社会的な重要性を持つ教育を経ることによって、一層豊かなものになるだろう。

専門学校（colleges）の数を増やすほかに、一定の計画に基づいて大学（universities）の増設を行うよう我々は提案する。高等教育機関の設置と、あらかじめ定められた諸要件の維持については、政府機関（governmental agency）に監督（supervising）責任を持たせるべきである。その政府機関は、設置認可の際に、申請してきた高等教育機関の資格の有無を審査し、また認可の際の要件をその後も満たしているか否かを確認するにとどめ、高等教育に対する統制権限を与えられるべきではない。高等教育機関は、自らが最善と考える方法でその目的を追求する、あらゆる点で完全な自由を認められなくてはならない。（伊ケ崎・吉原編『戦後教育の原点2』二八の訳文に、原文（"Report of the United States Education Mission", 61-2）を参照して、原語を添えつつ改訳した）。

文中に簡単にふれられている、旧制の高等教育制度についてのアメリカ側の理解は、トレーナーの先の回顧録によれば、次のようなものであった（なお以下の引用は、土持訳を参照しつつ、原文によった）。

日本の高等教育機関としては、教員養成に特化した学校を除外すると、主として三つのタイプのものがあった。「大学（University）」、「高等学校（Higher school）」あるいは大学予科、そして「専門学校」がそれである。専門学校は時としてCollegeと訳されるが、実際には特定の専門分野（special field）の教育を行う、完成教育機関を意味している。高等教育に関する勧告作成の課題に取り組む際、教育刷新委員会は、高等教育の世界には微妙な問題が数多くあり、それが大変複雑な状況を生んでいることを十分に承知していた。他の国々でも同様だろうが、日本の教育指導者たちの高等教育に関する意見は、決して一致したものではなかったのである。

総じて、大学に対する評価は高かった。設備不足の問題を除けば、大学にかかわる深刻な問題点は、帝国大学が財政的にも、国家の支援という点でも、際立って有利な立場を占めていることにあった。私立大学は厳しい統制下に置かれ、戦争により手ひどい打撃を受け、それを取り戻す方策を見出せずにいた。名門校というだけで特定大学、なかんずく東京帝国大学が優遇されており、他の大学はこの不公平な現状をなんとか修正する必要があると認識していた。

「専門学校」は、一段低いレベルの高等教育機関とみなされていた。多様性を特徴としており、非常に高い水準のものから、きわめて低水準のものまで雑多であった。運営主体も、官立から県立、市立、さらには私立までさまざまであった。実際のレベルについて言えば、専門学校は、上級中等学校（Upper-Secondary School）に近く、アメリカでジュニア・カレッジとして認められるのに必要な特質の多くを持ち合わせていなかった。

「高等学校」、あるいは大学予科の存在は、日本特有の問題であり、教育刷新委員会の高等教育に関する勧告は、その高等学校独自の欠陥と悪弊に振り回されることになった。高等学校は、帝国大学進学のための内側の走路（inner track）であり、学生たちを選別して限られた大学の狭き門に送り込む差別的な制度と深く結びついていた。（中略）ただ、これらの学校の教育課程の水準は高かった。高等学校に対して抱く人々の感情は多様であった。一方にはさまざまな欠陥にもかかわらず、高等学校を廃止することは重要な価値の損失につながりかねないと考える教育者たちがいた。大多数の日本人指導者たちにとって、高等学校は、知的挑戦の興奮をはじめて経験した場所であり、強い愛着を感じていた。他方で、多くの日本の教育者たちが、高等学校を排除しないかぎり、高等教育の伝統的な差別的システムの悪弊を取り除くことはできないと信じていた。この問題について最終的な決定が下されるまで、教育刷新委員会を中心に日本の教育界で激しい議論が展開されることになった。（Trainor, 226）

2　専門学校の存在

専門学校から大学へ

この記述を見ると、アメリカ側にとって、「大学」と「高等学校」は制度・組織としての輪郭が明瞭で、実態の把握や理解が容易だったのに対して、「専門学校」についてはそれが困難であったことが知られる。

専門学校は「特定の専門分野の教育を行う、完成教育機関」であり、「準専門職レベルの専門的訓練」も提供している。大学に比べ「一段低いレベルの高等教育機関とみなされ」ており、「非常に高い水準のものから、きわめて低水準のものまで雑多」で、「実際のレベルについて言えば（中略）、上級中等学校（Upper-Secondary School）に近く、アメリカでジュニア・カレッジとして認められるのに必要な特質の多くを持ち合わせて」はいない、といった指摘は、それを裏書きするものといってよい。言い換えれば、水準的には準大学から準中等学校まで、教育内容の点では準専門職業教育を主体としながら、医学や法学の専門教育から女子対象の教養教育まで、まさに「多様性を特徴」とする、単純にカレッジともジュニア・カレッジとも同一視することのできない高等教育機関――それがアメリカ側の「専門学校」についてのとりあえずの理解であった。

実際に「専門学校」は、「大学」でも「高等学校」でも、また「師範学校」でもない、それ以外のすべての高等教育機関につけられた、いわば残余的で包括的な名称であった。明治三六年（一九〇三）に制定された準拠法規としての「専門学校令」は、「大学令」や「高等学校令」に比べて簡略で、とくに私立専門学校の場合、設置認可の基準もきわめて緩やかであった。その結果としての多様性のどの部分に注目するかによって、議論の前提となる専門学校像は一様ではなかったのである。

しかし、新しい大学・高等教育制度を構想するとなれば、否応なく問題になるのは、学校数・在学者数において大学・高等学校をはるかに上回る規模をもつ、その専門学校の位置づけである。トレーナーは回顧録の中で、CIEと日本側、とくに教育刷新委員会との間で意見が食い違い、調整が難航した大問題として、「アクレディテーション（適格判定）」、「ジュニア・カレッジ」、「大学の管理運営」の三つを挙げている。この三つは、いずれもアメリカ側が強くこだわった制度改革上の問題だが、これから見ていくように、多様性を特徴とする専門学校の実態をどう理解するのかについての知識や理解の不足、暗黙知や経験知の違いは、そうした難航の隠された、しかし最大の理由であった。その意味で戦後の学制改革、新制大学への移行問題は、なによりも「専門学校」問題であったといってよい。

多様化と画一化

それはともかく、先の使節団報告書の一節に見られるように、旧制度の一応の理解の下にアメリカ側が期待したのは、従来の制度のドラスティックな改革ではなかった。一般・教養教育の導入による、専門・職業教育に偏した教育課程の変革、それに設置認可を中心とした政府の規制の大幅な緩和によるすべての高等教育機関の、アメリカ的なユニバーシティとカレッジからなる、自由と多様性を特徴とする新しいシステムへの緩やかな移行――それがアメリカ側の期待であったと見てよいだろう。

これに対して日本側が目指したのは（一部の強硬な高等学校・帝国大学制度の温存論者は別として）、大学・高等学校・専門学校、それに師範学校を加えた高等教育諸機関のドラスティックな再編・統合、すなわち制度上の完全な平等化としての「新制四年制大学」への全面的な移行であった。後で見るように、戦前期のシステムに厳しく批判的な立場をとる教育刷新委員会の主流派は、階層的な構造の温存につながりかねないとして、「ジュニア・カレッジ」に相当する二年制の「短期」高等教育の制度化にも、またアメリカ的な「ユニバーシティ」にとって必須条件ともいうべき大学院（グラデュエート・スクール、プロフェッショナル・スクール）の教育機関としての整備充実にも、一貫して否定的であったことが知られている。

新制大学の誕生に至る経緯をつぶさに見てきた先のトレーナーは、「統一性への執着は、アメリカにはほとんど見ることができない日本社会の特性であり、基本的な思考形態の一つとして地位を占めてきた」（Trainor, 332）と指摘しているが、やがて多くの日本側関係者が厳しく批判の対象とするようになる、高等教育の画一的な制度と組織、さらに教育課程は、そうした日本側の主体的な選択の結果として出現したものにほかならなかった。

国家の強力な統制下に、それぞれ別個の法規に準拠する四種の高等教育機関に種別化された複雑で階層的なシステムに、日本の学制改革論者の主流は戦前期以来、一貫して否定的であった。「統一性への執着」は、そうした旧制度への批判と反省がもたらしたものである。そして、教育の民主化の名の下に制度上の平等化を求め、すべての高等教育機関の「四年制大学」への統一に強くこだわる、その教育刷新委員会による「主体的な」選択の結果として出現したのが、アメリカのそれとは著しく異なる、柔軟性と多様性に欠ける高等教育システムだったのである。

残された改革課題

戦前期のわが国の高等教育システムは、それぞれに異なる準拠法規をもつ大学・高等学校・専門学校・師範学校の四つの学校種を置くという形で、制度と組織の多様性を保証してきた。しかも先に指摘したように、私立主体の専門学校は設置認可の基準が緩く、システム全体の中で相対的に最も「自由」な、それ故に柔軟性と多様性に富んだ部分であることを許されていた。新制四年制大学への全面的な昇格的移行は、複数の学校種の併存という形でのシステムの多様性を否定すると同時に、その最も柔軟性と多様性に富んだ部分を画一化するという、皮肉な結果を生むことになったのである。四年制のカレッジ制度を基軸に、ジュニア・カレッジとコミュニティ・カレッジ、それにグラデュエートとプロフェッショナルの両スクールをもち、組織についても教育課程についても編成の自由を全面的に認め、その結果として生まれた柔軟性と多様性を特徴とするアメリカの高等教育システムの現実を、日本側の関係者が知り、自分たちが選択した日本的なそれとの根本的な違いを認識するようになったのは、第II部で見るように、新制大学制度の発足から何年か経ってのちのことであった。

実態に関する知識と情報が不十分なまま、GHQ／CIEの「助言」と圧力のもとに、軋轢と妥協を重ねた末に導入されたその「アメリカ的」な制度が、どのような齟齬や新しい難題をもたらしたのか。新制大学誕生から数年後にはすでに問題視され、その後今もなお繰り返されている学制改革論議の温床となる、「画一性」を重要な特徴とするわが国の高等教育システムは、どのようにして選択・形成されるに至ったのか。多様性を特徴とするアメリカをモデルとしながら、なぜ画一的な、新たな「日本的」高等教育システムが出現することになったのか。

この第I部では、「専門学校」問題を隠れた縦糸にしながら、トレーナーが難題として指摘した、アクレディテーション、ジュニア・カレッジ、管理運営の三つのアメリカ的な制度、さらにはそれと切り離せぬ関係にある、これもきわめてアメリカ的な一般教育、単位制、専門教育、大学院などの制度の導入をめぐって戦わされた議論を手がかりに、新制大学制度が発足直後から直面することになる、残された、あるいは新たな改革課題の生成の経緯を跡づけていくことにしよう。

第2章　設置認可と適格判定

1　設置認可基準の問題

大学の設置認可

最初に見ておかなければならないのは、「チャータリング（設置認可）」と「アクレディテーション（適格判定）」の問題、とりわけ両者の分離というGHQの強くこだわった、きわめてアメリカ的な二元的制度の導入の問題である。それは、どのような基準に基づいて新しい大学の設置を認可し、またその水準の維持・向上をはかるのかという、高等教育システムの根幹にかかわる、それだけに日米の関係者の間の認識の違いや齟齬を際立たせずにはおかない課題であった。

戦前期、官立は言うまでもなく、公私立の高等教育機関の設置認可も文部省の専権事項であった。「専門学校令」に示された私立専門学校の設置認可基準が緩やかなものであったことは、すでにふれたとおりである。高等学校については「高等学校令」で教育課程編成から学級規模に至るまで、細部にわたって厳しい基準が設けられていた。それに対して、私立大学の場合には、一定額の基本財産の供託が最重要の要件とされ、認可基準は物的条件主体の簡略なもので、明文化されてはいたが省内の内規にとどまり、非公開とされていた。それは裏返せば、官僚・行政機関による裁量の余地を残しつつ、高等教育機関の質や水準が基本的に国家の責任のもとに維持・保証されていたことを意味している。

これら高等教育機関のうち、大学と高等学校の新増設については国公私立を問わず、戦前期を通じて文部省は厳しく抑制的な政策をとり続けた。大正七年（一九一八）の「大学令」・「(新）高等学校令」の公布まで、大学・高等学校は官立のみであり、公私立校の設置は認められていなかったこと、また公布後も公私立大学については天皇の裁可、すなわち「勅裁ヲ請フ」ものとされていたことを指摘しておこう。ようやく設置を認められるようになった公私立の大学・高等学校が、設置認可後も文部省の厳しい監督下に置かれたことは、あらためて言うまでもない。高等教育システム全体が厳しい官僚統制下に置かれたわが国では、高等教育機関の水準維持は、設置認可（チャータリング）と管理監督の形で国家の責任において行われるべきものであり、アメリカ的な、大学・学校相互の自発的な協力に基づく質の維持向上の仕組み（アクレディテーション）が生まれる土壌は、存在しなかったのである。

その設置認可の基準について、文部省は敗戦後、学校教育法の公布に先立つ昭和二一年（一九四六）一〇月に、ＧＨＱ／ＣＩＥの指導のもと、大学関係者を委員とする「大学設立基準設定に関する協議会」を設置して再検討を開始する。基準を「内規として伏せて置いて之を官吏の裁量に任せておく」のは「弊害を伴い易」い、「かかる問題を適切に解決して行政面を明朗ならしめる」のが、その目的とされた（日高『教育改革への道』六五）。ＧＨＱが要求してきた教育民主化の一環として、当然の措置といってよい。ただ学校教育法の成立以前のこの時期、基準の検討は、まずは戦時体制下に抑制されてきた大学の新設・昇格に関わる申請の予想される急増に、行政機関としてどう対応するかに目的があった。実際に終戦後、新制大学発足までの時期に、旧制度によって新設された大学の数は医科系を中心に一七校に上っている。協議会は、そうした旧制度による大学の設置認可基準の再検討と明文化を目的に設置されたものであり、検討作業は文部省主導で進められた。

昭和二二年三月、学校教育法が公布され、四年制を原則とする新制大学制度の骨格が示されると、行政当局である文部省は、大学・高等学校・専門学校・師範学校と種別化され、それぞれが別の法規に準拠する旧制度の高等教育機関を、どのような手続きを経て四年制の新制大学に移行させるのかという新しい課題に直面する。そしてそれとともに前記の協議会の性格も変更を迫られることになった。教育民主化の徹底を目指して、一時は文部省の廃止を企図するほどに官僚統制の排除を重視したＧＨＱが、設置認可についての大幅な規制緩和を求めて、協議会を文部省から切り離し、新制大学の設置基準検討のための、大学関係者が「みずから座長を選び自主的に運営」する組織に改めるよう、指示してきたからである。

二二年五月、新生協議会の代表に選ばれた和田小六（東京工業大学学長）は、大学関係者を集めて開催された協議会主催の全国集会（「連合協議会」）の席上で、協議会の目的について、「大学全体が集まって自主的にまた民主的に大学のアカデミック・スタンダードをよくしていく」ことにあり、「従来画一的になりがちであったわが国の大学を画一的にするようなことがあってはなら」ず、基準の設定も「運用も、性質上、大学自身がこれにあたってゆく以外に適当な方法はない。（中略）この協議会は大学自治の理念を大学のグループの自治にまで推し進めようとする一段階である」と説明している。文部省ではなく大学自身の責任において設置基準の設定と運用をはかるという決意の、高らかな宣言といってよいだろう（『大学基準協会十年史』〈五〉）。

二つの基準の関係

この連合協議会では、ＣＩＥ側の用意した三人のアメリカ人専門家が講演している。その彼らが力説したのが、大学の質を保証し向上をはかるためには、政府による「チャータリング（設置認可）」とは別に、「アクレディテーション（適格判定）」と呼ばれる、アメリカ的な制度を導入することの必要性であった。文部省による設置認可の基準は外形的基準を主体に低く設定して大学の設置を容易にし、設置認可された大学の教育の質の維持・向上は、大学が自主的に結成する会員制の大学団体「アクレディテーション・アソシエーション（大学基準協会）」が、会員資格の認定のために設ける「大学基準」による審査に委ねるという、「大学のグループの自治」を重視した二元的な制度の採用の勧めである。アメリカ側のこの勧め、というより強い「指導・助言」に基づいて、協議会を母胎に「大学基準協会」が結成されたのが昭和二二年（一九四七）七月、発足と同時に、協議会時代から続けられてきた検討の結果作成された「大学基準」が、会員としての資格審査――「適格判定」の基準として決定・採択された。アメリカ的な二元制度の発足である。

問題は、その適格判定（アクレディテーション）と、設置認可（チャータリング）の二つの基準の関係にあった。

文部省は、学校教育法に「大学の設置認可に関しては、監督庁は、大学設置委員会に諮問しなければならない」とあるのを受けて、二三年一月に、新制大学の設置審査にあたる行政委員会として、大学関係者のほか、各界を代表する委員を加えた「大学設置委員会」（のちに「大学設置審議会」と改称）を設置した。先に引用した教育使節団報告書の一節にあった「政府機関」に相当するこの委員会については、当初、新制大学の発足が二四年四月と想定されていたのが、ＣＩＥの支援の下、一部の大学・専門学校の間に二三年四月の前倒し的発足を目指す動きが生じたことから、十分な準備を整える時間のないまま、急遽設置が決まったことが知られている。

重要なのはＣＩＥの強い要請により、その設置委員会の委員の半数を基準協会選出の委員が占めることになり、委員会の運営に、ひいては大学の設置認可に、基準協会が大きな発言力を持っただけでなく、基準協会が定めたばかりの「大学基準」、つまりアクレディテーション（適格判定）の基準が、設置審査の基準、すなわちチャータリング（大学設置認可）の基準として事実上そのまま採択されたことである。言い換えれば、高いアクレディテーション基準と低いチャータリング基準をという、ＣＩＥ側の当初の意図とは違って、両者はほぼ同一内容・同一水準に設定されることになったのである。

十分な検討の時間のないまま、事実上ＣＩＥに押しつけられる形であわただしく導入された「大学基準」と「大学設置基準」、自主的な大学団体である「大学基準協会」と文部省に置かれた行政委員会としての「大学設置委員会」という、この二元的な制度が、その後の新制大学の設置認可の過程に、また新制大学の組織と制度に何をもたらしたのか。ここからは制度の導入の現実を見ていくことにしよう。

2　設置認可の現実

時間の問題

旧制から新制への切替えについて、文部省が当初構想していたのは、資源の状況を見極めつつ時間をかけての緩やかな移行であったことが知られている。それに対して、改革を急ぐＣＩＥが求めてきたのは、昭和二二年（一九四七）・新制中学校、二三年・新制高等学校、二四年・新制大学という、新学制への移行の一年刻みのスケジュールの実行であった。それだけでも実施主体である文部省にとって厳しい状況であったが、ＣＩＥの強い圧力のもと、準備の整わぬまま二三年四月には、一部公私立大学の設置認可を余儀なくされている（詳細については、天野『新制大学の誕生』下、五三四－七）。新制大学制度は、拙速とそしられても仕方のない出発を強いられたのである。

それだけではない。敗戦直後の疲弊しきった経済・社会状況のもとでの旧制から新制への移行である。経営基盤の脆弱な私立専門学校を中心に、設置基準に定められた諸条件の充足困難な学校が大量に出現することを危惧した文部省は、詳細は後でふれるが、過渡的な救済策として二年制ないし三年制の準大学的な「短期」高等教育機関の制度化を構想し、教育刷新委員会とＧＨＱに検討を求めたが、実現するには至らなかった。二年制の短期大学の設置を、しかも暫定措置として認めることが決まったのは、新制大学が一斉に発足した後の昭和二五年になってからである。

「新制大学の発足が、順序を逆転して短期大学の設置より二年先だって認められたことは、大学の実質に甚だ悪い影響を残した。短期大学（アメリカのJunior College）の必要は、文部省もその他の関係者も予め認めて、之を制度化することを総司令部当局に再三懇請したが承認せられず、［一九］四十九年の大学審査後に到ってようやく承認せられた。しかも四十八年春の大学設置委員会の第一年度の審査は、審査を受ける学校（主として私立学校、うち半数は女子学校）にとっては、大学として存続するか、又は廃校になるか、二つに一つの死活を決定する意味をもたされた。そこで審査委員は学校の歴史と運命に同情して、勢い基準の適用が緩やかにならざるを得なかった。この甘い判定は悪い先例となって新制大学の水準を低めることとなり、やがて短期大学にも悪影響を及ぼした」という、日高第四郎（元学校教育局長）の回顧談（日高『新制大学への道』二〇〇–一）は、そうした拙速な新制大学発足の経緯に対する当時者の忸怩たる思いを、生々しく伝えるものといえよう。

負の遺産

拙速な移行に際して、文部省・大学設置委員会が採用した「大学設置基準」は、先にふれたように、大学基準協会の定めた「大学基準」をほぼそのまま踏襲するものであった。旧制大学関係者により、戦前期の大学認可基準をベースに、委員会での検討を経て作成されたその大学基準は、旧制度の大学はともかく、多数を占める専門学校や高等学校からみれば一段高い水準にあった。しかも、敗戦直後の厳しい資源状況のもとでの設置認可申請と、その審査である。日高の指摘するように、審査の過程で基準が厳しく順守・適用されたわけではなく、運用面でさまざまな妥協や緩和措置を余儀なくされたことは、容易に想像される。発足した新制大学の大多数が、施設設備や教員組織面で、認可後の努力要請を伴う「履行条件」付きの設置認可であったことは、それを裏書きしている（天野『新制大学の誕生』下、五七五–九）。

施設設備についていえば、認可された新制大学のうち純然たる新設校はごく少数で、ほとんどが既設校を前身に持っていたが、戦中・戦後に急造された学校も少なくなく、また多くの学校が戦災による校舎の焼失等の被害を受けていたことを指摘しておくべきだろう。さらに、教育年限の延長や経営上の理由からする入学・収容定員増への対応の必要などもあり、校舎・教室・設備の不足はすべての新制大学にとって深刻な問題であった。とりわけ専門学校等からの移行・昇格大学の場合には、一般教育課程や単位制度の導入と関係して必須となった図書館の施設や蔵書、自然科学系の実験設備の整備・充実などが大きな課題であったことが、認可の際に付けられた「履行条件」からうかがわれる。

物的条件と並んで、あるいはそれ以上に、人的条件の充足が深刻な問題であったことも、教育刷新審議会や文部省の公的文書の記述から知られる。わが国には戦前期を通じて、大学を含む高等教員について明確な資格制度がなく、養成・供給とかかわりの深い学位制度や大学院制度も整備が遅れていた。旧制度の大学院は高等教員養成の場として位置づけられておらず、さらにいえば唯一の学位である博士学位の授与数は、医学系は別として著しく限られていた。このため大学卒業者に与えられる称号にすぎない「学士」が、教員の事実上の基準資格とされていたが、大正七年（一九一八）の大学令公布まで、「学士」を送り出すその大学自体が五校の帝国大学に限られていたこと、その後も戦前期を通じ大学数が国公私立を通じて五〇校に満たず、しかも大多数が小規模の私立文系単科大学で占められていたことも、併せて指摘しておくべきだろう。昭和二三年（一九四八）から二四年にかけての二〇〇校近い新制大学の設置は、博士学位の所有者はもちろん、大学卒業の学士の数自体の、言い換えれば高等教員予備軍の著しく制約された状況下で、強行されることになったのである。

新制度のもとで、人文・社会・自然の三系列にわたる科目、さらには外国語・体育関係の科目を、したがってそれを担当する教員をそろえた一般教育課程の開設が、すべての新制大学に義務づけられたことも重要である。戦前期の高等教育機関は、高等学校・大学予科を除けば、専門学校はもちろん大学も、すべて専門・職業教育のみの機関であり、予備教育機関である高等学校・大学予科の教育課程も外国語のほかは、進学が予定された大学の専門学部の種別に応じて人文・社会・自然のいずれかの基礎科目に重点を置いていた。このことは三系列同数の単位履修、それに外国語と体育関連科目の履修を義務づけた新制大学の発足が、一時に、一般教育担当教員の大量需要をもたらしたことを意味している。設置認可の際に多くの大学に付けられた「履行条件」は、一般教育担当をはじめとする教員の充足に、新制大学がいかに難渋したかを伝えるものでもあった。

大学設置委員会は、そうした「履行条件」を付しての認可という形で、将来の整備・充実を望み、期待することで人的・物的な条件の貧困や不備に目をつぶり、実質的な基準の切り下げのもとに、多数の新制大学の設置認可に踏み切らざるを得なかったのである。それが、大学設置基準に準用される大学基準を策定した、大学基準協会の描いた新制大学の理想像からほど遠いものであったことは、言うまでもないだろう。昭和二四年春の発足に向けて提出された設置認可申請は総数二一四校、審査に合格したのは一七三校で、合格率は八〇%を超えていた。

二元的システム導入の経緯

アメリカ的な二元的システムの建て前からすれば、そうした低い水準での設置認可それ自体に問題はない。設置認可を受けた後、大学はそれぞれに、大学基準協会の会員になるべく適格判定（アクレディテーション）に向けて、質の向上に努めるものと期待され、想定されているからである。実際にわが国の場合にも、「履行条件」付きの設置認可は、そうした含みと期待があってのことであったと見るべきだろう。しかし問題は、設置認可後に期待された、それぞれの大学の水準向上の努力を前提とした、大学基準協会による適格判定の仕組みが実質的に作動しなかったところにあった。

二元的システムの導入を強く「助言」し、大学基準協会の設立を推進したＣＩＥは、この問題をどのようにとらえていたのか。トレーナーは次のように記している。

大学の適格判定のための基準設定に取り掛かった日本側の関係者は、さまざまな困難に行き当たった。まず第一に、このような役割はこれまですべて文部省が担ってきたものであった。大学とするにふさわしいかどうかの判定は、専門家ではなく文部官僚の定めた基準に従ってなされてきたのである。大学基準協会の設立を検討する過程で、［ＣＩＥの］教育課としては、それを政府の管理から切り離すべきだと強硬に主張した。アメリカでは当然のことだったが、日本人教育家の多くにとってみれば、それは理解しがたいことであった。実際にこのアメリカ的な方式には、困惑させるような部分がある。例えばアメリカのほとんどの州で、カレッジまたは大学の設立を望む個人あるいは団体は、その旨を州に登録し、法人設立に必要な文書を用意するだけでよい。手続きの過程に、州の教育関係当局がかかわることは全くない。かくして、アメリカには理容師のカレッジやマッサージの大学まで存在する。設立を認められた教育機関が教育上健全で、州内の巨大な教育制度の一部として認められるにふさわしいかどうかは、行政機関によってではなく、専門職団体によって決定されることが多い。大学と呼ぶにふさわしいかどうかを決定する基準協会は、非政府的な組織にほかならない。

日本人にとってみれば、こうしたシステムは多くの面で教育上の無秩序状態を招きかねないものであり、その危険を冒してまで導入に踏み切る気にはなれなかった。彼らの考えからすれば、政府機関による設置認可は適正な基準に基づいてなされるべきものであり、基準設定にあたる団体を民間機関にすることは意味をなさないばかりか、政府の一定の管理監督下に置かれて然るべきものとされていた。こうした考え方の背景には、終戦以降、文部省が決定上の責任を関係機関と分かちあう傾向が強まっており、健全な教育機関であれば、政府が定めた基準であっても恐れる理由はないという認識があった。その一方で、政府による基準の統制が、現時点では文部省の官僚の専門性に基づくものであったとしても、将来、悪用される恐れなしとしないという認識も存在した。（中略）問題の解決策として示されたのは、高等教育機関の設置認可（Chartering）の問題を取り扱う第二の委員会［大学設置委員会］を設置することであった。こうして事態の進行とともに、国公私を問わず、高等教育機関の適格判定（Accrediting）の役割は、政府や文部省の管轄から離れて運営される、専門家による民間団体［大学基準協会］が担うことになった。（Trainor, 229–30）

トレーナーの指摘にもあるように、大学の設置認可と水準の維持・向上の二つの役割は、わが国では明治以来一体のものとして中央政府の行政機関である文部省の権限に属し、その権限が私立大学に対する管理統制手段としても用いられてきた。これに対してアメリカでは設置認可（チャータリング）の権限は各州政府にあり、大学は、届出制に近いとされる簡単な手続きを経て設置を認められる。繰り返しになるが、認可された大学の水準の維持・向上は、既設の大学が集まって設立した会員制の大学団体（アクレディテーション・アソシエーション）の役割であり、会員たるにふさわしい水準に達しているかの判定、すなわち「適格判定」のための審査基準が「大学基準」にほかならない。つまりアメリカの場合、州政府ではなく民間団体である基準協会が、会員資格の有無の判定（アクレディティング）という形で、大学の質保証・水準維持の役割を果たしてきたのである。教育の民主化を目指すＣＩＥが企図し、導入を求めたのは、そうしたきわめてアメリカ的なシステムであった。しかし、その二元的システムは、アメリカ側の期待通りに作動するには至らなかった。

設置基準と大学基準の間

齟齬は基準協会の定めた、本来は会員資格判定用の「大学基準」を、繰り上げの認可作業を迫られた文部省の大学設置委員会が、若干の手直しのみで「大学設置基準」として採用し、大学基準協会側もそれに異を唱えなかったところから始まったといってよい。なぜならそれは、チャータリングとアクレディテーションの基準が乖離したアメリカと異なり、日本の場合、文部省・大学設置委員会の設置認可の基準が、大学基準協会の会員資格の判定とほぼ同水準に、言い換えれば相対的に高い水準に設定されたことを意味したからである。

この間の経緯について、トレーナーはこう述べている。

大学設置委員会は、大学基準協会が作成した適格判定のための最低基準を、設置認可作業の基礎として活用することに同意した。しかし、設置委員会は単純に基準協会の代役を務めたわけではない。それどころか、認可を申請する教育機関を調査し、評価するにあたって、非常に重要な要件を付け加えた。すなわち、その教育機関が妥当な時間内に、基準協会が設定した適格判定の基準を満たす可能性がどれだけあるのか、明らかにすべく全力を尽くすこととしたのである。新しい「大学」として設置認可を望む教育機関は、その旨を裏付けとなる基礎資料を添えて、文書で申請することが決められた。申請書の提出先は文部省だが、文部省は意見をはさまずに大学設置委員会に回すことも決まった。このように文部省が大学設置委員会に敬意を払い、申請手続きの過程に何の障害も設けないことになったのは、意義深いことであった。（Trainor, 232）

届け出制に近いアメリカの設置認可と異なり、日本の場合には、文部省が直接介入することはなかったとはいえ、適格判定に関わる要件（校地、施設設備、教職員数、教育課程等に関する基礎資料の提出）が、大学設置委員会の設置審査の過程に組み込まれていたことになる。大学側もそれに異を唱えることはなく、むしろ当然視していたことは、トレーナーの先の指摘に見るとおりである。

こうして「基礎資料」付きで提出されることになった設置申請だが、審査にあたった大学設置委員会の委員の間からは、基準通りに審査すれば多数の不合格校を出さざるを得ないという、悲鳴に近い声が上がったことが知られている（天野『新制大学の誕生』下）。そして、審査を厳しくすれば、基準を充たすのが困難な弱小専門学校が大量に廃校に追いやられることを怖れ、またその結果として危惧される社会的不安や混乱を避けるために、設置委員会が審査にあたって手心を加え、緩和措置をとり、「履行条件」という形で設置基準の実質的な引き下げを図らざるを得なかったのは、先の日高学校教育局長の回顧に見るとおりである。文部省・大学設置委員会は緊急避難的に、されたのである。

「履行条件」付きの「甘い判定」という形で多数の、人的・物的条件に問題のある新制大学の設置認可を余儀なくされたのである。

設置基準の最高基準化

こうして認可された新制大学だが、履行条件付きの手加減された審査とはいえ、文部省の設置委員会という国家機関による審査に合格し、正式に大学としての発足を認められたのである。大学側からすれば、学年進行により完成年度に達するまで、文部省・大学設置委員会の監視のもとに、履行条件の改善・充足に努力するのは当然として、その後さらに、どのような利点があるのか不明な、しかも任意の民間団体である大学基準協会の会員になるために、あらためて厳しい審査を受け、「適格判定」を勝ち取る必要性が果たしてあるのか。明治以来の官僚統制、言い換えれば文部省による質の維持・保証システムに慣れてきた日本の大学にとって、新しいアメリカ的な、しかも各大学の主体的な判断に委ねられた水準向上のシステムを理解するのは難しく、それを自主努力で活用しようという意欲を持つ大学の数が限られていたとしても、不思議はないだろう。

実際に蓋を開けてみると、設置認可から年数を経ても、資格審査を要請し適格判定を受ける大学は少数にとどまり、しかもそのほとんどが「旧制大学」を継承した大学であって、質的に問題を抱えた旧制専門学校を母胎とする純然たる「新制大学」は、皆無に近かった。新制大学の一斉発足から七年たった昭和三一年（一九五六）時点で見れば二二八校の大学のうち、審査を受け合格して基準協会の正会員となったものは四八校（二一％）にとどまり、その後もほとんど増えることはなかった。ＧＨＱが強権的に推進した二元的システムの導入だが、アメリカ的理想は日本的現実に敗れ、文部省・大学設置委員会の設置認可基準が大学としての質・水準の「最低基準」ではなく、いわば「最高基準」として機能し、しかも昭和三一年には省令化され、基準協会による適格判定制度は有名無実化してしまったのである。

新制大学の現実

申請する大学が限られるなか、毎年度の大学基準協会総会では、審査委員会の委員長により資格審査の結果が報告されているが、そこからは審査対象となった大学の、昭和三〇年前後の時期の現実が見えてくる。それによれば「常に問題になるのは、(1)一般教育、(2)学部の教員組織、(3)教育課程及びその履修方法、(4)施設」であり、具体的な内容は以下のようなものであった（『大学基準協会十年史』一七四-五）。

(1)一般教育については

(a)担当教員組織が弱体である。(b)人文・社会・自然の三系列担当教員組織がその平衡を失っている。(c)その教育課程に準備教育の傾向がみられる。殊に自然科学系において、その傾向がはなはだしい。(d)その施設中、自然科学系実験室に不十分なものが多い。これを要するに、未だ一般教育に対する大学の認識に欠けるところがあるということである。

(2)学部の教員組織については

(a)全般的に教授・助教授陣が弱体である。(b)その学部の重要な科目について専任教員を欠くものがある。(c)名目上のみの専任者と疑われるものもある。(d)新進育成に欠けているものが多い。

(3)教育課程及びその履修方法については

(a)教育課程が大学の目的・使命の線からはずれているものがある。(b)教授陣容に比し専門分野を細分しすぎた学科目を設ける傾向がある。(c)重要科目を設けないものもある。(d)学生の学習量を考慮にいれず、過大の単位数を要求する詰込主義の傾向が多い。これを要するに「教育のための教育課程」というより「大学の都合による教育課程」といったものが多くみられる。

(4)施設

全般的になお不十分であるが、特に、(a)専門図書、専門学術雑誌が極めて貧弱である。殊にその質において貧弱である。(b)研究室の整備が不十分である。

このほかにも「一般教育、体育、ガイダンスという新制大学になって初めて取り入れられた教育面に問題があること、前述の教員組織の弱体と専門図書、専門学術雑誌の貧弱とが、戦後新設の大学又は学部にしばしば見受けられることは大いに考慮を要するところである。私立大学における定員無視の傾向も亦憂慮される」という指摘がされている（同、一七五－六）。

大学基準協会は、旧制大学の関係者を当初メンバーとして発足したものである。しかも国内唯一の協会であり、そこで策定された施設設備・教員組織等にかかわる「大学基準」は、旧制大学の実態をほぼ踏襲するものであったとみてよい。基準協会に積極的に資格審査を申請し、正規に会員として認められたのも、質的に上層を占める大学群だけである。校名を見るとほとんどが旧制大学を前身校に持つ、それら「エリート」大学群の現実がそのようなものだとすれば、審査申請をためらい、あるいは忌避するそれ以外の、とりわけ純然たる新制大学の現実がどのようなものであったかは、容易に推測される。

「大学の名に価しない大学さえできている」と、文部省自身が認めざるを得なかった、人的にも物的にも理想から乖離した水準での新制大学の拙速な出発と、アクレディテーションの機能不全は、わが国の高等教育のその後に大きな負の資産を残すことになった。

単一の基準

適格判定制度の導入については、基準作成だけでなく実際の設置審査の過程にも深くかかわった関係者の一人、務台理作（東京文理科大学教授・学長）の次のような回顧談が残されていることも付け加えておこう。それによると、アメリカには基準協会が複数あり、しかもA、B、Cというようにランク分けされているというのが、少なくとも彼個人の当時の認識であったことがわかる。

A・B・Cというアメリカにあったような基準協会にし、各々望むようなclassに各大学は入る、そしてその中で学生の転学が出来たり、教授の交換が出来たり、他の大学での単位がこの大学で有効になるというようなことが出来るというような考えが出発点にあったわけですから、それによって画一化しようという考えはなかったと思う。しかしそのためにも新しく専門学校が大学になるには、何かその依りどころがなければいけない、専門学校に任せておけないのでその助言者になるというような考えがあったわけですネ。結果として、確かに画一化してしまった大きな欠点があると思います。一般教育をあゝいう風に三科目並べたりしたということと、しかも一般教育について本当に基本的な考えをつきつめないで形式的なものにしたというようなことは……。大きな誤算であったと思います。しかしあの敗戦後の学制改革の切羽詰まった場合には、仕様なかったという事情もあるわけです。ほんとうに短日月の間にあれだけのことをやったのだからいろいろと無理があった。（南原他『戦後大学改革を語る』八二）

アメリカでは基準協会が、したがって適格判定の基準が複数あり、しかもランク分けされているのに対して、わが国では旧制大学関係者による基準協会一つのみであり、そこで策定された基準がほぼそのまま文部省の「設置基準」に採用され、設置認可に際して（運用上の緩和措置はあっても）一律に適用された結果として、画一化が招来されることになったというのである。務台の認識の当否は別として、チャータリングとアクレディテーションをめぐる二元的、というよりも多元的なアメリカのシステムは、日本側の理解を超える、受け入れがたいものであったと見るべきだろう。

第3章　新制度への移行と短期高等教育問題

1　日米の短期高等教育論

問題の発端

新しい高等教育システムの構想をめぐって日米間で、またそれぞれの内部で激しく意見が対立した第二の大きな問題は、トレーナーが「高等教育の領域で［CIEの］教育課が経験したことすべてのなかで、何よりも煩わしかったのは、ジュニア・カレッジの構想に関するそれであった」と回顧している（Trainor, 234）、「短期高等教育」制度導入の是非の問題である。

先にふれたように、戦後日本の高等教育改革について第一次教育使節団が思い描いていたのは、漸進的な改革構想であったと思われる。トレーナーは、それは日本側の自由と主体性を尊重した結果だとしているが、それだけでなく、使節団が日本の専門学校・高等学校と大学の関係を、自国におけるカレッジとユニバーシティのそれになぞらえて理解していたためでもあると推察される。高等学校・大学予科を持ち、また大学院を置いて、一般教育と専門教育・職業教育、さらには研究の役割を担う旧制大学を、リベラルアーツ・カレッジとグラデュエート・プロフェッショナルの両スクールからなる自国の「ユニバーシティ」と、多様な教育課程をもち質的にも多様な専門学校を「カレッジ」と、それぞれ重ね合わせて見ていたのではないか。実際に使節団報告書が、「専門学校」の訳語にあてたのは"specialized college"であり、"junior college"ではなかった。

今ではアメリカの高等教育システムの重要な一角をしめる「ジュニア・カレッジ」だが、使節団が来日した一九四〇年代半ばの時点では、それがようやく勃興期を迎えたばかりであったことも、併せて指摘しておくべきだろう。二年制の短期高等教育機関であるジュニア・カレッジがアメリカに出現したのは、二〇世紀の初めである。当初はすべて私立であり、ジュニア・シニアに分けたカレッジの前期二年間に相当する教育課程を提供する、いわば「前期大学」として、カレッジの後期課程に進学ないし転学を目指す若者たちの教育に当たっていた。やがてこれに進学だけでなく、主として準専門的・技術的職業を目指す若者や成人に完成教育の機会を提供する、「コミュニティ・ジュニア・カレッジ」と呼ばれる公立短期大学が加わることになる。アメリカの短期大学が、その公立校を中心に急拡大を遂げ、やがて「コミュニティ・カレッジ」がジュニア・カレッジに代わって短期大学全体の呼称とみなされるようになるのは、一九五〇年代以降のことである（田中・森本『アメリカの短期大学』）。使節団の来日当時、アメリカのジュニア・カレッジ制度はまだ、専門学校制度と対比させてその導入の是非を論じるほど大きな存在ではなかったのである。

技能専門学校案

ただ、アメリカ側がジュニア・カレッジ制度を日本に導入することに、全く関心を持たなかったわけではない。昭和二二年（一九四七）一月には、文部省の係官の説明によると「司令部の実業教育に関する人から、このようなものを考えたらどうか」と申し出があり、「技能専門学校（仮称）案」なるものが、文部省から教育刷新委員会の第五特別委員会に提示されているからである（『会議録』第八巻、一三三-四）。「大体アメリカのテクニカル・インスティテュート、あるいは職業を主とするジューニア・カレッジの案に倣った」というその案によれば、技能専門学校とは、中等学校卒業者を対象に「大学卒業を必要としない程度の専門技術の教育を行」う、「学科の種類」に応じて年限に一～三年と幅をもたせた学校であり、「現在の専門学校から改造するを適当とする」が、同時に「(中等レベルの)実業学校」、あるいは「大学」に併設することができるとされ、開設が考えられる学科としては、外国語、経理学から、測量、鉄道、配管、養蚕、育児、看護など三九の名称が挙げられている。つまり、既存の専門学校を前提に、日本にも、アメリカで数が増え始めたコミュニティ・カレッジに近い制度を導入したらどうかというのが、ＧＨＱの示唆だったことになる。

文部省の係官の説明によると、それを受け止めた日本側にとっての「技能専門学校」設置のメリットは三つあった。第一は「現場で働く技術者」の養成である。従来「現場の指導者、或いは現場の実際の作業にあたるものは、大学卒業者には非常に少なかった」が、「仮に今度の専門学校が全部大学になるとしますと、どうしてもやはり、そういう傾向ができてくるのではないか。（中略）従って、現場の実際のフォアマンとなって働く者を、こういうようなところで養成する方がいいのではないか」。第二は、経済的負担の軽減である。「大学教育では四年になりますので、実際上父兄の負担を軽くするという意味において、もう少し短い修業年限が入用ではあるまいか」。第三は新制度への移行問題への対応である。「現在の専門学校は、必ずしもみんなが大学になり得るということは困難でありますから、そういう一部の専門学校を、これに改造していけばよろしいのではないか」（同、一三四–五）。

日本側がアメリカのジュニア（コミュニティ）・カレッジ制度について、どの程度の知識を持っていたのかは明らかではないが、文部省としても新学制への移行、とりわけ専門学校の移行をめぐって予想される課題への対応策として、「短期」高等教育の制度化の可能性に無関心ではなかったことが見て取れる。

ただ、説明にあたった係官が「[ＣＩＥに]盛んに呼び出されて、ああやれこうやれということを、ずいぶんいわれる」と愚痴を述べているように、昭和二二年一月といえば、教刷委の建議を受けて文部省がすでに、すべての高等教育機関を原則四年制の新制大学に移行させる方向で「学校教育法」の策定作業に入っていた時期である。文部省にとってみれば、迷惑な話であったのかもしれない。教刷委側も「これはへたにやると、せっかく今度改めようというプリンシプルが、又もとにかえってしまう。専門学校と他の大学校との区別というものが、またごちゃごちゃになってしまう」、「刷新委員会と独立にそういうことを司令部と交渉しては作られたんじゃ、もう刷新委員会というものは意味がなくなってしまう」（同、一三六、一三八）という天野貞祐委員の発言にみるように、厳しく批判的・否定的であり、それ以上議論が進展することはなかった。

とはいえ、以下にみるように、その後、教刷委において短期高等教育の問題が繰り返し取り上げられ、学制改革論議の主要な争点の一つとなったことからすると、不発に終わったとはいえ、二二年一月という早い時点でのこの「技能専門学校」構想は、議論の出発点として重要な位置を占めると見るべきだろう。

トレーナーの述懐

それはともかく、トレーナーが「何よりも煩わしかった」としたジュニア・カレッジ制度の導入をめぐる議論だが、昭和二二年（一九四七）三月末、元スタンフォード大学教授のウォルター・C・イールズ（Walter C. Eells）が来日したのを機に新しい局面を迎えることになる。

全米短期大学協会事務局長を務めたこともある、アメリカにおける短期大学運動のイデオローグともいうべきそのイールズが、CIEの高等教育顧問に就任すると直ちに、日本にも同様の制度を導入する必要性を声高に主張し始めたからである。土持ゲーリー法一の研究によれば、イールズは来日早々の四月三〇日に、トレーナーに宛てて「CI&E教育課が押し進めた高等教育改革を批判する文書」を送り、「日本は四年制大学を重視しすぎたと批判し、「アメリカでは六・三・三・四制はまれな制度であって、もっと柔軟に地域社会に対応した二年制の専門学校や「ジュニア・カレッジ」を設ける必要があると主張」して、「同課を混乱に陥れた」（土持『戦後日本の高等教育改革政策』二四九）とされる。

トレーナーの回顧録は、直接イールズの名前を挙げていないが、この間の経緯について以下のように述べている。

「アメリカのジュニア・カレッジという名称に相当すると思われる日本語名［短期大学］で、やがて知られることになる別の教育機関について、［教刷委の］六・三・三・四制構想には何の規定もなかったが、日本人教育家のなかには一部、そのような構想に関心を寄せるものがいた。ただ、彼らの構想は旧制高等学校と結びついており、高等学校に対する思い入れや、特別な価値を認めようとする強い感情から、彼らは、四年制大学を旨とする高等教育改革に強く抵抗していた」。しかし教育刷新委員会の委員の大部分は、「いかなる形であれ、旧制高等学校が存続することは、日本の教育改革の妨げになる恐れがある」ことを十分に認識しており、「新制度の下で「ジュニア・カレッジ」として存続させたいとする高等学校支持者たちの願いを、熟慮の上退け、高等学校の廃止やむなしとする方向で改革を進めるべく建議をした」(Trainor, 234–5)。

この建議に基づいて、二二年三月には学校教育法が公布され、問題はひとまず落着したかにみえた。しかし、それで決着がついたわけではなかった。「一九四七年の初め、［ＣＩＥの］教育課内の人員の異動により、高等教育委員会の編成が変わ」ると、新しいスタッフたちが「日本にジュニア・カレッジの規定がないことに懸念を表明」し始めたからである。

「高等教育の発展に関する意見書が教育課に提出され、新制度には準専門職業教育（semi-professional education）についての規定がないという理由で、ジュニア・カレッジ制度の確立を求める強い主張がなされた。その意見書は、アメリカで制度の運営に適切に働いている論理を、異なる要因が作用している日本に適用することには無理があることを、例証するものでもあった。このように意見書には偏見も見られたが、教育課のスタッフに真剣な検討を求める問題もいくつか提起された。教育課の高等教育委員会のメンバーのなかには、意見書の考えに同意せず、公然と反対を唱えるものもあった。（中略）教育課内の意見の対立は緊迫し、ジュニア・カレッジに関して定めなかったのは重大な誤りであり、教育課は早急に誤りを正すべきだと考えるものもいれば、ジュニア・カレッジの構想はアメリカ本国では大きな価値があるが、今の日本では危険だと考えるもの」もおり、教育課、とりわけ高等教育委員会の内部には「和解の可能性がないと思われるほどの意見の相違」が見られた（同、236）。

イールズの主張する「準専門職業教育」のための短期高等教育機関の性格や、その導入の是非について、CIEの専門家の間で意見が大きく分かれていたことがわかる。

議論の末、この問題についてCIE教育課が下した裁定は、「日本側に彼らの答申や法律は誤っており、改革構想にジュニア・カレッジ制度を取り入れる必要があると指摘するのは妥当ではない」というものであった。「学校教育法の成立からまだ数か月だというのに、教育課が意見を述べて改革構想の変更を求めるのは場違いなこと」だとされたのである。こうした動きは当然、日本側にも伝わり、アメリカ側が「ジュニア・カレッジ構想は、日本にとって価値がある」と公的に考えているのではないかという憶測が生まれたために、「GHQとしてはジュニア・カレッジ構想を推奨しているわけではなく、教育課はこの問題は教育刷新委員会が扱うべきものと考えており、完全な自治権を委員会に保証する方針に何ら変更はない」と釈明を迫られる一幕もあった（同、236）。

日本側の短期高等教育論議

このように、ジュニア・カレッジ制度の導入についてGHQ／CIEからあからさまに圧力を受けることはなかったものの、CIE内部の意見の対立が早くから日本側にも伝わっていたことは間違いない。それだけでなく、トレーナーがふれているように、短期高等教育問題については日本側の内部にも、複雑な意見や利害の対立があった。それは、この問題が、旧制度から新制度への移行とも関わって、無視することのできない重要性をもっていたからである。

日本の高等教育システムが、一握りの大学を除けば、専門学校・師範学校、それに高等学校（大学予科）という、まさに「短期」高等教育機関が多数を占める、欧米諸国にみられぬ特異な構造のもとに発展を遂げ、敗戦を迎えたのは前述のとおりである。その国際的にみて特異なシステムについて、戦前期における学制改革論議の主流は、高等学校・大学予科制度を廃止し、専門学校と大学を統合して、中等学校に直接接続する職業・専門教育に専念する新しい大学ないし大学校に移行させ、研究の機能は大学院あるいは研究所を別置してこれに委ねる、というものであった。戦後学制改革の主要舞台となる教育刷新委員会で大勢を占めたのも、そうしたいわば「短期」・「長期」の高等教育機関の再編統合による、新しい単一の大学制度への移行構想にほかならなかった。大学と専門学校等からなる高等教育の階層構造の廃止を最重要課題としてきた、戦前期以来の学制改革論の流れを継承する教育刷新委員会の主流派にとって、専門学校等の「短期高等教育機関」を「ジュニア・カレッジ」化する、つまり大学と短期大学の併存という形で階層構造を維持するというのは、受け入れがたい構想であったとみるべきだろう。

ところが、旧制度から新制度への移行が理念から現実に、具体的な政策上・行政上の課題になるにつれて、ＣＩＥ側の思惑や圧力とかかわりなく、日本側の内部であらためて短期高等教育機関の制度化の是非をめぐって激しい議論が開始されることになる。そこでどのような理由から、どのような議論が戦わされたのかを見ることは、戦後高等教育制度の画一化の源泉がどこにあったのかを理解し、また、昭和三〇年代に入って再燃する学制改革、高等教育システム改革論議の原点を確認するうえで、欠くことのできない作業である。以下、短期高等教育問題をめぐる錯綜した議論の過程を、可能な限り再現してみることにしよう。

2　教育刷新委員会と移行問題

教刷委の建議と学校教育法

この問題については、まず、昭和二一年（一九四六）一二月に総会決定された教育刷新委員会の新学制構想（第一回建議「学制に関すること」）が、単純な六・三・三・四制ではなかったことを、確認しておかなければならない。教刷委の建議によれば、小学校六年、中学校三年の九年間を義務教育とし、その後に、「三年制の高等学校（仮称）を設ける。但し、四年制五年制のものを設けても差支えないこととする」、「高等学校に続く学校は四年の大学を原則とすること。但し、大学は三年または五年としてもよい」となっている。つまり、六・三・三～五・三～五と、新制の高等学校・大学とも年限に幅をもたせた案になっていたのである。

それが二二年三月末公布の「学校教育法」では、「高等学校の修業年限は、三年とする。但し格別の技能教育を要する場合（中略）その修業年限は三年を超えるものとすることができる」、「大学の修業年限は四年とする。但し特別の専門事項を教授研究する学部（中略）については、その修業年限は四年を超えるものとすることができる」という条文に変わるのだが、法案作成にかかわった文部官僚の一人、安嶋彌は、この間の教育刷新委員会を中心とした日本側の動きについて、次のように回顧している。

昭和二一年の「秋になって漸く単線型の新制高校の制度の採用が固まったが、しかしその性格は必ずしも明確ではなく、単純に旧制中等学校と旧制高等学校の中間と言った程度の認識しかなかった」。それだけでなく高等教育については昭和二一年八月時点で「まだ旧制温存の方向であり、十月になっても、旧制高等専門学校［高等学校・専門学校の総称、以下同じ］や師範学校を新制大学に一元化するという結論には達していなかった」。教刷委の委員に「旧制高校存置論者が少なくなかった」ことや、「米国教育使節団の報告書自体が高等教育の制度については、初等中等教育の場合ほど明確に触れていなかったという事情」があったためである。一二月になってようやく教刷委の総会で学制改革に関する建議が採択され、文部省はそれに基づいて学校教育法案の作成に取り掛かり、閣議に請議したが、それはほぼ、教刷委の建議の内容に添ったものであった。文部省はこの案について、ＣＩＥ側と折衝を重ねるが、なかなか同意を得られず、結局、「請議案の内容に大幅な修正」を加えることでなんとか学校教育法の成立にこぎつけることができた（安嶋『戦後教育立法覚書』一〇九－一一三）。

　トレーナーの回顧にあったように、旧制高等学校制度の温存策につながることを恐れるＣＩＥ側が、ジュニア・カレッジ制の導入だけでなく、高等学校・大学の年限に幅をもたせることにも否定的になり、新制高校三年制、新制大学四年制の原則堅持を強く求めたことがわかる。学校教育法の条文にみるように、但し書きで年限の延長が認められたのは、高等学校では「格別の技能教育を要する場合」、大学では「特別の専門事項を教授研修する学部」（具体的には医・歯学部）と、ともに特定の専門・職業教育分野に関してのみであった。

　こうしてＣＩＥとの間で合意に達した学校教育法の内容が明らかになると、教育刷新委員会、とくに旧制高等学校制度の存続を望んできた第五特別委員会の委員の間からは、強い反発の声が起こった。審議の末に下した決定が文部省（ＧＨＱ／ＣＩＥ）によって、一方的に修正・変更されるというのでは教刷委の主体性はどこにあるのか、というのが表向きの反対の理由だが、教刷委での議論をたどっていくと、その本音は別のところにあったことがわかってくる。

旧制高等学校と専門学校

　明治以来、学制改革の課題とされてきた階層的なシステムの廃止を目指すとして、多数を占める旧制度の「短期」高等教育機関、とくに専門学校を、新制度の大学にどのように移行させるのかが、最も重要かつ困難な課題であることは、少なくとも教刷委の一部の委員の間で早くから認識されていた。三～五年という幅をもたせた新制高等学校・大学構想の背後にあったのが、何よりもそうした移行問題に対する配慮であったことが、建議の原案作成にあたった第五特別委員会での議論の内容から見えてくる。

例えば、第五特別委の有力委員の一人、佐野利器は「専門学校が大体大学になるのだという考え方、又そうした方が宜いという考え方を、前に持って居りましたが、敗戦後の今日の現実の問題としては、そういうことを考えることは無理なことである。（中略）従って大学よりも低い専門教育を施すところは、大体〔新制の〕高等学校でやらなければならぬ。専門学校の中の良い学校は大学に上げても宜い。でありますが、大体に於ては専門学校というものは（中略）高等学校でやらなければならぬと考える」と述べている（『会議録』第八巻、七―八）。つまり、旧制度の「短期高等教育機関」をすべて新しい大学に移行させるのは困難であり、大半は新制高等学校に移行させる必要がある、そのために新制高等学校の年限に幅をもたせ、四～五年制も認めることにしたい、というのが彼の現実主義的な主張であった。

それはまた、旧制高等学校の温存を望む委員たちの望んだ対応策でもあった。旧制高等学校は、大正七年（一九一八）の新「高等学校令」において、六年間の義務教育修了者を入学させる七年制主体の学校として制度設計されたことからもわかるように、もともと、中等教育と高等教育にまたがる教育機関である。その旧制高等学校についても新制大学への移行困難が危惧されたが、四～五年制の新制高等学校を認めることにすれば、容易に移行可能である。「今の高等学校を全部四年制の〔新制〕高等学校としさえすれば、あとの大学は今まで通りだということにすれば、何も今と変わったことがない。七年制〔高等学校〕と同じことです」（天野貞祐委員の発言。『会議録』第八巻、五二）。つまり、三～五年という新制高等学校の年限幅は、旧制度の短期高等教育機関である「高等専門学校」の救済措置として、設定されたことがわかる。

曖昧な決定

新制高等学校の年限にこのように幅をもたせれば、当然のことながら、四年制・五年制の高校卒業者を、新制大学のどの学年に、どのような形で受け入れるのか、高校と大学との接続関係が問題になってくる。ところが第五特別委での審議の過程をたどっていくと、新制大学の教育課程編成や入学者選抜制度ともかかわるこの重要な問題について、議論がほとんどなされぬまま、「兎に角六三三四を後の三［新制高校］とその次の四［新制大学］というのは幅を持たせて、三年から五年へ掛けて必要に応じて決めるということ」にしたいという小宮豊隆主査の総括（『会議録』第八巻、五六）で、あっさり結論が下されたことが知られる。

この第五特別委の建議案が教刷委の総会にかけられると、委員の間から疑問の声が上がったが、それに対する小宮主査の回答も同様であった。

何故三年としておいて四年若くは五年にしても宜いということを仮称新制高等学校に対してしたか。（中略）六・三・三・四というのはアメリカのミッションの研究のアドヴァイスにもありましたし、それから日本側委員の報告にも出ておりまして、之を最高と考えてそれから逸脱しないような意味で六・三・三・四というものを一応置いておいたわけであります。三で済む、或いは四で済む学問は三・四とその儘の形でそれを原則とするという風に一応置いておいて、学問の性質に依り又他の理由に依って、仮称高等学校を四年にしなければいけないという必要がある場合には、そういう高等学校を設け得るような幅のあるものにしたら宜かろう。同じ意味で［新制］大学も三年若しくは五年とした方が宜かろうというので、結局こういう形に致したわけであります。（『会議録』第一巻、四〇九―一〇）

この答弁にさらに質問や疑問が向けられることはなく、それ以上の実質的な審議のないまま建議案は総会で採択されている。ところが、多分に曖昧さを残した教刷委のこの改革構想は、文部省とＣＩＥとの折衝の過程であっさり覆され、提示された学校教育法案の条文が、新制の高等学校三年制、大学四年制の原則を厳しく打ち出すものに修正されたのは、昭和二二年（一九四七）三月の初めのことである。教刷委・第五特別委は、新学制の施行を目前に控えて否応なく、高等学校・専門学校等の短期高等教育機関を、新学制の枠に沿う形でどのように移行させるのか、あらためて具体的な構想の検討を迫られることになった。新しいタイプの短期高等教育機関の制度化の必要論は、イールズらがモデルとして主張し始めたアメリカのジュニア・カレッジ制度を引き合いに出しながら、そうした教刷委・第五特別委での錯綜した議論のなかに登場してくるのである。

新学制への移行問題

意外に思えるかもしれないが、それまで、新制大学の年限問題を議論するにあたって、教刷委で旧制から新制への短期高等教育機関の移行問題が議論されることはほとんどなかった。有力委員の多数が帝国大学・高等学校の関係者で占められていたこともあって、稗方弘毅（和洋女子専門学校長）のような、移行・昇格の可否に不安を抱く私立専門学校、それも女子専門学校関係の一部委員が早くから議論の必要性を訴えていたが、取り上げられるには至らなかった。

それが大きく変わったのは、学校教育法案の内容が明らかになって以降のことである。必要に迫られた第五特別委員会は、昭和二二年（一九四七）三月に五回にわたって移行問題の集中的な審議を行うが、その冒頭で務台理作委員から、以下のような問題提起があった。

> 六・三・三・四制が実施されるとなると、一番大きな変革を受けるのが真中に入っておる三で、三の学校に乗換えなければならない現在の〔旧制〕高等学校で、〔旧制〕中学校と高等学校、高等《ママ》専門学校が一番大きな改革に突きあたる。（中略）中等学校の方は、五年のものを要するに三年に縮めれば宜いということも考えられ

ますし、或は［旧制］中学校にもう一年足して六・三・三の新制高等学校を作るという途もあるので、中学校の方は割合楽な立場に立っておると思いますが、一番難儀なのは［旧制の］高等学校、高等専門学校、師範学校もそこに含まれると思いますが、これは現在の儘ではもうおられない。（『会議録』第八巻、二七九）

議論の根幹は、従来の短期高等教育機関のすべてを一挙に新制大学に移行させるのは困難だという認識にあった。この点で委員の意見はほぼ一致していたといってよい。それまで新制大学の組織形態はもちろん、教育課程や教育水準についても議論がほとんどされてこなかったのだから、新制度の大学についても、委員の間に旧制大学のイメージが支配的であったことは容易に推察される。そのためもあって、とくに第五特別委員会の委員の間では、旧制の高等学校・専門学校等のうち、新制大学への移行が可能なのは一部分だけで、大多数の学校は新制高等学校に移行させるべきであり、三年から五年という年限の幅はそのためのものだというのが、この時点でのほぼ共通の認識であったと見てよい。

問題はその先にあった。意見が分かれたのは、第一に、専門学校の受け皿に想定された五年制の新制高等学校が恒久的なものか、それとも、直ちには移行困難な諸学校に対する救済策としての暫定的なものかをめぐってである。議論は暫定措置として認め、条件整備の進んだものから順次、新制大学に移行させる方向に収斂していったが、工業・商業等の職業系を中心に恒久化を図ることで専門学校制度を継承すべきだ、とする意見もあったことを指摘しておくべきだろう。第二は、旧制高等学校を継承する五年制高等学校を認めるか否かである。学校教育法案の但し書きは、明瞭にそれを否定するものだったが、文科・理科を「専門科」とみなすなどの便法を講じてでも、五年制高等学校として存続を図りたいという強い意見が一部にあり、議論が紛糾したことが知られている（天野『新制大学の誕生』上、二〇一-二）。法案の趣旨に背く無理な要求であったが、その過程でようやく新制度の高等学校と大学との接続関係が、ひいては五年制高等学校の設置を認めた場合の第四・五学年を、教育課程上どう位置づけるのかが議論され始めるのである。

天野と南原

議論は、旧制高等学校温存論者を代表する天野貞祐委員の、五年制（新制）高等学校の「あとの二年は大学の前期」に相当するという発言から始まった。大学基準協会の前身である大学設立基準設定協議会の委員でもあった務台理作は、これに対して「［新制］大学の四年の課程を二つに分けるということも話が［基準設定協議会で］出ておるだけで、まだはっきり取り決めになっていない」が、分けると決まれば五年制高等学校の二年間はその前期に相当し、「アメリカのゼニアーカレッジその儘のようになる」という、注目すべき発言を行っている（『会議録』第八巻、二八二―四）。旧制高校温存論者たちにとっては、希望を持たせる発言である。実際に務台は、その構想をＣＩＥに投げかけるのだが、「そういうことは六・三・三・四制度の上からむずかしい」と告げられ、協議会の方も「歓迎しない傾向」だということで、結局「高等学校の四、五年でやった単位を大学の一年、二年の前期に持ち込んで、それを履修した者が大学の三年に入るというようなこと」は「だいたいの観測ではむずかしい」という報告を、第五特別委員会でしている（同、二八四―五）。

しかし、これで決着がついたわけではなく、今度は医学教育を六年制とし、最初の二年間をプレメディカルの教育、つまり一般教養教育にあてることを主張していた医学教育審議会の委員を兼ねる福田邦三委員から、助け舟的な意見が出される。旧制高等学校を五年制の新制高等学校にするというのでは「今迄の高等学校の制度を保存する形になり、これは新制度の精神と全く相容れないもの」だから、「どこかに必ず強い反対が出る」。しかし五年制高等学校の後期二年が「大学の二年にエクイバレント」なものであれば、「大学という名をつけても宜いじゃないか」。「臨時措置として高等学校を二年延ばす」のは、「二年制度の大学、つまり未完成の大学を設ける」ことと同じだから、「新制度への努力」ということでＣＩＥの賛同も得られるのではないか、というのである（同、二九五）。

旧制高等学校の温存論者たちが、アメリカの私立ジュニア・カレッジに似た、この「二年制大学」案に飛びついたことは言うまでもないだろう。「今の高等学校を新制高等学校に下げてしまっては実に惜しい。（中略）［四年制］カレッジにすれば宣いが、教授力が足りない」、「師範学校も高等学校も専門学校もみな大学になったら、大学というものは安っぽいものになってしもう」、暫定措置でなく恒久的な制度として「二年制大学」が必要だと、天野貞祐委員があらためて主張している（同、三四）。しかし、大学の四年制原則厳守の学校教育法の公布直前になって、「二年制大学」の恒久化を求めるのは、さすがに無理と思われたのだろう、昭和二二年（一九四七）三月末の総会に第五特別委から提出されたのは、「現行の高等学校・専門学校のうち直ちに新制大学に移行困難なものについて、臨時的・過渡的措置として二年制大学の附置を認める」という案であった（『会議録』第二巻、二六六）。

しかし、総会の多数意見はこの案にも否定的であり、とくに南原繁副委員長の意見は厳しかった。高等学校・専門学校について、「私はだいたい相当設備並に人員が揃えば、矢張りこの際ちゃんとして大学」と認めるのが原則と考える。「救済に急の余り臨時措置として二ヶ年の大学を置くということは、新しい大学制度としてバランスがどうなるか。（中略）一般的な制度とか原則を考えなさ過ぎはしないか」（同、二六二）。これに対して第五特別委の務台理作委員から、予定された二四年四月の新制大学発足時に「大学にならないとすれば三年の［新制］高等学校になるより道がない。（中略）高等学校なり専門学校なりは、その窮地に追い詰められることが非常に深刻になるだろう。（中略）それで二年の大学を作って、あとの二年というものを更に充実するような余裕を持」たせるという意味での「臨時措置」なのだと弁明があったが（同、二六三－四）、南原は納得せず、結局、第五特別委の「二年制大学」案は承認を得られぬまま、差し戻しとなった。

専攻科と前期課程

こうして、短期高等教育問題の審議は、学校教育法の成立以後も第五特別委で続けられることになり、昭和二二年（一九四七）四月になって、「現在の高等学校及専門学校は臨時措置として大学前期に相当する専攻科を設置することが出来る」、「大学の課程は前期、後期に分ち、前期終［修］了者は原則として他大学の後期に転学することが出来る」とする修正案が作成された。

大学の教育課程の前期・後期への分割と転学の容認は、新制高等学校に「大学前期に相当する専攻科」を設置した場合の修了者の受け皿の必要性から出てきた構想である。ただ、この時期はまだ前期・後期、つまり一般教育と専門教育への分割は（医学教育を除いて）議論され始めたばかりであり、転学についてもその結果として予想される混乱を危惧する声が強く、現実性に欠けていた。専攻科についても、新制高等学校に設置が認められている学校教育法上の専攻科とどう違うのか、旧制高等学校はともかく専門学校系の専攻科の教育課程が、大学の前期課程に読み替えられる内容を持ちうるのかなど、第五特別委の内部にも異論が少なくなかった。

それでもこの修正案は直ちに総会に提出され、議論の末、専攻科については「現在の高等学校及び専門学校の処置をどうするかという問題」への対応策として、新制高等学校の「上になお二年の専攻科を設けるという意味である、つまり「ゆくゆくは昇格して大学になり得るという予想の下に置かれる専攻科」であって、「普通のボケーショナルの意味での高等学校の、三年の上に置かれる二年の専攻科とは別個のもの」である（小宮第五特別委主査。『会議録』第二巻、三〇二-三）、また前期・後期への分割と転学については「前期、後期を二年とするか、あるいは一年と三年とするか」など、「具体的内容についてはいろいろな問題があると思いますが」（安部能成委員長。同、三〇二）としたうえで決が採られ、曖昧さを残した玉虫色の決議が原案通り採択された。

3　三年制大学論の登場と挫折

三年制大学という現実論

だが、「短期」高等教育問題をめぐる錯綜した議論に、これで終止符が打たれたわけではなかった。前期・後期の分割も転学の自由も曖昧なまま、暫定的措置として「大学前期に相当」する専攻科を認めるとしてみても、移行問題自体の解決策にはなりえないからである。ＧＨＱに、昭和二三年（一九四八）四月からの新制大学発足を迫られている行政当局として、第五特別委の審議を待ちきれなくなったのであろう、二二年七月に開かれた、教育刷新委員会の夏休み直前の総会で、日高第四郎学校教育局長から以下のような発言があった。

日本の財政経済状態が非常に逼迫しておる時に今後専門学校の昇格とか、転換とかいうことを考えなければなりませんので、無理をしますと、よくするよりはかえって悪くする惧れがあるので、一応専門学校は専門学校、あるいは高等学校を現状維持で以てしばらく行けるような処置を考えないとどうにも処置がつかなくなるのじゃないかという見透しをつけております。（中略）もともとは刷新委員会の決議では大学は三年若しくは五年になし得るということでしたが、司令部との折衝がうまく参りませんので、三年というものは削ってしまったのであります。私どもはそれを惜しいと思っておりますが、それが学校教育法の修正の道を［夏季の］お休み中にできるだけ司令部との間に折衝をして、三年制の大学を置き得るように若しできるならばいたしたいと思います。それが見透しがつきましたならば急にすべての大学を四年制にするというのではなしに、暫定的に三年制の大学も作り得る、但し学士号を与えないというのが、司令部の非常に強い意向でありますから、その点は譲らざるを得ないかと思います。そういう道をつけて余り急激に大学、専門学校の転換問題を決定し

ないで済むようにできれば年次計画でも作って折り合いをつけたいと思っております。(『会議録』第三巻、五九)

その「三年制大学」構想を含めて、移行問題をめぐるGHQとの交渉の結果は夏休み明け、といっても一一月になって開かれた教刷委の総会で、日高局長から次のように報告されている(同、一六九—七二)。

(1)三年制大学について。「現在の高等専門学校を大学に切替え(中略)、すべてを同時に四年制大学とする」のは、「現在の日本の国情では殆ど不可能でありますので(中略)一応は充実したものだけを四年制の大学にしまして、あとのものは暫定的に三年制の大学というようなことで、出発せざるを得ないのではないか」。これについてはGHQ側から暫定措置ならばやむを得ないという意見を聞いているので、「十分望みがある」と考える。

(2)二年制大学について。「現在の高等専門学校を転換させるために、前期の大学というような制度ができはしないか」と考えて「司令部［GHQ］と内々折衝」している。「或る司令部の係官はそれに賛成でありますけれども、或る人はそれに強硬に反対でありまして、その二年制のジュニア・カレッジみたいなものは、まだできるかできないかはっきり申し上げることはでき」ない。しかし「やや交渉の余地がある」と考えられるので、「正式に交渉いたしたい」。

つまり、近い将来に四年制に移行可能の可能性のある高等専門学校については暫定措置として三年制の大学を認め、それ以外の学校については「二年制のジュニア・カレッジ」制度も検討してはどうか、というのである。CIE内部での議論に触発されたのだろうか、文部省側が「ジュニア・カレッジ」の可能性に初めてふれた発言として注目される。この構想について早速委員の間から、「若しジュニア・カレッジを恒久的に考えて行くならば、それでは全く六・三・三・四という制度の大きな趣旨を打ち壊すもの」ではないかと批判の声が上がったが、是非の議論は、あらためて第五特別委員会に委ねられることになった。

二年制大学論

再開されたその第五特別委員会で、この問題に早くから強い関心を表明してきた有力委員の一人・務台理作から、二年制大学案を支持する、以下のような意見表明があった。

> 「六・三・三・四制度はアメリカでまあ発達した一つの新しい制度といってよいと思いますが、アメリカでもやはり六・三・三の上に二年のジュニア・カレッジを持っておる。しかもその数が相当増加しつつあるような話を聞いておる」。それには「それだけの理由がある」。この画一的な制度を実施するにあたっての「弾力性」の必要性である。「そういう弾力性というものが原則を破らずにいろいろな事情に適応するような形を取るということになるわけで、いろいろな点から考えて、二年のコースを持ったジュニア・カレッジというものを必要とする、それは四年制の大学の前期に二年三年という意味でなしに、若し四年の大学の前期に二年というものが、はっきり考えられるならば学科など、多少違いは出ると思いますが、それなら独立したカレッジができても当然よいのではないかと、原則的には承認することに行かなければならない」。
>
> 自分としては「三年の大学にはどうしても賛成できない。（中略）三年の大学はただ四年の大学になれないから一時三年でよいという、それだけの理由しかないのではないか」。それなら「二年のカレッジを充実する。それはできるだけ有力にする。そうして余力、つまり力の備わって来たものには四年の大学にする。この二年、四年という意味の分け方が一番自然ではないか」。「三年の大学というものは、実は大学に似て大学でないようなものになりはしないか、中途半端なものじゃないか。その制度は採らないことにして、そうして二年の大学及び四年の大学、謂わば二種類の大学ができる。（中略）私はその二年制のジュニア・カレッジをこの四年制の大学の前期だとかいう意味でなしに、一つの大学として作ることに賛成」したい（『会議録』第八巻、四三）。

務台のこの発言が、コミュニティ・カレッジを加えて多様性を増しつつあった、アメリカのジュニア・カレッジ制度の実態について、どこまで知識を持った上でのものであったかは明らかではないが、短期高等教育制度の積極的な容認・導入論であることは間違いない。ただ、学校教育法の施行からまだ半年という時期の、しかもGHQ／CIE内部で意見の対立が伝えられるなかでの積極論である。それだけでなく、二年制大学の恒久化となれば旧制高等学校の温存論が、再び息を吹き返しかねない。実際に、希望を抱いた官公私立高等学校長会から第五特別委にあてて、旧制高等学校の移行について「困難なる財政事情に鑑みても四年制大学を期すべき時にあらず所謂ジュニィア・カレッジ（二年制の前期大学）として大学教育の前般［半］を分担する機会を広く実施することも教育的に経済的に現下の国情に最も適した無理のない穏当の処置であることを信ずる」という決議が提出されている（天野『新制大学の誕生』上、三四五）。

日高局長は、議論の再燃に水を掛ける必要性を感じたのだろう。「官立だけでも百に近い専門学校、それから師範学校、青年師範学校等を入れますと、これは二百以上になるのでありますが、それらのものを二年の前期の大学にしますと、それを受け入れる方の二年の後期の大学というようなものに何らかの連絡をつけなければ、これはジュニア・コースとしての意味をなさなくなる虞がある。（中略）文部省としては、四年を目標にするならば二年よりむしろ三年の方が、高等学校については、これは別でありますけれども、専門学校の転換の問題にはむしろ三年制度の大学を作った方が四年になる可能性が残されておるのではないか。（中略）少しでも大学に近付く措置としては、三年制の臨時の大学というようなものを認めて余り差支えないのではないか」（『会議録』第八巻、四三九）と発言し、文部省の真意はあくまでも専門学校・師範学校の移行のための「暫定措置としての三年制大学」にあることを強調している。

結局、第五特別委が採択して総会に送ったのは、「現在の専門学校は臨時措置として三年の大学とすることができる」とすると同時に、「現在の高等学校は臨時措置として二年の前期大学とすることができる」という、依然として旧制高等学校の処遇にこだわる、しかしあくまでも「臨時措置」という条件付きの、二年制・三年制大学に関する決議であった（同、四三四）。

女子専門学校救済策

この第五特別委案が総会にかけられると、またまたさまざまな異論が飛び出し議論は紛糾したが、とくに切実な声が上がったのは、数少ない私立女子専門学校関係の委員からであった。その一人、稗方弘毅が主張したのは、教育の民主化・機会の平等化・大学の門戸開放という、「新制大学」の理念に添った、彼が「初期大学」と呼ぶ二年制の短期高等教育機関の構想である。

稗方によれば、新制度の大学は旧制大学と違って、もはや「手を附けがたい、高嶺の花」ではない。「徒に作っちゃいかんと制限するということは（中略）新制度の意味の上において採る方針じゃない」。といって「現在の専門学校を皆な合せて、四年制の大学を無茶苦茶に作るということは、これは又甚だ宜しくない。（中略）大学の基準を非常に下げて、そうして現在専門学校なり高等学校を四年制の大学にするということであれば、これは解決する問題でありますけれども、そうでなくして、大学の基準をやはり或る程度高めて維持していきたい」。しかし、だからといって専門学校を新制高等学校の専攻科の枠に押しとどめようという意見には賛成できない。「大学というものを非常にもったいぶって、その大学の名をさほどまで大事にしなければならんという理由が私には了解ができない」が、「一段下ったものであるということは明確に分」かった上で、「初期大学」の設置を認めるべきではないか（『会議録』第三巻、二〇七―八）。

この問題と特に深いかかわりがあるのは、八〇校近い私立女子専門学校の存在である。その水準はたしかに低く、直ちに四年制大学に移行可能なものは限られている。といってそれらを専攻科を置く新制高等学校に移行させろというのは、「大人になり掛っておるものに（中略）いつまでも小学校の服のような短い服を着て、我慢しろというのと同様」であり、女子の高等教育を「衰微させてしまうというような、大きな実際的の欠陥が生じるのではないか」。「従来の女子専門学校を生かす」というのなら、「いかに高い理想を持ちましても、現在の段階においては、そういう実際的の見地に立って」考える必要がある。「単に理論だけでこれを決定していくということは、（中略）日本の教育の現状をむしろ破壊するという気がする」。四年制大学の共学化が進んだとしても、「女子の学校もやはり将来四年程度の大学が本当に必要でありますから作りたいと思いますが、（中略）差当り二年のジュニィヤ・カレッジを作り、順次四年制の大学にするために十分な努力を続ける」ことにしたらどうか（同、三〇九）。

それはあくまでも「カレッジ」であり、「初期大学という名を与えてもそのために優秀なもの［四年制大学］と別に混同される恐れはない」。アメリカでもイギリスでも、大学の中に「非常に優秀なものとそうでないものがあるのが実情」である。そういう「優劣はありながら、（中略）劣っておる大学がその優秀な大学に一つ追いつこう、向上しようという努力が試みられて、全般的な教育の改善が、或いは発展ができて行く」。アメリカではジュニア・カレッジの必要性が認められ、増設が進んでいると聞いている。ジュニア・カレッジが「学制の根本に悖るとか或いは六・三制の実施を破壊するという論が私にはどうしても呑込めない」（同、三〇九―一〇）。

恵泉女子専門学校長の河井道委員も、稗方と同様に、女子教育の立場から二年制の「ジュニヤ・カレッジ」の恒久的な制度化を強く主張した。「折角専門学校に婦人の教育が向かって来ましたのを、四年の大学でなければ入らないとなったならば、もうそれは［新制］高等学校でやめなければなりませんとすれば、年限におきまして二年下るわけでありまして、折角高等学校、専門学校まで延ばしてきた女子教育を大学でなければならん」としてしまってはならない。大学に「四年の［前期］段階でなしに二年で完成したものを作って頂きたい、本当のジュニヤ・カレッジというものを欲しいと思います」（同、三二五―六）。

女子高等教育・女子専門学校の現実を踏まえた、第五特別委の主流を占める帝国大学・旧制高等学校系の委員たちとは対極的な立場からの、しかも戦後学制改革の新しい理念とされた教育の民主化・大衆化を求める「マス高等教育」論的な立場を鮮明に打ち出した「ジュニア・カレッジ」論といってよいだろう。

さらに言えば、文部省の日高局長もまた、審議を求めた理由を説明する形で、女子専門学校関係者の二年制大学案を支持する意見を述べた。「お諮りいたしました理由の一つは地方の女子の専門学校の転換問題で、相当熱心な要望がありますので、この二年の大学というようなものができるかどうか伺ったわけであります。(中略) 天野委員からお話になりましたように、高等学校を原則として二年の前期大学にするという意味では毛頭ない」。旧制高等学校は「四年制度の大学の一部分になることもありますし、場合によっては三年の暫定的な大学になることもあるかも知れませんけれども、恐らく極く少数の高等学校の措置のつかないようなものについては、二年の前期大学のようなものを許して頂けるかどうか、そういうことを伺った」のであって、「後期の問題が十分解決いたしませんと、二年の前期大学というものは [旧制] 高等学校によっては相当苦しいのではないか」。「但し女子の場合においては現状の転換問題としては二年の前期大学のようなものもできるのが便利ではないか。(中略) むしろ大切ではないかというふうな考え方からお諮りいたした次第」である (同、三三)。

日高が否定している旧制高等学校の前期大学化については、この総会で、帝国大学総長会議の意見を体して京都帝大の鳥養利三郎総長が明確な反対意見を表明していることも、指摘しておくべきだろう。四年制大学の教育課程は一体のものでなければならない、「前期のあるものは高等学校が負担するのだ、後期は大学がやるのだというふうに、四年の大学制度なるものを二つに分けられては困る」、「四年の大学が二年に分割されて、(中略) 前期大学と、後期大学で、別の学校でやることに反対」しているのであって、「高等学校のジュニヤ・カレッジとなることに反対をしておるのではない」(同、三三-四)――長くくすぶっていた旧制高校の前期大学化論は、この旧帝国大学側からの発言でようやく否定されることになった。

修正案の決定

しかし、それでも二年制大学の制度化案は、総会の承認を得ることができなかった。たとえば、教刷委の副委員長で元文部次官の山崎匡輔は、大要以下のように二年制反対、三年制賛成論を述べている。

今の日本には、官公立大学五八校、高等専門学校が官立 (師範学校を含む) 二五九校、公立六八校、私立五四八校ある。「現在の帝大程度でなくても（中略）現在の高等専門学校よりはるかに進んだものを以て大学というものに致したい」というのが自分の考えだが、現状ではそれは不可能と言わざるをえない。そこで暫定措置としての三年制大学を認めるのはやむをえないと考えるが、二年制大学は認めるべきではない。「大体二年の学校では殆どうまく教育をやっていくことができない」。どうしてもというのなら新制高等学校の専攻科の制度を活用すべきで、大学という名称を軽々に使うべきではない（同、三一-三）。

議論の流れを見て行くと、このあたりが多数意見の集約点と見てよく、南原委員長は、「どこまでも臨時措置」ということを前提に、「根本におきましては六・三・三・四という原則は毫も壊され」ないということで、女子教育の問題は残るが、第五特別委の報告の第一項を第二項と一緒にして、「現在の高等学校並びに専門学校は臨時措置として三年の大学とする」ということでどうかと、修正案を提示した。二年制大学は臨時措置としても認めないとするこの案に、天野委員と河井委員から反対意見が出されたが、まず第一項を削除することを二九名中二四名の賛成で決定し、次いで第二項の修正案が賛成二一名で採択された。

最終的に決議として内閣総理大臣に報告された「現在の高等学校並びに高等専門学校に関すること」（第四九回総会決議、昭和二二年一二月一九日）の内容は、「現在の高等学校並びに高等専門学校（教員養成諸学校を含む）は臨時措置として三年の大学とすることができる」（『会議録』第十三巻、七〇）というものであった。これによって、「二年制大学」構想はひとまず否定され、学制改革問題にようやくピリオドが打たれ、第五特別委員会はその使命を終えることになったが、短期高等教育問題がそれで終わったわけではなかった。実際に移行の手続きが開始されると、予想されていたものを含めてさまざまな課題が噴出し、せっかく決定した臨時措置としての三年制大学よりも、二年制大学の恒常的な制度化の方が望ましいのではないかという議論が、再浮上してきたからである。

三年制大学構想の挫折

昭和二三年（一九四八）一月、教刷委の総会で、先に採択した決議をＣＩＥ・文部省・教刷委の三者によるステアリング・コミッティにかけた結果が報告された。

それによればＣＩＥ側から、臨時措置として認める「三年制大学」が長期的に存続することにならないか、「大学」という名称を認めることには問題があるのではないか、設置認可基準はどうするのかなどの疑問が提示され、文部省側は、三年制大学の卒業者には学士号を認めないことになっており、また正規の四年制大学への昇格志向がきわめて強いので、長期化のおそれはない、認可基準は大学設置審議会に検討を求めるなどと答弁した。また総会で激論が交わされたジュニア・カレッジ問題について、確かにアメリカには多数の二年制大学があるが、日本でいまその設置を認めれば、四年制大学の整備が遅れる、「四年制の大学を拵えて見て、その後に情勢が恐らく二年のジュニヤ・カレッジが必要だということが起こってくるだろう、その時に考えたらいいだろう」というのがＣＩＥ側の意見であることが伝えられた（『会議録』第三巻、二六六–七）。アメリカ側が、三年制大学に賛成ではなく、むしろ二年制大学の方が望ましいが、時期尚早と考えていたことがわかる。

三年制大学については、その後三月初めの教刷委総会で、日高学校教育局長が弱気の発言をしている。すなわち、大学設置委員会に三年制大学の基準設定を諮ってみたが、四年制大学の基準がようやくできて設置審査が始まろうとしている時に、それは困難であるうえ、三年制大学の制度自体が曖昧で納得できない点がある、文部省でさらに検討してほしいというので撤回せざるを得なかった。その後、ＣＩＥの意向も打診してみたが、内部で意見が分かれているようだった。さらに、官立専門学校長会議で実情を打ち明けたところ、「旧制のままで或る年度内だけ、従来の専門学校を置き得るということがはっきりするならば、強いて三年制大学案というものは好むわけではない。むしろ好ましくないというような意見が非常に強い」ということであった。文部省として教刷委に無理に審議をお願いした経緯からすると「甚だ不見識な申し出」であり、正式に省議にかけたわけでもないが、「四年制大学にできないものの猶予として、旧制の制度を五年とか六年とかある年限を限っておいて［存続を認めて］貰えば、窮余の一策の三年制大学は、むしろあっさり撤回した方がよいではないかという結論に近付」いたというのである（同、四三六）。

こうして移行への手続きが進行し始めるとともに、三年制大学に否定的な意見が支配的になるなか、今度は実際の設置認可業務にあたっている大学設置委員会から、二年制大学要望論が出てきた。二三年一二月のことである。

4　暫定措置としての短期大学

二年制論の再登場

二年制大学の設置には、教刷委だけでなくＣＩＥも（当面の策としては）消極的であったことはこれまで見てきたとおりである。その問題があらためて大学設置委員会から提起されたのは、一方ではただちに四年制に移行できない高等専門学校の救済策として、他方では新制高等学校から大量に送り出されるようになる卒業者の受け皿として、二年制大学がどうしても必要だというきわめて現実的な理由からであった。

和田小六委員長名で教刷委に提出された意見書によれば、大学設置委員会として「文部大臣より諮問された二一九校の新制大学につき、その設置認可の可否について鋭意審査に当って」いるが、「その審査の経過に徴すれば、直ちに四年制の大学とすることは困難と思われるもの」があり、また「未申請の高等専門学校にも、同様のものが相当あることが予想される」。他方で新制高等学校は、昭和二四年（一九四九）春に第一回の卒業生を出すことになっており「これらの卒業生の門戸が狭められる場合には、いわゆる白線浪人をおびただしく出現せしめることになり、国策的にも社会的にも重大なる問題をかもす」ことになりかねない。「日本の現状においては二年制大学を設け高等教育の門戸を広げ速かに新学制を実施する」必要があるとして、具体的に挙げられたのは以下の三つの理由であった。

(1)「現在の大学、高等［学校］、専門学校をなるべく早くかつ円滑に新制の学校に切り替え学校教育法の完全実施を図るため」、(2)「現在の大学、高等［学校］、専門学校が凡て四年制大学となることは現状から見て不可能のことで、従って従来に比し高等教育への入学の道が狭められる結果となる。その門戸を拡張するため」、(3)「現在の高等専門学校の中には四年制大学としては不適当ではあるが、二年制大学ならば成立つものもあるのでこの種専門学校救済のため」、というのがそれである。なお意見書にはさらに、旧制高等学校の温存につながるような前期大学は「厳に禁止さるべき」である、という但し書きが付けられていたことを指摘しておこう（『会議録』第四巻、三六八）。

日高学校教育局長からは、この要請を敷衍する形で「大学高等専門学校の新制大学への転換」については「非常に煩わしい審査を大学設置委員会にお願い」しているが、あまり「審査をやかましく」いわずに「一応希望通り出発させてしまえばよいという意見も相当ある」。しかし、そういうことになれば設置委員会は「存在の理由を失うようなことになって、新しい大学というのは、立派なものから、非常にやくざなものになり、そういうものでも一括して、新制大学ということ」になってしまう。望ましくないのは言うまでもないことで、そこから二年間で四年制大学に準ずる「完成教育」を与える「短期大学」制度の必要論が出てきた。「多少語弊があるかも知れ」ないが、「父兄の負担、日本の財政状態」を考えれば、そうした「専門学校的の制度」も考慮に値するのではないかというのが、学校教育局の意見でもあるという発言があった（同、三六九）。

それだけでなく、それまで強硬な反対論を唱えてきた矢野貫城委員からも、大学設置委員会委員としての体験と現実認識を踏まえて、二年制大学制度を積極的に支持する意見が出された。「大学設置委員会におきましては、女子の学校、師範学校、その他これを非常に細かく検討して参りましたのですが、実際のことにあたりまして、今の四年制の大学に一足飛びにしなければならんということは、非常な困難を感ずるものでありまして、中には四年制大学には不適当だと思われるような学校でも二年制では非常に結構だというような学校が全国に多数あり、またそういう傾向も現れて」いる。「四年制の大学では〔高等専門学校の〕相当の部分が大学になりえないという非難がありまして、将来専門学校というものがなくなるときに高等教育を受ける機会が減ってくる」、「結局設置委員会といたしましては、ほとんど異議なく、この問題は一方には教育の機会をもっと少くしないように、一方には大学の標準をあまり下げないように、両方の間のことも考えまして、どうしても二年の制度を認めることが、一番これらの問題を解決するのにいいのじゃないか」という結論に達した、というのである（同、三七〇）。

また、二年制大学案を否決して採択した暫定措置としての三年制大学について、「どうも三年ということは学校側が希望しない」、「三年ではあとの一年の違いで本当の大学になるというようなものには、無理をして四年の大学にしたいという考え方が起」こる。それだけでなく正規の大学ではないということで、学生が「入ってこないので経営上具合が悪い」という問題があり、ＣＩＥの側も、四年制との接続関係がはっきりしないという点で、三年制に難色を示しているという説明が付け加えられた（同、三七三）。

暫定措置という選択

しかし、第五特別委でも総会でも、延々と議論が重ねられた末に一度は決着したはずの問題である。それが設置認可審査の現実を踏まえて再提起されたことに、南原委員長、山崎副委員長を含む、大学設置委員会と関係のない教刷委の委員からは、当然のことながら異論が相次いだ。とはいえ、「完成教育」機関としての二年制大学・短期大学制度導入の是非は、矢野の説明にもあるように、とりわけ女子専門学校と師範学校の移行にかかわる、これまでの経緯にこだわって無視することの許されない重大な問題である。暫定措置としての三年制大学が事実上無意味化しているとすれば、なおさらである。教刷委の総会では結局、ことの重要性に鑑みて、南原・山崎の正副両委員長も委員に加え、新たに「第十五特別委員会（二年又は三年制大学に関する事項）」を設置して、この問題の審議を求めることに決定した。

その第十五特別委の審議結果が二四年一月の総会で報告され、採択されたのが次のような内容の決議である。

大学設置委員会における新制大学申請校の審査の状況に鑑み、暫定措置として、次の条件のもとに二年又は三年制大学を設けることができる。

㈠二年又は三年制大学には、四年制大学とは異なった名称（例えば短期大学）を附すること。

㈡前記の大学は、完成教育として、その基準を定めること。

㈢特別の場合には、四年制大学は前期大学の卒業生を、その履修課程を考慮し、又は試験の上、適当な学年にこれを編入することができる。

㈣二年制大学に対し、後期二年のみの大学を設け、また二年制大学が旧制高等学校の温存となるようなことは認められないこと。（同、三九三）

審議の過程では、名称や教育課程の編成、さらには四年制大学との接続関係などについて議論があったものの、二年制大学の設置を認めざるを得ないということで、意見の一致を見た。最後までもつれたのは、それを暫定措置にとどめるかどうかであり、女子専門学校関係者の碑方弘毅委員から「女子教育その他の面については、こういうものが永久に必要ではないか、否（中略）日本においてもどうしても永久的にこういう制度が必要である」とする強い意見が出されたが（同、三九二）、暫定措置ということで期限を決めず、「一つ暫らく実施の成績を見て、それから後に実際世の中の要求があれば、日本の全体の教育の過程として、そういうものが必要であるかないか（中略）おのずからその間に分かってくると思う」という山崎副委員長の発言もあり（同、三八七）、含みを残した形で決着を見たものである。

これにより長く続いた短期高等教育機関設置の是非をめぐる議論はひとまず決着をみ、「完成教育」機関としての「短期大学」制度が、移行に困難を抱える専門学校救済のための「暫定措置」として承認されることになった。アメリカにおけるジュニア・カレッジやコミュニティ・カレッジをモデルとしてではなく、あくまでも日本側の事情に基づく、専門学校の移行問題に対処するための、いわば便法としての短期大学制度の導入であったことを、あらためて確認しておく必要があるだろう。

短期大学の発足

教育刷新委員会の決定を受けて、文部省は二四年四月に短期大学制度を導入するべく、学校教育法の一部改正案を国会に提出する。審議を経て、六月に公布された条文は、「大学の修業年限は当分の間第五十五条本文の「大学の修業年限は四年とするという」規定にかかわらず文部大臣の認可を受けて二年または三年とすることができる。前項の大学は短期大学と称する」（第一〇九条）というものであり、「旧制の高等学校及び専門学校等のうちには、その人的物的施設の実情にかんがみ、四年制の新制大学に切り替えることが困難なものもあるので、暫定的に二年又は三年制の大学を認め、できる限りすみやかに、新学制の完成を図る必要がある」というのが改正の理由とされた（海後・寺崎『大学教育』一四四）。

このように、「六・三・三・四」の単線化された学校制度の即時実施に固執するＧＨＱ／ＣＩＥ、それに教育刷新委員会の強い反対意見もあって難航した「短期大学」の制度化だが、国会での審議の過程でも現実的な立場から、「暫定措置」にとどめず恒久化すべきではないかとする意見が少なくなかった。例えば、当時の日本社会党の国会議員で、のちに文部大臣に就任する森戸辰男は、その急先鋒であった。「経済事情その他を考えまして、従来あった専門学校程度のものが国民の多数の教育水準教養水準を上げるのに実際役立つのではないか。（中略）ことに女子の一般教養並びに家政科等では四年は長過ぎるということだから、二年制度あるいは三年制度の大学が当分ということではなく必要なのではないだろうか。ことにわが国と事情を異にするアメリカに於てすら大学のうち半数近くはジュニア・カレッジであると聞き及んでおる」。それだけでなく、法案には「当分の間」とあるが、「新制大学の基準に沿わないものの処理として、短期大学が当分の間できるのである。「当分の間」がそういうような関係であるように読めるのであります。（中略）そうしますと、この短期大学は新制大学の落伍したものの大学である。こういうような印象を与えるものでありまして、これははなはだよろしくない」（同、一五五‐六）。

恒久化を求めるこうした意見に対して、政府委員として出席していた日高学校教育局長は、文部省としては教刷委や大学設置委員会の意見を聞いたところ「永久の処置とするのにはまだ成果がわからない。せっかく、六・三・三・四というような基本的な線をたてましたものを十分に実験もしないうちに枝をつけるようなことは考慮を要するというような注意」もあって、「実験的な意味も兼ねて「当分の間」とした」のであり、「つくった大学がいい成果をあげますならば、やがては永続的なものになる見込みもあるかという希望と期待を持って」いると答えている（同、一五六）。

その一方で、同じ政府委員でも稲田清助学校教育局次長のように、専門学校の中には大学設置委員会で、四年制大学とするのは適切ではないとされたもののほか、自ら「四年制の大学に一挙にしてなる見込みがないと考え」て「申請せざる者も相当ある」、「これらの学校に対しまして若し差当り二年制の課程をもつ大学を認めるとすれば、或いは改めて申請し、又保留中のもので或いは不合格と一応指定されたものが、合格することにもなるだろう」、それが「六・三・三・四の新学制を早急に実施いたしますために、一つの寄与に相成るであろう」という答弁もあった（同、一五七）。

「実験」なのか、四年制へのステップなのか、曖昧さを残した短期大学制度の発足であったが、それが「昇格」に困難を抱えた専門学校にとって、またその後の日本の高等教育の発展にとって、きわめて重要な選択であったことがやがて明らかになっていく。

短期大学設置基準

短期大学の設置基準は、学校教育法の改正から三カ月後の昭和二四年（一九四九）八月に、大学基準協会にかかわりなく大学設置委員会の手で定められたが、その「趣旨」の項には短期大学の目的・性格が、以下のように述べられている。

> 短期大学は、高等学校の教育の基礎の上に二年（又は三年）の実際的な専門職業に重きを置く大学教育を施し、良き社会人を育成することを目的とする。／短期大学は、一般教養との密接な関連において、職業に必須な専門教育を授ける完成教育機関であり、同時に大学教育の普及と成人教育の充実を目ざす新しい使命をもつものであるが、他面四年制大学との連けいの役割をも果すことができる。（海後・寺崎、三六二）

一般教養、実際的な専門職業教育、良き社会人の育成、完成教育、大学教育の普及、成人教育の充実、新しい使命、四年制大学との連携など、ちりばめられた言葉から見ると、短期大学が、アメリカにおけるジュニア・カレッジとコミュニティ・カレッジの存在を意識しながらも、それとは異なる日本独自の短期高等教育機関として性格づけされていたことがわかる。とくに、多様な目的・使命・役割を期待されるこの短期高等教育機関について、単一の設置基準を定めたところに、アメリカとの最大の違いがあった。二年の教育課程が卒業要件とする六二単位は、大学と同様に一般教養科目と専門科目からなり、六対四を基準とするものとされており、他の基準も大学に準じて設定されている。「短期大学」が「大学」と別種の教育機関としてではなく、あくまでも「大学」の一種、いわば「二分の一大学」として制度設計されたことがわかる。

「シニア・カレッジ」への編入・進学を原則として想定しない「日本的ジュニア・カレッジ」、「完成教育」機関としてのその「短期大学」の目的規定は、「一般教養との密接な関連において、職業に必須な専門教育を授ける完成教育機関」とするところに力点を置き、設置基準の「解説」もその点で「他の教育機関と異なる独自の性格をもつ新しい高等教育機関」であることを強調している。

大学に準ずる専門・職業教育から女子の教養教育まで、多様性を特徴とする旧制度の専門学校の受け皿として制度化が決まった「短期大学」である。四年制大学と同様、「一般教養」教育の重要性をうたっているが、目的規定にいう「実際的な専門職業とは、いわゆるセミ・プロフェッショナルの職業」、すなわち医師・弁護士・高級技術者など「大学において教授することを必要とする専門職業」と、高等学校で教育される程度の「農業、工業、商業等に関する職業」との「中間程度にある専門職業」を指すものとされている。こうした「セミ・プロフェッショナルの教育を施す」ところに、「短期大学の特色」があるのだという基準の「解説」は、この「独自の性格をもつ新しい高等教育機関」に対する文部当局の期待が、どこにあったかを物語るものと言ってよいだろう（同、三〇〇）。「セミ・プロフェッショナル」というアメリカ的な用語を使いながら、文部省が期待したのはなによりも、これまで主として専門学校が果たしてきた、大学に準ずるレベルの専門教育・職業教育だったのである。

しかし、現実の短期大学はその後、そうした当初の期待からは大きく離れた方向に発展を遂げることになる。第III部で見るように、短期高等教育機関の制度化は、昭和三〇年代に入るころから再燃する改革論議の重要な課題の一つとなるのだが、その契機は、短期大学制度の発足時にすでに胚胎していたといってよいだろう。

設置認可の過程

設置基準の成立とともに、文部省は設置認可の申請受付を開始する。残されている「短期大学申請校審査に関する共通問題」という文書によれば、申請校は、(1)「独立性のあるもの」、(2)「併設するもの」の二タイプに分けられ、併設のものはさらに、(A)「高等学校と併設するもの」、(B)「四年制大学と併設するもの」の二タイプに分けられて審査されたことがわかっている。併設を認める場合、校舎等の区画が明確かどうかが問題になることからすれば当然の対応といえるだろうが、「高等学校と併設」タイプを想定したところに、高等女学校を母体に成長してきた

表1　短期大学の編成経過（昭和26年）

編成経過	国立	公立	私立	合計
専門学校を母体に編成	0	14	61	75
単一専門学校	0	11	52	63
専門学校＋旧制中等学校	0	1	1	2
大学専門部等	0	2	8	10
旧制中等学校専攻科等	0	3	13	16
各種学校	0	1	23	24
新制大学に併設	4	5	41	50
新制高校の上に設置	0	0	14	14
新設	0	1	0	1
合　計	4	24	152	180

出典）海後宗臣・寺崎昌男『大学教育』206（日本私立短期大学協会『会報』第1号，1951年11月より作成）。

女子系の旧制専門学校に対する配慮が見て取れる。

こうして審査が開始されたが、昭和二五年（一九五〇）三月に閣議報告された文書によると、申請校一八六校、申請取り下げの一三校を引いた一七三校のうち、次期総会まで保留となった三九校を除く一三四校が総会に付議され、うち不可一九校、保留二校で、差し引き一一三校が第一回の設置認可を受けることになった。審査の合格率は六五%ということになる。その第一回合格校の種別を見ると、女子校が七〇校で全体の六二%を占め、設置学科別では英文英語三六校（三二%）、家政三三校（二九%）、被服一三校（一二%）などが多数を占めており（海後・寺崎、二〇五）、文部省の期待に反して、短期大学の主流が「セミ・プロフェッショナル」の養成よりも、家政系・文学系の完成教育を目指す女子系の短大にあったことがわかる。

なお、昭和二五年度には、保留になっていた申請校のうち三六校が設置認可を受けており、その後も毎年二〇数校の設置認可が続き、昭和二八年四月の時点の短期大学総数は二二八校、四年制大学二二六校と肩を並べる数に達している。この制度に対する社会的、あるいは時代的な要請が予想された以上に強かったことがうかがわれる。

その短期大学については、寺崎昌男により昭和二六年時点での一八〇校の「編成経過」を明らかにした表が作成されている。表1がそれだが、旧制度の専門学校・専門部を母胎に発足したものが七五校と全体の四二%を占め、その他に高等女学校の専攻科・高等科・別科等、および各種学校からの移行・「昇格校」が四〇校（二二%）、新制の四年制大学付設の短大も五〇校（二八%）に上ったことが知られる。純然たる新設はわずか一校にすぎず、一方では四年制大学への昇格が困難な旧制専門学校の受け皿として、他方では中等学校や各種学校の高等教育機関への移行のステップとして、さらには新制大学の経営多角化の一環として、短期大学制度が戦後の高等教育の発展、大衆化の推進に大きな役割を果たしたことが知られる。

トレーナーの評価

アメリカ側を散々悩ませた末に、暫定措置として制度化されるに至ったその「短期大学」制度を、CIEの側はどう見ていたのか。トレーナーの評価を最後に紹介しておこう。

「新制度への移行が進むなか」新制大学に昇格するには資源が不十分な、多くの低レベルの教育機関、すなわち私立専門学校があった。敗戦以降の深刻な財政問題のため、これらの学校は専門学校としての存続が危ぶまれており、高等教育機関としての水準の改善もみられなかった。そうした私立専門学校の間から、何らかの方法で存続できるよう、四年制大学への移行不能の事態を回避できるよう、高等教育制度の修正を求める強い運動が起こった。二年間の教育ならできるという学校もあれば、三年でも可能とする学校もあったが、新制大学の求める四年制の教育課程に移行できると考える学校はなかった。これらの学校は、高等教育の座から滑り落ちる危険にさらされていたが、中等学校に格下げになることも望んでいなかった。彼らが切望していたのは、最小限の改善を図るだけで高等教育の世界にとどまる道であった。問題は教育刷新委員会と大学設置委員会に持ち込まれた。加えて、関係機関と文部省との間でも、さまざまな話し合いが持たれた。これらすべての結果として生まれたのが、日本人が「短期大学」と名付けた、「短期間の大学」を意味する制度であった。その「短期大学」に、アメリカのジュニア・カレッジという用語をあてるべきかは、きわめて疑問である。日本の教育当局は、これらの学校を、アメリカでいうジュニア・カレッジと同じものとは考えていなかったからである。日本の「短期大学」は、アメリカのジュニア・カレッジと違って、中等教育の延長として発展してきたものではなく、資源が貧弱で、大学の地位を獲得するのが難しい教育機関の救済手段として生まれたものである。「短期大学」の訳語に、「ジュニア・カレッジ」があてられることになるだろうが、それは「専門学校」にカレッジ、「大学」にユニバーシティという訳語をあてるのと同様に、正確さに欠ける。

短期大学の将来を予測するのは困難である。アメリカのジュニア・カレッジに相当するものでないことは確かだし、日本社会で、ジュニア・カレッジのような地位を獲得できるかどうかも疑わしい。ある意味でそれは、財源不足が主な理由で所定の基準を充たすことができない高等教育機関の集まりである。日本社会で「専門学校」に向けられてきた差別が、これら水準の低い学校に向けられることは十分考えられることだから、財政面が改善されれば、「短期大学」は「大学」の地位を目指すことになるだろう。ただ一つの顕著な例外は、女子短期大学である。新制「大学」になろうと思えば容易になれるすぐれた学校が、果たすべき特別の使命があると考えて、あえて望んで短期大学のレベルにとどまっている。しかし、全体としてみれば、経済的な困難を理由に起こった教育的運動が、アメリカのジュニア・カレッジ運動の特色である、健全で活気に満ちたプログラムに発展しうるかどうかは、きわめて疑わしいと思われる。（Trainor, 237-8）

短期大学の現実や、その後にたどった道を考えれば、トレーナーのこの指摘は、的を射たものと言わねばならないだろう。日本の短期大学は、年限二年の「短期」高等教育機関であるという点を除けば、前期大学でもなければ準専門的職業人の養成に特化した高等教育機関でもない、アメリカのジュニア・カレッジやコミュニティ・カレッジとは似て非なる、「二分の一大学」であった。そしてその性格の曖昧さと設置基準の画一性とが、制度の発足当初から、さまざまな意見や批判の噴出を招くことになり、やがて改革論議の大きな火種になっていく。

第4章　大学の管理運営問題

1　大学と国家の関係

第三の課題

日本の高等教育［改革］は多くの成果をあげたが、まだ一つ重大な問題が残っていた。初等・中等学校の場合、管理運営の権限は文部省から教育委員会に移されたが、高等教育については、依然として大幅に文部省に集中していた。私学に対する多くの規制が取り払われ、国公立についても、文部省の管理運営方法が改革されたことで、以前よりも自由が増したのは事実である。文部省の持っていた権限を外部に移すうえで、大学基準協会が果たした役割には大きなものがあった。しかし文部省の法的な統制権限は、ほとんど変わっておらず、とくに政府の管轄下に置かれた新制国立大学は、文部省に対して直接責任を負い、文部省の厳しい管理を受けていた。要するに、高等教育機関については、教育統制の真の分権化はまったく見られなかったのである。問題はきわめて複雑であり、第一次教育使節団の報告書の時から、大学の管理運営方式について法案が提出され

るに至るまで、この問題は高等教育界の重要な関心事であり続けた。(Trainor, 238)

教育刷新委員会を中心に学制改革論議が進展する中で、新しい大学の管理運営のシステムをどうするのかは、トレーナーが指摘するように、きわめて重要でありながら、その複雑さや日米間での意見対立のゆえに、早くから問題提起がされながら決着がつかなかった課題の一つである。

問題は大きく二つあった。一つは大学に対する国家の管理統制、もう一つは大学自身の内部的な管理運営の問題である。また、それは当然のことながら、設置主体の異なる国立大学と私立大学とで著しく異なる問題であった。

私立大学と私立学校法

まず、国家と大学の関係である。

戦前期、国立（官立）大学と私立大学は、ともに国家の厳しい管理統制下に置かれてきた。前述のように、戦前期の大学に関する根本法規である大正七年（一九一八）制定の「大学令」の第一条には、「大学ハ国家ニ須要ナル学術ノ理論及応用ヲ教授シ並其ノ蘊奥ヲ攻究スルヲ以テ目的トシ兼テ人格ノ陶冶及国家思想ノ涵養ニ留意スヘキモノトス」とある。大学が国公私立を問わず、何よりも「国家のための大学」たることを求められていたことがわかる。

その当然の帰結として文部省は、帝国大学をはじめとする官立大学は言うまでもなく、公私立大学についても強い管理統制権限を持っていた。とくに私立大学については教育研究に必要な施設設備のほか、「大学ヲ維持スルニ足ルヘキ収入ヲ生スル基本財産ヲ有」する「財団法人」であること、その基本財産を「金又ハ国債証券其ノ他文部大臣ノ定ムル有価証券トシ之ヲ供託」すること、設置・廃止については文部大臣の認可だけでなく「勅裁ヲ請フ」、つまり天皇の裁可を仰ぐことが求められていた。私立大学はまた設立認可後も、文部省の監督下に置かれ、教員の採用には「文部大臣の認可」が必要とされ、文部大臣は「大学ニ対シ報告ヲ徴シ検閲ヲ行ヒ其ノ監督上必要ナル命令」を下す権限を認められていた。私立の専門学校や高等学校について、文部省が大学の場合と同様に強い監督・統制権限を持っていたことはあらためて言うまでもないだろう。

教育の民主化を最重要の改革課題とするGHQ／CIEからすれば、そうした文部省の、とくに私立大学に対する管理統制は大幅に緩和され、さらには廃止されるべきものであった。第一次教育使節団報告書は、この問題に触れるところが少なかったが、昭和二二年（一九四七）夏に来日した「米国学術顧問団」の報告書「日本における科学と技術の再編成」は、「私立大学」という一項を設けて、「私立大学は、新しい機関の創設に関することを除いて、文部省であろうと新しい高等教育及び学術研究委員会であろうと、如何なる国家行政機関の統制からも全く解放されることが賢明である」（『新日本教育年記』第一巻、二四八）と述べている。私立大学が国家からの全面的な自由を享受するアメリカの立場からすれば、設置認可を除く監督統制の廃止は、当然の勧告というべきであろう。

これより先、日本側でも昭和二二年四月、教育刷新委員会から「私学独特の特徴を発揮させるために従来の画一的形式的監督を廃すること」が急務であるとする決議「私学振興に関すること」が出されている。この決議に基づいて文部省は「私立学校法」の制定作業に着手し、昭和二四年一二月に国会の議を経てその制定・公布にこぎつけるが、この間、GHQ／CIEから私立大学連合や私立専門学校協会をはじめとする私学団体に対して、「自分たちとしては文部省を廃止する意向なので、文部省とは一切連絡しないで、私学独自で今後の私立学校の在り方についての方針をまとめてほしい」との働きかけがあり、実際に私学団体側がCIEと密接に連絡を取りながら作成した案が、全面的に取り入れられたことが知られている（『明治大学百年史』第四巻通史編II、四八七）。

制定された「私立学校法」によれば、(1)「私立学校とは学校法人の設置する学校」を言う、(2)そのうち私立大学を設置する学校法人の「所轄庁」は文部大臣とする、(3)文部省に「私立大学審議会」を置く、(4)文部大臣は私立大学の設置廃止等について審議会の意見を聞かなければならない、(5)審議会は私立大学に関する重要事項について文部大臣に建議することができる、⑹審議会の委員は、①私立大学の学長若しくは教員または私立大学を設置する学校法人の理事、②学識経験のある者の内から文部大臣が任命する、⑺②から選任される委員は全体の三分の一以内とする、などとなっている。大学設置委員会にかかわる事項を除いて、私立大学関係者主体の審議会に強い権限が付与され、私立大学が経営と運営上の大幅な自由を手に入れたことがわかる（天野『新制大学の誕生』下、六四―七〇）。

国立大学地方委譲論

国家と私立大学との関係はこうして早期に確定されたが、問題は国立大学との関係である。その議論はアメリカ側による、国立高等教育機関の地方委譲案の突然の提示という、意外な形で開始されることになった。教育民主化の一環として、教育委員会制度の導入に象徴される教育行政の地方分権化を重視するＧＨＱが、二二年一二月初め、初等・中等教育だけでなく、高等教育についてもその推進を目指し、文部省に対して帝国大学を除く官立大学・高等専門学校・師範学校の府県委譲を求めてきたのである。州ごとに組織されるアメリカの公教育制度、州立大学制度を念頭に置いての構想であったと見てよいだろう。

このドラスティックな、しかも唐突な要請は日本側関係者の間に強い反発を引き起こした。自身の権限縮小、さらには解体につながりかねない文部省は、反対であっても直接意見を述べることは許されなかったが、寝耳に水の教育刷新委員会も大学基準協会も、この構想に強い反対の意思を表明した。とくに、ＣＩＥの別動隊視されていた大学基準協会が一二月末、直ちに反対の意見書をＣＩＥに提出したことは、日本側が受けた衝撃の大きさを物語っている。

意見書の内容は「⑴現在高等教育機関は全国的視野と必要とのもとに創立せられた。地方と関連のないこと、⑵地方移譲は合衆国制度の皮相な模倣に終わる危険性が多いこと、⑶地方教育委員会は大学水準の昂揚をはかるに十分な知的能力に欠けていること、⑷地方教育委員会は政治的利害に左右される危険があること、⑸地方財政に負担能力がないこと、等の諸点からして大学教育水準の昂揚に障害あるが故に、大学の自由と自治の立場から、あらゆる政治的影響から離脱した自治的管理機関設置の要あることを、米国教育使節団の報告書の文章を引用して力説」するものであった（『大学基準協会十年史』一三六）。

教育刷新委員会の対応も素早かった。一二月五日、総会でこの問題が報告されると、GHQの地方委譲案は、あまりに唐突であるだけでなく「重大であり、困難であり、不可能の問題」である、府県に大学を管理運営する能力があるとは到底考えられず、それでなくても六・三制の施行で混乱をきたしているいま、「大学、専門学校の府県移譲を行政上の措置を取って強行」すれば、「益々日本の教育界が混乱するだけ」だという意見が大勢を占め、一二月一二日には急遽、この問題を審議する「第十特別委員会」の設置が決定された（『会議録』第三巻、一九六）。「A（中央教育行政機構に関する事項）・B（大学の地方委譲に関する事項）」の二班に分けて審議が進められた、その第十特別委の中間報告が総会に提出され、決議として採択されたのは二週間後の一二月二六日のことである。いかに対応が急がれたかがわかる。

教育刷新委員会の反対決議

採択されたその「大学の地方委譲自治尊重並びに中央教育行政の民主化に関する決議」は、「地方教育委員会は、日本の現状から考えて大学の任務遂行の理念について、十分なる理解を持つ水準に到達しているとは考えられない。且つ又地方政治的利益本位的事情に動かされ易く、大学の自由とその自治を保障することが困難であり、中央で所管する以上に危惧の念」を免れないことを、地方委譲に反対する理由の第一に挙げ、併せて「大学の自由を尊重しその運営の自治を認める」ことを求め、「教育を民主化し且つ広く国民文化の向上を図るため中央教育委員会を設置すると共に、新たに文化省（仮称）を設け、学校教育、社会教育、体育、学術、芸能、宗教その他文化に関する一切の事項を管掌し、現在の文部省はこれに綜合《ママ》すること」を提言している（『会議録』第十三巻、六八）。文部省の大幅な組織改革を念頭に置き、大学の自治と自由、国立大学の管理運営の国家からの自立を求める大胆な提案であった。

「(地方委譲)問題の起こった中心点」は、「地方的な統制を大学全体に加えるということ」にあるのだから、「官僚的な色彩を払拭して、出来る限り民主主義にするという意味において、たんに移譲の困難であることだけでなしに、将来そういう問題が起こらんように解決策を同時に考え」ておかねばならない。そこで「文部省自身の改革という問題、並びにそれと合せまして、中央教育委員会という強力な委員会をつくり、あるいは大学の自治を強化する」ことを提言したのだというのが、南原繁委員長の説明であった(『会議録』第三巻、三三〇)。

なお、文部省を統合するとされた「文化省」に置かれる「中央教育委員会」は、地方教育委員会を母体に選出される委員六名、衆参両院から各一名、文化大臣(仮称)推薦・国会承認の委員七名からなり、文化大臣が「中央[教育]委員会の審議を経ることを要す」るとされた事項の中には、「学校教育の基本方針」や「教育予算の大綱及国庫補助」などのほか、「国立学校の設置廃止」「官公私立大学に関する重要な事項」が含まれるなど、強力な権限を持つ行政委員会として構想されていたことを付け加えておこう(『会議録』第十三巻、六六―九)。

この決議については、教刷委とＧＨＱ／ＣＩＥ、文部省の三者による「連絡委員会(ステアリング・コミッティ)」で協議が行われたが、ＧＨＱ内部でも委譲問題について十分議論が煮詰まっていたわけではなく、意見が分かれていることが明らかになるなどのこともあり、結局、日本側の猛反対にたじろいだアメリカ側が譲歩する形で、地方委譲は見送られることとなった。この間の経緯を、アメリカ側がどう受け止めたのかについて、トレーナーの回顧録は以下のように記している。

　問題はあまりに複雑で、それぞれに特有の利害をもったさまざまな勢力が関わりを持ち、しかもそこに作用している要因のほとんどが、アメリカにはそれに相応するものがない、日本的特質のきわめて強いものであった。そのため、教育課・ＣＩＥとしては、この問題は完全に日本側が答えを出すべきものという立場を強調することになった。ＧＨＱがこだわり続けたのは、高等教育の統制権限を文部省から切り離すべきだという一点だけである。この点は、日本側の諸団体がこぞって望んでいたことであり、文部省でさえその必然性を全面的に認めていたから、問題はまったくなかった。しかしどんな管理運営方式を採用するかとなると話は別であり、利害を異にする団体の数と同じだけの異なる考え方があった。高等教育界は、どう見ても秩序だった領域とは思われなかった。そしてそのことが明らかになったのはなによりも、文部省から切り離された権限をどこに移譲するのが望ましいかを、日本の高等教育界が検討し始めたときであった。

国立「大学」はさらに深刻な問題に直面しており、そのことが日本側の考え方に大きく影響していた。国立大学の資金を負担しているのは中央政府である。仮に個別の国立大学の管理運営の権限が地方に移譲されてしまえば、大学の利益を守るべく大きな力を結集することが著しく困難になる。管理運営のための国家レベルの中央機関を置かなくてはならない、というのが日本側の強い考えであった。ただ、官僚機構と大学はこれまでよきパートナーではなかったというのが、関係者の一般的な見解であり、文部省をその中央機関とはしないことで意見は一致していた。しかし同時に新しい「大学」を代表し、管理する権限が地方自治体に委ねられるのは避けたい、それには国家レベルの中央機関を置く必要がある、というのが彼らの主張であった。(Trainor, 238-9)

しかし、新制国立大学の管理運営問題に関するアメリカ側の関心と関与が、地方委譲論を撤回したことで失われたわけではなかった。文部省の統制権限を排除するには、別途「管理運営のための国家レベルの中央機関」の設置が必要だという点で、日米間に意見の食い違いはなかったが、それと切り離せぬ関係にある個別の大学の管理運営方式をどうするのか。ここでもＧＨＱ／ＣＩＥは、アメリカ的な管理運営方式の導入を求めて、日本側と対立することになる。

2　大学の内部管理運営組織

私立大学と私立学校法

新しい大学自身の内部的な管理運営組織をどうするのかは、その重要性にもかかわらず、教育刷新委員会が議論を見送ってきた問題の一つである。法的な規定としては昭和二二年（一九四七）三月公布の「学校教育法」に、「大学には、重要な事項を審議するため教授会を置かなければならない。教授会の組織には、助教授その他の職員を加えることができる」とあるだけであり、新制大学の発足を控えて早急に大学内部の管理運営方式の検討を開始する必要があったのだが、ここでも先手を打ってきたのはアメリカ側であった。

先に見たように、教刷委の決議は、地方委譲反対と同時に、大学の自由尊重と運営の自治、それに教育民主化の表れとしての「中央教育委員会」の設置の必要性を主張するものであった。これに対してアメリカ側から返ってきたのは、地方委譲の困難は認めるとして、であるのなら「文部省のデ・セントラリゼーション」と同時に、国費で賄われている国立大学を「一般納税者たる一般国民の気持ちが（中略）大学の経営に映って来る」ようにしていく必要がある、その場合、アメリカの大学と同様に「ボード・オブ・トラスティーズ」制度の導入を図るべきだ、という新しい提案であった（『会議録』第三巻、四三九）。大学に教授会を置くというだけでは不十分である、外部者の意見を大学運営に反映させるため、アメリカの大学に一般的な「理事会（ボード・オブ・トラスティーズ）」制度を導入すべきだというのである。

そのアメリカの「理事会制度」についてだが、日本の大学関係者が知識を持ち合わせていなかったわけではない。とくに私立大学は戦前期、専門学校の時代からすでに法人格（財団法人または社団法人）を持ち、評議員会・商議会などと呼ばれる管理運営組織を置いていた。ただ統一的な法規があったわけではなく、大学・学校の性格や規模によって管理運営の方式はまちまちであったので、いくつか例を挙げておこう（天野『高等教育の時代』下、七七–九三）。

まず最も歴史の古い慶應義塾の昭和四年（一九二九）時点での管理運営機構は、(1)高等教育レベルの課程を修了した塾員（同窓生）の選挙によって選ばれる定員五〇名の「評議員会」、(2)評議員会が選任する七名以内の「理事会」を置き、(3)理事のなかから選任される「塾長」を常任理事が補佐する、というものであった。なお教員は評議員にはなれず、大学には(4)各学部に「教授会」、(5)各学部から二名選出の「評議会」が置かれていた。経営と教学が明確に分離されていた例である。

早くからアメリカの私立大学をモデルに整備を進めてきた早稲田大学の場合、大正七年（一九一八）制定の校規によると、(1)「維持員会」（トラスティーズに相当）。定員二五名（終身六名、七名の教授会構成員を含む有期一九名）、(2)維持員会の推薦による「総長」と、互選による学長を含む七名の理事、(3)「評議員会」（オーバーシアーズに相当）。総長・維持員会の推薦による三五名、各学部の教授中から選出の三五名、中央校友会選出の二〇名、地方校友会選出の若干名。教学については、大学部・専門部・大学予科それぞれに置かれる教授会（ファカルティーズに相当）となっている。ここでは教員が経営に関与する形になっているのが注目される。

この二校は福沢諭吉、大隈重信というカリスマ的な創設者を持つ大学だが、全員が教授を兼ねる創業者集団による明治大学の例も見ておこう（昭和七年制定の「明治大学令」による）。(1)「商議員会」。定員五〇名（終身二〇名、有期三〇名。有期三〇名の内訳は、校友会員による選挙二五名、学部・専門部教授による互選五名）、(2)「理事会」（商議員会選出の七名）、(3)総長と専務理事一～二名（理事中から選任）、(4)「協議員会」（各学部・専門部・予科の長と、商議員会の同意を得た若干名）というのが、明治大学の管理運営機構であった。

アメリカ側にとってこうした私立大学の管理運営方式は、理解が困難であったらしく、トレーナーは、「日本でも一部の私立「大学」に、［アメリカの］理事会（Board of Trustees）に類する制度が取り入れられていたが、その運営方式はアメリカに比べはるかに複雑であった」として、慶應義塾を例に、次のように述べている。「まず学生は卒業すると塾員になる。塾員は教授会および法人事務局とともに評議員（councillor）を選任する。その評議員が今度は理事（director）を選び、理事の一部が常務理事となる。その理事のなかから塾長（president）が選任され、塾長は大学評議会（university senate）の助言を受ける。アメリカの大学の簡素な方式が日本では意識的に複雑化されているのだが、それは日本人にとって健全な大学運営に必要不可欠の原則を守るためであった」（Trainor, 239）。

アメリカ側の目から見て、私立大学の管理運営機構が「意識的に複雑化され」ているように見えたのは、日本の場合、大学により違いがあるが、成立と発展の経緯から同窓生団体と教授集団の双方、あるいはそのいずれかが、大学運営に強い発言権を持っていたためである。とくに発言権の強かったのは同窓生団体であり、教授集団のそれは当初弱かったが、次第にその力を増しはじめていたというのが、戦前期の私立大学の状況であった。大正七年の「大学令」には、教授会の設置に関する条文はなく、私立大学の多くが学部に教授会を置くようになってはいたものの、その権限は大学によりまちまちで、学部長はもちろん、学長・総長についても選挙や選任の権限を認められておらず、教授の任免についてすら人事権が確立していない場合が多かったのである。

その私立大学をはじめとする私立学校については、昭和二四年一二月に公布された「私立学校法」に、(1)「学校法人には役員として、理事五人以上及び監事二人以上を置かなければならない。理事のうち一人は、寄付行為の定めるところにより、理事長となる」、(2)「学校法人に、評議会を置く。評議会は理事の二倍をこえる数の評議員をもって、組織する」と定められ、理事については、評議員から選任されるもののほか法人設置の大学・学校の長を、評議員会には同窓生団体選出のものだけでなく、「当該学校法人の職員」を、それぞれ加えることになっていた。これに「学校教育法」による教授会の規定を加えて、戦前期からの遺産を継承し整理する形で、私立大学については、日本的な内部管理運営の組織が確定したことになる。

国立大学の自治慣行

こうして、私立大学については戦前期以来の伝統を踏まえた管理運営の基本組織が定まったが、法人格を持たない国立大学のそれをどうするのかは、依然として大きな問題であった。トレーナーによれば、アメリカ側が思い描いていたのは、すでに見たように国立大学についても、「外部の意見を大学運営に汲み上げるため」、言い換えれば「一般納税者たる一般国民の気持ちが……大学の経営に映って来る」ようにするための、アメリカ的な「理事会」制度の導入である。

この問題について、［ＣＩＥ］教育課が特定の方針を打ち出すことはなかったが、スタッフの間に意見がなかったわけではない。おおよそのところ、高等教育関係のスタッフの考えは、アメリカの理事会制度（Board of Trustees）に若干の修正を加えたものを採用するとよいのではないか、というものであった。しかしこの考え方に、日本側は断固反対であった。何よりも、日本の大学では、学長は教授会の代弁者である。学長は教授会のリーダーであり代弁者であり、学長を選任するのは教授会である。日本人は「大学」の学長が、学外者からなる理事会に仕えるマネージャーになることを望んでいなかった。教授たちからすれば、それは無意味な、彼らが大切に守ってきた高等教育に対する考え方の否定につながるものであった。彼らは、理事会の働きが大学のためにならなかった事例を、アメリカの高等教育の歴史のなかからいくらでも拾い出すことができたし、理事会制度に内在するその危険性が、日本の大学では一層高まると考えていた。(Trainor, 238-9)

これに対して、日本側が新しい国立大学の管理運営組織のモデルとして思い描いていたのは、旧制度の帝国大学のそれであった。

大正八年（一九一九）改正の「帝国大学令」によれば、それは(1)「評議会」（各学部長および各学部の教授二人以内で組織する。総長が招集し議長を務める。学部選出の評議員は学部教授会の互選による）、(2)「教授会」（各学部に置き、教授をもって組織する。学部長が招集し議長を務める）の二つからなっていた。明文化された規定はこれだけだが、大学の自治と学問の自由、具体的には教授や総長の人事をめぐる文部省との度重なる「抗争」の過程で、帝国大学の教授会には教授の任免、学部長・評議員、それに総長の選任について、「慣行」として大きな権限が認められてきた。最高意思決定機関は評議会だが、その評議会委員は各学部教授会で投票によって選出され、また文部大臣により任命される総長についても、各教授会の投票結果を尊重するのが慣行になっていた。教授人事についての権限も、慣行として教授会にあった。私立大学と違って法人格を持たない帝国大学は、事実上、教授会支配の大学であったことになる。単科であるから評議会を置かない他の官立大学も、その点では同様であった。なお、高等学校・専門学校については、教授会が置かれることはなく、人事権を含めて自治は慣行としても認められていなかったことを付け加えておく。

ボード・オブ・トラスティーズ

学校教育法により、その専門学校・高等学校、さらには師範学校からの昇格を含めてすべての大学・学部に、「重要な事項を審議するため教授会を置かなければならない」とされたのは先に見たとおりだが、その教授会の権限を含めて、新しい国立大学内部管理運営機構をどうするのか。教育刷新委員会・文部省との連絡委員会でＣＩＥが強く求めてきた、外部者の意見を取り入れるためのアメリカ的な「理事会（ボード・オブ・トラスティーズ）」制度の導入問題について、連絡委員会に出ていた教育刷新委員会の澤田節蔵委員は、二三年三月二六日の教刷委の総会で、次のように説明している。

要するに［アメリカの大学の］総長並に教授は、ボード・オブ・トラスティースのエンプロイズという格好になって、ボード・オブ・トラスティースには参加しない。（中略）むろん教授会もやっておるし、又やって然るべきことなんだし、而して大きな綜合大学になれば、各分科の教授の協議会も作って、おのおのやられるのですが、このボード・オブ・トラスティースとしては、学校の主としてファイナンスの問題、それからどういう方向に高等教育機関の教育の方向を持っていこうかというような問題、それから教授の任命等については、大体総長がレコメンデーションによって、そのボードで行うということになる。併し実際の運用としては、総長の人物、力倆ということと、ボードの実力ということで差異がありまして、ボードの方が強くて、総長以下教授会の方ではボードに追いまくられる所もあるし、又総長並に教授会の非常に有力な所になってくると、ボードの方ではそれほどでないというときには、形はそうなっておっても、実質上、総長以下教授の方の強いというものも、いろいろある。（『会議録』第三巻、四三九）

「私立大学と州立大学で違いはあるが」と前置きしての説明であったが、帝国大学における教授会中心の管理運営に慣れてきた教刷委の多数派の委員にとっては初めて耳にする、容易に理解し難く、また受け入れ難い要請であったに違いない。しかし、教育の民主化の一環として、また国立大学の地方委譲反対の代償として、教育刷新委員会にとって検討を避けて通ることのできない問題であることは間違いない。澤田に続いて南原委員長から、教刷委にも文部省にも直接の申し入れはないが、ＣＩＥから大学基準協会に対して、管理運営のあり方について研究したらどうかという示唆があり、委員会を設けて検討を進めているという話を聞いている。大学自治にかかわるきわめて重要な問題であり、教刷委としても検討の必要がある。先ごろの地方移譲に関する決議で、文部省の改組と中央教育委員会の設置については具体的な提案をしたが、「大学の自治と自由の強化」については「具体的に何も実は、研究し報告」していない。以下に述べるのは、急遽第十特別委の委員を招集して協議してもらった差当りの結論だとして、次のような報告があった。

第十特別委員会での審議

ボード・オブ・トラスティーズ（理事会）は、アメリカで私学を中心に発達してきた機関であり、日本の私立大学にも置かれているが、長所も短所もあるとされている。国立大学は事情が違うし、これまでの第十特別委の議論では「大学には自由と自治を与えて自主的にやらせる」、「自治を逸脱し、自由を濫用するというふうなことに対して、従来の文部省、文部大臣が独断でやったものでなくして、この中央［教育］委員会の議を経て、重要な問題については、或る意味においてコントロールができるという戦術をとる」べきだということになっている。「それと並行して各大学に、アメリカのような理事会の構成と権限ではなくして、それと違った日本流の構成と範囲を持たせ［た組織を］（中略）採用するということ」にしたらどうか。その場合の権限、範囲だが、アメリカのように理事会が「最高のパワー」をもって総長を選任するというのでは、「日本の従来歴史的に発展して来た、せっかくの大学のいい部面が失われてしまう。それは日本においては却って弊害を来す。そこで、やはり大学における諮問機関としてこれを置くということは、それは可能であろう」（『会議録』第三巻、四四三）。

この諮問機関の委員構成については、「その大学の総長から推薦したものを、中央教育委員会を経て、文部省から任命するというふうな形が考えられ（中略）適当なエキスパートのいい人を入れていく」。権限の範囲については、「教育研究という重要な大学プロパーの仕事については、諮問機関たるものは干渉するということのないように、出来る限り譲歩して行く。むしろ、社会との連絡を取るという趣旨において、意見を聞き、全般の問題について建議をする」というようにしたらどうか。したがって名称も、「ボード・オブ・トラスティーズ」ではなく「商議会」、英語で言えば「カウンシル」とする。大学の自治と自由の「本質はどこまでも、私共やっておるいわゆる教授会、セネート［評議会］というものによる私的な決定、それと中央における教育委員会を経てやって行く」。

それが委員たちのほぼ一致した意見だったというのである（同、四三）。「中央教育委員会」については南原から、アメリカの八つの「州におきましては、各個々の大学に理事会を置くということをせんで、その州全体を通じて、実際の高等教育機関を悉く統一する、州の教育委員会というものがある」ということだが、「これが丁度、私の考えてきた中央教育委員会というものに当る」（同、四四）、「商議会」については一部の実業専門学校にそういう「組織があるそうで……事実は、有名無実で実は働いていないということだが、それを「善用すればいいのじゃないか」（同、四三）、という説明があったことを付け加えておこう。

南原の発言中にある「商議会」とは、戦前期に定められた「文部省諸学校官制」の第一九条に「文部大臣ハ、校務上ノ須要ニ依リ、学校ニ商議委員会ヲ設ケルコトアルベシ、其ノ委員ハ文部大臣之ヲ命ズ」とあるのを受けて、主として実業系の官立専門学校に設置されていた委員会を指している。神戸高等工業学校を例にとれば、委員会は「学校長之レヲ開キ文部大臣ノ諮問事項又ハ学校長ニ於テ必要ト認ムル事項ヲ審議スル」とされ、商議委員には、兵庫県知事、神戸市長、神戸商工会議所会頭、それに前校長の四名が任命されていた（「神戸高等工業学校一覧・第九年（自昭和五年至昭和六年）」）。

「商議会」をめぐる議論

総会で議論の焦点になったのは、理事会に代わるものとしての、その「商議会（カウンシル）」設置の是非である。長く政府・文部省の庇護の下、教授会と評議会中心の大学運営に慣れてきた帝国大学の総長でもある南原からすれば、アメリカ的な「ボード・オブ・トラスティーズ（理事会）」制の導入は、日本的な「大学の自由と自治」を脅かす危険性をはらんでいると思われたのであろう。それを何としても避けるため、一部の実業専門学校に置かれていた外部者による諮問会議的な、しかも有名無実に近い組織を、「商議会」の名前で大学に新設しようという構想は、日本的な自治の伝統を守るべく、いわば苦肉の策として登場してきたとみてよい。具体的な内容はほとんど詰められておらず、当然のことながら厳しい質問が相次ぎ、議論は紛糾した。商議会の設置について否定的な意見が多数を占め、代案として旧帝国大学に置かれている評議会を、当該大学の教授以外の外部者を加える形で改組拡充する案が浮上するなどのことがあったが、結論を得るには至らず、再度、第十特別委に差し戻して審議することになった。

その結論として、昭和二三年（一九四八）四月の総会に提出されたのは、要約すれば、大学に教授会・評議会・商議会の三種の組織を置き、それぞれが、人事に関する事項、教育研究に関する事項、予算その他経営に関する事項の審議にあたるという案である（『会議録』第三巻、四六四）。しかし、商議会の設置に批判的な委員たちがこの案に納得するはずはなく、議論は再び紛糾した。主要な論点はこれまでと同様、教授会・評議会に加えて新たに商議会を設置することを認めるか、それとも商議会的な機能を持たせる方向で評議会を改組するかにあり、多数意見は商議会の新設は「屋上屋を重ねる」結果に終わるだけだから、評議会の改組の方が望ましいというものであった。「こういうもの［商議会］を置けば、教授会の権限の一部、評議会の権限の一部、学部長会議の権限の一部を取ってしまって、商議会に移す、こういう結果になる」（佐野利器委員、同、四六八）、「現在あります綜合大学の評議会の中に、カウンシルも一緒にしていただく方がいいじゃないか」（山崎匡輔副委員長、同、四六九）、「現在の評議員の数を研究し、それからメンバーには相当の人を入れ、従来の評議会の職務もやれば、新たな商議会というもので考えた職務もやれば、何も別に評議会を経てさらに商議会を経るという二つの手数をかける必要はない」（佐野委員、同、四七四）などの意見がそれである。

副委員長を含む有力委員の間から出された、こうした強い反対意見に対する南原委員長の反論は次のようなものであった。

「経営、予算というものは大事でありますから、そこで、一つ学識経験のある各界の方を［商議会委員に］迎えて大いに聞こうというわけで、オーバーラップというけれども、順序は段階的になるわけでありまして、最後のところで一般的討議をするということについては、新しいことでであります」（同、四六八）。評議会の中に「こういうボード・オブ・トラスチーのものを含めて、学外の方が入るということは事実成り立ちません」（同、四七〇）。「商議会を置く理由は、専門家の優秀な者が出て行って、そこで話を承る。これは今までにないことでありますから、その点に重きを置いて、飾り物でなく、あるいは［評議会が］牽制されることもあるかも知れませんが、それはあってもいいじゃないか。評議会の上に商議会を置くのは、屋上屋を重ねるじゃないかという御意見でありますが、そこに意味がある」（同、四七六）。

反対派の一人で副委員長でもある山崎は、南原が総長を務める「東京大学だけを考えますと、よくこの精神をお考え下すって運営上差支えないと思いますが、しかしこういう規定を受け取った、一般の大学というものは、殆ど何だか分らないけれども、一つカウンシルがあるのだから拵えておけというくらいで、簡単になってしまって、学外の意見を反省するという精神がなかなか徹底しないじゃないかと思います。やはりこれを適用される一般の大学をお考え願わないと、困るじゃないか」と思う（同、四七三）と現実論を述べ、さらには、委員長としては「御立案なすったこの案を、むろん是非ともお通しになろうということはないのでございましょうけれども、やはり何かどうも、われわれの意見も或る程度までご斟酌下さる度合が、少し薄いような感じがして」いる。「何かこの案だけでずっと行ってしまえという」お考えのように思える。アメリカ的なボード・オブ・トラスティーズを置くことにはもちろん反対だが、それに代えて「商議会を作らなければならんというほどの必要性を感じないので、何かそこの議論の進め方について、私共少し窮屈のように感ずる」（同、四七五）と発言している。

副委員長が委員長の議事進行を批判するという異例の事態になったわけだが、それでも南原が「商議会」設置論を撤回することはなかった。

大学基準協会案の挫折

管理運営機構についての議論は、南原委員長の発言にもあったように大学基準協会でも、CIE主導で進められていた。すなわち、基準協会は昭和二三年（一九四八）二月、上原専禄（東京商科大学学長）を長とする「大学行政研究委員会」を発足させ、「中央教育委員会」に相当する「大学教育審議会」の設置構想などの検討を進めていたが、同年三月四日の委員会で、CIEの係官から大学に「ボード・オブ・トラスティーズ（理事会）」を設置することの是非を問われたのを契機に、「大学の内部管理」について議論を開始したのである（海後・寺崎『大学教育』五六八）。

委員会では⑴教授会を中心とする方式、⑵理事会を中心とする方式、⑶両者の折衷方式の三案が検討されたが、四月初めに「第一の方式は大学と社会が平衡関係になって有機的な結合がない点を反省すべきであるし、第二の方式は伝統の連続性の上から見てそのまま採用することはできないから、折衷方式を採用するのが適当である」として、ひとまず次のような案が作られた（『大学基準協会十年史』一三八）。

すなわち「大学の民主的な自治的運営の基準を定める」ことを目的とするとしたその基準協会案によれば、対象は国立大学に限り、「国立大学には理事会、教授会、学長を置く」。理事会（Board of Control）は「大学の教育及び研究に理解ある識見高き公正な理事を選定」して組織されるもので、国立大学毎に「理事推薦委員会」を設け、理事候補者を選定し、その中から内閣が委嘱する五名以上の理事により組織する。理事会の「審議決定」する事項としては「教育方針の大綱の認許」「予算案の認許」「学長の認定」等が挙げられ、教授会については「学部及び学科の設置及び廃止」「講座の設置及び廃止」「研究の企画」「大学内の例規」「其の他学長の諮問する事項」が「審議事項として列挙され、「大学教育に関する事項」について「理事会に建議する」権限も認めるとされた。なお総合大学には評議会を置き、教授会と審議事項を分割するという規定も設けられていた。

「理事推薦委員会」についても「理事会」自体についても、委員構成等を曖昧にしたままの案であったが、理事会（ボード・オブ・コントロール）がアメリカ的な「ボード・オブ・トラスティーズ」と同一とみなされたことから、この案に対する評価は基準協会関係者の間でも芳しいものではなかった。何よりも、理事会を「諮問機関」にとどめようとする基準協会案にＣＩＥが批判的で、「理事会を諮問機関とすることは庶民との関係を断たれるから賛成できないとし、理事会の構成について試案を提示」してきた（同、一三九）。

この頃、「東京商科大学の学生有志がＣＩＥに［高等教育顧問のウォルター・Ｃ・］イールズを訪ね、大学管理にかんする構想を質したところ、イールズは大学理事会制度に言及し、理事会は文相の任命した者三名、知事が任命する者三名、同窓会代表三名から成るものとし、その構成から教授は除外するむねの回答をした」とされるのが、そのＣＩＥの試案と思われる（海後・寺崎、五九〇）。しかし、日本側には教授会代表の排除はもちろん、理事会制度の導入そのものに強い反対意見があり、委員会の審議は行き詰まり、四月中旬以降の開催が見送られているうちに、六月下旬には学生団体が「理事会法案反対」を掲げて「全国的規模の同盟休校を敢行」（『大学基準協会十年史』一四〇）するに至った。戦前期の思想弾圧の生々しい記憶もあり、日本的な教授会自治の伝統を支持する学生たちが理事会制導入に反発したのは当然と言えるだろうが、これによって基準協会での審議は完全にストップしてしまった。

教刷委に比べてはるかにＧＨＱとの距離の近い、またアメリカ的な諸制度の積極的な推進者であった大学基準協会にして、アメリカ民主主義に根差した理事会制度の導入を公然と主張することは困難だったことがわかる。

3　教育刷新委員会案とＣＩＥ案

「大学の自由及び自治の確立について」

こうして大学基準協会案が結論を得ぬまま立ち消えになるなか、教育刷新委員会では昭和二三年（一九四八）四月の総会で、次のような決議が採択された（『会議録』第十三巻、七六—七）。

大学の自由及び自治の確立について

一、学問の教授および研究の中心機関である大学は、その使命を達するために、大学の自由と自治を確立する必要がある。大学は従来の如き政府の官僚的統制と圧迫を排すると同時に、学問に対する理解を欠く社会的勢力の干渉を防止しなければならぬ。もとより大学の自由が無責任に流れ、あるいは自治がその範囲を逸脱するが如きことがあってはならないのであって、これがためには、適正な運営を保証する方法を講ずる必要がある。

二、以上の見地から国立大学における教育研究と主要な人事と、予算その他経営について以下の措置を適当とする。

(A)大学の教育及び研究については、教授会（総合大学にあっては、評議会をも併せ含む）が審議すること。

(B)教授、助教授の任免に関しては（中略）教授会が選定した者について、当該大学長の具状に基づき主管大臣が発令すること。

(C)学長は、当該大学の教授および一定範囲の助教授その他の職員によって選定された候補者について、先に本委員会が決議した中央教育委員会の議を経て、主管大臣が任命すること。学部長は、当該学部の教授の中から、教授会によって選定された者について、当該大学長の具状に基づき主管大臣が任命する。

(D)予算の作成、施設その他大学の運営については、中央教育委員会の議を経て、主管大臣が実施監督すること。

三、更に、わが国立大学の自治的経営をして有効ならしむるために、大学に教授会或は評議会のほかに「商議会」（カウンシル）を設け、学外の高い学識経験ある者の若干名と学長を以って組織し、主として前記(D)に関する事項を審議するを適当とする。

南原委員長主導で作成された原案が、ほぼそのまま採択されることになったわけである。

なお、総会の会議録からは、原案に「ボード・オブ・トラスティースは沿革並に状況を異にする我が国立大学には適当しないのみならず、弊害が予想される」という一文があり、議論の末、ＧＨＱに対する配慮から削除されたことが知られている（『会議録』第三巻、四七三）。権限等について曖昧さを残したままの商議会の設置に関する提言は、アメリカ的な理事会制度導入に対する警戒心と、日本的な教授会自治の伝統維持の願望との妥協の産物と見るべきだろう。

ＧＨＱ案の提示

しかし、ＧＨＱが教育民主化の重要課題として強く要請してきた大学の新しい管理運営機構問題に、これで決着がつくはずはなかった。アメリカ側にとって、教刷委案が満足できるものでなかったことは明らかであり、昭和二三年（一九四八）六月の連絡委員会の席上でそれが公的に表明されることになる。

委員会に出席した澤田節蔵委員の教育刷新委員会総会での報告によれば、ＧＨＱ／ＣＩＥの見解は、「大学の問題については数日中に、意見を纏めて上げる積り」だが、「大学を文部省の権限から左右されんようにする。ところが今度その結果、大学の自治といっても、大学自身が自分の独善的な自治をやって、そうして自分勝手にやったのでは本当の自治ということは言えない。（中略）大学の国庫負担というもの、国家の支出というものは皆国民の負担しておるものであるから、大学の経営、教育の遂行について国民が考えるべきであって、これまでのような教授会とか評議会とかいうものだけで決めることは、これはどうも面白くない」というものであった。こちらからは「新時代に即して我々としても相当考慮を要する問題であるから、大学では教授会以外に商議会というものを設置」

し、教授だけでなく「外部からの人」を半数以上交えて「重要案件を審議」し「大学以外の意見というものを反映する」ことにしている。「大学の現在の当事者、首脳者」の間には、そこまで大学がするということについて「非常に難しい空気があるらし」く、また「学生の間にもそういう声があるということを聞いて」いる。「当事者の関係ではこれが今のところ考え得る最大のもの」で、「これが実行されれば、中には非常に紛糾を招くという懸念もある。そのために打撃を受ける、損害を受ける恐れがあるかもしれない」案であることを、十分考慮して頂きたいと伝えたところ、近日中に先方がまとまった案を出すということであった、というのが、澤田の報告であった（『会議録』第四巻、一〇〇―一）。

その後、GHQ案はなかなか提示されず、成案がようやく教刷委に示されたのは二三年一〇月になってからである。その間の経緯について、総会で、再び澤田委員から次のような説明があった。

GHQとしては「重大な問題であり且又難しい問題であ」って、「司令部の中にも教育係のみでなしに他の部局にも非常に関心を持っていて、極端に言えば司令部の全部の部局が高等教育の問題について意見がある。そういうことからCIEの方でもいろいろこれには問題を包蔵しておる。内輪の意見を纏めるにも容易ではなかった。（中略）延び延びになった理由もそこにある。これは司令部全体としてその中の五つのセクションの間でいろいろ話し合った結果」をまとめたものである。ただ「呉れ呉れも申し上げるが、我々の方でこういうふうにやっていかなければならんということを言っておるのじゃない。（中略）教育刷新委員会なり文部省の方でもよく研究をして貰って、これに対する対案等も発見して、両者相納得してこの問題を進めて行きたい」ということであった（同、三七四）。

後に文部省から翻訳が公表される運びになる「大学法試案要綱」という文書が、澤田の話に出てくるGHQ内部で「いろいろ話し合った結果」と見てよい。その文書を公表するにあたって、文部省は「大学の自治を確立するための立法的措置については、文部省においても、かねて研究中であったが、今度CIEから別紙の如き「大学法」試案要綱が文部省及び教育刷新委員会に示された。／CIEは、この案に基いて十分な研究がなされ、できるだけ早い機会にこの法案が国会に提出されることを要請している」というコミュニケを出している（海後・寺崎、五九六）。

「大学法試案要綱」

その「試案要綱」の英語原文の日付は、昭和二三年（一九四八）七月一五日となっており、文部省が日本語訳を公表した一〇月一四日との間には、三カ月の空白がある。戦後の大学改革の経緯を詳述した海後宗臣・寺崎昌男の『大学教育』は、「この間の事情を確定すべき資料はない」として、かねてから「大学理事会方式を日本に導入する」意図を持っていたＣＩＥが、「大学行政の地方移譲案が一月に流産し、四月には大学基準協会が「大学自治法」の審議を停止する等の状況をみて、この「試案要綱」の起草をはじめ、今度は文部省を通じて直接」関係各方面に提示させたのではないか、と推測している（五九四）。

当時大学課員であった村山松雄（のちに文部事務次官）の、「当時の内藤［誉三郎］学校教育局庶務課長が昭和二三年の夏にＣＩＥから英文でもらってきたんです。「これを翻訳して文部省試案として意見を聞いてみろ」というんで発表したんです」という回顧談（大崎編『戦後大学史』三〇〇）もあり、七月中旬には原文が文部省に渡り、翻訳作業が進められ、公表時期が検討されていたものと思われる。二三年一〇月の教刷委総会で、南原委員長が「数日前に私［文部省に］呼ばれまして、それで昨日［国立］総合大学の総長会議がありまして、向うからの希望もあって、昨日総長として拝見したのであります。それでやはり全部外に対しては秘密にしてあるわけであります。今日初めてこれを刷新委員会として諸君に示してもよいという御了解を得たのでありまして」と発言している（『会議録』第四巻、二九〇）ことからも、日本側関係者に大きな反響を呼ぶことが予想されるこの文書の公表に、文部省がきわめて慎重な態度でのぞんでいたことがうかがわれる。

こうして、三カ月の時間を経て公表されたその「大学法試案要綱」は全一二条からなり、末尾には注が付された長文のものである。「大学法ト仮称ス」とあるように、このＧＨＱ案は、国立大学に関する包括的な法律案を意図して作成されたものであり、管理運営機構だけでなく、設置認可から組織、所在地、さらには職員や財政の問題まで、さまざまな条項を含んでいる。ここではそのうち、管理運営機構にかかわる第六条以下の部分の概略を紹介しておこう（資料は、大崎編『戦後大学史』二五一–六六）。

GHQの管理運営機構案

(1)中央審議会（National Advisory Board）

教刷委案の「中央教育委員会」に対応する、最上層の組織である。任期五年の委員一五名の構成は、①国公立大学学長の互選三名、②私立大学学長の互選三名、③衆議院文教委員会から任命一名、④参議院文教委員会から任命一名、⑤国会の承認により文部大臣が任命七名、となっている。

その「権限及責任」は以下の通りだが、すべてが勧告・助言で占められている。

A　全国の大学教育に関する一般方針についての勧告
B　大学教育に関係した法律改正についての勧告
C　文部省に対する研究調査事項についての助言
D　大学教育に関する国際会議・国際組織への参加についての勧告
E　大学の設置廃止に関する勧告
F　国立大学の授業料その他の経費の最高額についての勧告
G　大学の施設改善に対する経費配当についての勧告

(2)管理委員会（Governing Board）

「各大学ハ左ノ如キ十三名ノ委員ヨリ成ル管理委員会ヲ有ツ」。①国家代表三名（国会の承認を経て文部大臣が任命）、②都道府県代表三名（議会の承認を経て知事が任命）、③同窓会代表三名（大学同窓生の直接選挙その他の方法で選出）、④教授代表三名（教授会が自ら定めた方法により選出）、⑤学長一名（職権により当該大学の学長）。委員の任期は六年で、再選は妨げない。

「管理委員会ハ大学ノ組織及行政ニ関シ、学術、経済両面ノ一般方針ヲ定メル権限ヲ有スル。特ニ次ノ如キ権限ト責任ヲ有スル」として、以下のような事項が挙げられている。

A　学長の選挙と解任
B　学部長及び専門職員の選任（学長・関係教授会の推薦による）
C　新学部の創設
D　予算案の作成および採択と必要資金の確保
E　入学許可学生数の決定
F　校地・施設・設備等の契約認可と実施
G　卒業者に対する学位の認可

この「正当ニ付託サレタアラユル事件ニ対スル最終決定機関」としての「管理委員会」（GB、「監理委員会」という訳もある）が、GHQが一貫して設置の必要性を主唱してきた「ボード・オブ・トラスティーズ」に相当する機関であることはあらためて言うまでもないだろう。あえて「管理委員会、ガバニング・ボード」とした理由について、大崎仁は「管理委員会の権限は、法人における理事会と変わらない強大なものであるが、翻訳に当たって理事会の名称を避けたのは、国立大学が法人格を持たないからと思われる」としている（『大学改革』一四五）。

このように「試案要綱」は諮問機関的な教刷委の「商議会」案を否定し、アメリカの州立大学をモデルとした強力な「管理委員会」制度の導入を求めたが、末尾に付された注記を見ると、日本の実情にも一定の配慮をしたことがうたわれている。すなわち、アメリカの大学では「評議員会（ボード・オブ・トラスティーズ）」を置き、雇用関係にある教授会とは別組織とするのが「最上ノ運営方法」とされている。これに対して日本側の案では、教刷委の「商議会」、基準協会の「理事会」ともに、委員の半数を教授会員が占めることになっている。「米国ト日本トハ歴史ヤ事情ガ全ク異ツテイル」からであり、そこでGHQの「管理委員会」案では、一三名の委員のうち半数よりも多い七名（教授会代表三・同窓会代表三・学長一）を、「当該大学ノ代表者」とすることで妥協を図ったというのである。とはいえ、この管理委員会が、日本側が想定した諮問機関的な商議会・理事会とは異なる、強力な最終意思決定機関であることに変わりはなかった。

(3)学長

「学長ハ管理委員会ニ対シテ直接責任ヲ負ウ」。

(4)教授会

「教授会ハ大学ノ学長、学部長、図書館長、事務部長、記録部長、全教授、全助教授ヲ含ム」。「教授会ハ次ノ如キ権限、責任及義務ヲ有スル」。

A　学長その他の専門職員の任命につき推薦
B　学生の入学及び卒業資格の決定
C　入学許可学生数に関する答申
D　教科の種目と編成、専攻科目・教授方法に関する方針の決定
E　学生の健康・福祉・指導機関に関する方針決定
F　選挙された学生代表との協力による学生団体及び体育の方針決定

学部制をとらないアメリカ・モデルに従って、教授会は学部ではなく大学に置かれることになっており、管理部門の長が加わり、審議事項は教学関係に限定されていることがわかる。

(5)**文部省**

「文部省ハ文部省設置法ニ明カニ規定スル権限内ニテ国立大学ニ関スル責任及権限ヲ有スル」（なお「大学ノ運営ニ関シテハ、文部省ハ殆ンド一般行政責任ヲ負ウベキデハナイ」という注記がある）。

文部省の論点整理

大学の管理運営の強力な権限を、「国及ビ都道府県ヲ基礎ニシテ選バレル一般民衆」が過半数を占める「管理委員会」に与えるこのＧＨＱ案については、伝統的な教授会自治に慣れた日本側から反対の声が上がることを、文部省はもちろんＧＨＱ側も十分に予想していたと思われる。何よりも、文部省自体が問題を感じていたことが、教育刷新委員会の総会に提出された「試案要綱」に関する劒木亨弘学校教育局次長の、以下のような論点整理的な説明からわかる（『会議録』第四巻、二九二）。

(1)中央審議会について。教刷委の決議にある「中央教育審議会」案が、取り入れられている。文部省設置法ができたら、その中に組み入れることになろうが、その場合、教育全般の審議会とするのか、「大学プロパーの中央審議会」がよいのかが論点だろう。「一番問題になるのは、結局権限の問題」で、文部省として「将来これは不必要だと思うことは一応考え」ていないが、「これ以上にないかどうか」多少考える必要があるのではないか。

(2)管理委員会について。「この点が非常に本案の中心になる問題」である。「司令部として苦心された跡が十分ある」と思うが「非常に重要な問題であるので、その内容について私共どうこうということでなしに、十分御検討頂」きたい。「やはり権限が一番重要であって、権限の中で特に問題」になるのは、Ａにある「当該大学学長ヲ選挙シ、定款ニ依リ権限及責任ヲ学長ニ委任シ、正当ナ理由アル場合ニハ何時デモ学長ヲ解任スル権限」だろう。このような大きな権限を管理委員会に持たせるのかどうか、教刷委の決議にある「商議会」とぜひ比較検討してほしい。なお、管理委員会は「相当膨大な権限を持っておるように見え」るが、学長の「選挙決定」は「教授会の推薦によって行う」ことになっており、「管理委員会が全部自発的にやることになってはいない」。

(3)教授会について。教授会に事務局長等、事務組織の構成員と助教授を入れることが「適当であるのかどうか、多少問題があるのじゃないか」。また「いかなる大学においても一つの教授会」という考え方のようだが、「多数の学部を持った総合大学」には「評議会という全学の代表の集まった大学の議決機関」が置かれている。「各学部毎にある教授会と、全学部としての教授会というようなものの必要」があるのではないか。

控えめではあるが、文部省がこの案に納得していたわけではないことがうかがわれる。このあと、連絡委員会のメンバーである澤田委員からも、GHQ側は「よく話し合ってくれという非常に寛大な態度ですから、完膚なきまで批判を加えられ、議論されて遠慮する必要は全然ないと思いますから、言いたいことは言い、議論を十分して持っていくことが必要」(同、三〇〇)だという発言があり、教刷委では第十特別委での審議を踏まえて、半年前の決議「大学の自由及び自治の確立について」に示された日本側の案との間で、どのような調整を図るのか、すり合わせ的な議論が行われることになった。

4　教育刷新委員会の決議と法案の挫折

教刷委の決議

審議の末、決議「大学法試案要綱について」が教育刷新委員会で採択される運びとなったのは、昭和二三年(一九四八)一一月の総会でのことである。一〇月にGHQ・文部省案が提示されてから、わずか一カ月足らずの審議による採択であった。表題に見るように、決議はGHQ・文部省から提示された「試案要綱」に対する教育刷新委員会としての見解を述べ、修正案を提示するという異例の形をとっている。「試案要綱」に含まれる別途検討や立法の必要な項目はあらかじめ除いたうえで、と前置きした「前文」の、「本案は主として「国立大学行政機関に関する法律」として立案されるを適当と考える」という一節から始まる、その決議の概要を見ることにしよう（『会議録』第十三巻、九〇-二）。

第一　国立大学教育委員会

「さきに本委員会が決議した中央教育委員会とは別に国立大学に関する重要事項を審議決定するため国立大学教育委員会（「中央審議会」に相当するもの）を置く」。

この委員会は、①国立大学の選出七名（国立大学長の選挙三名、全国を数地区に分かち教授、助教授の選挙四名）、②日本学術会議推薦二名、③衆議院文教委員会任命二名、④参議院文教委員会任命二名、④学識経験者中から国会承認により文部大臣任命七名の、計二〇名の委員から構成される。

以下の事項について「決定」権限を持つ。（＊印は大学または大学長の「申出」にもとづく決定）。

一、大学教育に関する一般方針
二、大学の予算・施設改善に関する経費の配当＊
三、授業料・検定料・入学金等＊
四、学部・大学院・研究所の設置廃止
五、学長（当該大学の定める方法により選定された候補者）
六、学部長（当該学部の教授中から教授会により選定されたもの）＊
七、学部長以外の部局長（評議会により選定されたもの）＊
八、教授・助教授（教授会が選定したもの）＊
九、商議員・評議員＊

十、入学する学生数＊

第二　商議会

「各国立大学に、さきに本委員会が決議した商議会（「監理委員会」に相当するもの）を置く」。①当該大学の申出に基づき、地理的事情を考慮して国立大学教育委員会の決定する者、②同窓会員の内から大学の推薦により国立大学教育委員会の決定する者、③大学の評議会が自ら定めた方法により選出した教授、④職権により当該大学の長、から構成される。「商議員の員数は概ね五名ないし二十名の範囲に於いて、当該大学の組織及び規模に応じて伸縮性を持たし且少くとも半数」は、①と②の者を以て当てる。以下の事項について「審議勧告」の権限を持つ。

一、予算案の作成
二、授業料・検定料・入学金等の金額と徴収方法
三、学部・大学・研究科の設置廃止
四、大学の重要な施設の運営改善
五、当該大学に入学すべき学生数
六、その他大学の組織及び行政に関する一般方針

第三　学長

「大学内外の適任者につき大学が自ら定める方法により選定した者に基き、国立大学教育委員会が決定する」。「学長は校務を掌り、所属職員を統督する」。権限は以下の通り。

一、国立大学教育委員会が決定した事項の処理
二、教授会または評議会によって定められた一般方針の運営
三、商議会が勧告した事項の処理

四、学部長その他の部局長・教授・助教授の任命について、教授会または評議会の議を経たうえでの申し出
五、適当な経理組織の保持と年度予算の作成
六、学籍簿及び記録の適当なる制度の保持
七、国立大学教育委員会・商議会及び文部省に対する年度報告書の提出

第四　教授会及評議会

教授会

「学部長（単科大学に於ては学長）及び全教授を以て構成する。必要により助教授その他の職員を加えることができる」。「学部の組織及行政に関し、学術及び経済両面の一般方針を定める。特に次のような事項を審議する」。

一、学部長・教授・助教授として推薦すべき候補者の選定
二、教育・研究施設の設置・廃止に関する答申
三、学生の入学・卒業の認定
四、入学を許可する学生数に関する答申
五、学科の種目と編成・専攻科目・教授方法に関する方針の決定
六、学生の健康・福祉・指導機関に関する方針の決定
七、学生団体と体育を含む学生の活動に関する方針を、正当に選挙された学生代表と協力して決定
八、その他学部の重要事項

評議会

「数個の学部を置く大学には評議会を置くことができることとする」。「学長、学部長、学部から選ばれた教授若干名を以て組織」し、「必要に応じて研究所長その他の職員を加えることができる」。「大学全体の組織及行政に関し学術及び経済の両面の一般方針を定める。特に次のような事項を審議する」。なお「評議会を設けない大

学に於ては評議会の権限は教授会が行う」。
一、学部・大学院・研究所の設置・廃止
二、学部に於ける学科・講座の設置・廃止
三、学部長以外の部局長推薦候補者の選定
四、学長推薦候補者の選定規則の制定
五、大学内部の規則の制定
六、国立大学教育委員会の決定事項及び商議会からの勧告事項
七、その他大学全般に共通する重要な事項

「試案要綱」との違い

先のGHQ案と比較してみると、この教刷委案が半年前の決議「大学の自由及び自治の確立について」に示された大学自治の基本構想を堅持し、それを具体化する形で対抗的な管理運営機構案を提示していることがわかる。「国立大学教育委員会―中央審議会」、「商議会―管理委員会」、「学長」、「教授会（評議会）」と並べてみると、管理運営機構の基本的な構造はGHQ案とほぼ同じであり、学外者の管理運営への一定の参加・関与を認める点でも、両案は共通している。しかし、それぞれに配分された権限には著しい違いがある。最大の違いは「商議会―管理委員会」の位置づけである。アメリカ大学のボード・オブ・トラスティーズをモデルとする管理委員会が、「最終意思決定機関」として大学の経営面に、学長の任免を含む強力な権限を付与されているのに対して、商議会に認められているのは「審議勧告」の権限だけであり、しかも人事に関する事項は含まれていない。

こうした違いは、一方ではともに最上位の組織である「国立大学教育委員会―中央審議会」、他方では下位の組織である「教授会（評議会）」に付与された権限の差異につながる。すなわち「国立大学教育委員会」が大学教育

の一般的方針や予算配分、さらには学長から教授・助教授の任命まで、「国立大学に関する重要事項を審議決定」する幅広い権限を持つのに対して、GHQ案の「中央審議会」に認められているのは一般的な事項についての「勧告・助言」のみである。ただし、国立大学教育委員会については、権限として許されているのは「決定」だけであって、「審議」は含まれていない点に留意する必要がある。ほぼすべての事項について「大学の申し出に基づき」、あるいは「当該大学長の申し出に基づき」という条件が付け加えられており、「決定」は、実質的には教授会・評議会で審議された結果の承認を意味するにすぎないからである。

「教授会（評議会）」については、GHQ案では学長や専門職員の「推薦」権を除いて、純粋に教学に関する限られた事項についてのみ、審議・決定権が認められている。対照的に教刷委案では（評議会とともに）、学部長・教授・助教授の任免だけでなく、学部・学科・講座・大学院・研究所等の設置・廃止を含めて「大学全般に共通する重要事項」を審議し、大学と学部の「組織及行政に関し学術及び経済の両面の一般方針を定める」という強力な権限が付与されている。しかもGHQ案と違って、その教刷委案の教授会・評議会には、外部者は言うまでもなく職員の参加も認められていない。国立大学教育委員会や商議会の設置の形で、GHQ案に一定の配慮を示したとはいえ、教刷委案は実質的に伝統的な教授会自治の理念を守り、貫こうとするものであったといってよいだろう。

大学法案の挫折

昭和二三年（一九四八）一一月の教育刷新審議会総会での澤田節蔵委員の報告によると、この案をGHQ側に提示し説明したところ、説明はよくわかった、「元来試案内容は決してあれを不動の案としたものではない、我々の思う所を皆さんに供した次第」であるから、「今度のご提出の案をよく考慮して、何らかの最もいいものにしたいものである」、GHQの内部でも意見が分かれた問題だが、(1)「大学というものが、政治上の具に供されるということが絶対あっては」ならず、「大学高等教育を政治上の利害関係から十分これを保護していく」必要がある、(2)

国立大学は要するに「国民全部の租税によって賄われ」、国費で維持される大学なのだから「従来のような大学の独善的な教授のグループの機関によって左右される」ことは、是正されねばならない、⑶「教育の分権」、「中央集権の打破は大学についても推進されなければならない」、この三点は「我々のいずれも同意している基本理念であってこの理念に基いて今度の管理法というものを完成して行きたい」ということであった。そして、教刷委の案にはその点を「十分織り込んであるつもりだから異存はない」と答えた上で、結論の急がれる問題であり、やり取りを繰り返していると時間がかかるばかりだから、文部省と図って法案化の作業を進めてもらいたいと提案しておいたというのが、澤田の説明であった（『会議録』第四巻、三四〇―一）。

その後しばらく、教刷委でこの問題が議論されることはなかったが、二三年一二月には「下条康麿文相が国会で大学法案の上程準備を言明」するなどのこともあり（海後・寺﨑、六〇八）、文部省はＧＨＱ／ＣＩＥと折衝しながら法案の作成作業を進めていたものと思われる。

文部大臣代理として政務次官が出席した教刷委の二四年一月の総会で、南原委員長は、大学法案の準備が進んでいるということだが「今後の日本の大学教育を支配する極めて重要な問題」であり、「委員会の試案としても十分国内の輿論を聴いて折衝して行きたい」、「この問題について関係方面からも要望があり、（中略）できる限りそれに沿うた方向に実現する方がいい」、「我々委員会と文部省と一体となって、そうして司令部に了解を求めんとして働いて」きたところであるが、文部省としてぜひ奮闘努力してほしい（『会議録』第四巻、三八三）と発言している。これに対して次官から、「大学法案は重大な法案」であり、「簡単な方針によって決定されれば、国家の将来に非常に大きな問題が出る」ことになるので、「国会に十分なる具体案として提出」すべく「非常に慎重に」検討を進めている、できるだけ教刷委の案に沿ったものにしたいが、焦点の一つになっている最上位の管理運営機関については「中央に行政権を以て委員会を作るか、審議会を作るか、或る部分は調査研究勧告機関にするか」、文部省としてまだ検討が進んでいないという応答があった（同、三八四）。

文部省が国会上程に向けて準備を進めていた案がどのようなものであったかは明らかではないが、この頃から「大学法」の制定自体に反対する、学生自治会を含む大学関係者の運動が全国的な広がりを見せ、「遂に［二四年］五月二四日、大学法案の国会上程は中止と発表され、八月五日、文部省は大学法の白紙還元を決定」（同、六〇九）するに至った。新制国立大学はこうして、管理運営機構に関する法規を持たぬまま、発足の日を迎えることになる。

5　管理法案の国会上程と挫折

管理運営問題その後

とはいえ、学校教育法に「重要な事項を審議するため、教授会を置かなければならない」という条文があるのみで、管理運営機構について何の規定もない状態を放置することは許されない。新制国立大学の発足を控えて、昭和二四年（一九四九）一月には「教育公務員特例法」が制定され、本則中に学長・学部長・教員の任免等は「大学管理機関の定める基準」により行うとあるのを受け、当面、付則でその「管理機関」を協議会・評議会・教授会に読み替えるものとされた。評議会・教授会は旧制大学のそれを踏襲し、「協議会」は評議会構成員に部局長を加えた学長の選考等にあたる組織とされたが（海後・寺崎、五七四–五）、あくまでも急場しのぎの暫定的措置である。文部省は「政府は大学法案作成のために新たに民主的な機関を作ってこれに諮問されたい」という二四年三月の日本学術会議の申し入れを受ける形で、同年九月に「国立大学管理法案起草協議会設置要綱」を定め、二〇名の委員からなる協議会を発足させ、再度、管理運営機構の検討を開始することになった（同、六一〇）。

起草協議会の発足にあたってはあらかじめ、関係の深い教育刷新委員会・日本学術会議・大学設置審議会・国立大学長会議の四団体から各二名の委員の選出を求めて「準備会を設け、協議会委員の人選を行うといった慎重な手続きがとられた」（大崎編『戦後大学史』三三九）。こうして選ばれた二〇名の委員の内訳は、前記四団体各二名のほか、大学基準協会・全国大学教授連合・日本私学団体総連合会の三団体から各一名、日本教職員組合二名、財界人・政治家など学識経験者七名となっている。関係団体選任の委員は有力大学の学長が多数を占めたが、全体として、広く各界の意見を反映させる構成になっていたことがわかる。委員長には、民法学の泰斗として知られた東京大学法学部の我妻栄教授が任命され、毎月数回会議を開催するなど審議を急ぎ、二五年二月に第一次中間案を作成して各方面の反響を聞き、一〇月には第二次案を出して公聴会を開くなどの手続きを経て、一二月に最終案を取りまとめて文部大臣に答申がなされた。この答申に基づいて文部省が作成した「国立大学管理法案」が国会に提出されたのは、昭和二六年三月のことである（同、三三九－四〇）。

管理法案の上程

この法案の狙いについては、第一条に、「国立大学についてその自治を尊重するとともに民意を反映せしめて、国立大学の適正な管理を図る」ことにあると、その「目的」が記されている。アメリカ側の求める「大学の管理に民意を反映するという理想」と日本側が掲げる「大学の自治の尊重という理想」とは、「容易に一致するものではない。（中略）ときには矛盾することさえないではない」。しかし、「大学の自治が確立されなければ大学の使命を達することができないと同時に、大学の管理に民意を反映させなければ大学をして真に国民の大学にすることはできない」。二つの理想の両立を可能にする管理運営システムをどのように構築するのか、それがこの「国立大学管理法」の眼目にほかならないというのが、我妻委員長の国会での趣旨説明であった（大崎編『戦後大学史』三四四－五）。

我妻は、さらに「個人的な意見」であるがと断ったうえで、「この法案が現在の日本にどれだけ必要か」を次のように力説している。

「東京大学で私が育ちました経験から申しますと、［東京大学は］現行の法律だけで十分やっていけると思われます。現行の法律と申しましても、それは主として慣行でありますが、慣行が確立しておりますので、それによって十分やっていける。（中略）又新しい時代に即応するように、この慣行を変えていく力を東京大学としては持っておる」。これは「東京大学だけではなく、伝統を持っておる大学ならば、おそらくは事情は同じだろうと考えられる」。しかし、「御承知のように、新制大学が非常に多いのでありまして、それらの大学は少しも伝統を持っておらず、「現在その管理を如何にして行くかということに非常に困っておる状態で、（中略）それらの大学では、この法律の制定を首を長くして待っておるという実情」である。「学校教育法は教授会というものを規定しておりますけれども、その教授会を如何に構成すべきかということは何ら規定して」いない。また「教育公務員特例法の管理機関というのは、（中略）読み替えになっており」、それを「何らかの形で恒常的なものに直していくことが、法律的に必要」とされる。「評議会というものについてもはっきりした規定は現行法のどこにもない。（中略）従って法律的に見ましてもこの法律が成立しない場合には、教育に関する現行法に大きな穴がある」。

「新制大学では伝統がありませんので、露骨に申しますと、学長の専制的な立場が相当強いかに考えられる。（中略）併し又それに対して他方学生の団体とか、或いは組合の団体とか、その他のものが、いわば専制的な学長に対して又それをけん制しようという力も相当強いように見受けられ」る。「万一この法律が成立しなければ、ここで学長の専制的な立場がずっと強くなるか、或いはそれに対する反対的な勢力がずっと強くなるか。（中略）いずれにいたしましても対立が相当先鋭化してきて適正な運営が甚だ困難になるのではないかと憂えられる」（同、二四六―七）。

「委員長の立場」ではなく「一個の学徒として」の見解だと断ったうえでの発言だが、旧制大学を継承した大学はともかく、多数を占める、大学としての自治慣行の経験も伝統も持たない、純然たる「新制大学」の管理運営組織に法律的に「大きな穴がある」現状に、法学者として、我妻がきわめて強い危機感を抱いていたことがわかる。

具体的な内容

提出された法案の具体的な内容は以下のとおりであった。

(1)国立大学審議会

文部省に置かれるこの審議会は、①国立大学長の互選による者六名、②日本学術会議会員中から推薦された者四名、③両議院の同意を得た学識経験者一〇名の計二〇名から組織される。文部大臣は、「国立大学一般に関する」以下の事項について、「その基本方針の決定をする場合においては、あらかじめ国立大学審議会の意見を聞かなければならない」。

一、国立大学に関係ある法令の立案に関する事項
二、国立大学のための予算の見積に関する事項
三、国立大学及びその学部、大学院、研究所其の他重要な研究施設の設置廃止に関する事項
四、国立大学の学生定員に関する事項
五、国立大学の授業料、入学検定料及び入学金に関する事項

また、審議会は「国立大学の予算その他国立大学に関する重要事項について、文部大臣の諮問に答え、又はこれに対して建議することができる」

(2)商議会

各国立大学に置かれる商議会は「三十人以内において当該大学の評議会が定める」数の委員からなり、文部大臣が任命する。①学長、②当該大学の教授中から評議会が選定した者、③学識経験者中から評議会が選定した者から組織される。選定方法は評議会の定めるところによるが、②の商議員数は全体の三分の一とする。会長は学長をもって充てる。

学長は、評議会で決定する以下の事項について商議会の意見を聞かなければならない。
一、学則其の他重要な規程の制定改廃に関する事項
二、予算の見積に関する事項
三、学部・学科、大学院、研究所その他重要な施設の設置廃止に関する事項
四、人事の基準に関する事項
五、学生定員に関する事項
また「当該大学の教育、研究及び運営に関する重要事項について、学長の諮問に答え、又はこれに対して建議することができる」。

(3) 評議会

複数の学部を持つ大学に置き、①学長、②学部長、③各学部選出の教授二名、④付置研究所の所長から組織し、学長が議長となる。以下の事項は、評議会の審議決定を経なければならない。
一、商議会の意見を徴するすべての事項
二、学部その他部局の連絡調整に関する事項
三、商議会に付議しようとする事案の原案作成に関する事項
四、商議会が答申し、又は建議した事項の処理に関する事項
五、職員及び学生の福祉及び厚生に関する事項
六、教授会の議決を経て行う学生の懲戒に関する事項
七、その他大学の運営に関する事項

(4) 教授会

学部に教授会を置き、学部の教授全員をもって組織する。教授会の定める規定により助教授又は常勤の講師を

加えることができる。以下に掲げる事項は、教授会の審議決定を経なければならない。
一、学科、講座等、並びに教育・研究に関する施設の設置廃止に関する事項
二、学科目の種類及び編成に関する事項
三、学生の入学及び卒業の認定に関する事項
四、学生の試験に関する事項
五、学生団体、学生活動及び学生生活に関する事項
六、学生の懲戒に関する事項
七、その他学部の教育、研究及び運営に関する重要事項
なお、単科大学の場合には「評議会の権限は、学長及び教授の全員をもって構成する教授会が行う」。その場合、「研究所の長その他重要な職にある職員」を加えることができる。

(5) 学長

学長は「評議会の定めた方針にのっとり、当該大学の運営に当り、その責に任ずる」。その選任は「教育公務員特例法」の規定によるものとする。(同法・第四条「学長及び部局長の採用並びに教員の採用及び昇任は、選考によるものとし、その選考は大学管理機関が行う。二、前項の選考は、学長については、人格が高潔で、学識がすぐれ、且つ教育行政に関し識見を有する者について、大学管理機関の定める基準により、学部長については、当該学部の教授会の議に基き、教員及び学部長以外の部局長については、大学管理機関の定める基準により行わなければならない」)。

(6) 学部長

「学部長及びその他の部局長は、当該学部又は部局を総括し、之を代表する」。「学部長及びその他の部局長は、当該学部又は部局の運営に当り、その責に任ずる。この場合において、学部長又は教授会を置く付置研究所の長は、教授会の定めた方針に則らなければならない」。

日本側の反応

二つの異なる理想、さらにいえば日米二つの異なる大学管理運営方式の両立・折衷を図ったこの法案が国会に上程された際、起草に当たった我妻委員長は国会で参考人として次のように述べている（大崎『大学改革』一五四）。

国立大学審議会が、政府すなわち文部大臣の権限を調整して、大学に対する官僚的統制の弊を防いでいるということ、それから各大学の行政の中核を評議会と教授会に置いているということ、この二つが大学の自治の尊重という理想のために考えられておる制度であります。次に民意を反映するという理想のためには、各大学に置かれる商議会に三分の二以上の学外者を加えて、その意見が当該大学の管理に反映するようにしてあること、それから国立大学審議会のメンバーに学識経験者を入れておるということ、この二つの点が民意の反映という働きをするのであります。

教授会自治の伝統を堅持する一方で、アメリカ側の強く主張する「民意の反映」を、学外では「国立大学審議会」、学内には「商議会」を設置することによって図ろうとするこの法案に対する日本側の反応は、しかし、芳しいものではなかった。

昭和二六年（一九五一）五月に参議院で開かれた公聴会での主要な意見を見ると、①管理運営機構案の起草の中心が旧制大学関係者であり、地方新制大学への適用には問題が多い、②国立大学審議会が文部省の単なる諮問機関になっており、教刷委案より後退している、③広範な大学構成員の総意によらず、教授中心の運営方式になっている、④教授会を基本とする立場が貫かれておらず、学長・学部長・評議会に過大な権限を与えている、⑤商議会の規定がおざなりで、しかも学外者の加わるこの機関に人事基準の決定権を与えているのは問題である、などとなっており、「国会の内外において、この法案に対する批判はきわめて多かった」とされている（海後・寺崎、六三–四）。

大崎仁によれば「大学法試案要綱と比較すると、試案の「中央審議会」を設け、全国大学に関する重要事項を勧告させるという趣旨は、「国立大学審議会」の設置により活かされているが、各大学の最高の管理機関として「管理委員会」を置くという試案の中心部分は、学長の諮問機関としての「商議会」の設置に置き換えられ、骨抜きとなった。それに伴い、評議会、教授会、学長、学部長の権限等は、ほぼ旧制大学の例に沿ったものとなって」おり、「試案の中核部分は、完全に否定されたといってよい」とされる妥協的、というよりきわめて日本的な法案であったが、それでも大方の賛同は得られなかったことがわかる（大崎『大学改革』一五三）。

アメリカ側の反応

もちろんアメリカ側にとっても、この法案は納得のいくものではなかった。ＧＨＱ／ＣＩＥが日本側の動きをどう見ていたのか、どのように評価していたのか、トレーナーは以下のように回顧している。

文部省は、大学の管理運営問題について調査し、国会に提出する法案を準備するための委員会を設置した。しかしこの問題に答えを出すのは容易ではなかった。第一に、問題に関心を持つ日本側の教育関係者の間には多様な意見があった。旧制帝国大学と、専門学校等をもとに設置された新制「大学」とでは、意見が食い違っていた。旧制帝国大学の場合、自分たちの力で文部省を意のままにすることができたから、文部省の管轄下でもさほど不満はなかった。余程強力な文部大臣でなければ、東京帝国大学の意向に介入したり、反対したりするのは困難だったろう。対照的に、文部省の統制下に置かれてきた「専門学校」の関係者からすれば、中央政府のコントロールを弱めることが望ましかった。異なる目的と価値観を持った高等教育機関の間で、どう調停をはかるのかが問題であった。議論が展開されるなかで、それはきわめて大きな、複雑で困難な問題になっていったから、ＣＩＥ教育課としては、問題を早期に日本側に委ねたことにほっとしていた。文部省も同様に、多様な利害関係者の代表者を集めた委員会に責任を委ね、どのような決定にも従うとしたことで、胸をなでおろしていた。

委員会の最終的な勧告は、文部省に相当の権限を持たせるというものであった。しかし、大学の設置認可にあたって文部大臣が、所管する特別委員会［大学設置委員会］の決定に従わねばならないのと同じく、「大学」に関する事項は国立大学審議会の答申に従って処理されるべきものとされた。（中略）文部省が国立の高等教育について下す決定はすべて、この審議会の事前の承認を必要とするものとされた。各国立大学については、学部の数に応じて二ないし三の管理機構を置くことが提案された。第一に、「大学商議会（University Council）」である。大学評議会選出の教授と、学外から選ばれる「学識経験者」をあわせて一〇～三〇名の委員から構成され、学長もこれに加わる。第二は、複数の学部をもつ大学に置かれる「大学評議会（Faculty Senate）」である。学長、学部長、各学部から選出される教授二名、必要に応じて附属研究機関の代表から構成される。第三に、「教授会（Faculty Meeting）」である。教授全員から組織され、必要に応じて助教授や専任助手も加えることができる。商議会の役割は教育・研究・管理運営の各分野に関わる方針について学長に勧告することにある。評議会は、商議会が決定する事項及び教員人事と学生関連の事項について勧告する。教授会は、それぞれの学部にとっての重要事項を審議する。一学部の大学では教授会が評議会の役割を兼ねることになる。

アメリカの経験からすると、提案されたこの管理運営の方式は、まことに奇妙なものであった。しかし、日本の教育、とりわけ高等教育が抱える問題を理解し、運営していくうえで、アメリカの経験が役立てられることはほとんどなかった。またＣＩＥ教育課からすれば最大の関心事は、日本の大学がこうした管理システムを導入することで、個々の大学の自治が拡大されることになるのかどうか、また大学に帰属している人々にとって管理運営が身近なものになり、文部省が大学に向けてしばしば行使してきた伝統的な抑圧が取り除かれるのかどうかにあった。提案された管理運営システムは妥協の産物であり、教育課が望むような内容にはなっていなかった。しかし、奇妙なことには教育課の基本的な関心にかなうものであった。（Trainor, 239-40）

る。

管理法案の挫折

中立的な委員会を設置して集中的な審議を重ねて起草されたが、「アメリカの経験からすると（中略）まことに奇妙なもの」と評され、日本側の評価もいま一つであったこの法案は、国会で審議が重ねられたものの成立することなく終わった。当時文部官僚として、法案にかかわりをもった村山松雄は、その理由を次のように説明している。

かなりの新制大学の先生方は、大学管理法の成立を希望していたという感じを私は持っているんですが、しかし、結局成立しなかった。法律が成立しなかった理由というのを責任をもって答えることは大変難しいですよ。／一つには、要するに折衷的な法案だからどこも積極的に「ぜひ通そう」という力がなかったということですね。それから司令部のほうもだんだん占領の末期が近づいて、あんまりがたがたするものを無理押ししたくないという気持ちもあったんでしょう。／それから、政府与党もどうもあまり熱心だという感じは、ま、私は当時下っ端で首脳部の意見などを直接聞いたわけじゃありませんけれどもね、積極的に成立させようという気持ちはなかったみたいですね。（大崎編『戦後大学史』二六八―九）

こうして結局、国立大学管理法は制定されるに至らず、したがって国立大学審議会も商議会も置かれることはなく、アメリカ側が一貫して要請してきた「民意の反映」は実現されずに終わった。法案が不成立に終わったことは、伝統的な教授会主体の日本的自治慣行が継承される一方で、管理運営機構については、法規上の空白状態がそのまま残されたことを意味している。その空白を、暫定的に埋める役割を果したのが、昭和二四年（一九四九）一月に成立した「教育公務員特例法」であったことは、すでに見たとおりである。

暫定的な措置

この「特例法」は「[二二年一〇月に]国家公務員法が制定された結果、これを放置しておくと教育公務員にも一般公務員の制度が適用されるため、急ぎ教育公務員の特例を定める立法が必要とされた。しかし、大学管理の基本法はまだ成立していないため、いずれ成立するものと予想しつつ、教員の身分に関する権限を持つ機関を暫定的に「大学管理機関」と称して法文上記述し、それを附則の読み替え規定で、当分の間事項により協議会、評議会、教授会のいずれかに読み替えていくという変則的な形式をとったもの」とされるが（大崎編『戦後大学史』三七）、教授会については学校教育法に規定があるものの、評議会に関しては何の定めもなかった。

国立大学長会議の要望もあって、その空白を埋めるために昭和二八年（一九五三）になって制定されたのが、省令「国立大学の評議会に関する暫定措置を定める規則」である。構成等についてはほぼ大学管理法案のそれを踏襲した評議会は、同省令により「学長の諮問」機関として、以下のような広い範囲の事項について審議の権限を認められている。

一、学則その他重要な規則の制定改廃に関する事項
二、予算概算の方針に関する事項
三、学部、学科その他重要な施設の設置廃止に関する事項
四、人事の基準に関する事項
五、学生定員に関する事項
六、学生の公正補導及びその身分に関する重要事項
七、学部その他の期間の連絡調整に関する事項
八、その他大学の運営に関する重要事項

こうして複数学部をもつ大学では、評議会が最高意思決定機関としての役割を果たすことになるのだが、学部・部局単位で評議員が選出される評議会には、「重要な事項を審議する」権限を認められた教授会の意向や決定を無視することは難しく、国立大学では、旧制大学が培ってきた自治慣行が、新制度のすべての大学に継承され、教授会自治優位の管理運営が一般化していく。ＧＨＱが強く主張し、日本側も一度はその導入に動いた大学運営への「民意の反映」は、二〇〇四年の国立大学の法人化による「経営協議会」の導入の時点まで待たねばならなかった。

第5章　大学院像の模索

1　教育刷新委員会案と大学基準協会案

大学院問題

トレーナーが難問とした、これまで見てきたアクレディテーション・短期高等教育・管理運営機構の三つの制度改革に比べれば、難度において幾分劣るとはいえ、日米間の齟齬が大きく、難航した第四の課題として大学院問題がある。

後でふれるように、一般教育・教養教育を重視するアメリカのカレッジ教育が、高度の専門教育・職業教育を大学院に委ねることを前提に成立していることは、今ではよく知られている。しかし、終戦直後の学制改革論議を見ていくと、ヨーロッパ的な大学制度に慣れてきた日本側関係者が、カレッジ制度と不可分の関係にある、そのアメリカ的な大学院の制度的なあり方について、知識や理解が十分でなく、導入に強く抵抗したことが知られる。

昭和二二年（一九四七）三月に公布された学校教育法（第六二〜六八条）には、「大学には大学院を置くことができる」、「大学院には数個の研究科を置くことを常例とする」、「大学院は、学術の理論及び応用を教授研究し、その深奥を究めて、文化の進展に寄与することを目的とする」、「大学院を置く大学は、監督庁の定めるところにより、博士その他の学位を授与することができる」という大学院関連の条文が設けられている。しかし、教育刷新委員会等での議論をたどっていくと、これらの条文が、年限や学位制度、学部教育との関連などを含めて、新制度の大学院の目的や具体的な組織編制をどうするのか、議論がほとんど詰められることのないままに定められたものであることが明らかになってくる。

まず、教育刷新委員会の新制度の大学院に関する審議だが、大学のそれと並行して昭和二一年一一月に入って開始され、一二月の教刷委の第一回建議には「大学院には研究科又は研究所を設けることができること。この研究科又は研究所は大学を卒業して後特に学問の研究をなす者を収容するものとすること」という一項が書き込まれている。上記の学校教育法の規定はそれを基礎に条文化されたものだが、この新しい大学院制度に関する建議は、アメリカ的なそれとは著しく異なる、戦前期以来の「日本的な」大学院像を前提とするものであったことを指摘しておかねばならない。

アメリカの大学院

大学院は、アメリカにおける大学誕生以来の歴史的事情から生まれた独自の制度である。人間形成重視のリベラルアーツ教育を重視するイギリス流のカレッジをモデルに出発したアメリカの大学は、長く研究とは無縁な教育の場であり、学問研究を志す卒業者は、ヨーロッパ、とくにドイツの大学への留学を目指すのが通例であった。そのアメリカで一九世紀後半になって、研究能力を備えた大学教員の養成の場として創出されたのが「グラデュエート・スクール」、すなわち大学院の制度にほかならない。それだけでなく、カレッジに併設された医師・法曹等の専門的職業を中心とした職業教育の課程も、次第に水準を高めてカレッジ卒業生を受け入れる、大学院レベルの「プロフェッショナル・スクール」へと成長を遂げていった。

その結果として、アメリカの大学院制度は、「グラデュエート・スクール（研究大学院）」と「プロフェッショナル・スクール（職業大学院）」という二種のスクールから構成されることになった。つまり専門学部制をとらない、教養教育重視のカレッジ教育の伝統が、「ポスト・グラデュエート」の、より高度な専門教育・職業教育のための組織としてのアメリカの大学院制度を生み、育ててきたのである。研究大学院はカレッジ卒業者を受け入れ、一定の教育課程を修了した者にマスターの、さらに研鑽を積み論文審査を経て合格した者にドクターの学位を授与し、職業大学院も同様にカレッジ卒業者を対象に特定の職業に関連する専門的知識・技能を授け、習得したものに分野に応じた職業学位を授与するというのが、その制度の概略である。これに対して専門学部（ファカルティ）制をとるヨーロッパ諸国の大学では、研究と教育、専門教育と職業教育、それに応じた学位の授与は、いずれも専門学部に固有の役割であり、ごく最近までアメリカの大学院に相当する制度は存在しなかった。

日本の大学院

そのヨーロッパをモデルに成立し、発展してきたわが国の大学だが、実は、早い時期から「大学院」という名称の制度を設けてきた。明治一九年（一八八六）の「帝国大学令」にはすでに「帝国大学ハ大学院及分科大学ヲ以テ構成ス」とあり、分科大学が「学術技芸ノ理論及応用ヲ教授スル所」であるのに対して、大学院は「学術技芸ノ蘊奥ヲ攻究スル所」とされている。大学院が、教育ではなく研究の場として、しかも研究所的な組織として構想されていたことがわかる。大正七年（一九一八）公布の「大学令」には、大学院関係の条文として「学部ニハ研究科ヲ置クヘシ　数個ノ学部ヲ置キタル大学ニ於テハ研究科間ノ連絡協調ヲ期スル為之ヲ綜合シテ大学院ヲ設クルコトヲ得」とあり、翌八年に改正された「帝国大学令」でも「帝国大学ニ大学院ヲ置ク」とされているが、目的規定を欠き、従来よりもむしろ後退した条文になっている。何よりも、この大学院には年限を定め独立の教育課程を置いて、論文執筆の指導にあたるという、アメリカ的なスクーリング重視の大学院の考え方が、全く欠落していた。

この日本的な大学院はその後も、戦前期を通じて、学生定員や修業年限、専任の教員や施設設備、予算などを持つ独立の組織へと発展を遂げることはなく、独自の教育課程が編成されることも、したがって系統的な教育や研究指導が行われることもなかった。大学院は、分科大学ないし学部に付設された、研究者や高等教員だけでなく、官僚等の国家試験を目指す学生など、いわば「就職浪人」たちのたまり場的な性格を持っていたことが知られている。英語訳が「グラデュエート・スクール」ではなく「ユニバーシティ・ホール」とされたことからも知られるように（寺崎『東京大学の歴史』）、戦前期の大学院はアメリカのそれとは明らかに異質の制度であり、敗戦後の昭和二一年（一九四六）末の時点で教刷委が想定していたのも、基本的に従来からのそれを踏襲する日本的な大学院制度にほかならなかった。

実は戦争末期の昭和一八年に、従来型の大学院とは別に「特別研究生」と呼ばれる研究者養成目的の新しいプログラムが創設されている。総力戦遂行に必要な、特に理工系の研究者、高度の科学技術者の組織的な養成の必要性が、従来型の大学院では不可能であることがようやく認識されるようになったためである。年限・定員を第一期二年・五〇〇名、第二期三年・二五〇名と定め、学費と研究費を支給し、終了後に年限の一・五倍の期間の指定就職先への就業義務を課すとしたこのプログラムは、「新制大学院」などと当時呼ばれていた（天野『新制大学の誕生』上、一七三－三）。戦後も昭和二三年まで存続したこのプログラムは、年限等を見ると、戦後の新しい大学院制度に通じるものがあるが、直接のモデル視された形跡はないことを付け加えておく。

学位制度との関係

それはともかく、新しい大学院制度の導入に消極的であった教育刷新委員会が、その検討に取り組まざるをえなくなったのは、学校教育法の公布直前の昭和二二年（一九四七）二月、これもＧＨＱ／ＣＩＥの強い圧力のためであった。大学設立基準協議会の委員を兼ねる務台理作委員によって教刷委に報告されたところによれば、同協議会の方で、単位制と並んで「デグリー」が問題になっており、学士と博士の中間に「アメリカ流にいうマスター」の学位を設け、「大学院で一年、二年やった者」に授与することを、CIEが強く要請してきており、教刷委としてもその是非の検討が必要ではないか、というのである（『会議録』第八巻、一九七）。

それまでわが国になかった、したがって相当する用語も訳語もない「マスター」の学位を新たに設け、授与の条件として一～二年のスクーリングを課すという、CIEの求める教育重視の大学院制度の導入に教刷委側が消極的であったことは、学校教育法公布直前に開かれた教育刷新委員会の第五特別委員会での、以下のようなやり取りからもわかる。

小宮豊隆主査「学位の問題なんか末節のことでどうでもよいのだが、やはり向うはそんなに考えておるのかね」。

松井正夫大学教育課長「非常に急いでおるのです。つまりバチュラーに相当するものと、ドクターに相当するものしかないので、その中にマスターに相当するものをおくのがよいのじゃないか。それから大学四年をやって、さらに大学院を了えた者に対して新たに又マスターのようなものをやるのかどうか、そういう問題で殊に高等学校以上の教員になるような人はマスターであって欲しいのだ。そういう考えもありまして、なんとかお願いして呉れということなんです」

小宮主査「ステアリング・コンミティ［CIEとの連絡委員会］でも我々にもそういう話があったけれども、少し馬鹿気ておるような気がするものだからね」

天野貞祐委員「大学院を二年やったらどういう学位を呉れるかということになると、大学院は丸でそれを取るところ見たようになりますね」

小宮主査「そんな中間のものは要らないような気がする（中略）向うにあるからこっちにもやらせようというだけの話じゃないか、簡単に言えば……」

務台理作委員「高等学校の先生の一つの標準にしよう……」
松井課長「そういう考えもひとつあります」
天野委員「向こうで造れと言えば、造ってもよいことなんですから、先ず一番下を学士として、その次に博士と言って、その外にエッセー・ドクタに当る名誉博士というものを造る。それは博士中の推薦としてなる、自分からなろうと思って論文を出すのじゃなく、名誉博士。それで今度の新制大学の教授になるものは博士と言ったらどうですか。そういう三段階にしては……」
小宮主査「そういう称号を造るのに良い名前が出て来ればよいが、それを考えるのが面倒臭いのだ」
福田邦三委員「向こうが要求するのはマスター式の中間的な学位をおいたらどうか……」
天野委員「その中間的なものを皆博士と言ってはいけませんか、その上を名誉博士という……」
小宮主査「それでは称号は従来の称号で特に不便を感じないというようなことにしておきましょう」（『会議録』第八巻、三〇-三）

帝国大学の独立大学院論

こうしたやり取りは、第五特別委の委員たちが、アメリカの学位制度だけでなく、それと不可分の関係にある大学院制度についても十分な知識のないまま、戦前期以来の日本的な大学院制度のあり方にこだわり、「刷新」に向けて踏み出そうとしなかったことを教えてくれる。学位といえば博士のみで、スクーリングを伴わない、日本型の大学院制度しか知らない大方の委員にとって、「中間学位（マスター）」の必要性はもちろん、一定年限の課程履修を前提とする、まして高校教員のような資格職業と中間学位とを結びつけるアメリカ的な大学院制度は、理解を超えていたと見てよいだろう。

新しい大学制度の審議にあたっていた、第五特別委員会の小宮豊隆主査を含む有力委員たちの念頭にあったのは、伝統的でドイツ的な「学問の府」としての大学像を前提とした、学問研究の場に特化した大学院像にほかならなかった。「今度の［新制］大学というものは一般の大学に譲って、帝国大学は純然たる研究機関［大学院］にしたい。（中略）そうしないと日本の精神科学というものは深く出来ないし、今までの組織でどうして今度の多数の大学の教授を養成することが出来ましょうか。そういう意味であすこ［帝国大学］はどうしても本当の大学［大学院］にしたい」という天野貞祐委員の、帝国大学・高等学校制度の温存論と絡めた大学院問題についての発言（『会議録』第八巻、三三四）は、その代表的なものといえよう。

こうしたアメリカの大学院制度に関する乏しい知識と理解の結果として、大学院をめぐる議論は、旧帝国大学の「独立大学院」化構想という、思いがけない方向へと展開を見せることになる。学校教育法公布直後の昭和二二年（一九四七）四月に第五特別委員会は、天野委員が強く主張する「大学院は綜合学術研究所として独立に設置することが出来る。現在の帝国大学はこの大学院を以て主体とすること」という建議案を採択して、教育刷新委員会の総会に提出するのである。

新制度の大学院の性格や目的についての議論がないままに作成された、旧帝国大学の特権的な地位の存続を意図するかのようなこの建議案について、総会での議論は紛糾した。小宮主査は、「学校教育法の文面とは違ったことを持ち出した」理由について、「大学を出て大学院に入るという風なことになると、（中略）大学院を済まさなければ、最高学府を卒業しないような気持になるという感じを持たせる虞が非常にある。その点を皆様でお考を願って六・三・三・四の外にあって、特別の興味のある者、希望のある者だけしかここには入らないものであるという考え方を世間一般が持つようにして戴きたい」からだと説明したが、大方の賛同を得ることはできなかった（『会議録』第二巻、二九七）。

「六・三・三・四制が布けた外に帝国大学というものだけがなんだかその上の又教育機関が出来たような感じを世間に与えられやせんか。（中略）巷間で、新学制というものが出来たけれども、結局看板の塗替で従来の高等学校とか高等専門学校といったものに大学という名前を与えて、もう一段上に大学院が出来た、もう一つ上に学校が出来たというようなことに取られることになるならば、この御趣旨はうっかり賛成とは言えない」という田島道治委員の発言は、総会の空気を集約するものであり、結局建議としての採択は見送られることになった（同、三〇一）。

教刷委案と基準協会案

こうして特別委案は退けられたものの、CIEから強い要請のあった新しい大学院制度の導入について、教育刷新委員会での議論はそれ以上の進展をみることがなかった。設立基準協議会と大学基準協会において、着々と検討が進められており、教育刷新委員会としてもいつまでも放置しておくことの許されない問題だったはずだが、新学制施行の学年進行からすれば、新制大学院の設置認可まではまだ時間的な余裕があった、ということなのかもしれない。

しかし、第五特別委員会が一貫して不熱心であったその新制大学院の問題は、一年後の昭和二三年（一九四八）三月になって、学制問題としてではなく科学者・研究者養成問題として、教育刷新委員会であらためて提起されることになった。GHQの肝いりのもと、各種学会を母胎に委員を選出する形で二二年八月に発足した「学術体制刷新委員会」（「日本学術会議」の前身）が、教育刷新委員会に対して科学者・研究者養成、ひいては関わりの深い大学院問題について合同で研究したいと申し入れてきたのである。教刷委は申し出を受け、第五特別委員会とは別に「第十二特別委員会（科学者・研究者養成に関する事項）」を発足させ、学術体制委からも委員の参加を求めて、審議を再開することとした。

昭和二三年七月の教育刷新委員会総会で決議として採択された、その第十二特別委の報告「科学研究者養成に関すること」の大学院関連の提言を見ると、冒頭に「大学院は、大学教育の延長ではなく（中略）学術研究者を養成する機関であって、すべての施設は、この本質に準拠して計画されねばならない」とある。これからもわかるように、そこで提示されたのもまた、従来通りの研究者養成を本質とする大学院像であった。学位は博士のみ、年限は定めず、履修や単位取得を求められる一定の教育課程もなく、学生は「研究生」と呼ばれ、研究費を支給され、指導教授の指導のもとでひたすら学位取得を目指して研鑽を積む。それが教育刷新委員会の描いた新しい（？）大学院像である（『会議録』第十三巻、八〇―一）。

ＣＩＥの要請と指導に基づいて、早くから検討を進めてきた大学基準協会の大学院構想が、それとは対照的なものであったことは、あらためて言うまでもないだろう。同協会の基準委員会は昭和二三年一月にはアメリカの実情に関する資料を参考に、「米国のマスターに相当する学位に達する課程は二年以上在学で三〇単位以上と論文、論文博士に達する課程は通算四年以上の在学のうえ論文を提出し口頭試験を受ける」ものとすることを早々と決定し、さらにＣＩＥとの折衝・修正を経て、博士課程についても最低取得単位の規定を設け、また専門職業人（医師、法律家等）養成のための大学院基準を別途作成する方針を決めるなど、教刷委が審議中の二三年五月にはすでに、スクーリングを重視し、中間学位を認める新制大学院について、ほぼ成案を得るところまでこぎつけていた（『大学基準協会十年史』二六―九）。なお、ＣＩＥ側の大学院構想については、文部省に提示された二三年七月作成の「大学法試案要綱」中に、「学士号ヲ授与セラレタル後、一年以上ヲ必要トスル規定ノ教科ヲ修了シタ学生ニ修士号ヲ授与スル」、「修士号ヲ授与セラレタ後三年以上ヲ必要トスル規定ノ教科ヲ修了シタ学生ニ博士号ヲ授与スル」とあることを付け加えておこう（大崎編『戦後大学史』二五九）。

教育刷新委員会案と真っ向から対立する、アメリカ・モデルのその大学院構想を直ちに公表すれば混乱を招くことを恐れた大学基準協会は、文部省とＣＩＥの双方に意見を求めるなど調整の努力をしたが、ＣＩＥの強い意向もあり、結局、教刷委の建議を無視する形で昭和二四年四月、以下のような内容の「大学院基準」の公表に踏み切った（海後・寺崎『大学教育』三七二）。

第一　趣　旨

一、大学院の内容は、修士の学位を与える課程と博士の学位を与える課程とに分れる。

二、修士の学位を与える課程は、学部に於ける一般的並びに専門的教養の基礎の上に、広い視野に立って、専門分野を研究し、精深な学識と研究能力とを養うことを目的とする。

三、博士の学位を与える課程は、独創的研究によって従来の学術水準に新しい知見を加え、文化の進展に寄与するとともに、専攻分野に関し研究を指導する能力を養うことを目的とする。

第二　基　準

一、大学院は修士の学位を与える課程と、博士の学位を与える課程とを置く。但し修士の学位を与える課程のみを置くことが出来る。

二、修士の学位を得んとするものは全日制にては一ヶ年以上、定時制にてはこれに相当する期間在学し、専攻科目について三十単位以上履修し且つ研究論文を提出しなければならない。

三、博士の学位を得んとするものは、全日制にては三ヶ年以上、定時制にてはこれに相当する期間在学し、専攻科目について五十単位以上履修し、独創的研究に基づく研究論文を提出し、且つ最終試験を受けなければならない。

四、大学院に入学する学生は、大学を卒業した者、若しくはこれと同等以上の学力を有する者でなければならない。

五、大学院を置く大学は、その課程に必要な施設並びに講義、演習、実験等の授業を用意しなければならない。

六、大学院を置く大学は、その目的使命を十分に達成し得るような大学教員組織を用意しなければならない。

備　考

一、修士、博士の種類を示す名称については学士の場合に倣い、研究科名またはそれに準ずる名称を冠するものとする。
二、この基準は、学術の研究者及教授者の養成を主たる目的とする大学院について定めたものである。専門の職業に従事する者（例えば医師、弁護士等）の養成を主たる目的とするものについては別に之を定める。
三、医学、歯学、薬学、獣医学、工学、農学等の大学院においても学術の研究者及び教授者の養成を主たる目的とするものについての規定はこの基準による。

研究大学院と職業大学院

この「大学院基準」には「解説」が付されているが、それを見ると「新制大学院は旧制大学院に存しなかった新しい性格を具えている。即ち旧制大学院は博士の学位を与えることを目的とするものだけであり、その課程については厳格な規程を有せず唯二ヶ年以上在学して研究論文を提出することを規定しただけであるが、新制大学院は修士の学位（アメリカに於けるマスター級に相当する学位）を与える課程と博士の学位（アメリカに於けるドクター級に相当する学位）を与える課程との二課程を有する。そして各課程に関し必要な条件を規定して従来よりも厳格な制度とした」のだとある（海後・寺崎、三三）。中間学位を設け、教育課程を重視する、従来のそれとは根本的に異なるアメリカ的な大学院像が明確に打ち出されていることがわかる。

ただ、この大学院基準については同時に、「備考」にもあるように、「学術の研究者及教授者の養成を主たる目的とする大学院について定めたもの」であり、「専門の職業に従事する者（例えば医師、弁護士等）の養成を主たる目的とするものについては別に之を定める」としている点に留意する必要がある。すなわち、この基準はあくまでも、アメリカ的に言えば「研究大学院（グラデュエート・スクール）」に関するそれであり、「職業大学院（プロフェッショナル・スクール）」に関する基準は別途作成することが予定されていたのである。

その職業大学院に関する基準作成は、専門的職業人の養成を中心とした高度の職業教育を、学部と大学院のどちらが、あるいは双方が、どのように行うのかという、カレッジ制でなく専門学部（ファカルティ）制をとるわが国にとって避けて通ることのできない問題と、不可分にかかわっている。そしてこの問題の十分な検討が、ひいては予定された職業大学院の基準策定が見送られたまま、言い換えれば中途半端なアメリカ化のまま出発したことが、新制大学院だけでなく新制大学自体のその後に大きな影響を及ぼすことになるのである。

2　大学院基準の制定と改訂

教育刷新審議会の敗北

さて、公表されたその「大学院基準」だが、建て前上は一民間団体である大学基準協会が、いわば自主的に作成したものにすぎず、実際に設置認可の基準とされるには、大学設置委員会による正式の採択がなければならなかったのは、大学設置基準の場合と同様である。

教育刷新審議会と大学基準協会、対立する二つの大学院構想のどちらを前提に、新制大学院の設置認可基準を定めるのか。一部の私立大学から昭和二六年（一九五一）春に向けて新制大学院の開設要請が出されるなか、対立する大学院像の問題に決着をつけるため二四年一〇月、文部省は、ともに委員会から改称された大学設置審議会・教育刷新審議会、それに大学基準協会の三者の代表を集めて協議を行った。教刷審側の出席者・佐野利器委員が教刷審の総会で報告しているところによれば、協議の内容は次のようなものであった——

大学設置審議会の和田小六会長（大学基準協会の会長も兼ねていた）の話によると、同審議会は文部大臣から学校教育法に基づき、大学院基準について諮問を受け、現在答申案を検討中である。大学院については教刷審から昨年夏に建議が出されているが、設置審の考え方と必ずしも一致していないので、文部省を通じて協議をお願いすることにした。設置審での審議は、基準協会作成の大学院基準をベースに進めている。基準協会は「非公式の団体」ではあるが「基準を作るのには非常にたくさんの回を重ね」ており、「司令部〔GHQ／CIE〕の係官もしばしば出席してこの大学院基準作成に参加」しているし、基準協会の会員校である四八大学の意見も徴したうえでの案になっている、という話であった。

教刷審側の委員の一人として、六・三・三・四の上にさらに「二とか三とかいうような階段」を設けるべきではないという教刷審の基本的な立場を主張し、とくに修士の学位を設けることに、自分は強く反対したが、結局議論はもの別れに終わった。最近になって日本学術会議も大学院問題の審議に入ったという話もあり、和田会長は「ここでも別な意見でも出されると益々分裂することによって非常に困るのだが、これも致し方ない」と述懐していた。「どうも両者の意見の一致ということ」は困難であり、教刷審としては「このまま見送っていくより外にない」と自分は思っている（『会議録』第五巻、一三九）。

学制改革を目的に設置された公式の、しかも内閣直属の審議機関である教育刷新審議会としては、面子にかかわる問題である。自分たちの案は「設置委員会の案とまさに反対の立場にある」という山崎副委員長の発言を含めて、一部の委員から厳しい批判的な意見が出されたのは当然であろう。それに対して南原委員長はかなり強引な議事進行をはかり、教刷委がこの問題をこれまで放置してきたこと、基準の設定が法的には設置審議会の権限に属することなどを理由に、「水掛け論」になりかねないこの問題に終止符を打ち、慎重な審議を行うことを条件として、基準の作成を設置審議会に、さらにいえば基準協会に委ねることで決着を図った（同、一三九―一四〇）。

重要な修正

委ねられた大学設置審議会は、先の基準協会策定の「大学院基準」をほぼそのまま設置認可基準として採用することを決め、昭和二五年（一九五〇）四月には、昭和二三年四月に抜け駆け的発足を果たした関西の四大学（同志社、立命館、関西、関西学院）から出されていた、新制大学院の設置申請を認めた。なお、設置審が「大学院設置審査基準要綱」を総会で正式に決定したのは、国立大学の新制大学院設置を控えた昭和二七年一〇月になってからである。

その国立新制大学院の設置だが、文部省は二六年三月に「国立新制大学には当分の間は修士課程のみの大学院は、之を置かないこととする」、「新制大学院は旧制大学で学位審査権を有している大学を優先的に考慮する」、「当分の間高等学校専門学校等を基盤として成立した大学は先ず学部の充実を計り大学院は計画しない」などの方針を示し（海後・寺崎、三五）、さらに「大学院の修業年限は修士課程、博士課程を含めて五年とし、うち二年を修士課程とする」ことを決めている（同、三七）。つまり、国立大学については修士課程のみの大学院は置かない、修士課程の年限は二年、博士課程修了に必要な在学年限は五年とすることを早々と決定したのであり、後者は新制大学院全体についての方針でもあった。

このことは文部省が、アメリカをモデルとしながらも、年限の下限を一年から二年に引き上げ、また「研究大学院」のみからなる大学院制度を採用したことを意味している。そして昭和三〇年六月には、基準協会自体が大学院基準を改正し、年限を引き上げただけでなく、アメリカにはない戦前期以来の「論文博士」の制度の存続を認める、また「研究大学院」の修士課程が「高度の職業教育をなし得る」こととして「職業大学院」の制度化を事実上見送るなど、大学院の「日本化」の方向をさらに鮮明に打ち出すのである。

昭和三〇年の改訂

昭和三〇年（一九五五）の大学院基準の改訂についても、ここでふれておこう。

まず年限については、学位取得に必要な在学期間が、修士課程は一年以上から二年以上に、博士課程は三年以上から五年以上に改められた。この改定については、「〔博士課程の〕在学期間について「五ヵ年以上」とあるが、その意味は博士課程に収容される者の資格によって異ってくる。学士の称号をもつ者、若しくはこれと同等以上の学力を有する者を収容する博士課程の場合には、その課程に五ヵ年以上在籍しなければならない。しかし、修士課程を修了した者を収容する博士課程の場合には、少くとも三ヵ年以上博士課程に在籍し、修士課程の在籍期間を加えて五ヵ年以上大学院に在籍しなければならない」という「解説」が付されている（海後・寺崎、三三八）。つまり大学院に五年一貫の博士課程と、修士二年プラス博士三年の積み上げ型の課程の二タイプが設定されたことになる。ただし実際には五年一貫型の大学院は設置されず、修士課程のみ、あるいは修士二年プラス博士三年の積み上げ型の大学院の設置が進められたのは、周知のとおりである。

なお、『大学基準協会十年史』には、昭和二二年七月という早い時期に文部省側から基準協会に対して、戦時期に「新制」大学院として設けられ、戦後も続いている「特別研究生制度」では「前期二年・後期三年になっているから、その程度にするか、あるいは前期三年・後期二年としたものであってほしい」という申し入れがあったことが記されている（一二六）。改訂の背景には、そうした形での「遺産の継承」があったと見るべきなのかもしれない。

論文博士制度

「論文博士」の制度も、遺産の継承とかかわっている。戦前期の学位令では学位は博士のみであったが、その博士学位の授与には、(1)「大学学部研究科ニ於テ二年以上研究ニ従事シ論文ヲ提出シテ学部教員会ノ審査ニ合格」する、(2)「論文ヲ提出シテ学位ヲ請求シ学部教員会ニ於テ之ト同等以上ノ学力アリト認」められる、という二つの道が用意されていた。

問題はスクーリングを重視する新制大学院制度のもとでも、その第二の「論文博士」の道を認めるのかどうかにあった。ＣＩＥ側は、アメリカにない論文博士制度の廃止を強く求めたが、日本側にはそれを残してほしいという強い要望があり、昭和二五年（一九五〇）六月の大学基準協会総会で、この件が議題に取り上げられ、「とくに地方大学代表から論文博士制度の必要が強調され」たことが知られている。具体的には「(イ)東京ならばある研究所において同時に大学院に在籍することも可能であろうが、地方の試験場などにいてはそれは不可能である。(ロ)工学の場合、民間研究所・工場などで研究する場合など、学位取得の見込みがなければ向学心がにぶる。(ハ)医学では、大学院に五年も在籍して論文完成に専念することは不可能であり、課程博士一本ではとくに基礎医学の研究の衰退が予想される」など、主として理系の立場からする必要論であった。

その後、基準協会は会員大学を対象に意見調査を実施するなどさらに検討を進めたが、結局、「博士課程修了による博士と論文博士の二本立てを可とするが、［廃止が］真にやむを得ない場合は暫定措置として十年以上の期間をおくこと、但し論文博士については検定方法が問題である」と、意見を集約するにとどまった（二五年一〇月）。論文博士制度の存続が望ましいとしながら、明確な結論を出すには至らなかったのである（海後・寺崎、三〇一）。

議論は大学設置審議会でも進められたが、ここでも「制度そのものの必要性については、誰もが賛成だった」とされ、存続させる場合「少なくとも一年間の在籍を求めようとの意見」もあったが、「結局、面接試験と「発表」の両方で決定すること」で意見がまとまったものの、それ以上に議論が深められることはなかった（同、三二）。

制度の存続が決まったのは、占領期が終わった後の昭和二七年一〇月に、大学設置審議会が「学位に関する要項」を総会で決定してからである。その「要項」には「論文提出により博士の学位を授与する場合は、次のとおりとする。イ、論文は、博士課程を有する大学院を置く大学に提出するものとする。ロ、論文提出により、博士の学位を授与される者は、大学院において博士課程を終えて学位を授与される者と同等以上の内容を有している論文を提出し、且つ専攻学術に関し、同様に広い学識を有することを試問により確認された者でなければならない」とあり、また「論文提出によるものの審査方法」として、「提出論文の審査は、大学院の課程における論文審査と同一の方法による」、「諮問は、口頭試問及び筆答試問とする。外国語については、二種類を課することを原則とする」

とある（同、三六―七）。

旧制大学院の遺産ともいうべき、アメリカにはない論文博士制度の存続は、国立新制大学院の発足と同じ昭和二八年四月に、この「要項」を踏まえた省令「学位規則」が制定されたことによって、正式に認められることになった。こうして新制大学院制度、それと不可分の学位制度もまた、アメリカ側からの強い圧力にもかかわらず、日本独自の道を歩むことになるのである。

職業大学院問題

職業系の大学院の問題も、紆余曲折をたどった末、曖昧さをはらんだ日本的なあり方を選択することで決着を見た。議論の舞台になったのは、この場合にも大学基準協会である。

すでに見たように、昭和二四年（一九四九）四月に決定された大学院基準の「備考」には、この基準は、「二、学術の研究者及教授者の養成を主たる目的とする大学院について定めたもの」で、「専門の職業に従事する者（例えば医師、弁護士等）の養成を主たる目的とする者については別に之を定める」、「三、医学、歯学、薬学、獣医学、工学、農学等の大学院においても学術の研究者及び教授者の養成を主たる目的とする者についての規定はこの基準による」と記されていた。

この「備考」によれば、大学院基準が「大学院のうち学術の研究・教授者養成のためのものと、専門職業従事者のためのものとの二種を予定している」のは明らかであり、説明にあたった務台理作も「将来大学院において或年数どうしても在学しなければならない。そうしなければ、ある一定の［職業］資格がとれない……という問題が起こってきた場合に、それに応ずるような規定は別に作ることとして、ここにできた案はそういう特別の要求を前提とせず」作成したものだとしている（同、三〇五）。

しかし、残されたその課題に、基準協会はなかなか取り組もうとしなかった。その理由について、『大学基準協会十年史』は、次のように述べている。

専門職に従事するもののための大学院の基準は別に定めることになっていた。しかし新制大学が内容的に整備されないうちに職業コースを設けると大学院の水準を低めるおそれがあるばかりでなく、大学院を学部の延長のようなものにするおそれが多分にあるので、職業課程の基準には手を染めることをしなかった。しかしこれに対する要望も少なくなかったので昭和二五年一〇月、法、商、工、農の四つの大学院職業課程分科会を設けて研究した結果、大学院基準の趣旨に多少修正を加えれば、差支えないという結論に達した。しかし、前述の考慮から、その改定は行われなかった。（中略）昭和二八年七月、大学及び大学院問題研究委員会で大学教育を学士課程・大学院を通じて検討した結果、大学院基準に改訂を加えることになり、昭和三〇年二月大学院基準改定特別委員会を設けて検討のうえ、基準委員会、評議員会の審議を経て、昭和三〇年六月の総会で修士課程に職業課程を設け得るよう改定が加えられた。（『大学基準協会十年史』三一-二）

改定以前の大学院基準における修士課程の目的規定は、「修士の学位を与える課程は、学部における一般的並びに専門教養の基礎の上に、広い視野に立って、専攻分野を研究し、精密な学識と研究能力を養う」というものであった。「修士課程に職業課程を設け得るよう」加えられた改正とは、その目的規定の後段が、「広い視野に立って、精密な学識を修め専門分野に於ける理論と応用の研究能力を養う」と改められたことを指している（海後・寺崎、三五）。この改定についてはまた、「研究能力というととかく理論的研究のための能力と考えられ勝ちであるが、それは楯の半面であって、他の半面には理論を実地に応用してゆくための能力が当然考えられるべきである。よって「理論と応用の研究能力を養う」とあるのは、この課程においては単に研究者、教授者たるべき能力の養成を目的とするばかりでなく、実社会において指導的役割を果すために要する能力の養成をも目的としているのである」という解説がつけられ、修士課程については「主として理論の面を対象とする教育」、「理論と応用の面を合せて対象とする教育」、「主として応用面を対象とする教育」の三種が考えられるが、そのどのような組み合わせのもとに教育を行うかは、各大学に自由に委ねることが記されている（同、三二六）。

国立大学に先行して設置が進められてきた私立大学の大学院を見ると、実際に職業教育目的と思われる修士課程も少なくなかったから、それは現実的な改正であったと見るべきなのかもしれない。アメリカ側の強い指導・助言の下に進められた新しい大学院制度の構築であったが、最終的に日本側が選択したのはここでも、外形的にはともかく実質は日本的と呼ぶほかはない制度であったことになる。

3　職業大学院と学部教育

大学及び大学院問題研究委員会

その職業大学院問題は、学部における専門職業教育のあり方と不可分にかかわっていた。医学・歯学教育についてはＧＨＱの強い「指導」もあって、六年制の学部教育によるものとし、大学院には博士課程のみを置くことが早くから決まっていたが、専門職業人養成にかかわる他の専門領域については、十分な検討が行われておらず、それが職業大学院問題の先送りの大きな理由となっていたからである。大学基準協会が、「法学・商学・工学・農学」など、医学・歯学以外の専門・職業教育についても学部と大学院との関係をどうするのか、言い換えれば職業大学院設置の必要性ともかかわる学部教育の年限をどうするのかについて議論を開始したのは、昭和二八年（一九五三）七月に設置された「大学及び大学院問題研究委員会」においてである。占領期が終わった後の時期になるが、話の流れから、ここでその議論の概略を紹介しておくことにしよう。

『大学基準協会十年史』によると、この委員会を設置したのは「旧制大学に設けられていた学部で新制大学にも設けられた学部の内、文学部、理学部の如きは学力の低下が危惧されたほかは、産業界との関連も薄いゆえもあってほとんど問題を持たなかったが、医学部・法学部・商学部・工学部及び農学部、特にその獣医学科は多くの問題を持っていた。本協会は旧制大学になかった学部については分科教育基準を作ってそれぞれの標準を示してきたが、前記の問題を持つ学部に関しても検討を加える時期」がやってきたためだ、とされる（一九四）。検討は医学・工学・獣医学・法学・経済学・商学・農学・獣医学・神学の各部門委員会を置いて進められ、昭和二九年七月には検討結果の報告に基づき、ひとまず次のような結論に達した（同、一九八）。

(a)一般教育――現行の三六単位を堅持する。その教授法は改善する必要がある。
(b)専門教育――四年制の枠は堅持する。但し、一般教育と修士課程をあわせ考えて総合的な見地から専門教育のカリキュラムは整備単純化されなければならない。教授法も改善の要がある。
(c)単位算出基準――現在の不完全な設備のもとでは、二時間の講義と一時間の自習、計三時間の学習量をもってする算出方法も認め得る。但し、詰込み主義教育になることを十分に警戒しなければならぬ。
(d)大学院修士課程――高度の職業教育もなしうることとする。

この検討結果の(d)に基づいて、修士課程に職業課程を設け得るよう大学院基準が改訂されたのはすでに見たとおりである。しかし、とりわけ重要な課題とみなされた(b)専門教育の問題については、それで議論に終止符が打たれたわけではなく、基準協会は、昭和二九年九月に新たに「専門教育研究委員会」を設置し、特に「法、商、工の如くその卒業生が産業界の中核をなす学部においては、産業界の要望と批判に応えつつ大学教育の理想を貫く必要がある」として、法・商・工の三つの部門委員会を設けてさらに検討を重ねることになった。

法学教育の問題

「多くの問題を持つ」とされた法・商・工・農という「応用科学」の部門ごとに進められたその検討作業だが、最も突っ込んだ議論がされたのは、昭和二三年（一九四八）の初めにＧＨＱ／ＣＩＥから要請されながら結論に至らなかった、法学・法職教育の問題である。

法学に関する先の「部門委員会」は、主要国立大学における新旧両制度の法学部学科課程を比較検討するなど、その後も作業を重ねてきたが、二九年五月にひとまず「現行の大学基準による法学教育は法職を対象とする職業教育としては不十分である。ゆえに学部の専門教育を充実して学力の向上をはかり得るように大学基準の適用に弾力性を持たせる必要がある。また、修士課程において職業教育をも行い得るよう大学院基準を改訂する必要がある」という結論に達した（同、一九六）。

具体的には、(1)学部については「行政官庁、産業界を志望する者」のための「普通コース」と、「法職コース」を設ける。普通コースの基準は現行の大学基準のままでよいが、法職コースの基準は「総単位を一四〇単位」とする。(2)大学院で職業教育を行う場合には「広く科目を履修させ、研究論文に関する負担を緩和して履修単位を増加する。また修士課程の定員を増加する」というのが、その内容である。法職コースの設置や、大学院修士課程での職業教育を認めているが、ＧＨＱが期待してきたアメリカ的な職業大学院、ロー・スクールとは基本的に異なる点に注目すべきだろう。「このたびの法職コースは四年制の枠内で設けられることになった点が最も顕著な変更である。昭和二三年の発足当初から、法典という客観的条件を持ち、そのために、年限延長、ロー・スクール等の考え方を胎蔵していた法学教育の部門においてすら、いったん決まった六・三・三・四の教育体系は軽々しく崩すべきではないという結論に達した」（同、一九六-七）のである。

新しい委員会での議論は、こうした検討結果を踏まえてさらに深められ、三〇年一二月には「法学教育において法典を一通り勉強させるためには、少なくとも三ヵ年を必要とするが、かかる制度上の根本的改革をするには多くの時日を要すると考えられるゆえ、応急の便法として」であるが と断ったうえで、開設すべき科目数を絞り、必修科目と選択科目を分け、演習・ゼミナール等の制度を拡大強化し、単位の算出基準を、例えば講義二時間・準備一時間の三時間十五週で一単位とするなど、現行の学部教育の枠内での改善策が打ち出されている。「法学専門教育の科目数を最低一一科目（必置七、選択必置四）に絞ることに成功し、単位算出基準に弾力性を持たせれば六八単位を少し上回る単位数で学力の低下を防ぎ得、且つ、演習、ゼミナールの強化によって詰込主義に陥る弊から免かれ得る」はずだというのが、そこでの結論であったが（同、一九八-二〇〇）、それはいくつかの仮定を置いた上での「応急の便法」とされた。

委員会の「概況報告」は、「法学教育においては、法学的知識を授けるほかに、高い文化的教養を身につけるように教育することが重要である。その意味において一般教育を重視すべきことはいうまでもない。しかし他方においては、法学の専門的知識を学ぶために二年の期間（実際上は国家試験、就職試験等の関係で落着いて専門課程において聴講し研学する期間は第三年度の一ヵ年と第四年度の第一学期の夏休み前までである）では不十分であって、大学における法学教育を充実させるために、次のような五つの案がとりあえず考えられる」として、(a)専門課程三年・教養課程二年の五年制案、(b)専門課程三年・教養課程一年の四年制案、(c)法学専門課程と修士課程一年の統合案、(d)大学院制度改革案、(e)法・経両学部を統合した「社会科学部」とロー・スクールの両立て案、の五案を列記している（海後・寺崎　三三四）。年限問題は、学部と大学院の関係を基軸に、依然として教育課程編成上の課題であり続けていたと見るべきだろう。

商・工・農の場合

他の専門職業分野に関する議論についても見ておこう。

まず商学教育だが、戦前期のわが国では、高等商業学校での実践的な教育が中心で、商学部よりは経済学部での理論主体の大学との間に一種の分業体制がつくられていた。しかし戦時期に高等商業学校が経済専門学校に変更され、戦後もそのまま新制大学の経済学部に移行したことから、旧制に比べて「職業教育の色彩が薄くなっている」との批判もあって、専門委員会では教育課程の編成や教授法の改革に焦点を当てた検討が進められてきた。「大学と大学院の関係を合理化」することも議題に上ったが、結局「四年制は堅持し、その枠内で学力の充実を計るためには、学科目を整備して基礎的な学力を身につけさせ、且つ演習を強化して知識を総合化する能力の涵養に努める」ものとされた。カリキュラム案によれば、「専門教育の学科目は可能な限り基本的科目に絞り」、基本科目の履修準備のための「Basic subject」を設け、「細分化された学科目は大学院に移す」などの改革が提言されている（『大学基準協会十年史』二〇〇-一）。アメリカ的なビジネス・スクール構想は、検討の対象にはされなかったことがわかる。

工学部門の専門委員会でも、年限や大学院と学部の関係が問題にされ、「修業年限に関して、学部の教育と大学院修士課程の第一年目の教育とをそれぞれの独立性を保ったまま有効に噛み合わせて十分な学力をつけさせたうえ、産業界に送り出す」案なども検討されている。しかし「工学教育は四年では不足であるとの意見もあるが、（中略）いくつかの努力を忠実に試みたうえで論ぜらるべき問題で、将来は別として、少なくとも現状では四年間を、より有効に活用する余地が残されていると考える。とくに大多数の学生にとって、学生生活を延長することは現在の社会事情から云っても極力避けるよう努力すべきである。高度の専門職教育（修士課程）あるいはさらに高度の工学研究、教育（修士課程及び博士課程）に進む者のためには大学院を利用せしむべきである」というのが、委員会の結論であった（同、二〇三-四）。

ただ、教育課程の編成について、(1)総履修単位を一二四単位とし、一般教育科目の一部を割いて「基礎科目（理学）十二単位、基礎専門科目十六単位」を設け、さらに専門科目を二〇単位として、他に、基礎・専門基礎・専門のいずれの科目にも大学が自由に配分することのできる、「α」と呼ぶ二〇単位を設定する、(2)勉学毎週三時間、十五週を以て一単位とする原則に対して、「過渡的に学生の自習時間を補う意味で、講義二時間を一単位又は一・五単位とすることはやむを得ない」とするなど、課程編成の柔軟化・弾力化や、単位制度の変更を目指す提案をしている点が注目される（同、二〇三）。この提案の一部は、やがて「基礎教育科目」の導入という形で、大学設置基準にも反映されることになる。

農学教育部門委員会も、職業大学院の設置には否定的であった。「現行大学院基準は修士課程の目的が研究能力を養うことにあると規定しているが、研究能力を持つ者即ち専門技術者であるから、現行のままで高度の職業教育は可能である」というのが、その理由であった。学部の専門教育については、水産・土木・獣医・経済など、学科別・専攻別の「分化がはなはだしく、その間に共通した点が殆どな」く、「農業教育基準を制定するのは不可能であり、「各大学の事情、各学科の性格に応じて各々その特色を発揮することが最も望ましい」とする一方で、獣医学には一六〇単位以上が必要であり、また一般教育については「教授法を改善して総合コースが実施されれば三六単位は必要な」く、「三〇単位で十分効果をあげ得る」としている。ここでも専門学部制の枠内での、履修単位数の増減という形での課題解決が目指されていたことがわかる（同、一九七）。

独自の道

このように、医学・法学をはじめとする応用科学系の主要分野が、高度の職業教育への要請に学部教育の枠内で対応可能と結論づけたことにより、わが国の大学院は、研究大学院と職業大学院とが並立するアメリカとは異なる、独自の道を歩むことが決定的になった。

一九五五［昭和三〇］年の［大学院］基準改定は、応用的分野の大学院に対して別の基準を設定するという方法によってではなく、修士課程に高度職業教育という制度的性格を付加し、学部専門教育との関連を盛りこむという方法によって、一つの制度的決定を行ったものとみることができる。そして、修士課程を実態のレベルにおいて研究者養成中心のものとするか、高度職業教育中心のものとするかなどの決定は、履修科目の内容や選択方法などを考慮して、各大学院の自主的決定にまつという方法をとったのであった。／実態の問題はともかくとして、この改訂によって博士課程と修士課程の制度的性格は明確にわかれ、修士課程は、専攻分野によっては、学部専門教育と密接に関連をもつ高度職業教育機能をもはたすことが可能な機関となったのである。（海後・寺崎、三五九）

しかし、それで問題が抜本的に解決されたわけではない。大学基準協会が職業大学院の制度化を見送り、あわせて学部教育の四年制と一般教育三六単位の堅持を打ち出したことは、大学設置審議会の設けた一連の「関係学部設置基準要項」が強い「標準化」機能を果たしたこととあいまって、専門分野による教育上の必要性の違いに応じた教育課程の弾力的な編成、ひいては高等教育の多様化への道を制約する役割を果たしたからである。

大学側の不満は常に年限短縮による専門教育の時間不足にあり、それが学部教育の年限延長、学部と大学院との相互乗り入れ、修士課程への専門・職業教育の移譲、一般教育の縮減、さらには単位の計算方法の改定など、さまざまな改善策の模索をもたらしたが、専門分野による考え方の違いは大きく、大学基準協会として意見を集約するには至らなかった。法学教育部門委員会の提起した五つの改革案は、一般教育と専門教育、専門教育と職業教育、学部教育と大学院教育、博士課程と修士課程の関係について、一般的で標準化された答えを見出すことが、いかに困難であったかを象徴するものといえよう。

しかも、占領期の終結によりＧＨＱ／ＣＩＥという後ろ盾を失っただけでなく、正会員の数が一向に増えない民間団体――大学関係者による自主的団体としての大学基準協会は、これまで発揮してきた教育課程編成問題を中心とした、高等教育政策に対する影響力を急速に失い、改革論議の舞台は教育刷新審議会の後身である中央教育審議会へ、政府主導・制度改革主体の議論の場へと移っていった。

第6章　学部教育の課程編成問題

1　戦前から戦後へ

統一性への執着

これまで見てきた難問は、いずれもトレーナーが「アメリカではほとんど見ることができない日本社会の特性」であり、「基本的な思考形態の一つとして地位を占めてきた」とした、「統一性への執着」と深くかかわっている (Trainor, 332)。四年制カレッジを基軸に、ジュニア（コミュニティ）・カレッジからグラデュエート、プロフェッショナルの両スクールまで、組織形態は言うまでもなく、教育年限や教育課程編成についても著しい多様性を特徴とするアメリカの高等教育制度をモデルとしながら、新しい高等教育制度の設計にあたって、わが国は、すべての高等教育機関の「四年制大学」への画一的な移行という形で、トレーナーのいう「統一性への執着」を貫く道を選んだのである。

その「統一性への執着」は、アメリカ側の主導の下に導入された一般教育を中心とした教育課程編成の場合にも、例外ではなかった。これまで見てきた短期大学や大学院の問題も、アクレディテーション問題も、つまるところは、「新制四年制大学」における教育課程編成の問題に帰着する。大学改革をめぐる日米間の最大の齟齬は、その教育課程編成の理念と伝統の違いがもたらした、多様性と画一性との間にあったと言うべきかもしれない。本章では、残された、というよりそれらの基底をなす第五の課題として、一般教育と専門教育の関係を中心とした教育課程編成の問題を見ていくことにしよう。

戦前期の教育課程

本題に入る前に、戦前期の高等教育機関における教育課程編成について、戦後の画一性とは対照的に、それが多様性に富んでいたことをまず確認しておこう。

わが国の高等教育システムが、大学のほか、高等学校・専門学校・実業専門学校・師範学校など、それぞれに独立の準拠法令をもつ多様な学校種から編成されてきたことは、繰り返し述べてきたとおりである。それは教育課程の編成もまた、学校種によって異なっており、その意味ですでに多様であったことを示唆している。

その多様な高等教育機関のうち、旧制度の高等学校に関してだけは、教育課程の編成について、授業科目の種類と学年・週当たり時間数などを詳細に定めた共通の規程（「高等学校規程」）が設けられ、大学に付設された予科もそれに準拠することを求められていた。これに対して、専門学校の課程編成は著しく多様であった。専門分野別に設置された官立の専門学校・実業専門学校群の場合には、分野別の共通の規程もなく、たとえば「名古屋高等工業学校規程」、「小樽高等商業学校規程」のように、教育課程は個別の学校・学科毎に定められ、学年毎の履修科目を定めた学年制をとり、必修科目主体で選択科目の開設は限定的であった。実業系の専門学校の場合、実験・実習時間に、ひいては総授業時間数に学校間で大きな幅があったこと、また少数だが一般教養教育的な授業科目を設ける学校もあったことを付け加えておこう。

私立が多数を占める一般の専門学校の場合にも、教育課程に関する共通の規程や基準はなく、それぞれの専門分野に応じてどのような専門科目を開設し、どれだけの授業時間数をあてるかは、基本的に各学校・学科の自由に委ねられていた。ただしここでも、必修科目主体の学年制が支配的な編成形態であることにかわりはなかった。

大学における教育課程の編成もまた、講座制をとる帝国大学の場合も、学科目制をとる官公私立大学の場合も、それぞれの大学の自由に委ねられていた。ただ、当然のことながら国家試験に関係した医学部や法学部の課程編成については、大学間で共通部分が大きかったのに対して、文学部や経済学部では選択科目も多く、多様化が進んでいた。これら文系学部を中心に学年制に代えて、「単位制」を導入する大学・学部も現れはじめていたが、その単位制は、例えば一週二時間で通年の授業を一単位とし、卒業までに必要な単位数、というより履修科目数を示すというように、授業の実時間に基づく単純なものであった。なお、戦前期の高等教育機関の修業年限は、(医学部・医学科の四年制を例外として）三年制が原則であったことを付け加えておく。

学制改革論議

明治初年に始まる近代学校制度の創出と発展の過程で、なによりも人材養成上の社会的必要に迫られて、全体的な青写真を欠いたままつぎはぎ的に構築されてきた、その多様な学校種からなる高等教育システムの再編整備を求める声は、いわゆる「学制改革」論議として明治二〇年代にはすでに高まり始め、帝国大学以外の官公私立大学の設置を認める大正期の臨時教育会議の答申により一時鎮静化したものの、昭和期に入ると再燃し、昭和一〇年代にはそのピークに達していた。

その学制改革論議だが、文部省自身が資料集（『学制改革諸案』昭和一二年）を編むほど数多く作成され公表された関係諸団体による改革案を読むと、中等・高等の各教育段階が多様な学校種からなり、進学系統が複雑に分化した「複線型」の学校体系を変革して、単一の学校種からなるいわゆる「単線型」の学校体系への移行を求める、その意味でアメリカ的な学校制度をモデル視した案が主流を占めていたことがわかる。

例えば最有力視された「教育改革同志会」の「教育制度改革案」（昭和一二年六月）には、中等段階の中学校・高等女学校・実業学校を統合して新しい「中学校」とするほか、高等教育については「現在ノ大学、高等学校、専門学校ヲ整理」して「修業年限ハ三年乃至五年」の「大学校」とするとある。その「大学校」は「専門ノ学術ヲ研究シ、技能ヲ修ムル」所であり、その上に「就業年限ナク又卒業」もない、「最高学術研究ノ機関」としての新しい「大学院」を置くことになっていた。こうした改革の狙いは次のように説明されている。

「現今の大学制度は学術研究の向上を任務とする機関と、社会の実務に携はる者に対して適切有効なる職業教育を行ふための機関との両者の目的を追うてゐるため、其の何れの任務をも十分に遂行し得ぬ現状にある」。そこで「両者を劃然と区別し、最高学術研究機関として（中略）大学院を新設すると共に、現在の大学、高等学校、専門学校は、その官公立たると私立たるとを問はず、総てこれ等を国家社会の需要に応じて適当に整理し、専門の職業教育機関としての新制の大学校に改造する」ものとした。また「大学校を職業教育を目的とする機関とすれば、今日の修業年限は必ずしも必要ではない」。そこで「高等学校を廃して大学校の修業年限はだいたい三箇年を原則とし、医科のごとく特に多くの年限を必要とするものに限って修業年限を五年とする」。「大学院は、従来の大学より独立したる機関としてその組織を拡大強化」し、「数に就ては、現在の綜合大学の殆ど全部を大学院に改造すべきか、或はその内の若干に止むべきかはなほ研究を要するも、成るべくその数を制限して大学院を権威あらしむる」ようにしたい（『近代日本教育制度資料』第十六巻、一六六—七八）。

再編統合の具体的な方策にはふれていないが、教育と研究の機能を分け、新大学院の候補に想定されていたと思われる「現在の綜合大学」、すなわち帝国大学を例外として、すべての大学・高等学校・専門学校を、三年制を原則とする専門・職業教育機関としての新しい「大学校」に移行させるという、まさに「画一化」の構想がすでに描かれていたことがわかる。ただ、アメリカをモデル視したとはいえ、四年制のカレッジを中核としながら多様な組織・編成形態を持つアメリカの大学・高等教育制度の実態を知悉した上での案ではなく、「単線型」という制度の外形にのみ着目した改革構想であったこと、また帝国大学を別格扱いするというだけで、アメリカ独自の大学院制度を無視した案であったことを、あわせて指摘しておくべきだろう。アメリカ・モデルについての表層的な理解は、戦前に始まり戦後に継承されたのである。

さらにいえば、議論されたのは、「学制」すなわち「学校制度」、具体的には再編により出現する「新制の大学校」の年限だけであり、そこでの教育課程編成をどうするのかは、議論の対象にはされていなかった。ましてや強調されたのは「職業教育」の重要性であり、「新制の大学校」に、高等学校・大学予科が担ってきた、当時の用語でいえば「高等普通教育」のプログラムの開設を求めるなどという議論は、まったく無かったことをあわせて指摘しておくべきだろう。なお、昭和一二年（一九三七）に設置された内閣直属の「教育審議会の議にも上った」その学制改革案は、「僅か一票の差で否決されたと伝え」られている（「米国教育使節団に協力すべき日本側教育委員会の報告書」、『会議録』第十三巻所収）。学制の「単線化」は、戦前期においてすでに多くの支持を集めていたのである。

このように、高等教育機関が種別化・重層化され、私立セクターが大きな比重を占め、しかも高等普通教育の場である高等学校以外はすべて専門・職業教育の機関であり、複数学部・学科を置く一握りの大学・専門学校を除けば大多数が単科、という種別化・重層化の生みだす複雑なシステムは、職業教育重視と相まって教育課程編成の多様性の源泉となっていた。戦時期の終わりに近く、官立工業専門学校について、技術者養成の効率化を目的としたカリキュラムの標準化が試みられ、また専門学校についても学科の再編統合案がつくられるなどのことがあったが、上記のような教育課程編成の多様性はほぼそのまま、敗戦後に引き継がれることになった。このことは昭和二三年四月に始まる、既存の高等教育機関のドラスティックな再編・統合による新制四年制大学への移行が、新しい器にどのような新しい教育課程という中身を盛るのか、という最大の難問を抱えていたことを意味している。

米国教育使節団の批判

GHQが、わが国の高等教育機関が戦前期を通じて取り続けてきた、専門・職業教育重視の教育課程編成に厳しく批判的であったことは、米国教育使節団報告書が「大学及び専門学校のカリキュラム」について、次のように指摘していることからも知られる。

> 日本の高等教育機関のカリキュラムにおいては（中略）大概は普通教育（general education）を施す機会が余りに少く、その専門化（specialization）が余りに早くまた余りに狭すぎ、そして職業的色彩（vocational or professional emphasis）が余りに強すぎるように思われる。自由な思考（free thought）をなすための一層多くの背景と、職業的訓練（professional training）の基くべき一層優れた基礎とを与えるために、さらに広大な人文学的態度（humanistic attitude）を養成すべきである。この事は学生の将来の生活を豊かにし、そして彼の職業上の仕事が、人間社会全般の姿の中に、どんな工合に入っているかを了解させるであろう。普通教育は、学生がそれを満足な形において十分受け、それを何か特別の分離したものと考えることのないように、各学生に決められた正規のカリキュラムの中に、統合されるべきであると思う。普通教育の外に、更に専門化の領域（field of specialization）に関連した学科目（subjects）が、学生の専門化された研究課程（course of specialized study）の中に、現在よりもっと自由に取り入れられるべきである。（伊ケ崎・吉原編『戦後教育の原点2』一二三）

主要な用語に英文の原語を添えておいたが、高等教育の制度改革にはほとんど触れるところのない使節団報告書が、教育課程編成についてはわざわざ一節を割いて、専門・職業教育主体の高等教育のあり方を批判する一方で、それとは対極的な、民主主義社会における市民的教養の形成を理想に掲げる、普通教育（一般教育）重視のアメリカ的カレッジ教育への転換を強く要請したことがわかる。

基準設定協議会の役割

アメリカ側が重視した、教育年限の問題とも切り離せぬ関係にあるこのきわめて重要な、教育課程編成の抜本的な転換の問題は、教育刷新委員会において審議の課題として積極的に取り上げられることはなかった。年限問題を中心に「学制改革」論議に終始する教育刷新委員会に代わって、教育課程問題の検討に中心的な役割を果たしたのは、大学の設置認可に必要な基準を審議する目的で昭和二一年（一九四六）一〇月、文部省内に別途設置された「大学設立基準設定に関する協議会」（翌年に大学設置基準設定協議会に改称）、すなわちのちの大学基準協会である。「毎回CIE係官が陪席」するなど、当時CIEの別動隊視されていたその基準協会で、大学基準作成作業の一環として、施設設備や教員組織の問題などとともに、教育課程編成の審議が進められるのだが、議論の出発点となったのは当然のことながら、「普通教育（general education）」の重要性を強調する、先の使節団報告書の勧告であった（『大学基準協会十年史』八二―三）。

「大学基準原案起草当時、彼ら［CIEの担当官］が、一般教育の拡充を示唆した第一次米国教育使節団報告書の根本方針に沿いつつ、大学基準協会を一般教育理念・方法の導水路として重視し（中略）その内面指導のもとに、大学基準の一般教育関係条項が形を成した」のだと、寺崎昌男は指摘している（海後・寺崎『大学教育』四〇二）。一般教育（ジェネラル・エデュケーション）・教養教育（リベラル・エデュケーション）をカレッジ教育の中核に据えるアメリカ・モデルの本格的な学習と導入は、協議会・基準協会を中心に、CIEの指導・助言のもとに進められることになるのである。

日本の大学教育の抜本的な変革を求めて使節団報告書が強く勧告する、アメリカのカレッジ教育の最も重要な特色であるその一般教育制度の導入について、日本側には知識や情報の持ち合わせがほとんどなく、当惑したことが、当時の関係者を対象に行われたヒアリングの記録からわかる（南原他『戦後大学改革を語る』）。

「アメリカの方から一般教育を入れろというんですが、ところがその当時、正直言って僕には、アメリカの方でやっている一般教育がわからなかったですヨ」（城戸幡太郎、教刷委委員。同、一〇三）。

「その頃 general education という言葉だけで、どういう内容のものか知らなかった」（玉蟲文一、東京大学教養学部教授。同、三七）。

「一般教育の理念はアメリカから来たけれど、そんなものは旧制高校でやっていたじゃないかという意見はよく聞かされました」（玉蟲。同、四六）。

「general education というのは、はじめてだし、教育の方で言えば、［新制］高等学校までのが general education ですから、どうもはっきりつかめない」（佐々木重雄、大学基準協会事務局長・東京工業大学教授。同、八六）。

「だいたいその当時ではイメージが――新制大学というものの――できてなかった。みんなが旧制大学でやってきた人達ですから、頭にこびりついているのは長い間やってきた旧制大学なわけです。そこで重視されたものが自然ここでも重視されるという……」（務台理作、教刷委委員、東京文理科大学学長、大学基準協会評議員。同、六〇）。

一般教育とは何かを知るには、アメリカのカレッジ教育を理解することが必要とされる。教育課程をめぐる議論はその理解や知識を欠いたまま出発し、やがて策定された大学基準は、日本的現実に適用されるなかで「四年制課程の一律化」（務台理作）を推し進める役割を果たすことになる。

2　大学基準協会と一般教育課程

審議の開始

一般教育の導入を前提とした教育課程編成をめぐる大学基準協会での審議は、施設設備や教員組織などの検討開始から遅れて、昭和二二年（一九四七）二月に開始された。田中征男の研究によると、基準協会の前身である「大学設立基準設定協議会」が検討のために、(1)文科系学部分科会（文学・法学・経済学の三部会）、(2)理科系分科会（医学・理学・工学・農学の四部会）、(3)女子大学分科会の三つの分科会と七部会の設置を決定したのは二二年一月である。新しい四年制大学の教育課程の検討作業は、この三つの分科会を舞台に、一般教育と専門教育とを統合的に課題としつつ進められることになった。なお三分科会・七部会で審議にあたった三三名の協議員の顔ぶれを見ると、ほとんどが東京所在の大学の学長・学部長であり、とくに文・理の二分科会の場合、東京大学の七名をはじめ慶應五名、早稲田四名と、三大学の学部長が協議員の六割を占めていた。女子大学分科会を除いて専門学校、高等学校、師範学校関係者は加わっておらず、新制大学の教育課程の検討はもっぱら、旧制の総合大学関係者を中心に進められたことになる（田中『戦後改革と大学基準協会の形成』六八–七三）。

「CIE高等教育班の担当官」の「濃密な指導」の下に進められたとされる、その審議の具体的な経過は明らかにされていないが（同、七七）、田中によれば、三分科会のうち文科系分科会での議論が先行し、二二年三月には「文科系分科会既決事項」として、次のような案が作成されたことが知られている（同、八〇）。

(1)大学で履修する科目はこれを一般教養学科と専門学科との二種に分ける。

(2)一般教養学科を次のごとく定める。A社会科学（法学、政治学、経済学、社会学、統計学）、B人文科学（歴史

学、哲学（倫理学を含む）、心理学、教育学、日本文学、東洋文学、人文地理学、外国語（近代語及古典語））、C自然科学（数学、物理学、化学、地学、生物学）。

(3)学生は右に掲げた一般教養科目のうち外国語一科目を含めABC三つの各系列にわたってそれぞれ二科目以上、合計十科目以上を履修しなければならない。そのために各大学においてはそれぞれの系列にわたって少なくとも三科目全体として十五科目以上の講義は必ずこれを用意しなければならない。

(4)専門学科については十五科目以上を履修しなければならない。

(5)単位の基準は一時間一五週を以て一単位とする。従って一週二時間一年間の講義は四単位となる。

CIEの指導があったとはいえ、この時点ではまだアメリカ的な一般教育や、それと切り離せぬ関係にある単位制についての理解が不十分で、「学部的専門科目に一般教育科目だけをつぎ足」す（奥井復太郎）程度の案であったことがわかる。

そうしたなか、理解を深める上で重要な役割を果たしたのは、昭和二二年三月に開かれた協議会総会でCIEのエドウィン・ウイグルワース（Edwin Wigglesworth）が行った講演である（『資料にみる大学基準協会五十年の歩み』一九―三七）。この講演の中でウイグルワースは、日米の教育制度の比較図を使って教育課程の面から、新制大学制度への移行問題を具体的に説明している。一般教育と専門教育の関係、アメリカ的な単位の計算方法などが、日本の大学関係者にはじめて体系的に紹介されたのは、この講演においてであった。

教育課程の編成基準

こうしたCIEの指導・助言のもと、文科系分科会はさらに文学・法学・経済学の三部会を設けて、また理科系分科会も文科系案を参考にしつつ、医学・理学・工学・農学の各部会を置いて、それぞれに専門科目を含めたカリキュラムの検討を進めた。「文部省の大学行政とは相対的に独立した場面で、個別大学の枠を超えた大学の代表者たちがそれぞれの学部に応じた専門学科の教育課程の大綱を審議・決定するというのは、まぎれもなく近代日本の大学の歴史のなかで初めての経験であった」（田中、一〇六）。

その検討の過程で、単位制度を含めて、アメリカのカレッジ教育についての理解も増したと思われるが、昭和二二年（一九四七）七月、大学基準協会の発足と同時に発表され、のちに若干の改訂を経て一二月に公表された「大学基準」は、以下のような教育課程関係の条項を含むものであった（『戦後日本教育資料集成』第二巻、三九―三八）。

授業科目と其単位数決定は左の基準による。

一、大学は左に掲げる一般教養科目中各系列にわたってそれぞれ三科目以上、全体として文科系の大学又は学部では十五科目、理科系の大学又は学部では十二科目の授業を必ず用意しなければならない。

人文科学関系（科目名省略）

社会科学関系（科目名省略）

自然科学関系（科目名省略）

必要の場合には前掲以外の科目を一般教養科目に加えることができる。音楽、美術等情操教育に役立つ科目を加えることが望ましい。

二、大学は体育に関する講義及び実技各二単位以上を課することを必要とする。

三、専門科目については別表の各分野毎に示された各部門にわたり適当数の授業科目を設けなければならない。

四、一科目に対する課程を終了した学生には単位を与えるものとする。各科目に対する単位数はつぎの基準によって計算する。

イ、講義に対しては一時間の講義に対し教室外における二時間の準備または学習を必要とすることを考慮し、毎週一時間、十五週の講義を一単位とする。

ロ、数学演習の如き演習は二時間の演習に対し教室外における一時間の準備又は学習を必要とすることを考慮し、毎週二時間、十五週の演習を一単位とする。

ハ、化学実験、機械実験、農場演習、工作演習、機械製図、体育の実技の如き実験室または実習場に於ける授業に対しては学習はすべて、実験室又は実習場において行われるものであることを考慮し、毎週三時間、十五週の演習又は実習を一単位とする。

「基準」に付された「解説」によりながら、いくつか重要な点を指摘しておこう。

(1)「一般教養科目」の具体的な内容と履修単位数が明示され、「解説」によれば「一般教養科目は新四年制大学の根底をなす科目」という位置づけがなされることになった。

(2)専門科目については別表が用意され、人文科学・社会科学・自然科学の各系別に、例えば法学・経済学などの「専門分野」と、その下に経済学なら経済史・経済政策・財政学・統計学などの「部門」の名称を挙げるという形で、課程編成の構造化された大枠が示された。

(3)授業科目の最低基準は一科目四単位とされたが「大学の種類、科目の性質その他の条件によって」一律というわけにはいかないとして、「人文科学関係」の一科目に加えられた「外国語」の例が取り上げられ、「設置の目的を達成するためには、一科目少なくとも十六単位から二十四単位までは是非とも必要」になるとされた。なお外国語はその後一般教育科目の枠から外され、二外国語各八単位以上の履修が求められることになる。

(4)体育に関する講義と実技が、必修科目に加えられた。「新制大学では年齢的に見て、大体旧制高等学校の二、三年生に相当する学生」が在学することがその理由として挙げられ、「大学において体育を正課にとり入れることは画期的のこと」とされた。

(5)講義、演習、実験実習それぞれ一単位の授業時数を一対二対三にするという計算方法が確定した。(6)この単位の計算方法について「従来わが国の大学では、毎週二時間一学年の講義を以て一単位と計算するのが普通」であったのが、新方式を導入する「新制大学では、教授法並に学習指導の改善徹底、およびそれらの施設の充実と運営の効率化を期待」されるという「解説」がなされている。学生の主体的学習重視のアメリカ的単位制導入が、それに応じた条件整備なしには教育の水準低下を招きかねないという危惧の念を、関係者が抱いていたことがわかる。

学士号の授与、すなわち卒業の要件についてもみておこう。

学士号に対する最低要求は左の基準によるものとする。

一、学士号を与える資格の最低要求は（中略）単位百二十及び体育の単位四を四ヶ年以上に獲得することとする。卒業論文又は卒業計画の単位は右百二十単位中にこれを含ませる。但しその単位を如何に定めるかは各大学の自由とする。

二、文科系の大学または学部の学生は、一般教養科目中外国語一科目を含め（中略）三つの系列に亙ってそれぞれ二科目以上合計十科目以上、専門科目については十五科目以上を履修し、一般教養科目については四十単位以上、専門科目については八十単位以上を取得しなければならない。

三、理科系の大学または学部の学生は、一般教養科目中外国語一科目を含め（中略）三つの系列に亙ってそれぞれ二科目以上合計九科目以上を履修し、一般教育科目については三十六単位以上、専門科目については八十四単位以上を取得しなければならない。

このように、四年（医学・歯学は六年）の修業年限、一二四単位以上の履修という卒業要件、三種に分けた単位の計算方法、一般教育と専門教育という課程区分、一般教育課程の編成基準と単位数の明示、専門教育課程編成の大枠設定などによって、新制大学の教育課程は一挙に構造化・共通化・標準化され、高等教育機関の種別や、各機関の機能や個性に応じた、明治以来の多様性に富んだ教育課程編成の時代は、終わりを告げることになった。

一般教育の導入を基軸とした、こうした教育課程の編成基準の作成について、教刷委と基準協会双方の有力委員として中心的な役割を果たした務台理作の回顧談が残されている。若干長くなるが、設置基準行政ともかかわって、その後長くわが国の大学教育のあり方を規制し続けることになる、その教育課程関連の基準の作成過程についての貴重な証言として、紹介しておく（南原他『戦後大学改革を語る』）。

務台理作の回顧談

「大学基準を決めるときにまず問題になったのは、一般教育と専門教育の関係」で、「この二者をどの位の割合をどうしたらいいかということが問題」になった。「理科系・法学系などの人は、専門の内容が多いから専門の方を多くとらなければならないというし、文科系の人は一般教育に相当の分量をとらなければならないというので、とにかく色々意見が出ました。だいたい一：三という割合になった」。しかし「だんだん決めていく間に、一では少し足りない、学年で言えば一年半位を一般教育、二年半が専門教育という位な割合になったと思いますが、形としては一：三ということになりました」。「単位数は一科目二時間で一単位と考えたところ、アメリカの助言者の方から、アメリカでは一科目四単位になっている、それは先生が研究する時間や講義の後学生自身がそれを検討する時間を考えている、だからただ二時間やるということにはなっていない（中略）というような意見が出てきたので、そういうことになった。つまり二時間、一年間やれば四単位になった」（同、五八）。

一般教育の人文科学・社会科学・自然科学各々三科目ずつという考え方については、「あれはネ、やはりアメリカのやり方というのが一つの下地になった。一般教育としての人文科学・社会科学・自然科学を同等に扱うか、それとも差をつけてやるか、つまり専攻によって例えば理科系を専攻するものは自然科学を重く扱うかという辺にそうとうのぎろんがあった。で、結局水かけ論みたいになって、同等に三分し三科目づつにしようということになったと思う。で用意するのは三科目では選択ができないから、三科目以上するように講義科目を設ける。そして学生にその中から三科目づつ選ばせる。そしてそのこと〔どんな科目をおくか〕は大学の自由にするということにしました」（同、五九）。

「はじめは、文科系・理科系の二つの考えしかなかったわけですヨ。ところが社会科学という認識がだんだん強くなってきたわけです。それで、社会科学も、文科系・理科系の間に一つの柱にならなければいけないという議論になってきましてネ、そして文科系の方は人文科学、それから新興科学としての社会科学、それに理科系、自然科学と三本柱ということになってそれでこれはどこに重きを置いてもいけない、平等にすべきだということになった。これは結果としては社会科学を重視するような（中略）考えでもあったわけです」。「それからアメリカではだいたいそういう風になっていると言われた。（中略）だからこれは学問論から出たものではない。大学というもの全体の上で、三つが一般教育として必要だということからでたというよりも、むしろ専門化を防ぐために、専門教育偏重を防ぐために、高等教育としての一般教育の精神を明らかにして行くために必要ではないか。専門への片寄りをつくらないようにすべきだというところに落ち着いたと思う」（同、六〇）。

「今日のような、一般教育と専門教育の基準区別をどこに置くかというような議論はされなかった。ただ、一般教育は職業教育的なものを持たない。どこまでも教養的な学科であることに置きたい。（中略）「教養のための一般教育とは何か」という根本問題が十分議論されなかったということは、当時はそんな余裕はなかったですネ」（同、六二-三）。

「人間形成ということ――内容のことになりますが――基準協会の方では余りとりあげなかった。（中略）一般教育の人間形成という役割を旧制高校との関係で考えるということもなかったですネ。その点は基準法《ママ》をつくる上にたしかに手落ちがあったと思う。つまり一般教育というものの本当のねらいが何かということがつきつめられずに、ただそういうような片寄らないような一般教育が必要だという程度にとどまって、「人間形成とは何だ」ということまで立ち入ることまでになれなかった」（同、七七）。

「教育刷新委員会では、つまり、六・三・三制度をまず決めたわけですネ。そのあとで四年制大学というのを決めたわけです。そう言う制度をまとめただけで、実際上の内容のつながり方のところまでは刷新委員会はたちいらなかった。（中略）例えば、新制高等学校自体が、国民教育の一般的仕上げとして高い教育をやるわけですが、それと大学の一般教育とどういう風にやったらいいかというような非常に重要な問題——高等学校でやったことを又大学でやりかねないでしょう——はやらなかった。それから語学の問題が仲々きまらなくてネ。基準協会では語学についての意見がハッキリした目度がつかないんです。語学といってもどういう風にとり扱ったらいいか、一般的には役立つけれど、単位数としてはとんでもない僅かなものになってしまう。それで後になってあれは一般教育からはみ出させるようにしたわけです。何しろみんなの頭に旧制大学のこびりつきが強いものがありましたので、それにまた各自が自分の大学を背負っていたから、基準協会できまったことがどのようにてんでの大学に反映してくるかというような事情もありました。特に私立大学ではそういう懸念が相当にありました」（同、七九）。

たしかに、アメリカ・モデルの一般教育や単位制度の導入が図られたが、それは日本的な伝統や現実との摺り合わせの過程で換骨奪胎され、形式化され、「平等」という名の一律化・画一化がもたらされたことがわかる。

編成の標準化・画一化

繰り返しになるが、このように、すべての大学に共通に適用される、標準化された教育課程編成の基準の明示は、わが国の高等教育の大転換、大変革を意味するものであった。

大学基準の「解説」によれば文科系・理科系を通じて「一般教養科目の選択履修の仕方を［基準で］規定してい

るのは、新制大学の根本方針に基いて学生をして一方に偏することなく、調和均整のとれた広い豊かな教養を身に着けさせ、然る後に専門分野に進ませようという心づかいから出たものである」（『戦後日本教育資料集成』第二巻、三三七）とされている。基底にある理念の違いはともかく、この「一般教養教育」制度の画一的な導入が、旧制度の高等学校・大学予科の記憶や実態と結びつけて理解され、大きな抵抗感なしに受容されたのであろうことは、容易に推測される。そして、その高等学校・大学予科の教育課程はすでに見たように、学年制をとり、外国語教育を重視し、選択科目のほとんどない、大学進学後の専門教育に必要な基礎科目を重視する、極度に構造化された編成になっていたのである。

しかし、構造化は一般教育だけにとどまらなかった。それまで高等学校・大学予科として制度的に切り離されていた「高等普通教育」が、「一般教養教育」に衣替えし、一二四単位という新制大学の卒業資格とされた総単位数の一部に、しかも必修単位数として組み込まれたことは、専門教育のあり方をも規定し、その構造化や共通化をもたらさずにおかなかったからである。

先に見た、大学基準で言及されていた専門分野別の「別表」は、専門分野を人文・社会・自然、それに応用の四つの「科学系」に分け、さらに「分類別」（専門分野）と「部門別」という形で、例えば分類別は法学で、部門別は「基礎・公法・民法・刑事法」の各部門というように、教育課程編成の骨格を例示し、「各分野ごとに示された各部門に亙り、適当数の授業科目を設けなければならない」としている。あくまでも例示にすぎず、大学の自由を制約するものではないとしてはいるものの、一般（教養）科目や単位数についての詳細な規定に続けての例示である。それが専門教育についても、課程編成の基準とみなされ、標準化・共通化を推し進める上で大きな役割を演じたことは否定しがたい。

新制大学に導入された一般教育と単位制は、繰り返し指摘してきたように、アメリカの大学教育に特有の制度である。ただ、そのアメリカの大学もそこでの教育課程編成も、著しい多様性を重要な特徴としている。先のウイグルワースの講演をはじめとして、指導・助言にあたったＣＩＥの関係者も、アメリカでは一般教育の科目編成、一般科目と専門科目の比率などが、大学によって異なることを縷々説明していた。しかし、専門・職業教育を重視するヨーロッパ的な専門学部制の伝統に慣れてきた日本側関係者にとって、教養と人間形成を重視するが故に自由な教育課程編成をとり、また学生に選択制による大幅な学修の自由を認めるアメリカのカレッジ教育のあり方を、講演や限られた資料だけで短期間で理解することは困難であった。新制度への移行を急ぐＣＩＥ自身、新しい大学教育の理念について日本側の十分な理解と浸透を待つゆとりを欠いていたことも、併せて指摘しておくべきだろう。結局、新制四年制大学は、そうしたアメリカの多様性や柔軟性を学ぶことなしに、一般教育や単位制度を導入することになるのである。

基準制定の初期の段階では、大学の個性や多様性に留意すべきだという声も、たしかに聞かれたが、最終段階ではそれも姿を消している（『大学基準協会十年史』一三）。ここでもまた、アメリカ・モデルの導入は中途半端に終わらざるを得なかった。大学基準協会と教育刷新委員会の双方に関係し、大学基準の作成に大きなかかわりをもった務台理作の、苦い思いをかみしめるような先の回顧談は、新制四年制大学の、特に一般教育の課程編成が、アメリカ側以上に日本側にとって不本意なものであったことを、裏書きするものと言ってよいだろう。

大学基準協会策定のその「大学基準」が、若干の修正はあったものの、ほぼそのまま文部省の大学設置委員会に「大学設置基準」として採用されたことは、すでに見たとおりである。敗戦直後の混乱と疲弊の中で、機能別に分化した、教育課程編成がそれぞれに異なる多様で多層的な高等教育機関を一斉に新制大学に移行させるために、その基準が一元的・画一的に適用されることになるのだが、当時の日本という国家と高等教育システムの直面していた現実からすれば、それはやむを得ない選択であったのかもしれない。しかし、部分的な改訂はあったものの、その大学設置基準が平成三年（一九九一）の、設置基準のいわゆる「大綱化」により一般教育を含む教育課程編成の大幅な「自由化」が認められるまで、四〇年余にわたってわが国の大学教育を縛り、個性化や多様化を制約し続けることになるのである。

3　専門教育と専門学部制

専門学部制という制約

それはともかく、こうして出現したのが四年間で一二四単位以上の履修を卒業要件とし、事実上すべての大学が、前期一年半から二年を人文・社会・自然の三系列にわたる三六〜四〇単位の一般教育科目の履修にあて、後期の二年から二年半を八〇〜八四単位の専門教育にあてるという、画一的な教育課程の編成モデルである。そして、こうした構造化・画一化の動きは専門教育の課程についても浸透していった。

旧制度のもとでは、高等学校（それに準ずる大学予科）を除いて、大学も専門学校・師範学校も、すべて専門教育・職業教育の機関であったことは、繰り返し指摘してきたとおりである。新制大学は、それら前身校の専門教育・職業教育の課程をそのまま専門学部として継承しつつ、旧制大学は高等学校・大学予科を一般教育課程として吸収・統合することで、専門学校・師範学校は新たに一般教育課程を開設することによって、設置審査を受け、誕生することになった。

このように、明治以来のヨーロッパ的な専門学部制の伝統を基本的に変更することなく継承する限り、一般教育の四年間を通じた履修制度も、選択履修重視の主専攻・副専攻制も、導入は困難にならざるを得ない。ましてやアメリカ高等教育の重要な特徴である、四年間の教育をもっぱらアーツ・アンド・サイエンスの教育（教養教育）にあてるリベラルアーツ・カレッジは、誕生しようもなかった。実際に設置を構想したものの、設置審査の過程で専門学部への変更を強いられた私立大学の例も知られている。四年制カレッジが多様で個性的な課程編成を誇るアメリカ的な状況は、移行後も専門学部制をとり続けたわが国の新制大学には無縁であった。大学基準とそれを踏襲した大学設置基準は、教育課程編成の自由を促進するどころか、それを制約する拘束衣としての役割を果たすことになるのである。

大学基準の別表

専門教育の課程にも及んだ、その標準化・画一化の動きについても見ておこう。

新制四年制大学がカレッジ制ではなく専門学部制をとることは、「大学の学部の種類は法学、文学、経済学、商学、医学、理学、工学、農学、その他学部として適当な規模内容があると認められたものとする。なお実質及び規模が一学部を構成するのに適当な時は、必要に応じてこれを分合して一学部とすることができる」という形で、昭和二二年（一九四七）七月制定の「大学基準」の冒頭に明記されている。挙げられた具体的な学部名が、大正七年（一九一八）制定の「大学令」記載のそれを、そのまま継承したものであることも、あわせて指摘しておくべきだろう。

その「大学基準」は、学部教育の本体をなす「専門科目については別に定めるところによる」としていたが、二二年一二月の改定で「専門科目については別表の各分野ごとに示された各部門にわたり適当数の授業科目を設けなければならない」として、「別表」が示されることになった。先に見たように、基準協会では、前身の協議会の時代から三分科会・七部会に分かれて、教育課程の編成基準の検討を進めており、その中で「日本の大学の歴史のなかで初めて」専門学部の教育課程についても議論され、各部会で編成案が作成されたことが明らかにされている（田中、一〇五―一八）。「別表」はそうした検討の結果を踏まえて作成されたものとみてよい。「別表」の概略は先に紹介したとおりだが、そこに示された専門教育課程の編成原理について、二八年六月改定の「大学基準」をもとに、より詳しくみておくことにしよう（『大学基準協会十年史』三三）。

別表における授業科目は①系列、②分野（分類）別、③部門類別の三層に分けられている。①「系列」として示されているのは、人文科学・社会科学・自然科学・応用科学の四つである。②各「系列」の下に「分野別」が列記されているが、人文科学系は大きく哲学・歴史・文学の三カテゴリーに分けて分野名を挙げ、社会科学系では法学・政治学・経済学・商学・社会学・地理学の五分野が示されている。自然科学系についてはカテゴリー分けをせず、数学、物理学、生物学等の分野名を一括して記している。注目されるのは「応用科学」系で、家政学・社会事業学・新聞学・工学・農学が挙げられ、さらに社会科学系の法学・商学も再掲されている。③「部門類別」は、別表の備考欄に「類別は学問分野の構造の大要を示すもの」とあり、例えば社会科学系の経済学分野について言えば、経済学・経済史・経済政策・財政学・統計学の各部門、自然科学系ではすべての分野を通じて基礎科学・専門科学・特殊研究の各部門というように、開設されるべき授業科目の大枠を示すものになっている。

別表で何よりも注目されるのは、先に見たように「応用科学系」という形で、アメリカで主として「プロフェッショナル・スクール」が担っている職業教育の分野が、人文・社会・自然の三系列から明確に区分され、しかも法学・商学を再掲するという形で示されている点である。また、別表には医療科学系の専門分野が掲載されていないが、これについても備考欄に「医学、歯学、薬学、獣医学等に関しては別にこれを定める」とある。つまり、別表の背後には、基礎的学問と応用的学問、専門教育と職業教育を明確に区別し、それぞれに応じた教育課程の編成を求めるアメリカ側の強い意志が隠されており、実際に、大学基準協会での専門・職業教育関連の審議は、GHQ／CIEの指導の下に進められていくのである。

分科教育基準と関係学部設置要項

専門・職業教育に関わる基準（「分科教育基準」）の設定について、大学基準協会・CIEはきわめて慎重であった。専門分野別の基準設定委員会で進められてきた分科基準の第一陣として、薬学・獣医学・社会事業学・新聞学の各「分科教育基準」が総会で決定されたのは昭和二二年（一九四七）一〇月のことだが、『大学基準協会十年史』は、その経緯について以下のように述べている。

総会には、薬学、獣医学の分科教育基準ばかりでなく、社会事業学及び新聞学の両分科教育基準も提出され承認されている。これらの分科教育基準はその分野の標準の履修課程とその教育をいかんなく実施するのに必要な事項について規定したものであって、基準と呼ばれているが履修課程に関する限りは標準を示したもので、最低要求を示したものではない。（中略）これらの分科教育基準は、大学教育における社会事業学、新聞学など従来わが国の大学では考慮されていなかった課程を設置する場合の指針を与える場合と、医学、歯学、獣医学、薬学等国家試験に関連を持つ分野に限られていた。従来からある分野についてもこの種のことを行うと大学教育を標準化する恐れなしとしないと考えられたのである。（中略）「医学等が別扱いされたのは」「医学、歯学、薬学、獣医学の四つは国家試験に関係があり、医学、歯学は殊に六ヵ年のコースを必要とするから同列に扱うのを避けた」ということであった。（二三-四）

ここには、専門・職業教育の課程編成基準について重要な指摘がなされている。第一に、各分科教育基準は、「基準」と呼ばれているが「標準」や「最低基準」を示すものではない、第二に、日本の大学に従来なかった分野についてのみ分科教育基準を設ける、ただし第三に、国家試験に関係のある教育分野は例外とする、という三点がそれである。こうした方針が、その後もほぼ踏襲されたことは、昭和三九年刊行の文部省編『大学設置の手びき』に、次のようにあることからもわかる。

大学設置基準に述べてあることがら以外には、それぞれの学部を組織する学科の種類や、さらに各学科の授業科目などについては、法令上特別の準則となるものは定められていない。これらは、大学というものの特質から見て、単純に規制を加えるべきことがらではなく、各大学独自のくふうと努力にまつことが望ましいわけである。／しかしながら、大学を設置しようとする人が、最初から、このような専門的事項について知識と経験をかね備えているとはかぎらない。そこで、各大学の実例を参考とし、学識経験者の意見にもとづいて、学部を創設する場合のよりどころになるもの、主要な学部・学科の教育内容の典型となるものがあれば、貴重な参考資料となりうるであろう。／この目的に応じて、これまで作成されたものは、文部省大学学術局におかれた「大学基準等研究協議会」の各学部設置基準要項と、大学基準協会の各専門別の教育基準とである。(『大学設置の手びき』三)

引用中にある「大学基準協会の各専門別の教育基準」とは、先に見た「分科教育基準」を指しており、従来の大学になかった「神学・仏教学・芸術学・社会事業学・家政学・体育学・新聞学・図書館学」の八分野、それに国家試験に関連した「医学・歯学・衛生看護学・獣医学」の四分野について作成されている。その内容を見ると、(1)目的、(2)組織、(3)授業科目及びその単位数が主体で、これに分野によって(4)教員の資格、(5)施設などの項目が加わる構成になっている。記載内容は専門分野により精粗様々だが、国家試験に関連する医療系の分野で授業時数、専任教員数や学生定員などについても定められていることを除けば、「大学教育を標準化する恐れ」に配慮し、全体として大学側の自由を尊重するという方針に忠実な、簡略で抽象度の高いものになっている。

これに対して、大学基準協会が(医療系を別として)避けた、専門学部の大多数を占める「従来からある分野」については、設置審査にあたる大学設置審議会が別途、基準を作成している。先の引用文中に「各学部設置基準要項」とあるのがそれである。「法学関係・経済学関係・文学関係・理学関係・工学関係・農学関係・薬学関係」の七分野について作られたそれら「基準要項」の内容は、「分科教育基準」とは対照的に詳細をきわめている。「経済関係学部設置基準要項」を例に取れば、その内容は(1)趣旨、(2)学部・学科の組織、(3)学科目及び授業科目、(4)教員組織、(5)学生定員、(6)単位・授業及び卒業の要件、(7)校地、(8)校舎、(9)諸設備、(10)付属施設の各項目について具体的な、細部にわたる記述があり、教育課程編成に関わる「学科目及び授業科目」とそれに応じた「教員組織」についても、数字を挙げての説明がされている。

それは他の「関係学部設置基準要項」の場合も同様である。「各大学独自のくふうと努力」を想定した「貴重な参考資料」という建て前に反して、これら「関係学部設置要項」が、主要学部ごとに詳細な設置基準を用意することによって、学部教育の標準化・画一化を推し進める役割を果たすことになるのである。

専門的職業人の養成構想

大学基準協会が作成した、高度の職業教育（専門職業教育）分野の「分科教育基準」については、審議の過程で、修業年限や大学院教育との関連がしばしば問題になったことがわかっている。

アメリカ側がとくに強い関心を持っていた医療関連の分野では、ＧＨＱのＰＨＷ（Public Health and Welfare Section公衆衛生福祉局）が、医学・歯学教育の六年制ないし七年制を早くから一方的に主張して、教育刷新委員会と対立する経緯があったことが知られている。戦前期にすでに事実上七年制だった医学教育（学部四年プラス旧制高等学校・大学予科三年）の場合には、この要求に沿った教育課程編成が早くから進められたが、戦前期を通じて専門学校レベル（四年制）にとどめられてきた歯学教育の関係者、とりわけ私学関係者の間には「医学と同様にしたのでは、歯科を希望する人がいなくな」るとして強い反対意見が出され、難航した。獣医学教育については「諸外国の例に徴しても獣医学教育は四ヶ年では不足」であり、「五年なければ十分に行い得ない」という意見が支配的であったが、「新制大学発足後日なお浅く、どの分野でも年限不足の声が聞かれたおりから（中略）現下の国情に鑑み」当面四年とするが、各大学とも専攻科を置くなど「専門知識の不足を補充するため適当な措置」を講ずることが望ましいとすることで決着している（『大学基準協会十年史』一三六―七）。また神学、仏教学の両宗教教育分野については、四年制の教育基準が作成されたものの、「両基準とも大学院課程まで含ませなければ中途半ぱ」だとする、「現行の大学制度に一つの問題を投げかける」意見があり、実際に当初は「大学院課程まで含めた」基準案になっていた（同、一三九）。

それだけではなく、昭和二三年（一九四八）一月には、ＣＩＥから「法科（Law）についても医科と同様course of studyを決める必要があると要望」が出された（同、一三三）ことはすでに見たとおりである。アメリカ的な専門職業教育の考え方からすれば当然の要望だが、大学基準協会側にとっては「わが国の伝統から考えて難しい問題」があり、「先ず法職者を交えた法学教育研究委員会を造り、法職者の養成課程及びそれと法学教育の関係等について研究」を重ね、昭和二四年九月に「法職課程ならびにその基準案を評議員会に提出」したものの、「検討の結果、一般教育と併せ考えると四ヶ年の大学では実施が困難であるとの理由で差戻し」になっている（同、一三三）。以後この問題の検討は進まず、二五年二月にはＣＩＥから「公務員養成課程（Public Administration Course）」についても基準作成の要望が出されたが、これも実現するには至らなかった。

医学・歯学教育

このように伝統的な専門学部制に固執する日本側には、メディカル・スクールやロー・スクールに代表されるアメリカ的な専門職業教育と職業大学院（プロフェッショナル・スクール）の考え方、さらにいえばカレッジ教育と大学院教育の関係が理解されず、検討も中途半端に終わったまま新制大学の発足を迎えるのだが、そのなかで唯一、例外的な扱いをされたのが医学・歯学教育であった。

昭和二二年（一九四七）三月公布の「学校教育法」には、「大学の修業年限は四年とする。但し、特別の専門事項を教授研究する学部（中略）については、その修業年限は四年を超えるものとすることができる」とあり、ＧＨＱ／ＰＨＷの強い要請・指導の下に、医学・歯学教育については、この但し書きにより六年制とすることが早くから決まっていた。それだけでなく二四年六月には、大学入学資格を原則として高等学校卒業とすると定めた条文の第二項として、「医学又は歯学の学部を置く大学に入学し、医学又は歯学を履修することのできる者は、前項の規定にかかわらず、その大学の他の学部又は他の大学に二年以上在学し、監督庁の定める課程を履修した者又は監督庁の定めるところにより、これと同等以上の学力があると認められた者でなければならない」という条項が付加えられた。

つまり、医学部・歯学部については、新制高校卒業者を直接受け入れるのではなく、自大学・他大学を問わず、四年制の他学部で前期二年の一般教育課程を修了した者を有資格者として選抜を実施し、入学者に四年間の専門教育を施すという、例外的で特異な制度が導入されることになったのである。それは、カレッジ制を前提にプロフェッショナル・スクールで行われるアメリカの医学・歯学教育制度と、専門学部制をとる日本の伝統的なそれとの折衷をはかることで、GHQの要求に応えようとする苦肉の選択であったとみてよいだろう。

こうして新制大学の医学部・歯学部は、昭和二六年四月に一斉に発足の運びとなるが、東京大学を例に取れば、新制高校卒業者を対象とした一般入試とは別に、医学部の入学試験は「修業年限四年の大学において二年以上の課程を修了し次に定める科目（略）を含めて、六十四単位以上を履修した者」を原則に、旧制の高等学校理科、医科大学予科の修了者などを加えて公募制で実施された。志願者は六八八人、入学者一〇四人、その内訳は、東京大学教養学部から六四人、他大学教養部八人、旧制高等学校三二人であったことがわかっている（『東京大学百年史』第三巻、一七二）。東大教養学部からの受験者は、理科二類の出身ということになるが、志願者は一八三人、「医学部入学を果たせなかったものは他の学部へ進路を転換するか、次年度に望みを託して浪人することになり、新たな進学問題を内にはらんでいた」とされている。

プロフェッショナル・スクールの制度を導入せず、カレッジ制の建て前と専門学部制の現実との折衷をはかったことが、医学部・歯学部をめぐる多数の「学内浪人」の発生というひずみを表面化させていたことがわかる。

表面化した矛盾

学部と大学院との専門教育・職業教育をめぐる関係が、こうしたひずみ・矛盾を含めて大きな問題としてあらためて認識され、大学基準協会で本格的に取り上げられるようになるのは、昭和二八年（一九五三）七月に設置された「大学及び大学院問題研究委員会」においてだが（『大学基準協会十年史』三三）、関係の見直しは「分科教育基準」の再検討という形で、それ以前から進められていた。

その一つが、先に見た医学部・歯学部への特異な進学制度の再検討である。その経緯について、『大学基準協会十年史』は、次のように記している。

医学部の入学資格に関しては学校教育法（中略）に「その大学の他の学部又は他の大学に二年以上在学し、監督庁の定める課程を履修した者云々」と規定してあるため、医学部志望の学生は医学部以外の学部に二年間在学し、条文にある特別の「課程」を履修した。この特別課程が必ずしも医学部以外の学部の課程と同じものではないために、仮称「医学進学コース」の如き特別コースが医学部以外の学部の中に設けられるのが一般の体制であった。これだけでも大学組織の中では特別の存在であって、その特別コースの設けられた学部の負担と迷惑は大きかった。然るに、特別コースの履修を終わった者が医学部入学の資格を獲得した年度に全部医学部に入学してくれるのであれば、前述の負担と迷惑も忍び得られるのであるが、医学部入学試験に失敗して大学内に残り来年度の入学試験を待つものが出てきたのである。このような「学内浪人」の教育に大学は頭を悩ました。（中略）これらの学生に対する各大学の措置は全く区々であって、最善方法と考えられるものを発見するのは困難であった。このほかに、農学部、理学部の生物系学科に医学志望者が腰掛的に入ってくるという事態が起り、この多数の腰掛学生が上記の学部学科を真に志望する者の入学を妨害する結果となったのである。また、医学部入学資格獲得後、表面上は生物系学科に籍を置いて実際には医学部入学試験勉強に専念する

者さえも現われた。（同、一八四）

「学内浪人」の数は昭和二七年度には二千人近くに上ったとされている。専門学部制をとる日本の新制大学医学部は、科目の選択履修制を基軸とするリベラルアーツ型カレッジの存在を前提にした、アメリカのメディカル・スクールであれば生じるはずのない問題を、抱えこむことになったのである。その結果、早くも二七年一一月には国立大学医学部長協議会、一二月には国立農水産関係大学長及び学部長協議会から、医学・歯学関係の大学・学部の入学方法について強い改善要望が出され、大学基準協会は「いわゆるプレメディカル・コースを設ける考えに傾」いていった（同、一八五―六）。

検討の結果「修業年限を六年とすること、これを専門の課程と進学の課程に分けること、かつ進学の課程の授業科目、単位、施設、専任教員等の基準を新たに作ること、専門教育の水準を若干高めること」など、「医学教育基準」改定の方針が決まり、この方針に沿った改定が行われた。後でふれるように、中央教育審議会もこれに対応する形で、二九年二月、同趣旨の「医学および歯学の教育に関する答申」を出しており、文部省はそれらを受ける形で、同年三月、医学・歯学教育について「修業年限は、六年以上とし、四年の専門の課程とこれに進学のための二年以上の課程とする」など、学校教育法や省令の一部改正を行っている。

これによってほとんどの大学の医学部・歯学部が、高校卒業者を入学させて二年間の進学課程と四年間の専門課程を合わせた、六年間の一貫教育体制に、つまり純然たる専門学部制に移行することになった。アメリカのメディカル・スクールをモデルに、ＧＨＱの強い要請のもとに実施に移された「革新」は挫折し、ねじれ・矛盾は解消され、全学部が専門学部制をとることになったわけである。それは占領期の終わりを象徴するような改革であった。

4　単位制度の導入

日本的単位制度

教育課程編成問題の最後に、新制度の大学教育のあり方にとって、技術的に見えるが、しかしきわめて本質的な単位制度について、あらためてその導入の経緯についてふれておくことにしよう。

大学基準の重要な部分を占める教育課程編成とかかわる、その単位制の問題は、基準協会の前身である「大学設立基準設定協議会」の各分科会で検討が進められたことが明らかにされている（田中、二九－三二）。

教刷委と基準協会双方の有力委員であった務台理作が、二二年三月の教刷委の総会で報告しているところによれば、その頃までに「大体決まったことは、単位制をどういう風に決めるか。今までの所では各大学が単位を自由に決めておったが、それでは一単位取ったといって一体何時間の授業を聴いたか。それを出すことが出来ない。そこでどこの大学にも通ずるような、いわば物指としての単位を決めたらどうだろうかという風に考えて、一週一時間で十五週分のものを一単位と呼ぶ。ですから二時間で一年やれば四単位として現される。そういうものを共通の単位として現そう。（中略）これは学期の決め方には関係がないのでありまして、一年を二学期に決める大学があっても、あるいは一年を一学期にしてやる大学があっても、単位の現し方だけは同じにしよう。そういうことが大体決まったのであります」（『会議録』第二巻、一九〇）。

ここにはまだＣＩＥの指導や、アメリカ・モデルの単位制導入論の痕跡が見られないことに注意したい。戦前期のわが国でも、一部の大学・学部で独自の単位制導入の動きが進んでいたことは、すでに見たとおりだが、務台の報告にあるように、それは授業の実時間数を計算の基礎にする単純なものにすぎなかった。文科系分科会での議論もそれを継承して、一時間一五週で一単位、一週二時間一年間で四単位というように、単位の標準化・共通化をはかろうとするものであり、先の務台の報告によると、卒業要件も単位の総数ではなく、「共通〔一般教育〕科目が十科目、それから専攻〔専門〕学科が十五科目以上」合わせて二五科目以上と「科目数」で示されていたことがわかる（同、一九二）。授業を講義・演習・実験に分け、それぞれに別の単位数の計算基準を用意するという考え方もそこには見られない。旧制大学的な単位制や科目制の考え方が、そのような形で、新制大学の教育課程編成案に継承されていたことになる。

新しい単位制度の導入

ただ同時に、単位制についても、ＣＩＥの「指導」は例外ではなかったことを指摘しておかねばならない。例えば先にも紹介したように、務台理作は一般・専門の比率については当初、「一般教育が一、専門教育が三ということだったんです。だんだん決めていく間に、一では少し足りない、学年で言えば一年半位を一般教育、二年半が専門教育という位な割合だったと思いますが、形としては一：三ということになりました。そういうようなことから単位時間数のことになりまして、単位数は一科目二時間で一単位と考えたところ、アメリカの助言者の方から、アメリカでは一科目四単位になっている、それは先生が研究する時間や講義の後学生自身がそれを検討する時間をも考えている、だからただ二時間やるということで一単位ということになっていない。アメリカでは四単位にして教師の準備と学生の復習をも含めて考えている、というような意見が出て来たので、そういうことになった。つまり二時間、一年間やれば二単位になりました」と回顧している（南原他、一五八）。

単位の計算方法に対するこうしたＣＩＥの「指導」の背後には、わが国の高等教育機関が過大な授業時数を課してきたことへの強い批判が隠されていたことが、昭和二二年（一九四七）四月に新しい単位制の基本が決定されるに至る経緯に関する田中征男の研究によって、明らかにされている。長くなるが引用しておこう。

ＣＩＥは、日本の高等教育における過密なカリキュラムを問題にし、学生の自由な学習を保証するために授業時数を大幅に削減するよう、強く指導したはずである。先の［二二年三月四日の］「三・四文部省通達」が最後に参考として、「アメリカでは一週間の授業時数が約十六時間でありまして、二学期制一学期一週一時間を一単位として、四年間に百二十乃至百二十八単位取ればバチラーの学位が得られることになって居るそうであります。わが国における授業時数の多いことが［ＣＩＥに］注目されているやうであります」と述べていることにもその一端が反映されている。協議会は当初、ＣＩＥの指導を忠実に受け入れた模様である。文科系分科会は二月の審議をまとめた「既決事項」で、「単位の基準は（一週）一時間十五週を以て一単位とする」と定め、また「三・四文部省通達」も、単位の算定は、「学年を二学期に分け、一学期を十五週とし一学期を通じ「一週一時間を講義・実験・製図・演習の別なく一単位とすることになっております」と説明している。いわばアメリカの単位制度を鵜呑みにするという形であった。

これには当然、強い不満と批判が出された。その理由は第一に、講義・演習・実験などを一律に規定するのは不合理だということ、第二に、学生の自由な学習を保障するためには図書館や自習室など、充実した教育施設・設備を必要とするが、現在の日本の経済情勢ではとうてい望みがたいということ、そして第三に、授業時数をあまり少なくすると、日本の学生は結局「遊んで」しまうのではないかという不安であった。

四月八日の共通協議会では学士号を与えるための最低要求の単位数を審議しているが、女子大学分科会からは総単位数を一二〇単位、卒業論文はこれとは別に一二単位とし、実験や実習の単位は講義の二分の一に計算するという方針が提案されている。また、女子大学分科会では一般教育科目と専門教育科目の単位数も四五対七五と、他の分科会と比べて一般教育により大きな比重をおいていた。一方、理科分科会は総単位数一六〇単位、一般教養科目を人文、社会、基礎科学の三系列とし、合計四八単位以上の履修を要求している。

理科系分科会は四〇単位という大きな差を調整し、卒業単位数も他の分科会と同じく一二〇単位におさめるよう、CIEから強く指導されたはずである。そこで理科系分科会が考案したのが、大学の授業形態を講義、演習、実験・実習の三種類に区分し、一単位の授業時数を一対二対三の比率に定めるという方針であった。つまり、演習や実験・実習の実際の授業時数を増やすことによって、卒業単位数を一二〇単位におさめようというのであった。

続く四月二二日の共通協議会は、この理科系分科会の方針を承認している。この日の会議は、それまでの分科会と部会の審議・決定事項を報告しあい、それらを調整しながら新制大学の単位制度の基本を決定した点で、短い協議会の歴史のなかでも重要な意義をもつ会議になった。（田中、二九一二）

教育・学習観の違い

CIEが強く批判したとされるが、アメリカに比べて、戦前期、専門・職業教育主体のわが国の高等教育機関の教育は確かに過密であった。週あたりの実授業時間数を見ると、高等学校が三〇時間弱、専門学校では三〇時間以上、時には三五時間を超え、大学の場合には学部によって大きな違いがあるが、例えば経済学部でも二五時間前後というのが普通であっただけでなく、とくに理工系の場合、実験・実習等については「不定時」という学校も多かった。これでは教え過ぎで、学生の自由で主体的な学習の時間が保障されず、教員の側も研究の時間が持てないではないかというのがCIE側の指摘であり、日本側はその意見を受け入れて、一二〇単位を枠に一般教育と専門教育からなる、大学や学部の別を超えて標準化された単位制による、新しい教育課程編成の導入を選択するのである。

CIEのこうした批判の背後には、教育と学習に関する日米間の根本的な理念の違いがあったことを指摘しておかねばならない。舘昭は、アメリカでは「クレジット制とその基盤となる単位制度が学生の学習時間をもとに構成されている」のに、それを受け入れた日本の大学では、「授業とは教員の提供するものであると観念され、講義科目においては教員が話をする分の時間だけが授業時間と考えられた」としている（舘「そもそも「単位制度」とは」『改めて「大学制度とは何か」を問う』(三)）。つまり、新制度の大学は、「学生による学習時間」を基礎にしたアメリカ的な単位制を導入したはずなのに、伝統的な「教師による教育時間」ベースの教育・学習観から脱しきれずにいる、というのである。

講義・演習・実験実習

この問題は、単位の計算方法にも影を落としている。先の田中の研究によれば、協議会での卒業に必要な総単位数に関する意見は、文科系の一二〇単位に対して女子系で一三二単位、理科系で一六〇単位というように、三つの分科会の間で大きく食い違っていた。それを、過密なカリキュラムに批判的なＣＩＥの「指導」のもとに、すべての系を通じて一二〇単位の枠内におさめるための「便法」として採用されたのが、「授業形態を講義、演習、実験・実習に分け、それぞれの単位の授業時数を一対二対三の比率に定めるという方針」であったと推察される。最終的に決定されたのは、以下に見るような単位の計算方法であった。

四月二二日共通委員会決定事項

一、科目に対する単位は次の如く定める

イ、講義は一時間の講義に対し教室外に於ける二時間の準備又は学習を必要とすることを考慮し毎週一時間十五週の講義を一単位とする

ロ、数学演習の如き精神的労働の性質をもつ演習は二時間の演習に対し一時間の準備を必要とすることを考慮し毎週二時間十五週の演習を一単位とする

ハ、農場演習工作実習機械製図の如き実験室又実験場における作業に対し何等の準備も要せざる演習又は実習

は毎週三時間十五週の演習又は実習を一単位とする
化学実験機械実験その他は実験の結果の整理を必要とするがその整理は実験室に於て行はれることを前提とし一般の実験実習と同様に取扱う
二、学士号を与へる資格の最低要求はこれを前条に定めた定義に従って決定された単位一二〇を四ヶ年に獲得することとする。卒業論文又は卒業計画の単位は右一二〇単位中に是を含ませる。但しその単位を如何に定めるかは各大学の自由とする。

この決定事項に示された、三種の授業形態に応じた単位の計算方法は、「大学基準」にそのまま踏襲されることになるのだが、その基本的なアイデア自体は、日本側の「発明」ではなく、アメリカ側の示唆によるものであったらしいことが、例えば昭和二二年（一九四七）五月の基準設定連合協議会でのウイグルワースの講演からうかがわれる。「新制大学の概念」という表題のこの講演での、ウイグルワースのアメリカの単位制度に関する説明は、次のようなものであった。

一対二対三

アメリカの大学で「一単位というのは、十五週間の一学期を通じて毎週三時間の学生活動を意味」している。毎週三時間の学生活動というのは、「もし先生が教室で一時間講義するとするならば、その講義の準備の為に生徒が少くとも家庭において、或は図書室において少くとも二時間準備することを要求します。／これが新しい大学の特長の一つでありまして、この二時間というものは全く［先生の］統制が加えられない。計算に入れられるのはこの一時間だけ」である。歴史の授業が三単位というのなら、そのコースを一週三時間取り、教室外で六時間勉強することを求められる。「アメリカでは［授業は］大体毎週十五時間」だが、日本では「毎週三十から四十時間」である。つまり日本では「余分の二時間というのはやはり［先生により］強制コントロールされまして、しかも計算に入れられます。アメリカでは計算に入れられないのであります」。

ただし、この計算方法が、すべての授業科目に適用されるわけではない。例えば化学の場合、「二時間実験をやりまして、あとの一時間はノート整理」ということになる。学生は「クラスルームで三時間費しますけれども計算に入れられるのは唯一時間」である。また「製図のようなものであれば生徒が三時間ともクラスルームで費します。しかしこの三時間やりましたものをクレジットとしては一時間貰えるだけであります」（『資料にみる大学基準協会五十年の歩み』一三一-三）。

こうした授業形態による単位計算の方法は、学生の学習重視の立場からすれば当然の帰結といってよい。ただ、ウイグルワースの説明はあくまでも例示であり、それぞれの授業科目が何単位に相当するかは、実際の授業形態に応じてそれぞれの大学の判断に委ねられている。何よりもカレッジ制をとり、教育課程編成の自由をもち、しかも一般教育・教養教育を重視するアメリカの大学では、授業形態が「講義、演習、実験・実習」などに整然と分類されているわけではない。これに対して、アメリカをモデルとしたとはいっても、伝統的な専門学部制を継承したわが国の新制大学では、一二〇単位の大枠と、四〇単位の一般教育課程の枠がまず決定される一方で、専門教育については学部・専門分野の別なく、残る八〇単位の枠内で教育課程を編成することが求められた。

授業形態の三分類と一対二対三の比率は、実験・実習に大きな時間を割かなければならない理科系学部が、このように、アメリカ的な単位計算方法にヒントを得ながら「発明」した、きわめて日本的な手法であり、「教師中心の教育」から「学生中心の学習」へという、教育・学習観の根本的な転換の結果ではなかったことを確認しておくべきだろう。そして、専門学部制をとる日本の学部教育の課程編成は、この教育・学習観の転換を伴うことのない単位制度の採用によって、その後長く苦しめられることになるのである。

第7章　国立セクターの再編統合

1　地方委譲と移行問題

国立セクターの再編成

高等教育の国立セクターについては、これまで見てきた制度改革上の諸問題と重なるが、しかしそれとは別の独自の課題があった。四〇〇校近くに上る国公立セクターの諸大学・学校をどのように新制大学に移行させるかという、文部省、ＧＨＱ／ＣＩＥともに早くからその必要性を認識してきた、再編統合の問題である。トレーナーは、この問題について次のように記している。

三六八校の国公立の大学・学校については、状況は［私立セクターの場合とは］全く異なっていた。その一部、とくに旧帝国大学の場合には、教育年限の変更にともなう内部調整や施設設備の点検、教員の資格審査など、若干の問題はあっても、設置認可を受けるうえでの資格要件に不足はなかった。しかし、それ以外の大多数の学校については、自力で新制「大学」としての地位を得るのに、さまざまな困難があることは明らかで

> あった。各県には少なくとも三校以上の官公立校が設置されており、平均が六校、その中には旧制度の大学もあれば「高等学校」、「専門学校」、さらには師範学校もある。各校の教育課程は千差万別で、それに応じて施設設備も多様であり、同じ都市のなかに、公的資金によって運営される国立・県立・市立の諸学校が、相互の連絡もないまま高等教育の機会を提供している例もあった。新しい大学への設置認可という客観的要請に照らしてみたとき、文部省にとっても［ＣＩＥの］教育課にとっても、こうしたシステムの際立った特徴は、努力と施設設備の重複、そして高額の予算という形で示された、信じがたいほどの運営上の非効率性にあった。これらの学校の運営を一つの高等教育機関に統合して、新制度の「大学」としての設置認可を目指すことにすれば、事態は大幅に改善されるものと思われた。（中略）諸学校を一つに統合し、効率的に運営することで、施設設備の有効な活用も可能になる。文部省は各県に置かれた諸学校に働きかけて統合計画を作成し、一九四九［昭和二四］年三月、大学設置委員会に申請書を提出した。審査の結果、新たに定義された「大学」の名称を認められた七〇校の国立大学、（中略）それに一八校の公立大学が発足をみた。(Trainor, 234)

トレーナーはこのように、再編統合問題については共通認識のもと日米間で容易に合意に達し、新制国公立大学の一斉発足を見たかのように書いている。しかし、葛藤をはらんだ模索と選択は、この場合にも例外ではなかった。

地方委譲問題

問題は、学校教育法が公布され、文部省が具体的な移行計画に取り組み始めた矢先の昭和二二年（一九四七）一二月、アメリカ側が唐突に国立高等教育機関の地方委譲を求めてきたことから始まった。第四章「大学の管理運営問題」の冒頭でふれたように、それは、ＧＨＱが文部省の解体を含めて強く求めてきた教育の民主化、具体的には地方分権化の一環として提起された問題である。

「官立大学高専地方委譲、審議を急ぎ近く実現」という見出しの新聞報道で突如明るみに出たこの構想に驚いた教育刷新委員会側が急遽、説明を求めたところ、「教育地方委譲ということ」は、占領政策の「大方針」であり、「今、初等教育、中等教育の地方委譲問題がすでに法案ができて議会に出そうというところである、これに引続いて高等教育の地方移譲の問題があるので、これを如何にすればよかろうというところで考えて」いるというのが、CIEからの回答であった（『会議録』第三巻、二四三）。文部省に対して「府県委譲を行政上の措置をとって強行する、しかも十二月二十七日までに案をたて、一月一五日に議会に出すようにという注文」があったというから、アメリカ側が本気であったことがわかる（同、一四四）。

アメリカは日本と異なり、文部省に相当する強力な中央集権的行政機関も、国立大学も持たない、州単位の公立高等教育システムの分立する国である。CIEと緊密な関係にあった大学基準協会が緊急に発表した意見書は、「地方委譲は合衆国制度の皮相な模倣に終わる危険性が多い」としているが、国立の大学・学校の地方委譲論は、そうしたアメリカの州立大学システムをモデルに、日本が築き上げてきた帝国大学を頂点とする高等教育の国立セクターについての知識や理解を欠いたまま、またGHQ／CIEの内部で十分な検討を経ることなく、提唱されたものと見てよいだろう。基準協会に続いて教育刷新委員会も直ちに特別委員会を設置して緊急に審議を行い、一二月末には反対の決議をするなど、日本側は全面的に反対の意向を表明し、最終的にはアメリカ側が折れてこの衝撃的な委譲案を取り下げる形で決着を見た（天野『新制大学の誕生』下、三九五－四〇三）。

移行と再編統合

こうして地方委譲問題がなんとか決着を見たことから、文部省は、昭和二四年（一九四九）春の新制度への移行に向けて準備に取り掛かった。その移行問題だが、ここでも当初アメリカ側は二三年春の新制大学移行を要求して日本側と対立し、文部省は予算の不足と「国土計画的な全体計画」が未策定であることを理由に、それが不可能であることを訴え、二四年春の発足ということで了承を得ている（天野『新制大学の誕生』下、五三六）。文部省の本音は、六・三・三制の完成・整備を待った上での時間をかけた緩やかな新制大学への移行にあったが、これにより、一斉発足に向けて早急に再編統合計画を立てる必要性に迫られることになった。

その再編統合については、文部省側の当事者であった日高第四郎学校教育局長が回顧談を残しているが、それによれば、日本側が敗戦後の早い時期からこの問題への取り組みを始めていたことがわかる。

まず昭和二一年、当時の田中耕太郎文相のもとで、全国に大きく「九つ位の広地域の学区制をたてそこに七つの旧帝国大学その他これに類似の総合大学を中心の学府と定め先ずこれらを重点に充実拡大し、其の他の高等専門学校等はこれら中心の総合大学の衛星的学校として密接な連絡を保ち極力教授の交換、学生の転学の便宜、施設の融通等をはかって、徐々に全体を完成する計画を建てかけた」。しかし、学制改革論議が進む中でそれは不可能になり、より現実的な別の計画を考えなければならなくなった。

移行にあたっての最大の問題は、敗戦直後の疲弊したわが国の国力にあった。「ことに財政経済上の窮乏と不如意、良き教授候補者数の全体としての不足である」。こうした状況を考えれば、「各地方に散在する学校が夫々数校ずつ合同して大学に転換することによって、無駄を排除し、長短相補い、経費の節約を計るより他はない」。二二年八月に、文部省は「かかる整理統合の予備案を一応各学校間で自治的に調査計画すること」を各学校に要請する。しかし、これだけでは「全国的見地より見て過不足の生じる恐れ」がある。そこで文部省として「能う限り国土計画的見地に立ち、例えば各地方の人口、産業、交通、文化等諸要素を考慮しつつ、各学校及地方の計画を調整し乍ら、学科の統合と相互の補足、融通、強直の実をあげるに努め」ることになった（日高『教育改革への道』一〇二―三）。

こうした手続きをへて二三年五月、文部省は「秘　国立新制大学の実施について」という文書を作成する。その一項に「新制大学の切替えに当たっては、特別の場合を除き同一地域の官立学校はなるべく合併して一大学とし一地域一大学の実現を図り、経費の膨張を防ぐと共に大学の基礎確立に努める」とあり（羽田『戦後大学改革』九二−三）、さらに同時期に、より具体的に次のような再編統合の方針を盛り込んだ文書「国立新制大学切替措置要綱案」が各大学に通知された（『岡山大学二十年史』三五）。

一、国立総合大学は附属の予科専門部などを包括するはもちろん、特殊の大学を除きその所在地の高専校などを合併して、新制の総合大学とする。

二、国立の単科大学は、付属の予科専門部などを包括するはもちろん、特殊の大学を除きその所在地の高専校と合併して、総合または複合の大学とする。

三、前二項に包括されない高等学校・専門学校・師範学校は、特殊の学校を除きその地域ごとに合併して、複合の一大学とする。

四、総合または複合の大学に合併しない特殊の学校に限り、単科の大学とする。

五、二つ以上の国立大学が連合して総合または複合の形態をとり、また国立大学が所管の異なる大学と協定して教育を行う場合がある。

最後に挙げられた「連合」型、「協定」型は別として、文部省がこの時点ですでに、再編統合されて発足する新制国立大学を、大きく「総合」・「複合」・「単科」の三タイプに分け、旧帝国大学の後身である「国立総合大学」を別格扱いする構想をもっていたことがわかる。

2　二つの十一原則

CIEの十一原則

この構想は、あらかじめアメリカ側に提示され、「これらの原則はCIEの政策に従っている」と評価されたとされる（羽田、九五）。文部省はこの方針のもと、各学校に統合案の提出を求め、それを基に議論を重ねて六月中に具体的な再編計画を作成し、七月初めには日高局長がCIEを訪れて折衝に入った。しかし、ことは簡単には進まなかった。

七月九日の教育刷新委員会総会で日高局長が報告したところによると、当初基本方針を説明した時には、CIE側は「だいたいその方向でよかろう」ということだった。ところが、具体的な内容の説明に入ると、「前日とは大分意見が違って」きて「相当手厳しい批判を受けた」。さらに数日後、再度折衝した時には、CIE側が「七つばかり基本方針を立ててそれによって処置をせよ（中略）その方針については例外を認めない」と言ってきた。「地方との十分な意思を聞いて了解ずくでやる場合には若干の例外を認めて貫わなければ処置ができない」と反論したが、聞き入れてはもらえず、さらに数を増やして十一の原則に基づく新制度への転換を求められることになった、というのである（『会議録』第四巻、一五八）。次に示すのが、その「十一原則」である。

「日本の国立大学再編成の（再考せられたる）原則」

一、各都道府県に少くとも国立複合大学一校が設立されるべきこと。

二、少くとも各都道府県の一つの大学に於ては文理科（リベラルアーツ）と教育科（エジュケイション）の学部が別個に組織されるべきこと。

三、人文科（ヒューマニティーズ）、社会科（ソーシャルサイエンスイズ）、文科（リテラチユア）、理科（ナチュラルサイエンス）等々についての単独の学部は認めてはならないこと。右は文理学部（リベラルアーツ）なる一個の学部に統合せらるべきこと。他の特殊な学部は主として医学とか法律とか工学とか教育とか歯科とか薬学とか農学といった職能別専門分野に於て考えられるべきこと。

四、原則的には経済的並びに教育的能率の点から、全学部が一府県の一都市に置かれることが好ましい。併しながら多くの府県に於ては地理的にまた現存の施設を考慮に入れた場合いくつかの都市に分校（ブランチ）を設立することが望ましいかもしれない（以下略）。

五、如何なる都道府県の大学も他府県にその分校を持ってはならない。

六、各大学は、学士号を与えるその四年のカリキュラムの上に、更に様々な職能的或いは半職能分野に於ける特別の必要を充す為に一乃至三年の研究科を置かなければならない。

七、従来の青年師範学校は完全に廃止されねばならない。併しある場合には現在のその校舎及び施設は新制の大学に於て利用することは好ましいかもしれない。

八、一府県に只一つの大学が置かれる場合には、その大学は特定の市の名を名称とせず、その府県の名を名称とすべきである。

九、一都道府県の住民の高等教育に対する全要望は、若し公立（都道府県立または市立）の学校がその県内に設立予定の大学と合同するならば、一層有効に充たされるであろう。かかる合同は即時奨励せらるべきである。但しその場合には、当該県或は市が財政的調節の為の二年乃至三年の期間は従前要した同じ額の財政援助を続けて為すこと。

十、異った種類の教員を養成する為に別個の教育機関を持つ必要はない。また工学、農学等々の職能的専門学校に専門的教員養成学部或は教員養成所を設ける必要はない。かかる専門の分野に於ける教員たらんとする学生に対する教師として必要な職能教育は、一つの中央の大学の教育学部で行われるべきである。

十一、再組織は自発的に行わるべきである。現在の諸学校は学校教育法第九十八条に依り、当分その儘存続することは許さるべきである（以下略）。（大崎編『戦後大学史』一三三―六）

学芸学部と文理学部

「十一原則」の具体的な内容を見ると、アメリカ側が、地方委譲論の際にも想定していたと思われる州立大学モデルの導入を、今度は国立大学の具体的な組織編制に関わって求めてきたことがわかる。

府県を単位とした再編統合の原則を厳守し、大学名に府県名を付することまで求めているのはその表れだが、それ以上に重要なのは、「文理科（リベラルアーツ）と教育科（エジュケイション）の学部」に関わってアメリカ側が示した、強いこだわりである。各府県に設置される新制国立大学には、必ず文理科と教育科の学部を置かなければならない、また専門職業人養成の学部は別として、文理科以外に、人文・社会・文・理などの単独の学部を置いてはならないという、州立大学モデルの忠実な導入がCIEの要請であり、それは、旧制度の高等学校を「文理学部」に、師範学校を「学芸学部」（文理学部を置く一部大学では教育学部）に、各種専門学校はそのまま農・工・商などの専門学部に転換する方向で計画を進めていた日本側にとって、大きな衝撃であった。

折衝の過程で、アメリカ側が具体的に問題視し、こだわったのは、日本側のいう「学芸大学・学部」の性格である。それは文理学部の問題とも切り離せぬ関係にあった。折衝に当たった日高学校教育局長は、教育刷新委員会の総会でこの問題について、以下のように説明している。

義務教育の教員養成は「教育者の育成を主とする学芸大学」の役割とするという教育刷新委員会の決議を受け、師範学校を学芸大学・学部に移行させる方向で準備を進めてきたところである。それに対してアメリカ側から、「学芸大学［学部］の中に教員養成があるということはどうしても理解しがたい」、「リベラルアーツカレッジとエデュケーションスクールの二つにはっきり分けるべき」であり、「これはぜひ考え直してくれ」という要請があった。自分としては、趣旨について十分に説明したつもりだが、「学芸大学の翻訳が従来の例によりリベラル・アーツ・カレッジ」となっていることから、「多少その翻訳の上に、我々日本人の考えております学芸大学というものとの間に、内容上の食い違いがあるので、いっそう誤解が甚だしくなっておる点もあ」るが、アメリカ側から「日本の大学教育の転換の際に教育学部というものがもっと力強く表面に出てくる筈」で、「それを実は待ち望んでおったのであるが、それが出てこないのは遺憾千万」だと、厳しく批判された（『会議録』第四巻、一八八―九）。

教員養成と教養教育

実は、師範学校から移行する大学・学部に付けられた「学芸」という名称は、戦前期における師範教育の弊害を強調するあまり、教育大学・教育学部という名称を避けたいがために、いわば苦肉の策として教育刷新委員会が選択したものである（天野『新制大学の誕生』下、三七一―三）。訳語はどうであれ、アメリカのリベラルアーツ・カレッジをモデルに構想されたものではない。しかもその学芸大学・学部に、日本側は、新制大学の最大の特徴として新たに導入されることになった「一般（教養）教育」だけでなく、教員養成の役割も担わせようとしていた。アメリカ側はそうした「学芸」概念の曖昧さを突いてきただけでなく、教員養成と教養教育の双方を軽視しているのではと疑い、「教育科」と「文理科」の学部を明確に分けること、すなわち統合する旧制高等学校を持たない府県の新制国立大学には、新たにリベラルアーツの学部を新設することまで求めてきたのである。折衝を重ね、日本の現実を説明して文部省が、何とかアメリカ側の了承をとりつけたのは八月になってからであった。

教刷委の総会で、日高学校教育局長は、その合意の内容を以下のように報告している。

(1)旧制高等学校を持たず、教員養成校のみを継承する府県で、「教養の学部と教育学部と二つ備えていく」ことは現実問題として困難である。もともと内容の貧弱な師範学校を二つの学部に分けても「充実したものは必ずしも期待できない」し、「いきなり昇格して教育学部に転換」したのでは「将来に禍根を残す懼れ」がある。学芸学部という「新しい構想を持って出発するという立場」からすると、「直ぐに司令部側の申出に応ずることができない」ということを説明し、「司令部の上層」の理解を得ることができた。

(2)旧制高等学校から移行する文理学部について「人文とか或いは社会科学とか、文科と理科というような学部は認めないように、という指示」があったが、文学や理学の単独学部は「大学基準協会の基準の中にもすでに出ているし、それを基にして大学設置委員会でも採用して公表している。（中略）それを厳格に言って貰っては我々として処置ができない」と主張したところ、転換にあたって「リベラルアーツ・カレッジというようなものは、文科と理科とを両方含んだのが必要」だということを強調して欲しい、という「意味に解釈していい。これもシリヤスに考えなくてよろしい」ということだった（以上、『会議録』第四巻、三六-九）。

(3)なお、教養教育と教員養成の問題については、「各県で現在の状況で全部両学部として持つことは非常に困難」なので、「学芸学部を作る場合に、学芸学部の下に教育部と教養部というような組織」を置くことを認めてほしいと交渉し、CIE側の了承を得た（同、三九一）。

このように、アメリカ側は結局、戦前期以来の遺産の継承の必要性と、厳しい現実とを踏まえた日本側の要請をほぼ受け入れる形で、学芸再編統合の計画を認めることになったが、注目されるのは、アメリカ的理想と日本的現実とが避けがたくぶつかり合う折衝の過程で、日米の大学の組織編成原理の違いを、少なくとも日本側がようやく認識し始めたという点である。例えば日高局長は、先の報告の中で、司令部側の言う「ファカルティ（学部）」が「教授および助教授の総称」、つまり教授団を意味するのに対して、日本側はそれだけでなく「在籍中の学生も事務組織」、さらには「建物までも入れて」考えているという、「ことばの上の誤解があった」と述べている（同、三六）。アメリカの「カレッジ制」と、日本が明治以来とってきたヨーロッパ的な「専門学部制」との違いについての、こうした認識の深まりについては、第II部であらためてふれることにしたい。

日本側の十一原則

こうして、GHQ・CIEとの間でなんとか合意に達した文部省は昭和二三年（一九四八）八月に、以下のような、同じく一一項からなる「国立大学設置の原則」を発表した。

「新制国立大学実施要綱（国立大学設置の十一原則）」

一、国立大学は、特別の地域（北海道、東京、愛知、大阪、京都、福岡）を除き、同一地域にある官立学校はこれを合併して一大学とし、一府県一大学の実現を図る。
二、国立大学における学部または分校は、他の府県にまたがらないものとする。
三、各都道府県には必ず教養（liberal arts）および教職に関する学部もしくは部を置く。
四、国立大学の組織、施設等はさしあたり現在の学校の組織、施設を基本にして編成し、逐年充実を図る。
五、女子教育振興のため、特に国立女子大学を東西二カ所に設置する。
六、国立大学は、別科のほかに当分教員養成に関して二年または三年の修業をもって義務教育の教員が要請される課程を置くことができる。
七、都道府県および市において、公立の学校を国立大学の一部として合併したい希望がある場合には、所要の経費等について、地方当局と協議して定める。
八、大学の名称は、原則として、都道府県名を用いるが、その大学および地方の希望によっては、他の名称を用いることができる。
九、国立大学の教員は、これを編成する学校が推薦した者の中から大学設置委員会の審査を経て選定する。
十、国立大学は、原則として、第一学年から発足する。
十一、国立大学への転換の具体的計画については、文部省はできるだけ地方および学校の意見を尊重してこれを定める。意見が一致しないか、または転換の条件が整わない場合には、学校教育法第九八条の規定により、当分の間存続することができる。（大崎『大学改革』一三〇-一）

ＧＨＱ／ＣＩＥの合意を得たこれらの原則、とりわけ第一項の「特別の地域」を除いて、「一府県一大学」を原則に統合するという方針に従って、文部省は各学校、地方等の意見・希望を聞き「国立新制大学の具体的編制計画」を策定し、大学設置委員会に設置認可の一括申請を行うことになる。制約された人的・物的資源のもと、それ以外に選択肢がなかったとはいえ、大学・高等学校・専門学校・師範学校と、それぞれに準拠する法規も、したがって施設設備・教員等の基準も、さらには歴史や伝統、期待された社会的役割や社会的威信も著しく異なる学校群を、たまたま県という同一行政区域内に立地しているというだけの理由で、十分な準備期間なしに一方的に再編統合を進めたのである。ＧＨＱ／ＣＩＥという強権的な後ろ盾がなければ、この「編成計画」が実行困難であったことは疑いない。

当時の文部官僚の一人、村山松雄は「一県一大学というスローガンは、新制国立大学編成に当って、これらの不協和音をできるだけやわらげ、問題点を包み込み、長短相補い譲り合って、脱落者を出さずにどうにか新制大学として発足させるために、理屈よりはムードに訴えるところの多い魔法の接着剤であった」と回想している（村山「一県一大学設置のころ」）。占領軍の威を借りたその魔法の接着剤はやがて溶け、昭和三〇年代の後半には、国立大学セクターは再編成の時を迎えるのだが、それについては第III部に譲ることにしよう。

国立大学の諸類型

国立セクターの再編統合については、もう一つ、その過程で生じた新制国立大学の諸類型の問題にふれておかなければならない。

先に見たように、昭和二三年（一九四八）五月の時点で文部省は、統合によって誕生する新制国立大学に、総合・複合・単科・連合・協定の五つ、連合と協定を複合の一種とみなせば、基本的に三つのタイプを想定していた。それが文部省だけでなく、教育刷新委員会の構想した類型化でもあったことが、同年七月、第十四特別委員会での審議を経て、総会で決議された「大学の国土計画的配置について」に、「実際上の方針としては（中略）次の事項を参照することが望ましい」として、以下の「方針」が掲げられていることからわかる。

(1)地区の中心たる大都市の国立総合大学には、なるべくすべての部門を網羅して、その地区（ブロック）の文教の中心足らしめること。
(2)各都道府県には、なるべく複合大学（或いは連合大学または協定大学等——以下単に複合大学と称す）を置き、その都道府県の文教の中心たらしめること。
(3)各都道府県の複合大学には必ず学芸学部もしくは文理学部をおき、教員養成を兼ね行わしめること。
(4)各都道府県の複合大学にはなるべく農学部若くは農学の講座または農学研究所をおき、地方農業の発達に資すること。
(5)各都道府県の複合大学には、地方の実情に応じ、農業の外、他の産業部門の学部若くは講座またはその研究所をおき、地方産業の発達に資すること。（水産、蚕糸、紡織、金属、電気、機械器具、化学、窯業、食品、鉱業等。）
(6)各都道府県の複合大学の医学部は、地域人口の分布に応じ、なるべく均等の配置を期し、各地域保健の中心たらしめること。
(7)教育施設の関係については、「教育刷新委員会第五回建議事項」（文教施設の整備に関すること）を参照すべきこと。（『会議録』第十三巻、八四-六）

簡単に説明を加えておこう。

大都市の「国立総合大学」とは、旧制度の帝国大学を指している。昭和二二年一〇月に「帝国大学令」に代わって「国立総合大学令」が公布され、七校の旧帝国大学はそう呼ばれるようになっていた。「国立大学設置の十一原則」の第一項にある特別の「地域」とは、それら旧帝大の所在地を意味する。東北大学の立地する宮城がないのは、「特別の地域」の基準を人口三〇〇万人以上とした結果だが、東北大学が「国立総合大学」として扱われたことに変わりはなかった。その総合大学は「なるべくすべての部門を網羅」する、地区《ブロック》の「文教の中心」とされた。

「複合大学」とは、各県単位で県内の国立高等教育機関を再編統合して発足する新制国立大学を指す。各県の「文教の中心」として、「必ず学芸学部若しくは文理学部をおき、教員養成を兼ね行わしめる」。また、なるべく農業をはじめとする「地方産業の発達に資する」学部、学科、研究所を置く。そして、ここには明記されていないが、そのいずれにも包摂されない学校が、先の「切替措置要綱案」にある「単科大学」ということになる。

これら三つの類型は、法的な規定に裏付けられた正式の学校種ではない。「国立総合大学令」は、新制度の発足と同時に廃止されている。しかし、その後の政策展開を見ると、文部省がこの三類型、とりわけ「総合大学」と「複合大学」の二類型を基軸に、国立セクターの再編や整備拡充を進めたことがわかる。そして、そうした総合大学と複合大学、より具体的に言えば旧帝国大学と一県一大学原則による地方国立大学との差異的な処遇の根拠とされたのが、教員組織の編成基準としての講座制と学科目制の別にほかならない。

講座制と学科目制

その講座制と学科目制だが、講座制はもともと戦前期、帝国大学だけに認められていた教員組織の方式であった。教授たちの専攻責任を明確にし、研究機能を強化して帝国大学を名実共に最高学府・アカデミーに育てあげるために、ヨーロッパの大学に倣って明治二六年（一八九三）に導入されたものである。その講座制は、特定の学問名称を付した講座を教育研究上の基本的な単位として設定し、教員を配置するものであり、帝国大学の学部・学科は講座の、教授会は講座担当教授の集合体として組織されてきた。「講座令」に明記された民法、内科学、機械工学等の講座名称は、教育研究の対象とされるべき専攻分野・学問領域を表し、教育課程の編成も、教員人事や予算配分も、講座を基本に行われてきたのである。当初は教授のみの講座が多かったが、大正期になってからは各講座とも教授・助教授・助手の三層のポストを置くことが基本とされるようになった。

大正七年（一九一八）に、帝国大学以外の官公私立大学の設置を認める「大学令」が公布された後も、帝国大学以外の官立大学には講座を置くことが認められず、公私立大学も講座制とは無縁であった（天野『高等教育の時代』上、二六‐三三）。講座制をとらない、あるいはとることを許されない官公私立大学、それに研究機能を期待されない専門学校や高等学校の教員組織については、法的な規定も正式の名称もなかったが、教育課程を構成する主要授業科目に応じて教授等のポストを置く、「学科目制」あるいは「科目制」と呼ばれる教育重視の方式が一般的であった。

こうしてわが国の高等教育は、帝国大学における講座制と、それ以外の大学・学校の学科目制という、異なる二つの教員の組織方式を併存させたまま、戦後の学制改革期を迎えることになった。新制度の大学の教員組織をどのように編成するのか。大学設置の新しい基準の制定に中心的な役割を果たした大学基準協会の『十年史』は、新しい基準をめぐって激しい議論があったことを伝えている。

それによれば「大学基準」をめぐる審議の過程で、「最も議論されたのは講座制の問題」であった。審議を経て昭和二二年（一九四七）七月に定められた「大学基準」には、「大学はその目的使命を達成するために必要にして十分なる講座を設けなければならない」とあり、ただし「現在東京帝大で実施している講座制とは違って幅のあるもの、各大学の解釈によって創意工夫の余地を残すという意味のものであり、科目制と講座制とを両者有無相通ずるような風に運用できる程度のもの」という説明がつけられていた。

この講座制をめぐる規定については当初から異論が多く、その後も講座制の長所短所について議論が繰り返されたが（『大学基準協会十年史』九三）、とくに、短時間で作成された「大学基準」に満足せず、それをあくまでも「仮基準

（Tentative standards）」としたい意向をもち、「増補改訂」を強く求めるＣＩＥは、それを「主要な論点の一つとして提起」してきた（同、一〇六）。

「適当な制度」

講座制はもともとヨーロッパの大学に特有の制度である。カレッジ制を採るアメリカには無縁の制度であり、それをすべての大学に及ぼすことにＣＩＥが強く異論を唱えたのは当然として、それは私立大学にとっても歓迎しがたい方式であった。私立大学にとっての問題は、講座と教員ポストとの固定的な対応関係を前提とする帝国大学モデルの講座制の採用が、「教員数の増加につながり、経営上の負担増を招きかねない」ところにあった。大学基準が、早くも昭和二二年（一九四七）末に改訂され、先の規定の後段が、「必要な講座又はこれに代る適当な制度を設けなければならない」と改められたのは、ＣＩＥの意見もさることながら、そうした私立大学の側からの反対によるところが大きかったと見てよい。同時期に刊行された「『大学基準』及びその解説」は、この改定について、次のように説明している。

元来講座は、学問体系上独立の学問と認められると共に学部構成上主要な位置を占める学科目に対して設定されるものであるが、在来の官立総合大学の講座制度は相当厳格なもので、現下の我国の実情にはやや即しない憾みがあるので、この基準の講座は、それよりもさらに自由な幅のある、いわば在来の講座制と科目制の中間位を狙いとしたものであったが講座という言葉のもつ臭味から右の真意の徹底をかき、動もすると誤解が起る惧れがあるので（中略）改定することになったのである。したがって各大学は、その目的使命に応じて最も適当と思われる研究、教育の組織形態を自由に決定し、各々その独自の学風と特色をいかんなく発揮することができる建前となっている。／しかして研究、教授の組織形態を裏付ける教員組織は講座における場合を明示してあるから、たとえ科目制度なり又はその適当な制度なりを採用しても講座の場合に準拠して考慮すれば一向差支えない訳である。したがってそういう場合には講座をそれに該当する主要科目という意味に解釈すればよいことになる。（『戦後日本教育資料集成』第二巻、二三三－四）

この文面からすれば、講座制を導入するか、それ以外の「適当な制度」をとるかはそれぞれの大学の自由ということになる。実際に、もともと講座制とは無縁であった私立大学は、これ以後この問題に悩まされることはなく、それまでとってきた学科目制を継承し、持続することになる。

しかし、講座制とそれ以外の、二種類の教員組織が併存する国立大学の場合には、各大学の自由に委ねるわけにはいかなかった。旧帝国大学のみに許されてきた特権的な制度であり、教員定数や予算の配分額にまでかかわる講座制を、どの大学・学部に認めるのかは、国立大学政策の根幹にかかわる問題であったからである。結局、文部省が選択したのは、明治期に研究機能の強化を目的の一つに導入された講座制を、新制国立大学における大学院設置と結びつけ、博士課程の大学院研究科を置く大学・学部にのみ講座制を認め、それ以外の大学・学部の教員組織を「学科目制」とすることを、省令に明記するという方策であった。それがわが国の高等教育の国立セクターに何をもたらしたかについては、第III部であらためて見ることにする。

第II部　反省と批判

第1章　改革主体による評価

1　三つのレビュー

拙速な出発

第Ⅰ部で詳細に見てきたように、旧制度から新制度への転換・移行は、激しい議論が戦わされたとはいえ妥協の産物として描き上げられた粗い、しかも白紙の部分を多く残した設計図をもとに、敗戦直後の経済的疲弊と社会的混乱のなか、十分な準備期間のないままに強行されねばならなかった。大方の関係者にとって満足のいくものでなかったことが、容易に推測される。実際に、昭和二〇年代後半に作成されたさまざまな改革関連の公的な文書、さらには関係者の論考や発言等を読むと、新しい大学制度が、発足の直後からさまざまな反省を生み、再検討を求める内外の批判にさらされていたことがわかる。

この第Ⅱ部では、そうした制度改革の結果出現した「新制大学」の現実に対する関係者、とりわけ改革の実体化の直接の当事者となった大学人たちの「反省と批判」を、占領期の終わる昭和二七年（一九五二）前後から三五年頃までの時期を中心に、見ていくことにしたい。関係者によって、新制大学制度の何がどのように評価され、問題視されたのか。性急に青写真が描かれ、実施に移された改革の現実はどのように認識され、何が反省と批判の必要な課題とみなされたのか。まずは改革の構想を描き、推進してきた教育刷新委員会、文部省、ＧＨＱ／ＣＩＥの三者の公的な文書の中に、それを探り当てることから始めよう。

三つの文書

新制大学の一斉発足から一年余り経った昭和二五年（一九五〇）八月、アメリカから第二次の教育使節団が日本にやってきた。教育刷新審議会の会長である南原繁が二四年一二月に訪米した際、イリノイ大学の学長に就任していた第一次使節団委員長のジョージ・ストッダードを訪ね、「もう一度日本への来遊を勧誘した」のが契機とされる。ストッダード自身が来日することはなかったが、いずれも旧団員の五名からなるその第二次使節団の役割は、第一次使節団が「日本の教育改革に対して行った「諸勧告」」について、その後の「発展や結果を検討する」とともに、「今後、更に考究する必要があると見られる問題について新たな勧告を行う」ことにあった。占領軍総司令官ダグラス・マッカーサー宛てに『報告書』(Report of the Second United States Educational Mission to Japan) を提出して日本を離れたのは、九月二二日である（『会議録』第十三巻、参考資料Ⅰ解説、二六五―六）。

その第二次使節団を迎えるにあたって、教育刷新審議会は発足以来「論議し、決議し、報告し、あるいは建議し、声明を行なった、殆んど総ての事項を中心」に記述し、これに「改革後の実施経過」を加えた大部の報告書を作成して、使節団に提供している。二五年六月に公刊された『教育改革の現状と問題——教育刷新審議会報告書』（日本放送協会刊、前掲『会議録』第十三巻に収録）がそれである。

これとは別に文部省もまた、『日本における教育改革の進展——一九五〇年八月第二次訪日アメリカ教育使節団に提出した文部省報告書』を作成している（『文部時報』第八八〇号（臨時特集号）、昭和二五年一二月。伊ケ崎・吉原編『戦後教育の原典2　米国教育使節団報告書』に収録）。

こうして六・三・三・四の新学制発足から三年後、新制大学の発足からわずか二年後の昭和二五年には、戦後学制改革のいわば設計者である教育刷新審議会・文部省・教育使節団（占領軍）の三者がそれぞれに、改革の結果のレビューを試みる報告書を作成し、公表したことになる。具体的な姿を見せ始めた改革の現実を、それらの報告書の中で彼らはどのように評価し、何に問題を感じ、不満足感を抱いていたのだろうか。

2 教育刷新審議会の評価

教刷審の報告書

まず、改革論議の主要な舞台であった教育刷新審議会の『教育改革の現状と問題――教育刷新審議会報告書』から見ることにしよう。全体として淡々と、自らが中心になって進めてきた審議の結果とその実施状況を記述しているその報告書だが、読み進めていくと、一段落した学制改革の現実に教刷審の抱いていた不満足感が、そこここに見えてくる。例えば「学制改革の大綱を説述」した章を締めくくる、以下のような一文がある。

ただ、いたずらに制度のみがりっぱにでき上っても、必ずしもその内容が、これに伴っているとは言い得ないことを指摘しておかなければならない。（中略）烈しい転変の時機であり、そのうえ、人心の動揺極めてはげしく、極端な破壊の後で復興を図らねばならない時機に、経済的財政事情のきわめてひっ迫しているもとで、平時に於いても困難なこの大改革を、比較的短期間に進捗せしめようとしたのであるから、このことはやむを得ないことでもあろう。しかし、上級小学校の教員またはその比較的優秀な教員は新制中学校の教員に移り、同様に中学校の教員は高等学校に移り、新制大学においても比較的低級な教授陣を包含せざるを得ないような現状である。したがって国民ぜんたいとしては、すべての段階において教育の水準の低下することを切実に憂えつつある。しかしながらわれわれは、大衆の教育を最大任務とする民主化教育の本来の姿をみつめ、単に学制の形式に止まらず、内容の改善せられる日を期待し、確固たる信念をもって、その実現に最善の努力を捧げ続けるつもりである。(『会議録』第十三巻、一七五—六)

教育の民主化の名のもとに中等教育の大衆化と、高等教育の大改革が進むなか、教育の具体的な担い手である教員の質を含めて、「教育の水準の低下」を「切実に憂」えざるを得ない学制改革の現実に対する教刷審の委員たちの、忸怩たる思いの表現と読むべきだろう。

大学改革についていえば、「国公私立の大学の基準については、おおむね、別に民間から組織された大学基準協会の定めた基準により、また、公式の機関としては文部省内に設置された大学設置委員会により、それぞれ各大学について、その施設、教授陣容の審査が行われ、その設立の許否を決定して、これを文部大臣に答申した。文部大臣は、その決議を尊重して、設置廃止を決定した。これらが施行される過程において、多くの困難のあったことは当然である。本委員会［審議会］も（中略）これらの経過期間の暫定処置を政府当局に一任したのであるが、政府としても、現在行われている以上の方策を持ち得なかったことも、また当然であり、了解せられることであろう」(同、一七四)とある。

拙速な出発はやむを得なかったとしながらも、婉曲にではあるが、制度改革の理念や理想が十分に生かされたとは言いがたい、旧制から新制への転換・移行の現実に対する批判、不満足感が表明されている。ただ、教育刷新審議会が問題を感じていたのは、制約された条件下に実施せざるを得なかった学制改革の現実だけではない。報告書の第六章「高等教育の改革」を見ると、昭和二五年（一九五〇）の時点で教育刷新審議会がまだ最終的な答えを出すに至っていなかった課題として、大学の管理運営、地理的配置、短期大学制度、教員養成、学生の厚生補導、施設整備、研究者養成、科学研究費などの問題が挙げられている。改革がようやく緒に就いたばかりで、多くの未検討、未解決の課題を抱えていることを、教刷審自身が深く認識していたことがわかる。報告書の「結語」の以下の一節は、それをうかがわせるものといってよいだろう。

教育革命、教育民主化の体系は確かに実現した。しかしながら、静かに、その革命、民主化の体系を凝視するとき、われわれは、果たして今日、満足と自負とを感じ得るであろうか。われわれの企画の完成を、そこに観取し得るであろうか。われわれの愛する祖国が、今なおいばらの道の中にあり、今後もなお苦難の道を歩むべき状態にあることを、もとより、われわれは知っている。そして祖国自体とひとしく、われわれの教育もまた、なお多くの現実的試練を経ねばならず、新教育完成のためには、なお克服すべき多くの問題に直面していることを、切実に知っている。（同、二七）

三つの課題

ただ、新学制発足直後のこの時期に、それら「多くの問題のうち、特にわれわれの沈思と苦心とを要する大問題」として報告書が挙げ、「祖国を愛する全国民に訴え、その理解と協力」を求めたのは、前記の残された課題に関わる制度の整備や再改革とは直接関わりのない、以下の三つの問題であった。

第一の「解決に至難な問題は、教育財政の問題である。新教育を、その基礎的な財政的側面において充実する必要の問題である。（中略）教育財政問題の強力にして十分なる解決を見るに至るまでは、新教育も、白日の夢に等しい状況に立ち至るであろう。われわれは、教育革命を、実態を備えざるローマン的感傷主義の画像たるにとどめることを欲しない」。

第二は、「教員の問題、特に初等中等教育の問題」である。「教育が、根本において、教師の人間に待つべきことは、いうまでもない」が、「教員の実際は質及び量の両面において、著しい貧困を示しつつあり、しかもその傾向はとどまるとも見えない」。

第三に、「教員及び学生の政治教育の問題」がある。「民主教育の特質として、自由な政治教育」が行われるべきなのは言うまでもないが、「一部の学生及び教師が、ことの本質を誤り、特に政治的関心と特に偏向的な政治活動とを混同して、教職の本質や学園の秩序を破って平然たる傾向を示している」ことは看過できない。「速かにこの問題を解決して、自由なる教育の権威と、学園の秩序とをゆるぎないものとしなければな」らない（同、二七―八）。

第一の教育財政についていえば、新制大学の多くが戦災により校舎を失っただけでなく、再編統合や年限の延長等による学生数の増加から、施設設備の不足に悩まされていた。「新制大学はいずれも財政的窮乏のため、設備、内容ともに極めて貧弱であり、大学の名に値しないものも多数存在している」というのが実情であった。それだけでなく、大幅な再編統合を経験した国立大学の場合には、「大学の内部組織が複雑であること、各学科講座の性格がそれぞれ異なっていること、予算費目が複雑であること、等のため」に、予算編成の基準が不明確で、もともと少額の講座研究費等が、一般的な消耗品に流用されるなど、大学の研究機能の著しい低下が危惧されていた（同、一八四）。財政上の困難が、新制大学の掲げた理想を阻む、最大の障壁とされたのである。

第二の教員の質にかかわる問題は、初等・中等教育について言及されているが、高等教育の場合にも深刻であった。大学教員の育成に当たるべき大学院制度が不備のまま、十分な教員予備軍を持たずに、しかもすべての大学に一般教育課程の設置を求めての発足である。先の引用にもあるように「新制大学においても比較的低級な教授陣を包含せざるを得ない」というのが、教育刷新審議会にとっても否定しがたい現実であった。それだけでなく、量・質ともに「著しい貧困」の指摘された初等・中等教員の養成自体が、新しい大学の、しかも最も弱い部分とされた学芸学部・教育学部の責務にほかならなかったことを、見落としてはならないだろう。

「大学の自由」と政治教育

これら二つの課題は、「教育革命」の理想達成のための基礎的な条件整備にかかわるものである。それに対して第三の「政治教育」は、大学の自治と学問の自由にかかわる、教刷審の予想していなかった新しい、しかも大学改革の前途を左右する大きな問題であった。大学の管理運営システムの未整備という、第Ⅰ部で見た制度改革上の残された課題とも深く関連するこの問題について、若干の説明を加えておこう。

ＧＨＱの強い指導の下に推進されたわが国の政治と社会の民主化は、それまで弾圧されてきた共産党を中心とする左翼勢力の急伸をもたらすが、共産主義国ソ連・中国と、共産主義の浸透に危機感を抱くアメリカとの間で東西冷戦が始まると、ＧＨＱは一転して左翼勢力の弾圧に乗り出した。その影響は大学にも及び、昭和二四年（一九四九）九月には、国家公務員法に基づく人事院規則が公布され、国立大学の教職員の政治活動が禁止されるに至り、教刷審や国立大学協会の会長を務める南原繁（東京大学総長）、日本学術会議、それに全日本学生自治会総連合（全学連）などが、それぞれに声明を出して反対の意思を表明するなどのことがあった。また同じころ、ＣＩＥの高等教育顧問を務めるイールズ博士が、各地の国立大学で共産党員教授の追放を求める講演を行ったことから、学生自治会を中心に激しい「イールズ声明」反対闘争が展開される。さらに二五年五月には、マッカーサーが日本共産党を非合法化し、官公庁や報道機関、民間企業だけでなく、大学にも共産党員とその支持者の追放・解雇を求めてきた。いわゆる「レッドパージ」である。教刷審の報告書は大学関係者の間に、敗戦によりようやく手に入れた学問の自由と大学の自治が再び失われるのではないか、という危機感が強まるなかで執筆されたのである。

報告書の「高等教育の改革」の章には、教刷審の「大学の自由と自治」の問題に対する立場が、次のように説明されている（同、二〇四―五）。

「大学の自由（アカデミック・フリーダム）」は大学がその使命を達成するために不可欠の要件であるが、その「大学の自由を実現し維持することは、わが国にとって特殊の困難を形成して来た。わが国においては、大学に干渉を加え、これを自己に有利な方向に働かせようとする外部勢力の絶えることがな」く、「それは特に国立大学の場合に最も甚だしかった」。それら外部勢力の第一は政府であり、「歴代の政府は国家に直接有用でない学問の助長には冷淡な態度をとり、国家に有害と思える学問研究には強権をもってこれを抑圧するという態度を示し」てきた。

第二は「政府以外の社会的勢力」である。「たとえば国家主義者の集団は、大学が自己の欲する方向に動こうとしない場合には、直接に大学に攻撃と干渉とを加えようとし、あるいは政府をはげましてこれをなさしめようとした」。大学、とりわけ国立大学は「これら有力な外部勢力の攻撃と干渉に対して、学問研究に必要不可欠な「大学の自由」を防衛し擁護するためにつねに肝胆を砕かねばならなかった。（中略）日本の大学の歴史は「大学の自由」擁護のための自治確立の苦闘によって貫かれている」。

第Ⅰ部第4章で見たようにＧＨＱ・文部省が、国立大学にもアメリカ的な「理事会」制度を置き、「学外の人々を主体として組織し、これを大学の最高管理機関」とする案を提示してきた際に、教刷審が強く反対したのはそうした不幸な歴史の記憶を踏まえてのことであった。

戦時中、かような管理機関が国立大学にあったならば、当時不十分ながら彼らの守り来った大学の自由も、つとに時代の勢力の前に犠牲となっていたであろう。そしてこれが危険な今後《ママ》においても存し、我が国の民主化が容易に成らず、かつ絶えず社会情勢の変動するような日本の国にあっては、ひとり政府の官僚的統制に対してのみでなく、不当な他の社会勢力の制圧に対しても大学を護る必要がある。（中略）もとより大学の自治は、決して学問の自由の濫用や大学の独善を許容するものであってはならない。従来ややもすれば大学に対するこの種の非難が寄せられていたが、それには十分反省されるべきものがあるであろう。しかし、そのためにもし、大学の自治を放棄するならば、それは角をためて牛を殺すの愚を犯すことになろう。（同、二〇五）

このような認識をもとに教刷審が打ち出したのが、「全国立大学の間に共通して、中央に大学関係者の外に学識経験者や国民の代表者をもって組織せる国立大学委員会を設け、大学の組織及び行政の主要事項の最終的決定、ことに全国多数の国立大学の予算や財政の根本方針の審議にあずからしめ」、さらに「諮問機関」として「各大学内に、その大学の運営に関して助言し勧告する商議会を設け、国民の代表者の声を聴く」という、第I部で紹介した建議だったのである。文部省が「国立大学管理法案起草協議会」を設置して、外部者の声を反映させる審議機関や諮問機関の設置を含む新しい大学管理運営システムを構想し、法案を国会に提出したのは、この建議を受けてのことであったが、政治的状況ともかかわって、その法案に左翼勢力を中心に大学教員や学生自治会による強い反対運動が展開され、撤回に追い込まれたというのが、当時の時代状況であった。「政治教育」の必要性は、そのような状況下に強調されたのである。

3　文部省の評価

行政当局の立場から

文部省の報告書『日本における教育改革の進展』を読むと、文部省もまた改革の現実に、当然のことながら教育刷新審議会のそれと重なる、しかし行政当局としての立場からする強い不満足感を抱いていたことが知られる。

報告書には「高等教育の改革」の章が設けられ、設置基準、一般教育と専門教育、短期大学、技術教育、医学教育、大学院と学位制度、補導厚生、育英制度などについて、改革実施の当事者としての立場から現状を略述した後、「新制大学の今後の問題」の項を立てて、次のように締めくくっている。

以上のように、新制大学は、新学制における最高の教育機関として今までの旧制大学や、高等・専門学校における種々の欠陥を改めて全く新しい使命をもって発足したのである。しかし新制大学の現状は、多くの解決を要する問題が迫っており、発足したばかりの新制大学に、暗い影さえ生じている。

その第一は、最も困難であり、最も重大な財政の問題である。国家財政および国民経済の窮迫したなかから生れた新制大学は、財政難のために大学の名に価しない大学さえできている。もちろん、財政問題は、大学ばかりでなく、わが国の教育全般にわたって大きな問題となっているが、わが国の学術、文化の最高水準となって、その進展に寄与すべき大学が研究費に悩む現状では、大学はその使命を果たし得ないであろう。大学財政の充実こそ、最も急を要する新制大学の死活問題である。

第二は施設の整備の問題である。大学がその使命をじゅうぶんに果すには、それに必要な施設が要求されることは当然である。そのためには大学設置基準も設けられ、大学で設備すべき基準が示されているが、戦災で校舎その他に著しい被害を受けた大学はすこぶる多い。幸いに校舎はあっても、実験、実習設備の不備のため、技術教育に支障をきたしている大学や、図書の不足で学生がじゅうぶんに研究できない学芸大学があり、新制大学の施設の問題があらゆる面で、整備拡充を必要とする重要な課題となっている。

第三には物的施設に対して人的施設、すなわち教員の問題である。教育の成果は教師に待つべきことは、言うまでもない。しかるに一挙に国立・公立・私立合計二〇二大学に増加した新制大学では、質および量の両面において教員の貧困に直面している。これはとくに新制大学が新しく意図した一般教養の部面について、著しい。（中略）新制大学の教授陣容を充実するには、優秀な教員を誘致するために、その待遇を改善することも重要な課題である。

以上の三点は、新制大学が直面する最も重大な問題であり、これが解決しない限り、新制大学の発達は全く期待できないであろう。（伊ケ崎・吉原編、二〇六）

報告書全体の要旨を述べた「要約」の高等教育の部分には、さらに、こう述べられている。

学制改革によって、修業年限四年の高等教育機関である新制大学が、一九四七《ママ》年度から発足した。この新制度による大学の著しい性格は、国家主義の支配のもとに、社会人としての教養の育成を欠き、ひたすらアカデミックな研究、あるいは人間的基調を欠く職業的技術教育に陥っていた旧制度の高等教育諸機関の欠陥を改革するところに確立されようとしている。すなわち大学の自由と自治を確立する根本方針のもとに、社会的人間としての一般教養と専門的知識、技能の育成とを総合統一して、民主的社会を形成する良識ある指導者の育成を目標とするに至っている。さらに、一府県一国立大学の設置、通信教育の拡充措置が講じられ、教育の機会均等はここでもその実現に数歩近づき、大学の門戸は今や広く開放されるに至った。

しかし、新制大学の実情は、なおはなはだしく決定的な困難に遭遇している。その困難は、大学を成立させるための物的条件、人的条件の両面にわたっている。すなわち物的条件としては、大学の本質的使命を果たすための研究施設、研究設備が著しく貧弱であり、すみやかに改善、充実の措置を講じないかぎり、本来の機能を発揮することができないものが多く、中には大学の名に価しないものさえ存在しているのである。また、人的条件としては急激にその数を増したために多くの大学では大学教育を行うに足る学力を持つ教授がはなはだしく不足していることを認めざるをえないのである。（同、二六七）

賛否はともかく、選択・決定された「教育革命」の方針に沿って、学制改革の実施にあたってきた行政当局として当然のことながら、文部省が最も問題視していたのは、敗戦直後の人的・物的な資源が極度に不足した状況の下での、拙速な移行・昇格であった。

彼らが当初思い描いていたのは、六・三制義務教育の完成や新制高等学校の整備を経た上での、緩やかで段階的な移行・昇格である。しかし、それは占領軍の容れるところとはならず、押し切られて昭和二三年（一九四八）には準備不足のまま、一部新制大学の抜け駆け的な設置認可を強いられ、二四年には人的・物的条件の不備を承知の上で、条件付きで二〇〇校近い新制大学の一斉発足に踏み切らざるを得なかった。文部省報告書に示された不満足感は、敗戦の傷の癒えぬまま、ヒト・モノ・カネの不足を十分に認識しながら、短期間にその「名に価しないものさえ存在している」大学の設置認可を余儀なくされた、官僚たちの「挫折感」に根差していたと見るべきであろう。

元学校教育局長の述懐

この文部省報告書から三年後の昭和二八年（一九五三）には、占領軍と教育刷新委員会の板挟みになって苦悩した文部省の当事者、日高第四郎（元学校教育局長）が「日本における教育改革の動向」という当時を回顧する文章を残しているので、併せて紹介しておこう。

［新制大学の］実績を顧みるに(a)教授陣容は旧制大学のそれに比して数が急激にふえただけ質が低下したことは争えない。(b)戦後の財政不如意の折柄新制大学設置計画に対する財政的不足甚だしきが故に、辛うじて審査に合格したのみで、その校舎、施設、職員等に貧弱なものを生じた。(c)とくに国立大学にあっては異質的なものの機械的統合を敢えてした為と、校舎等の距離の［異］なるものを無理に結合した為に大学の運営上非常な困難に当面しているものも出来てきた。最後に(d)総司令部当局の強い要請によって新制大学の発足が、順序を逆転して短期大学の設置より二年先だって認められたことは、大学の実質に甚だ悪い影響を残した。短期大学（アメリカの Junior College）の必要は、文部省もその他の関係者も予め認めて、之を制度化することを総司令部当局に再三懇請したが承認せられず、四十九年の大学審査後に到ってようやく承認せられた。しかも四十八年春の大学設置委員会の第一年度の審査は、審査を受ける学校（主として私立学校、うち半数は女子学校）にとっ

ては、大学として存続するか、又は廃校になるか、二つに一つの死活を決定する意味をもたされた。そこで審査委員は学校の歴史と運命に同情して、勢い基準の適用が緩やかにならざるを得なかった。この甘い判定は悪い先例となって新制大学の水準を低めることとなり、やがて短期大学にも悪影響を及ぼしたと信ぜられる。

要するに新制大学は、大局からみて旧制大学に比すればその質が落ちたと見られるが、旧制の高等専門学校に比すれば若干上がったとも言える。（中略）兎も角、根底より覆すが如き改革を短時日に敢行しなければならなかったから、問題は次ぎ次ぎに発生して仲々解決し尽くせない。（日高『教育改革への道』所収）

外務省文化局編『最近の日本政治経済状況』という、占領終結後とはいえアメリカの関係者の眼にふれることが当然予想される書物に掲載された論考だが、新制大学制度の拙速な出発を余儀なくされた文部官僚の、真情を吐露した一文といってよいだろう。ただし、ここにも制度改革それ自体に対する批判的な見解は見ることができない。国立大学についての「異質的なものの機械的統合」とは、財政的な制約から大学から師範学校まで多種類の高等教育機関を「一県一大学」を原則に再編統合したことを指している。それが「運営上の非常な困難」を招いていること、また短期大学の問題について文部省として、直ちに昇格の困難な専門学校、とりわけ私立女子専門学校の救済策として早期の制度化を強く期待しながら実現されず、「大学の実質に甚だ悪い影響を残した」ことに対する、当事者としての苦衷と忸怩たる思いが表明されているだけである。

しかし、その短期大学問題に象徴されるように、アメリカ側の強い圧力のもとに実施に移さざるを得なかった「根底より覆すが如き」一連の制度改革から「次ぎ次ぎに発生して仲々解決し尽くせない」問題に、文部省が苦しめられていたことは、第I部で見たとおりである。そして占領期の終結とともに、文部省はそうした問題に対処するための再改革に着手するのだが、それについては第III部に譲ることにしたい。

4　教育使節団とＣＩＥ

第二次教育使節団のコメント

このように、教育刷新審議会と文部省という日本側の二つの報告書は、なによりも拙速な出発を遂げざるを得なかった新制大学の、物的・人的な資源の量的・質的な不備に問題点を見るものであった。それに対して第二次アメリカ教育使節団の報告書は、より踏み込んだ表現で、第一次使節団が掲げた理想と占領軍・文部省が推進してきた改革の現実とのギャップを指摘し、改善の具体的な必要性を強調する内容になっている。

その根底にあったのは、一斉に行われた新制の四年制大学へ移行・昇格が、実はアメリカ側の、少なくとも使節団の本意ではなかったとする認識である。そのことは「第一次訪日アメリカ教育使節団は、高等教育について勧告するにあたって、現在の教育機関の組織のままで望ましい改革をすることに注意の大半を傾けた。しかし、日本人はこれらの諸機関を改革しようとする場合、高等教育の全制度を改組することが必要であると考えた。そして、この改組を外形的な面において急速に成し遂げた」という報告書の一節に、端的に示されている（伊ケ崎・吉原編、一三三）。

その上で彼らは、自分たちの「高等教育に対するおもな関心事は、これらの変革とそれに伴う発展を批判し検討することである」として四つの問題を提起し、それぞれに「解答」という形で見解を述べている。以下はその概略である。

(1)「**日本はどれだけの高等教育機関を必要としているか**」

「日本の新しい高等教育機関の大部分は、名まえだけの大学であって、真の大学の地位をうるのに必要な物的設備や有資格の教授陣は欠けている」。「四年制の高等教育機関が二百二十校以上もある」が、「この数は、余りに多すぎはしないであろうか」。「何よりも望ましいことは、これらの教育機関を減少させ、その結果残った大学が、利用可能の資源を最も有効に利用し得るかどうか」検討することである（同、一三三）。

(2)「日本はどのような種類の高等教育機関を持つべきか」

「必要なのは「最も有能な青年に、内容の豊かな、種類に富んだ高等教育を与えること」である。そのためにはこれまで「高等教育の進歩を著しく阻害した、あの伝統的な画一主義の観念は、避けられねばならない。日本は、富士山のごとく日本的な、そして新憲法のごとく現代的な、新しい高等教育機関を設置しなければならない」。必要なのは多様性であり、「多様化が行われるならば、おのおのの高等教育機関は独自性をもつものとなり、理想的に言えば、他のどれにも劣らない重要な機関となる」。「たとえば当分の間、日本は二十五ないし三十のセンターにおいて、将来の大学教師養成のために、日本が必要とするだけの大学院の教育を行うこともできるだろうと考えられる。また半専門職業に対し、各種高等教育を与えるために、日本が現在よりは、さらに多くのいわゆる短期大学的なものを必要としているということも考えられる」（同、一三四）。

(3)「日本の高等教育機関は、どのようにすれば最も有効に組織され、運営されうるか」

多様な「種類の高等教育機関を展開し運営するには、新しい型の組織と管理が必要となる」。「大学は通常、教育および研究の細目にわたって、物質の世界および観念の世界の秩序を探求することを仕事とする人々によって運営されている」ため、「秩序・法則・規定・統一及び基準をますます強く求める念に取りつかれる傾向がしばしば見受けられる。真理の探究は、不幸にも、時として同一性と合致性との探求に陥ることがある。このようにして、大学その他の高等教育機関は、一般に学術という動脈の規則化、標準化という硬化作用を起して死んでゆく」。「新しい日本の高等教育機関は（中略）絶えずこの衰退に向かわせる傾向と戦わなければならない」。「高等教育は、人々の代表者によって支配されるべきであり、基準はその人々の方針にそって定められ適用されなければならないということは、民主社会では、自明の理である」。「大学の主要方向」が「いつも教授たちによって左右されている」日本の現状は、その意味で再考する必要がある。「本使節団は、この教授による統制制度は、日本における高等教育を改善するために、修正されなければならないと信ずる。本使節団は、各高等教育機関が、その支持者を代表する男女からなる政策樹立委員会を持ち、しかも、その委員は、全部でないまでも大部分が他のいかなる公式資格においても、その機関と関係のないようにすることを勧告する」（同、一三五―六）。

(4)「日本は必要とする高等教育機関を持つ余裕があるか」

「民主主義国家の高等教育機関は、国民によって所有され、運営される」ものであり、「国民はそれを欲するだけの精力と知性を持っている限り、望むだけの高等教育機関を持つことができる」。「高等教育は、他の段階の教育と同じように資金の徒費となるのではなく、国家のただ一つのほんとうの資源、すなわち国民に資本を投ずることである」。「必要なことは、高等教育を国民が信じ、その発達を願う情熱の源を絶えず求めること」であり、そのためには大学は、「国民の大学についての理解及びその将来についての信頼を高めるために（中略）広範な研究をし、教育上の成果を収めなければならない」（同、一三六―七）

「現在の教育機関の組織のままで」、教育課程の再編を中心に改革を進めるのが望ましいという第一次教育使節団の期待に反して、しかしＧＨＱ／ＣＩＥの助言と指導の下に、日本側が進めてきた「高等教育の全制度」の改変に、第二次教育使節団のメンバーがほとんど満足していなかったことがわかる。

批判の第一は、「必要な施設や有資格の教授陣」の不足にもかかわらず、二二〇校を超えることになった新制大学の質・水準に向けられている。「大部分は名まえだけの大学であって、真の大学」ではない。必要なのは大学数を削減し、限られた資源の有効活用を図ることではないか。第二に、その具体策として報告書が勧告しているのは「多様化」である。一方では四年制大学のうち二五～三〇校程度を「当分の間」大学院主体の「センター」的な大学とし、「将来の大学教師養成」の任に、さらに短期大学制度を大幅に拡充して、「半専門的職業」人の養成に、それぞれあたらせる。つまり、大学の「伝統的な画一主義」から抜け出し、大学院大学（ユニバーシティ）・大学（カレッジ）・短期大学（ジュニア・カレッジ）という、アメリカ的な三層構造をモデルに、内容の豊かな、種類に富んだ高等教育システムの構築をはかるべきだというのが、報告書の勧告する「多様化」の中身であった。新制大学の教授陣について、教育刷新審議会と文部省だけでなく、使節団もまた、その貧弱な量と質に強い危機感を抱いていたことがうかがわれる。

第三、第四は、教育刷新審議会も指摘していた管理運営システムの問題である。使節団から見れば、新制大学に継承された教授会自治に基づく管理運営制度、「教授による統制制度は、日本における高等教育を改善するために、修正」されるべきものであった。使節団が勧告したのは、理事会制度に象徴される「人々の代表者によって支配される」、つまり市民参加を前提とした「民主社会では、自明の理である」アメリカ的な管理運営方式の導入であり、「国民によって所有され、運営される」大学であってこそ、「国民が信じ、その発達を願う」大学となりうるのだという、アメリカ的な信条に立った大学像にほかならなかった。

トレーナーの回顧

出現した新しい大学制度に対する不満足感の見て取れる、使節団のこうした批判と助言・勧告が、改革に影響力を行使してきた占領軍側の当事者としてのGHQ／CIEの見解を、どこまで踏まえたものかは明らかではないが、アメリカ側関係者からの意見聴取に基づいて報告書が作成されたであろうことは、容易に推察される。

そのCIEの見解だが、土持ゲーリー法一の研究（『戦後日本の高等教育改革政策』）によれば、CIEの内部には当初から、職員や専門家の間に意見の違いや対立があり、制度改革の方針が一貫せず、揺れ続けていたことが明らかにされており、またその間の経緯については、占領期を通じてCIEの教育課・課長補佐であったジョゼフ・C・

トレーナーの回顧録に、詳細に記されている。

第Ⅰ部でもたびたび引用した、ＣＩＥ側の主要な当事者の一人であったトレーナーの回顧録は、占領期が終結して離日した後、一九五二年から五三年にかけて執筆されたものだが、アメリカ側から見た大学改革の現実、というより裏面をヴィヴィッドに伝えるものとして、きわめて興味深い内容を含んでいる。若干長くなるが紹介しておこう。

回顧は、第二次教育使節団の報告書にもあったように、アメリカ側は戦前期以来の高等教育システムの全面的な解体再編を想定していなかったが、それは、高等教育における自由と自治を尊重するアメリカの立場からすれば、当然のことであった、という前置きから始まっている。高等教育が「独自の信念と運営形態によって動いている」のは、アメリカのような民主主義社会の特徴であり、それは高等教育に関わる占領政策にも反映されていた、というのである。

> ［ＣＩＥ］教育課の高等教育委員会のスタッフの間では、多くの問題について意見の一致がみられず、日本の高等教育が目指すべき望ましい方向について、多種多様な考え方が見られた。そうした教育課内部の考え方は、本国での高等教育の特徴である意見の多様性を反映するものであった。奇妙な事態が生まれた。占領政策のもとで、教育についてどのような改革を導入するのか、基本的に日本側は、独自の決定を下す大幅な自由をもっていた。占領軍は教育刷新委員会の自治を認めており、ＧＨＱが日本側に提示したのは、最小限の一般的方針だけであった。基本的決定を下したのは日本側であり、教育課は、日本側がその決定に基づいて計画を立て現実の行動に移す際にしてくる提案を、ＧＨＱに代わって認可するだけであった。(Trainor, 222-3)

高等教育についての教育刷新委員会の答申や文部省の計画案には、この分野の問題を担当する教育課のスタッフにとって、好ましいとは言いがたいものが多かった。しかし、教育課およびＣＩＥの執行部は、日本側に自由な決定権を認めるという占領政策の基本に、課内の教育専門家たちが望んだ以上に固執した。その結果、高等教育の改革に及ぼした教育課の影響は、他の分野に比べてはるかに小さなものになった。教育課のスタッフが重要な貢献をしなかったというのではない。貢献はしたのだが、この分野で教育課が与えた助言の多くに、日本側の関係者が従おうとしなかったのである。(同、223)

高等教育の問題に［アメリカ側の］十分な注意が払われなかったのは、一つには人員の不足のためであり、また、他に緊急の課題を抱えていたためでもある。しかし同時にそれは、高等教育が思想の自由を奨励すべき領域として守られねばならない、したがってこの分野の問題の扱いには極力慎重であらねばならない、という暗黙の了解のゆえであった。(同、224)

教育刷新委員会の答申は、多くの点で驚くべきものであった。既存の高等教育機関がそのまま継承されるものと考えていたと思われる教育使節団は、高等教育に関して明確な勧告は何もしていなかったからである。教育課の一部に、単一の四年制大学が好ましいとする思いがあったのは確かだが、教育刷新委員会はそうした教育課の意見からは隔絶されたところにあった。(同、226)

教育刷新委員会が高等教育に関して発表した答申は、再調整を必要とし、また混乱をもたらしかねないという点で、他に例を見ないほどのものであった。(同、226-7)

教育刷新委員会の考えでは、必要なのは民主主義社会における役割に基づく、まったく新しい高等教育の概念であった。そのため、終戦時に存在したいずれの高等教育機関とも異なる、新しいタイプの大学が必要だとされたのである。従来の日本の大学に若干の修正を加えれば、要求される新しい目的を果たすことができるというものではない、といって高等学校や専門学校に期待するのも無理だというのが、教育刷新委員会の確信であった。そのいずれとも異なり、なおかつそのいずれもが移行可能な何かが必要であった。その何か、新しいタイプの高等教育機関を求めてさまざまな検討がなされた。初等・中等レベルの学校制度を一二年制とすることが決まったことで、高等教育を基本的に四年制とする可能性が明確になった。四年制の大学は、アメリカの制度に特徴的なものである。教刷委は、それを導入することによって日本とアメリカの間の教育上のきずなが、将来にわたって強固なものになると固く信じていた。それだけでなく、日本の指導者たちは、アメリカの民主主義社会で四年制高等教育の果たしているさまざまな役割は、日本の高等教育もまた担うべきものであると認識していた。教育刷新委員会の答申はこうした認識や検討の結果として、導き出されたものにほかならない。（同、227）

その決定は、またもや、日本の指導層の力量を証明するものとなった。四年制高等教育制度の導入とともに日本は、占領軍が受け入れを要求したことのない、教育面での改革まで実行に移した。それは占領軍が望んだことも、押しつけたこともない、いかなる時にも、導入を強いたことのない改革であり、また［第一次］米国教育使節団もそのような方針で臨んだことのない改革であった。使節団もまた、そうした制度が望ましいと言明したことはなかった。こうした決定の結果として、日本の教育制度のうち高等教育について、極度の混乱が生じることになった。日本の教育界の内外には、多方面にわたって旧制度の特質の存続を図ろうとする、強力な勢力があった。にもかかわらず、日本の教育指導者たちは決断を下したのである。それは彼らが、抜本的改革が不可欠であること、これらの改革によってはじめて彼らが答申に示した変革が達成されることを、確信していたからであった。それは勇気と誠実さをもった決定であり、日本の学校制度に関わる改革の内、最も重要な一つであったことが証明されることになるだろう。（同、227）

日本側が主体的に選択し実施に移したとＣＩＥ側が考える高等教育改革を、彼らが突き放した冷ややかな目で見ていたわけではない。さまざまな困難を乗り越えて「抜本的改革」を実施した「日本の教育指導者」たちの「勇気と誠実さ」を、トレーナーは皮肉を交えながらも評価している。「日本の高等教育が、戦争終結後六年半の期間に成し遂げた実績は評価に値するものであり、占領の終了時には、民主主義社会の一翼を担うものとして課せられた役割を十分果たすことができるよう、地歩を固める方向に大きく前進していた。旧弊で滅亡を宣告された過去の教育制度の「王座」を占めていた日本の高等教育は、今や新しい時代の教育制度の「王座」となり、教育の未来に、「内発的な大きなエネルギーを与え希望を抱かせるものとなった」(同、343) という、回顧を締めくくる一節は、それを裏書きするものといえよう。

ただ同時に、その高い評価は主として教育の民主化、教育機会の平等化に向けられたものであり、制度改革面についてはは日本側の選択・決定に、アメリカ側が不満を抱いていたことを指摘しておくべきだろう。第I部で見たように、トレーナーによれば、とりわけ不満足感が大きかったのは、アクレディテーション、ジュニア・カレッジ、大学の管理運営という制度改革上の三つの課題である。これら制度改革上の論点について、どのような議論が交わされたのか、その結果日本側が、どのような選択をし、それが新しい大学制度にどのような課題を残したのかは第I部の各章で見たとおりだが、より具体的で実践的な改革上の課題について、CIEが作成したもう一つの文書が残されている。

使節団報告書から一年足らず後の昭和二六年（一九五一）七月、占領終結直前の時期にCIEが作成し、大学と関係諸機関に配布した、その文書「高等教育の改善に対する勧告」(海後・寺崎『大学教育』一七六–九) を、ここで紹介しておこう。

CIEの改善勧告

文書は、「[以下に示す八領域] 三十二項目の勧告は、日本の教育者並びに教育関係職員に対して時々行った非公式の示唆に基いて民間情報教育局［CIE］教育課の専門職員が作成したものである。／これらのステートメントは当課の方針として採用したもので、その熟慮に基く助言とみなされうるものではあるが、決して教育当局に対する指令と解釈されるべきものではない。勧告は、一つ一つ全国の教育者たちのグループで綿密に研究し徹底的に討議してもらいたいが、しかし最終的な承認や、或いは拒絶は、全文にしろ各条項にしろ、日本の国民の代表として教育者自身によって決定されるべき問題であることを、はっきり理解していなくてはならない」という前文から始まる。主要な勧告条項は、以下のとおりである。

A　大学の機構と管理

1「局外者並びに専門のグループによって高等教育の地方管理を最大限度に行うようできるだけあらゆる方法で助成すること」（イギリスと大学助成金委員会の機能、それと文部省との関係が参考になるだろう）

2「客観的な方法に基き国立大学の充分な資金調達をするために、包括的な法律を早く定めるように促すこと」

3「大学設置審議会の任務を、学校を実際に認可することについての最初の決定に限定することを勧告すること」

4「大学基準の運営に対するすべての責任を大学設置審議会から大学基準協会へできるだけ早く移すよう勧告すること（後略）」

5「新制大学及び短期大学を認可する基準を従来よりももっと厳格に適用するよう忠告すること」

B　一般管理上の責任

6「適当な過渡期を経た後は、大学院においてマスター及びドクターの学位を得るには、最小限度の期間大学に在学すべきこと、その他現在大学基準協会の定めによる必要条件をみたすことをもって唯一の方法とするよう勧告すること」

7「四年制大学を卒業したことを示す学士の称号は、ドクターまたはマスターの学位と同類系の大学の学位とみなすよう勧告すること」

8　「(前略) 体育に対する全責任は、大学当局に与えられるよう勧告すること」

9　「大学に自由と自治について一般的に認められている概念に沿うあらゆる方法によって、大学の職員及び学生団体から共産主義的な及びその他全体主義的な影響を取り除くよう奨めること」

10　「優秀な学生に対する奨学資金を十分に増額し、かつ、公平な基準に従ってそれらの管理をするよう強力に支持すること」

11　(省略)

C　**教育上の需要**

12　「日本の主要な専門的並に準専門的な分野における例年の大学卒業生需要見込について、全国的と地方的と両者の基礎にもとづいて、継続的な調査研究を組織し奨励すること」

13　「小学校教員の目下の差し迫った需要に応ずるために、既設の四年制の教員養成課程の外に、更に公立学校教員養成のための二年制の課程を男子同様に女子に対してもできる限りの方法で普及させるよう大学に奨めること」

14　「農業、商業、家庭科、工業及び同種の分野におけるその既設の四年制課程の外に、更にかかる分野において、準専門的課程（通常は二年間）を設けて普及させるよう大学に奨励すること」

15　(省略)

16　「(前略) もっと広範に若い婦人たちが高等教育の施設を利用することを奨励すること」

D　**大学の建物および敷地**

17　「(前略) 各府県にある国立大学の建物及び敷地を一乃至二個所に総合することについて、広範な計画を立てるよう奨励すること」

18（省略）
19（省略）

E　**人事問題**

20「一般方針として、六十歳以上の年齢の大学学長の任命は阻止すること」
21「すべての大学の教員の俸給を実質的に引き上げることを勧告すること」
22「すべての重要な諸要因や現実的な評価に鑑みて、大学教授に対する適切な授業負担を決定するために、教師対学生の比率及び毎週の授業時数について批判的な調査をすることを奨めること」

F　**学生部**

23「ガイダンスについての新しい概念を育成し、その運用に対して有能な人物と資材を備えるよう勧告すること」
24「（前略）学生と教授の間に相互の理解と同情と協力の雰囲気を作り出すことの重要性を強調すること」
25「（前略）学生自治の適切な形式について、一層効果的でより良く調整された計画案を作成するよう奨めること」

G　**図書館の利用**

26「熟達した専門的な司書の養成を奨励し、そして大学職員として十分な教授職の身分と俸給を彼らに与えるよう奨めること」
27「大学図書館の蔵書、定期刊行物、設備及び施設の重要性に対して、特別な考慮を払うよう勧告すること」
28「教育課程における必須の設備としての図書館の基礎的重要性に対する一般の大学当局及び教授の態度を変えるよう特別な考慮を奨めること」

H　**教授法と機構**

29「大学のクラスの管理に際し、講義による方法になるべく依存しないようにし、学生の討論及びその他の形式の積極的参加に一層多く重点を置くよう大学教授を奨励し促進すること」

30「講義の方法を用いることが望ましい時には、その講義を改善する独特な方法を研究することを大学教授に奨励し促進すること」

31「通常の学生の一学期十五単位（体育を除く）の毎週授業表を、新入生に対しては、最大限一学期十六単位に、又、最初の学年で優秀な成績を示し得た学生に対しては一学期十八単位に制限することを奨めること、また通常の課程表では、教室又は実験室において及びそれ以外に各自が関係した事項について学習する事において学生の学習時数を毎週平均四十五時間要求するようになっていること、及び彼らの大部分の時間を止むを得ず外部の報酬の為の仕事（アルバイト）に費やしている学生はそれに応じて彼らの学習負担を少なくし基準の大学教育課程を完了するのに四年以上費やすつもりでいるよう、すべての学生に対して強調すること」

32「妥当な理由によって免除されない限り、学生は大半の定められた講義に出席しなくてはならないという大学の規則の再認識と実施を奨めること」

理想と現実のギャップ

管理運営システムの改革は、ここでも勧告事項の一つとされているが、第二次使節団の報告書ほどには強調されていない。「大学の職員及び学生団体から共産主義的な及びその他の全体主義的な影響を取り除くよう奨めること」（9）や、「学生自治の適切な形式について、一層効果的でより良く調整された計画案を作成するよう奨めること」（25）などが指摘されるにとどまっている。

また制度の多様化についても、短期大学に相当する準専門的職業人養成のための二年制課程拡充の必要性が指摘されているが、「既設の四年制課程の外に」、この種の課程を「設けて普及させるよう［四年制］大学に奨励する」(14) ことが勧告されているにすぎない。占領期の終結を控えた時期ということもあるが、制度改革はすでにGHQ／CIEの主要な関心事ではなくなっていたと見るべきなのかもしれない。

際立っているのは大学教育の条件や方法にかかわる、その意味で実務的・実践的な勧告事項である。それらを見れば、大学基準協会を別動隊として、アメリカ的な教育体制の導入・普及を図ってきたCIEの担当者にとって、発足した新制大学における教育の実態が、彼らの思い描く理想から甚だしく乖離したものであったことが知られる。

教員の「適切な授業負担を決定するため」の調査の実施 (22)、「学生と教授の間に相互の理解と同情と協力の雰囲気」を醸成する必要性 (24)、討論など学生の「積極的参加に一層多くの重点を置く」授業の奨励 (29)、単位履修の上限設定とアルバイト学生の修学年限への配慮 (31)、「講義を改善する特別の方法」の研究の奨励 (30)、学生の講義への出席義務の徹底 (32)、さらには単位制を実効有らしめるための図書館の整備 (27)、図書館の重要性に対する「大学当局及び教授の態度」の変革の必要性 (28) と見ていくと、教師中心・教育主体の伝統的な日本的大学教育のあり方を、学生中心・学習主体のアメリカ的なそれに転換・革新するためにさらに努力を重ねることを、CIEが強く期待していたことがわかる。

「マスター及びドクターの学位を得るには、最小限の期間大学に在学すべきこと」を含めて、設置基準の順守を要求していることからすると、CIEが新制大学院の教育実態についても不満を抱いていたことが知られる。そして後で見るように、教育刷新審議会や文部省の公的文書のふれていない、こうした教育面での不徹底な（あるいは困難に満ちた）転換・改革が、CIEにとどまらず、やがて卒業者の学力低下を招いているとして、広く社会的に新制大学制度に対する不満足感・不信感を醸成し、増幅させていくのである。

第2章　大学人たちの評価

1　大学基準協会の見解

『新制大学の諸問題』

ここまで、教育刷新審議会・文部省・教育使節団、それにGHQ／CIEという、制度改革の策定・実施にあたった公的組織・団体の、新制大学批判を見てきたが、改革の現場で直接さまざまな改革課題に向き合い取り組んできた、いわば当事者としての大学人たちは、どのような認識や意見を抱いていたのだろうか。大学人によるボランタリーな団体ではあるが、CIEとの緊密な連携のもとに、新制大学の基準設定や教育課程改革に大きな役割を演じてきた大学基準協会の刊行物からは、最重要の当事者であった大学人たちの生の声を聞くことができる。

大学基準協会は、自らも深く関与してきた大学改革の現実に、団体として公的な見解を表明しているわけではない。しかし、創立一〇周年を記念して大学基準協会が、協会にかかわりをもつ大学人たちの率直な意見と評価を求めて編んだ論文集『新制大学の諸問題』（大学基準協会編、昭和三二年）に、当時の橋本孝会長（慶應義塾大学教授・常任理事）が寄せた序文は、姿を現した新制大学の現実が、大学人たちにとっても満足のいくものではなかったことを教えている。

新制大学が発足してからやがて十年、その間設置された大学は二百数十校の多数に及び、外面的には一応軌道に乗った観がある。しかし新しい大学の歩んだ十年の跡をふり返って、子細にその実態を調べてみると、必ずしもそういい切れない難点があまりにも多く伏在しているように思われる。これにはいろいろの原因があるであろうが、なかんずくその最大の原因は、戦後わが国の学制改革が、事情やむを得なかったとはいいながら、周到な計画と物心両面にわたる十分な用意なしに、しかも拙速的に行われた点であろう。従って在来の大学とは重点の置きどころの違う新制大学に対して、十分な認識と行き届いた配慮を欠き、かてて加えて戦後の混乱と窮乏とは、幾多の思わざる隘路を惹起せざるを得なかった。否、そればかりではない。この民主的教育の大改革は、更地に新しい建物を建てるような安易なものではなかった。新しい大学といいながら、大多数は旧制大学の転換したものか、または高等専門学校の昇格したものに外ならない。したがって旧制大学とは全く性格を異にしているものばかりだといっても過言ではない。これはあたかも大小、強弱、色とりどりの既設の建物に、あるいは継ぎ足し、あるいは改修を加えて、今までとは違った性格の新しい居住者に住まわせるようなもので、それらの居住者の満足を得ることは容易にできるものではない。不満や苦情が続出することは火を見るより明らかである。／かような事態の外に、更に複雑な政治的社会的事情がからみ合って一層拍車がかけられ、新制大学本然のあり方を歪曲し、その正常な発達をはばむ隘路ともなり、ひいては各種の難問をかもし出す原因ともなったと考えられる（序、一-二）。

大学人たちの声

橋本会長のいう、つぎはぎだらけの建物のような、「外面的には一応軌道に乗った観がある」が、しかし「必ずしもそういい切れない難点」が「多く伏在」している新制大学の現状を、大学人たちがどのよう認識していたのか。「在来の大学とは重点の置きどころの違う新制大学に対して、十分な認識と行き届いた配慮を欠き、かてて加えて戦後の混乱と窮乏とは、幾多の思わざる隘路を惹起せざるを得なかった」というが、それは具体的に何を意味しているのか。

橋本が序文を寄せた論集『新制大学の諸問題』は、タイトルからも知られるように、発足から八年を経た新制大学に反省的批判を加えたものである。論集に寄稿した大学人たちが、そこで何を問題としたのかは後で見ることとして、その前に、大学基準協会の『会報』に掲載され、関係者の間に反響を呼んだ奥井復太郎の論文（「新制大学の反省」『大学基準協会会報』一八号、昭和二八年一一月）を紹介しておきたい。新制大学の何がどのように問題なのか、この時期に書かれた論文の中でも最も的確に、問題の基本的な構造を抉り出していると思われるからである。

2　奥井復太郎の新制大学論

訪米の機会

奥井は慶應義塾の出身で、昭和三一年（一九五六）から塾長も務めた生粋の私学人である。戦前期、欧米諸国に留学した経験を持つ経済学者だが、当時の主たる滞在先はドイツの大学であった。敗戦後は基準協会に関係し、昭和二五年にはアメリカ政府の招聘により派遣された三人の大学人の一人として、アメリカのカレッジ教育の実情を直接見聞する機会を与えられている。その際の見聞が、彼にドイツ・ヨーロッパ的な大学像、またそれを理想としてきた日本的な旧制大学像を相対化し、アメリカ高等教育の現実との対比で新制大学問題の根幹を鋭く問う、比較大学論的な視点の設定を可能にしたと思われる。

「筆者の関係している慶應義塾大学では旧制時代、アメリカのハイスクール卒業生は学部本科へ入学を許さなかった。彼等は正規学生としては大学予科に入学できるだけであった。当時本科へ入学できるのはアメリカの大学のカレッジの卒業生に限られていた。新制の四年制大学はこのカレッジそのものの構想によっているのではないか。そうしてみれば新制大学のうちに旧制大学の性格や根性を生かそうとする事は全く無理というべきである。旧制大学の性格を生かそうとするなら、この新しい四年制大学を否定するかあるいはその外に求む可きであろう」という論文の一節は、日・独・米の大学を経験し見聞してきた奥井が、新制大学について抱くようになった問題意識を端的に示すものといってよい。

アメリカ的な大学像とヨーロッパ的な大学像、カレッジとユニバーシティ、デパートメント（後述）とファカルティ、そして新制大学と旧制大学の違いを明確に認識することこそが、混乱した現状を整序化し問題の構造を明らかにするうえで不可欠だと、彼が考えた課題であった。以下、その論旨を見ていくことにしよう。

奥井の現状認識

奥井によれば論文執筆の時点、すなわち新制大学制度の発足から五年を経た昭和二八年当時、「わが国の教育制度全般に亘って漸く是非の議論が熾烈」になり、「現状のままで差支えないという意見を持つ人々は皆無」といってよい状況にあった。短期間に六・三・三・四の新学制を導入し、旧制度のすべての高等教育機関を短期間に新制の四年制大学に移行させ、一般教育の導入から学修単位の計算基準まで、教育方式についても全面的な改革をはかったのだから、混乱を生じたのは当然である。その移行を果たした大学は、初めは入学してくる新制高校卒業者の学力不足を嘆いていればよかった。ところが卒業生を就職戦線に送り出すに及んで、大学自身が企業をはじめとする社会の側から降りかかる、批判の火の粉を払わねばならなくなった。「外部の批判に先立って大学の内部に自己批判」がなかったわけではない。しかしそれが「新制大学の性格や目的を全然無視した旧制大学の立場からの批判」にすぎなかったことが、混乱にさらに拍車をかけることになった——そのような現状認識に立って、奥井は以下のように続ける。

占領軍からの強い指示や圧力があったにせよ、「日本側の関係者が専心検討を重ねて今日の制度に到った」経緯は、大学基準協会のメンバーとして改革の「末席に連なった筆者も了解している」。しかし、全体として関係者の間に「この改革の深さないしは徹底度について当時は多分に軽視していた傾」があったのではないか。自分としても「不明を告白」せざるを得ないが、その「不明に基づいて簡単に旧制大学が新制大学に移行乃至は切り替った」ことは否定しがたい。「直言すれば旧制大学の性格も根性もそのまま新制大学に引きつがれ」たのであり、基準協会で「一般教育の研究やその方式の構想」にかかわってきた自分としては、「日を経るにしたがって新制大学の問題が、根元的にこの点にかかっているという事を痛感」させられるばかりである。ただ、だからといって旧制度に復帰すべきだと主張するつもりはない。考えてみたいのは「新制度を保持するという立場」から、何をすべきかである。

カレッジとファカルティ

奥井によれば、その際、まず確認しておかなければならないのは、「アメリカ的方式に拠った」新制度の「四年制大学はカレッヂであるという根本論議」である。新制大学のモデルとされたそのアメリカ的方式のもとでは、「カレッヂが大学の全部である場合」もあるが、「カレッヂはその一部」にすぎず、大学院（グラデュエート・スクール）と「高等専門教育」の場（プロフェッショナル・スクール）を併せた大学こそが「大学らしい大学（所謂ユニバシティー）」にほかならない。ところが、わが国では、こうしたアメリカ的な大学の多様性を理解せず、「凡ての大学が（医学関係を除いて）四年制大学へ一斉に「右へならえ」をしてしまった。悲劇は先ずここに起きた」。しかも、「アメリカの所謂アーツ・アンド・サイエンスのカレッヂ」の性格を正確に理解せず、「旧制大学の学部

（ファッカルティ）の内に一般教育課程を取り入れ」たものと誤解し、「その了解の上に爾後の構想とその発展」を図るという過ちを犯してしまった。

「第一の問題はこの四年制課程の一律化に禍根を蔵している」。アメリカのカレッジは「リベラル［アーツ］・カレッジである限り仮に初年度乃至二年度に一般教育を主とするにしても上級にはあらゆる科目の上級コースが存在し得る。物理学、化学、生物学のデパートメントはそれぞれ特殊の専門講義を持つであろうし、政治学、経済学、社会学のそれらもまた然りである。（中略）［従って］ここには特定の専門科目と一般教育科目とだけという形式はあり得ない。ゆえに専攻はどのデパートメントに置くにせよ、なお進んで全然別の系統の科目の専門講義に参加出来る様になっている。この故にこそ、専攻と一般と自由選択の三本建になっている」。ところが、「わが国の場合には学部的専門科目に一般教育科目だけをつぎ足してしまった。（中略）われわれの解釈で専門科目とは当該学部に専門的な科目の意味である。専門的な科目の水準という意味では全く無い。（中略）如何に如実に当時の受取り方の単純で無穿鑿であったかを示している事、かくの如くである」。

奥井の説明に若干の補足をしておこう。ヨーロッパ的な大学像をモデル視してきたわが国の場合、旧制度の大学は「専門学部（ファカルティ）」がすべてであった。大学はそれぞれが独立の、完結的な教育課程を持つ専門学部から編成され、教員・学生はともにそれぞれの学部に分属していた。これに対してアメリカの大学では、学生は全員がカレッジに所属し、教員は学問分野ごとの「デパートメント」に分属している。大学の四年間の教育課程はカレッジに一本化され、学生には専攻・副専攻を含めて授業科目の大幅な選択履修が認められている。専門学部制をとり続けるわが国の新制大学との決定的な違いである。新制大学は、アメリカをモデルとしたにもかかわらず、こうしたカレッジの性格を理解せぬまま「学部的専門科目に一般教育科目だけをつぎ足」してしまった。つまり旧制大学以来のヨーロッパ的な専門学部（ファカルティ）制度を残したまま、そこにアメリカのカレッジ制を部分的に導入し、接木してしまったというのである。

一般教育と専門教育

その結果として、新制大学の一般教養教育課程の現実が「リベラルアーツ・カレッジ」の理想から著しく乖離したものになっただけではない。「専門職業教育の場（つまり旧制大学）に所要年数と単位の半分近くを占める一般教育が侵入して来たのであるから、専門職業教育の立場が危うくなったのも当然である。法律や工学の方面から最も強い反対論が出たのも無理ではない。（中略）従来の専門職業教育の課程をすら、前述した様に「右へならえ」で一挙に一般教育と座を分け合った四年制カレッヂに押し込んだからたまったものではない。この方面に最も大学教育危機の声が強かったのもこう考えれば事情が判然とする」。

問題はそれだけではない。昭和二八年（一九五三）に始まる「新制大学院の開設はやっと新制大学（四年課程）に対する圧力を軽減したかの様に見える。事実、大学院科目として大学院一年乃至二年の修学を経なければ…と考える様になって問題は一段落ついたかに見えた。しかるにその大学院そのものは、現行の性格では決して専門職業教育を目的としたもの「プロフェッショナル・スクール」ではなく研究者を養成するところの組織「グラデュエート・スクール」でしかない！　極言すれば四年制大学のスタート、その構想に於いて失敗し混乱をきわめた経過は、最後の大学院の構想に於いて更に決定的な黒星を新制度の上に累ねたということになる。これこそ悪い意味での画竜点睛であった。（中略）もっと必要なのは現代で大学教育の本体を形成していた所のプロフェッショナル・スクールの充実ではなかったろうか。四年制カレッヂしかない新制大学に旧制の学部が乗り込んだところにも間違はあった。しかしその学部がその有力な力の一半を大学院課程のために割き得るに到ったとき、大学院とは研究調査者養成の場でしかなかったとは誠に恐るべき混乱である。再三繰り返すが、スタートの誤りはゴールに於いて又過ちをくり返したのである」。

制度改革の青写真を描く段階で、ＧＨＱ／ＣＩＥの要請や助言、圧力の拠りどころとなっていたアメリカ的なカレッジ・大学像について、十分な理解を欠いていたのは奥井だけではない。第I部でもふれたように、新制大学制度の採用に至る教育刷新委員会での審議経過をつぶさに見ていけば、議論に加わった委員のほとんどが、アメリカの大学・高等教育制度について貧弱な知識や情報しか持ちあわせていなかったことがわかる。さらに言えば、アメリカ・モデルの採用に向けて圧力をかけたＣＩＥの側の、日本の旧制大学や、それがモデルとしてきたドイツ的な大学像についての知識や情報も同様であった。そして、改革が年限問題を中心とした新しい大学の外的形態からさらに一歩進んで、一般教育の導入を前提とした四年間の教育課程編成という具体的・実践的な課題に踏み込んだとき、日米間の大学観・大学像の違いが鮮明に浮かび上がってきたのである。

大学像の日米間ギャップ

奥井の問題提起を受ける形で、昭和二八年（一九五三）末には大学基準協会が企業人を加えた座談会を開催しているが（奥井他「わが国社会の実情と新制大学」一〇–三八）、その冒頭で奥井はあらためて、彼の論旨を以下のように要約している。

> 一番根本的なことは、日本の大学制度を敷く《ママ》場合、その指導的アドヴァイスにあたったアメリカ側の考えと、それを受け取った日本が《ママ》、つまり旧制大学の関係者の受取り方との間に食い違いがあった。それが十分検討されないままになった。ここに問題があるのじゃないか。（中略）［その象徴的な問題が一般教育で］私は、一般教育という形にあらわれている一つの考え方、傾向というものは、単にアメリカに押しつけられたものでなく、もっと早くから日本内部においても、大学教育のなかに、一般教育というものがあったと思う。決して終戦後アメリカに一般教育を押しつけられたというものではない。けれどもアメリカ側ではそれと違ったリベラル・アーツを予想していた。日本側は旧制学部に加うるにゼネラル・エデュケーション…アメリカ側はゼネラル・エデュケーションがはいったことによって、日本の大学の性格が、自分たちの企図していた所のアーツ・

アンド・サイエンスの四年制になったと考えたのでしょう。この食い違いがだんだんやっているうちに、おそらく各方面の関係者にわかってきたのじゃないか。
大体、今日新制大学を中心に、大学が多すぎる。専門の教育をするのに、今の大学では困るという問題。次に新制大学の性格の問題。この問題についてのご意見等をあわせて考えてみると、問題の発端は日米両者の食い違いにあるのじゃないか。私はこれを毫も悪意のなかったアメリカに対するレジスタンスで、アメリカの言う通りにしないためにこうしたわけではない。善意であったろうと思うのですが、にも拘らずそういう理解の不足というか、理解の不統一のためにこんなことになったと思う。

日米間の大学像が食い違ったまま改革が強行され、新制大学が拙速な出発を余儀なくされたという認識が、奥井にとどまらず他の大学人の間にも共有されつつあったことは、同じ座談会での佐々木重雄（東京工業大学教授）の発言などからもわかる。なお、佐々木もまた、基準協会で大学基準の策定作業に中心的な役割を果たした大学人の一人である。

本来からいえば新制大学ができるときに、過去の教育の反省が行われておるべきであり、その上に立って新制大学が、構想されるべきだったのです。しかし、それがされないで、ごく少数の人達だけが、新制大学の問題を考えていたのだと思います。ですから新制大学ができるときに、日本のうちでもごく少数の人しか関係していなかった。これは司令部［ＧＨＱ］の問題を切離して、多くの人が知らないうちに枠が決まってしまった。（中略）司令部のなかにもジュニア・カレッヂ程度の人しかいなかったことも日本に対して不幸であった。そういう関係で何かきまったものが与えられたような感じで、自分たちの考えるときがなかった。これがこういう結果になったのだと思う。ことに文部省の新制大学への切替えが（中略）グラジュアルに論議する期間がとられるとよかったのですが、司令部の都合で一挙に行われた。そこが不幸であったと思う。（中略）現在、産業界の方々は、新制大学の卒業生が出る頃になって、はじめて新制大学についてお考えになった、そういう傾きがないとは言えない。(中略)私のうける感じでは産業界の方達は、依然として従来のようなお考えでおられる。そうしてまた、一部の専門教育の大学の先生達も、それに対して同調している。現在の反省が一部に限られておったのでは、何にもならないのじゃないかという気がいたします。

3　三学長の見解

矢内原忠雄の新制大学論

大学基準協会に集う大学人がこうした認識をほぼ共有していたことは、先に紹介した、大学基準協会が創立一〇周年を記念して編んだ論文集『新制大学の諸問題』に寄せられた三一編の論考の内容からもうかがわれる。新制大学の諸問題は、「大学一般に関するものと特殊問題との二つに大別」され、「後者は更に、行政・経営関係、大学院関係、付置機関関係、学部・学科・単位関係、夜間部・通信教育関係、一般教育関係、学生生活関係」の六つのジャンルに分けられている。執筆者は、経済界の一人を除いて全員が大学の学長・教授であり、エッセイ風のものも含まれているが、そのほとんどが、新制大学の問題点を生々しく、また厳しく指摘する内容になっている。すべてを取り上げることはできないが、学部教育の問題に焦点を当てながら、代表的な大学人たちの反省と批判の一端を見ておくことにしよう。

まず、三人の学長による「総論」的な論考の中から、南原繁の後任として東京大学の第二代学長に就任し、国立大学協会の会長も務めた矢内原忠雄を取り上げる。その矢内原が強調したのも、奥井と同様、ヨーロッパとアメリカ、ひいては日本とアメリカの間での大学像の違いであった(「大学の理念と使命」『新制大学の諸問題』三−一七所収)。

矢内原によれば「大学の理念に関しては、それが最高水準における教育と研究の機関であることにはどこの国でも異論はない」が、ただ「大学において取り扱う「学問」は純理的なものだけであって、「技術」に関する教育と研究は本来的な意味では「大学」の範疇には属しないという思想が、今日でもヨーロッパ諸国の制度に残っている」。

こうした「大学なるものの伝統的な理念」に対して、「大学はその国の教育制度における最高段階の教育機関であるという考え方が、特に米国から発達してきた。これによれば大学の教育水準は高等学校よりは高いが、学問の水準からみて必ずしも最高であることを要しない。従って大学の学生となる資格も、高等学校の課程を卒えていればよいのであって、大学入学の希望を持つ学生はすべて受け入れるという米国州立大学の思想となる」。また「大学は最高水準の学問を教育し研究する機関としてでなく、よりよき給料を得るための就職機関として考えられる。これは指導者養成のための選良教育機関としての大学とは、だいぶ異なる大学の理念となった」。

このように「大学の理念に、大別してヨーロッパ的な考え方と米国的な考え方との二つがあり、日本にはその二つがともに輸入されて、そのために思想上並びに制度上の混乱を免れない状況となった。明治初年以来、政府はドイツもしくはフランス的な国立大学を創設したが、民間には私立大学の起こるのを許容した。政府は国立大学の数を多くせず、その入学者は選抜された高等学校（旧制）の卒業者に限り、技術的教育機関としては、大学の外に、大学よりも学習年限の短い専門学校を作った。（中略）このように、戦前の日本では、大学は学問の最高水準の教育及び研究の機関であり、社会の指導者層たる少数の選良を養成する機関であるという理念であった」。

「戦後教育制度の大改革によって、それが米国流の大学理念に置き換えられ、大学は六、三、三、四の学校体系における最終段階として、理論上はすべての高等学校卒業生に対して機会均等に門戸を解放」するものとされた。「この改革の方針に基いて、既存の学校の編成替えが行われ、旧制の高等学校、専門学校、師範学校は、大学としての伝統なくして「大学」の看板を掲げ、大体において既存の校舎と施設と教授をもって「大学」の機能を実行することになった。これは更地に家を立てるよりも困難な仕事であって、政策遂行の必要上とはいえ、一挙にこの改編が成し遂げられたことは、無謀なことであったといえる。政策遂行の必要上、この改革と改編を一挙に行うことがやむを得なかったとしても、その際に占領軍もしくは政府は、日本の新制大学が実質的に「大学」として立つことのできるよう、最重要の国策として、大学充実五ヵ年計画のごときものを立案し、財政的に十分な基礎づけと裏付けをこれに与えるべきであった。制度の改革改編は一挙に断行し、実質的な補強は毎年の予算審議にゆだねるというやり方では、牛歩遅々として、結局国家的にも大損失であると思う。今からでも、政府は大学充実計画を確立し、五ヵ年乃至十ヵ年を期して急速に校舎、施設及び教授陣の充実を計るべきである」。

さらにいえば「戦後の改革により大学は内容的に重大な変化を経験した。その主なものは、一般教育の問題と学生厚生補導の問題である。この両者は従来高等学校（旧制）で取り扱ったものであって、大学は専門教育だけを行った」。ところが新しい制度では「人間形成の教育もまた大学に取り入れられ、大学は単に専門の学問を教授する場だけでなくなった。それだけ大学の機能も組織も複雑になり、大学の教授に新しい任務が課せられ、新しい種類の教授も必要になってきた。（中略）一方では大学は依然として専門の学問を教授し、研究する使命をもち、しかも大学卒業生に対して戦前の水準同様の専門的知識を与えて社会に送り出したい。換言すれば、大学教育は従来の専門的学問の水準を下げないという考えが、制度改革にあたり大学側において強くもたれたのである。そこで大学の全課程において、専門教育と一般教育にどれほどの単位数もしくは時間数の割合を与えることが適当であるか、という問題が起こるのである。それを考えるにあたっては、大学に於ける一般教育の意味はなんであるか、方法は如何にすべきか、理念上及び実際上の反省と研究が必要である」。

再改革より改善・改良を

こうした新制大学観を踏まえて矢内原が主張するのは、再度の制度改革ではなく、新しい制度の枠を前提とした部分的な改善・改良である。それは当時、卒業者の就職難とからんで問題視されていた新制大学の量と質に関する、次のような彼の見解に端的に示されている。

「大学へ進学を希望する者の約半数しか大学に収容され得ない現状から見れば（換言すれば、学校体系の最終段階という観点からみれば）大学の数は絶対的に不足しているともいえよう。一方、大学卒業生の就職困難が社会的問題となる点から考えれば、大学は多すぎるともいえよう。しかし日本の学問の水準を高め、指導者の知的水準を高くするという見地から考えるとき、大学の数が問題ではなく、大学の質に問題がある」。世上言われている「新設大学の全部もしくは一部を旧制の専門学校に格下げするという考えは、関係大学の当事者の反対が予想されるのみでなく、教育制度を混乱におとしいれるものであって、採用すべきではない。／結局私見としては、短期大学に対して旧制専門学校のごとき地位と役割を与え、専門学校教育としてその充実を計ると共に、四年制大学として創設されているものは、その数を減らすことでなく、その質をよくすることに努力を払うべきである」。

そのうえで彼は、設置認可の厳格化を提言する。「占領下における急迫した改革のために、実質的に弱体の大学が出来たのは遺憾であるが、その欠点を是正する道は、大学を減少したり、大学制度を逆転させることにあるのではなく、出来た大学の充実を計ることである。一方、今後は大学としての機能と使命を果すに十分な財政的及び教授陣容の基礎を持たぬ大学設置の申請を、厳重に認可しないことが必要である。大学基準協会はその設定した大学基準を再検討して、もしそれを引き上げることが適当と思えば、引き上げてよいであろう。大学設置の認可にあたり、その設定した基準が守られていないと認定するときは、政府に対して厳重に抗議し、政府の注意を喚起すべきであろう。文部省は大学基準協会の設定した基準を尊重して、設置認可の申請にあたっては、厳重な審査をして、表面のつくろいごとでごま化されぬようにしなくてはならない。また国会議員等は地方的利益を代表するような運動をして、基礎薄弱な大学の設置認可を強要しないようにすべきであろう」。

新制大学の最も重要な特徴である一般教育についても、初代の東京大学教養学部長を務めた矢内原の立場は明確である。

「大学に一般教育を取り入れた思想には敬意を表」するものだが、「その実施方法については、なお工夫と研究を要するものがある」。「一般教育に時間をさくために、専門教育のための時間数が不足し、大学卒業生の学力低下を免れないという批評」もあれば、「一般教育の負担を多少減少してでも、専門教育の時間数を増すことを望む声もある」が、「一般教育のため定められている現在の基準をこのままにするとして、専門教育のやり方に工夫を加えて、学力不足を防ぐことができないか。専門教育の内容及び方法についても、旧来の伝統に固執することなく、新しい工夫と努力を加える余地がある」のではないか。これからの時代、「学問的研究心が大学卒業をもって終りとならず、自然と社会に対する研究心と知的探求の興味が大学卒業後も永く続くような弾力性のある頭脳の所有者を社会に供給するのが新しい大学の使命である。専門的・技術的な知識は大学卒業後、社会において更に習熟してゆくことができる。社会もまたそのような設備と機会を、大学卒業生に対して提供すべきである。かく考えるとき、大学卒業生の学力低下という批評は、新しい視野から再検討されねばならない」。

そのうえで、彼が主張するのは、必要に応じた大学教育の年限延長である。「もしも実際に専門的な学力を養うために四年の大学課程で不足するならば、それを解決する方法としては一般教育を犠牲にするという方向ではなく、必要な学科にあっては大学の年限を延長するという方向において考うべきであろう。現に医学は六年の大学課程を認められている。かりにたとえば工学の大学課程を一年延長して五年とするとしても、従来の学生による大学卒業所要年数と同じであるから、予算的措置さえできるならば、実施できないことではないであろう。（中略）近頃財界政界等から大学制度の再検討を要求する声が時々あるが、制度はみだりに改正すべきでなく、たとい改正の必要ありとしても、新しい大学の理念をくつがえし、専門的・技術的教育偏重の方向に逆転するものであってはならない」。

旧制大学を代表する東京大学の学長が主張したのは、高等教育の大衆化に向けて大きく踏み出した新制大学制度への支持と、その再改革よりも改善・改良であった。

高橋里美の新制大学論

矢内原に比べて旧制度へのこだわりが強い東北大学学長の高橋里美も、再度の制度改革には反対の意見を表明している（「新制大学について」『新制大学の諸問題』一八―三〇所収）。

大学基準協会の評議員や大学設置審議会の委員を務めてきた高橋は、「新学制についても多少の理解は持っているつもり」だが、「実を言えば新学制に対して初めからかなり批判的」で、「高専校の制度を存置」して「教育内容を時勢に応ずるように変更」し、「漸を追って大学に昇格させるのが最善の策」と考えてきた、としたうえで「新学制が出来上がって既に十年近くもなっている。（中略）出来上がる時の、政治問題にまで発展したあの教育界の大混乱を思い起すだけでも、それを全廃して再改革するというような暴挙は許さるべくもない」とする。「新学制の目ざす、教育の機会均等ということも、人間を作る一般教育の重視ということも、事がらそれ自体としては、米国の押しつけであると否とに関わりなく、良いことであるに相違ない。ただ果たしてそれが日本の実情、とくに経済的事情に合うかということが問題なのである」。

こうした「日本教育の特殊事情を念頭に置き、その前提の下に新制大学の諸問題をやや具体的に考え」た結論として、高橋は次の三つの改善策を提案している。

第一に、大学の画一性を打破する必要がある。「教育の機会均等」はよいことには違いないが「それが直ちに大学の画一性を意味すべきではな」く、「種々の違った型の、また違った特色を有する大学があって、各人がその中から自分の能力と特長に適した大学を選択する自由を意味」するものでなければならない。そのためには大学を三種類に分けるべきである。(1)研究を主とする大学。「高級の職業教育をも行うが、学術の研究において世界の先端を行くを念《ママ》とす」る。(2)純粋の理論的研究よりは、主として専門技術の教育を目的とする大学。「元の高専校に相当する大学であるが、新学制の精神を汲んで一層幅の広いもの」とする。(3)教員養成を主とする大学。ただし「昔の師範学校の単なる復活であってはならない」。これら三種の大学については袋小路にならぬよう、相互間に「連絡を持たせ、一定の条件下では学生が一方から他方に転じ得る途を講ずる必要があろう」。

第二に、一般教育と専門教育の問題である。「大学における専門教育は最低三年を要する」と考えるが、四年制の枠を前提にすれば、一般教育部分の短縮論になってしまう。「できるならば大学の修業年限を五年にしたい。（中略）それができれば、一般教育と専門教育とが相互に他を圧迫することなく、両方とも十分に行われ、従って学力低下についての世人の危惧もなくなり、問題は一挙に解決する」。それが不可能なら「大学院を持つような有力大学だけでも五年制にして、広い一般教養の基礎の上に立って精深なる専門教育を施す」べきだろう。それも難しいというのであれば、一年半ないし二年の一般教育のうち「半年なり一年なりを専門教育との連関において効果的に利用」する、つまり「文科・理科別に進学課程を設けて、それぞれの基礎科目を享受するように」すればよい。「現行の規則では一般教育を専門教育から切り離し過ぎている」。

第三に、大学院制度にも問題がある。新制大学院は、旧制と異なり修士・博士のコース制をとることになったものの、旧制と同様、学部に依存したままで独立性を欠いている。「大学院の教授は実は学部や研究所に籍を置く教授」にすぎない。学校教育法が「大学院を学部の基礎の上に立つと規定したのは（中略）旧制大学院の伝統的見方が残存しているためもあろうが、また経費と教師の不足がその主な原因であろう」。「目下のところ大学院は学部や研究所にとってはいわば余分の負担」であり、修士・博士の両コースに分けて別な講義をせねばならぬというのでは「大学教授の労働過重となって最も大切な研究そのものを阻害される結果」になりかねない。このさい修士課程は廃止し、「博士コース一本にし、その入学者も厳選して、純粋に学術の研究を志す比較的少数の有能なる学生に限定」すべきである。

修士課程の廃止を主張するのは、その現状を踏まえてのことである。修士課程に入学してくる学生には「真に純粋なる研究を目的とし、出来れば博士コースに進もうとするもの」と、「その意図を持たず、単に就職ができなかったので、それができるまでの足溜まりとして、またある種の就職には大学課程のみでは不十分だからそれを補充する場所として、それを利用するもの」の二種類がある。こうした実情から「大学基準協会でも、最初の研究本位の修士基準を改定して、高級な専門技術の習得ということをその目的に追加するようになった」が、これは「一方大学院の性格を不純にするものであると共に、他方四年制大学だけでは就職にも学力不十分なることをある程度承認したもの」と言わざるを得ない。「国立大学のうちには、修士課程の一年を実質的には大学課程のなかに編み入れているものもあると聞く」。これは違法とは言えないがおかしな話であり、それであればむしろ「修士課程を廃し、その代わり大学課程を五年にして、名実一致」させるべきだろう。「強いて存置したいならば、今の修士コースの性格を変更して一年制の専攻科のようなものとして博士コースのかたわらに存置」してもよいかもしれない。

いずれにせよ、「問題は大学の数よりもその画一性にある。どの大学も旧帝大の組織を見習って、その間口を広げてゆけば、その経費がかさんで国力に余るものとなる事はわかりきったことである。それ故にまず大学の画一性を打破して、種別を設け間口を狭くして奥行を深め、それぞれの特色を生かすようにすべきである」。「新学制もよかれあしかれ実施後すでに十年近くになるので、その再検討が必要だとは言え、それを全く変革することは不可能であって、いたずらに大混乱を引き起こすだけである。（中略）再検討は再変革のためのものではなく、修正改善のためのものでなければならぬ。新制大学の有する長所は抹殺さるべきものではなく、それをよく生かして一層よく日本の実情に即するものに仕上げてゆかねばならぬ」。

大泉孝の新制大学論

もう一人、総括的な意見として、上智大学学長の大泉孝の新制大学論についても見ておこう（「大学の職能とわが国の大学制度」『新制大学の諸問題』三一-四〇所収)。

大泉の議論も、新制大学がアメリカ・モデルだという理解は妥当性を欠くという指摘から始まる。大泉によれば、大学には、①広い視野に立つ人間教育、②職業のための専門教育、③学問研究、の三つの職能がある。この三つの職能の果たし方が、時代により国によって異なっているのは事実だが、わが国の新制大学の場合、それが「きわめて跛行的」だという点に問題がある。その「跛行的実情は学制改革によるアメリカの大学の模倣からきたもののごとく考えるものがあるが、大学制度に関する限りは事情が全く異なる。アメリカにおいては少なくも優秀な大学は一般教育を行うカレッジ、専門に学術を研究するグラジュエートスクール、それに職業人養成のプロフェッショナルスクールの三つを包有する、いわゆる大学（ユニヴァーシティ）であって、三つの機能は別個の施設を有し別個に果たされてはいるが一大学を形成」している。

ところが、わが国の大学は「この三職能を十分果し得」るように組織されていない。「大学が使命上その職能の一つをも廃棄することなく三職能全部を有すべきだとした場合、わが国の大学制度をいかに改善」したらよいのか。「一般教育、専門教育、職業教育を行うためにそれぞれ別個の機関を有し、しかも綜合された一大学を形成しているアメリカの優秀大学の制度を全面的に受け入れるならば事は簡単であろうが、わが国の財政事情では困難であろう。その財政事情とは大学の設立やその施設、設備の費用のみならず、修業年限延長により就職まで職場を離れていなければならない消極面もあるからで、わが国の如き貧乏国では困難なのである。／現在の修士課程を職業教育に移行せしむることや三職能を数個の大学にて分割的に行うことなども考えられるが、修業年限を数年延長することにおいて、前者と異ならない」。

「現在の制度にあまり手を入れることなく改善するには学校教育法の一部を改め「大学の修業年限を四年以上とする」としたらよかろう。そして実際においては純文科的なものは従来のように四年とし、工学とか法学とかその他一般に職業的色彩の強いものは五年にすればよい。（中略）これは最小限の改正によって大学の職能を果さしめる道であろうと思う。むろんこれは外的な制度の改善の示唆にすぎない。一般教育の内容や教授方法、専門教育のあり方等、その内的改善には今後も努力が続けられるべきことは言うまでもない」。

大泉のこの「年限四年以上」論については、それが「社会情勢やわれわれ自身が専門や職業教育に傾いているので一般教育を度外視する恐れがある」ことを強調し、「一般教育は大学に重要なことなので、かりそめにもそれを大学課程から除くことがあってはならない」とした上での主張であることに、留意すべきだろう。

画一性打破と多様化促進

三人の学長のこうした見解を見ていくと、アメリカ的な大学の理念と組織構造、教育の現実についての理解が、新制度の発足後になって深まりを見せ始めたこと、それとともに、GHQ／CIEの指導や圧力があったとはいえ（あるいは、にもかかわらず）、教育刷新審議会での議論を経てわが国が主体的に選択し、誕生させたはずの新制大学制度に対する反省と批判が、大学人の間で急激に高まりを見せ始めていたことがわかる。発足から一〇年もたたぬうちに、新しい四年制大学主体の高等教育制度には大学内部からも、修正や改革を求める声が上がっていたのである。

ただそれと同時に、短期間ではあったが烈しい議論の末にようやく発足した新制大学について、再度、大幅な制度改革を構想するのでなく、導入した一般教育の理念と課程を守り、大学教育の四年制原則を厳守しながらも専門分野によっては修業年限の延長を認め、さらには短期大学制度を活用することで、大学間の機能的分化を進めるなど、最大の問題点として認識されるようになった画一性の打破と多様化の促進を図っていくという、いわば「改善的改革」が、三人の学長たちの意見であった。

たしかに、新制大学制度は批判されるべきさまざまな問題点を抱えている。しかしそれはドイツ的なエリート大学像を下敷きにした、明治以来の旧学制に対する批判と反省を踏まえ、教育の民主化と機会の平等化、さらには教養と人格形成というアメリカ的な市民的高等教育の理念を受け入れ、日本の大学人が自ら主体的に選び取ったものである。現実に即して部分的に手直しを加え、運営上の改善をはかりながら、画一性を打破し多様性を保証する方向で、新しい大学制度を守り育てて行かなくてはならない。それがようやく最初の卒業生を送り出すと同時に社会の批判にさらされ始めた新制大学に対する、昭和三〇年（一九五五）前後の時点での代表的な大学人たちの見解であったと見てよいだろう。

第3章　一般教育という問題

1　一般教育の問題化

基準協会と一般教育

『新制大学の諸問題』には、先にふれたように、三人の学長による総括的な論考の外に、個別の改革課題を取り上げたさまざまな論考が収められている。いずれも大学の現場で、実際に新しい制度の運用や教育の実践に関わってきた教授たちの発言であり、直面する課題を生々しく描き出す内容になっている。

三人の学長を含めて、それら大学人たちの論考を通読して、あらためて認識させられるのは、一般教育問題の重要性である。「大学における一般教育は、戦後のわが国の教育改革において、理念的にもまた実際的にも、恐らく最も重要でかつ困難な問題を含むものであった」という、あとで紹介する東京大学教養学部の玉蟲文一教授の論考（「一般教育をめぐる大学の問題」三六二―七三）の冒頭の一節にあるように、専門・職業教育重視の日本的伝統に接木されたアメリカ的な一般教育の理念と制度を、どう受け入れ、定着させていくのかは、発足したばかりの新制大学にとって、最大・最重要の実践的な課題であった。年限延長や大学院制度、卒業生の就職、さらにいえば学部教育の画一化などの問題は、いずれも一般教育課程の導入に伴って生じた問題にほかならない。

教育刷新委員会が正面から取り上げ、議論することのなかったこの問題に一貫して取り組んできたのが、大学人による自主団体としての大学基準協会であったことは、これまで見てきたとおりである。基準協会においても、「大学基準」の策定過程で、主要部分を占めるその一般教育について十分な議論が重ねられたわけではない。基準協会が大学基準の発表から半年もたたない昭和二三年（一九四八）一月に、「一般教育研究委員会」を発足させて、あらためてこの問題に取り組み始めたのは、その端的な表れと言ってよいだろう。

『大学基準協会十年史』によれば、「一般教育については、当時そのための科目を一般教養科目と称していた関係もあって、高等学校教育の科目と考えていた向が多かった。従って最初の基準では外国語も一般教養科目中に数えられていたし、これを三系列に分けるに当っても、学問の性質には関係なく、文学部に置かれている科目は人文科学系、法学部・経済学部に置かれている科目は社会科学系、理学部に置かれている科目は自然科学系というふうに単純に配列を決められた。しかしＣＩＥの人々が、general education あるいは general cultural education といっているものは、従来知られていた liberal education ともやや異なるものであることがわかってきた」ことが、委員会設置の理由とされている（『大学基準協会十年史』二四）。

また　昭和二六年九月に出された委員会の報告書『大学に於ける一般教育』の冒頭には、「本協会が新制大学の基準を公表した当初は、新制大学の本質に対する議論がなく、種々の誤解や曲解から思わぬ障害に逢着したことは一再にとどまらなかった。そこで本協会は、新制大学の目的使命を闡明しこれが達成に遺憾なからんがためには、ぜひとも新旧大学の性格の相違を明らかにし、新制大学の根本性格を基礎付ける一般教育の何たるかを闡明し、且つその在り方の周知徹底をはかる必要あることを痛感し、（中略）一般教育の目的、方法及び組織等に関する一般的事項を研究すると共に、この趣旨を周知徹底させる方策を研究する」ことにしたのだ、と委員会設置の趣旨が述べられている（『大学に於ける一般教育――一般教育研究委員会報告』まえがき、一）。

大学基準の策定・公表から半年足らずの時期に、あらためてこのような特別委員会の設置を決定した背景には、アメリカ・モデルの新制大学の理念について、現場の大学人たちの充分な理解を得るのに必要な時間と努力を欠いたまま制度を導入し、発足させざるを得なかった一般教育課程をめぐって、「種々の誤解や曲解」が横行する現実に、大学基準協会、ひいては大学人自身の強い危機感があったことがわかる。一般教育についての関係者の反省と批判は、制度の導入直後から始まっていたのである。

研究委員会の発足まで

昭和二二年（一九四七）七月に発表された「大学基準」については、ＣＩＥがそれを「仮基準（Tentative Standards）」としたい意向を持っていたことが知られている。検討の不十分な未解決の問題がいくつも残されていたためである（『大学基準協会十年史』一〇八）。そのＣＩＥからの強い要望もあって、基準協会は大学基準の発表直後に、まず「基準委員会」を設置して教育課程関連の基準の再検討、「補遺改訂」の作業に取り掛かった。

最初に取り上げられたのは、専門教育の問題である。二二年九月の基準委員会には、ＣＩＥのマグレール（T. H. McGrail）から「各学部が用意すべき major areas 及びその structure を定めてほしい」という要望が出された。それまでの「専門科目に関する審議があまり細かすぎることまで規定しようとしていたので、これを別の形で表現しようとする意図から」の要望であったとされる。専門・職業教育重視の思考様式からの転換が、いかに困難であったかがうかがわれる。「わが国では従来 university education と professional education の区別がはっきりしておらず、独特の伝統的考え方が支配的」であったために、容易にＣＩＥ側と意見の一致が得られなかった問題であり、何度か議論を重ねて、授業科目の条項中に「専門科目については別表の各分野毎に示された類別の各部門にわたり適当数の授業科目を設けなければならない」として、専門科目に関する「別表」が決定されたのが一〇月であった（同、一〇九）。

もう一つＣＩＥが要請してきたのは、「体育」科目の正課としての開設である。それが「ＣＩＥにおける自分の最大の仕事だ」というほど、こだわった担当者がいたことが知られている。短期間の議論の末「体育を大学基準の中に挙げることはむしろあっけなく決せられ」、学士号取得に必要な単位数として、すでに決まっている一二〇単位の外に「体育に関する講義及び実技二単位以上を課する」ことになった。これにより一二〇プラス体育四の一二四単位が、学士号取得の最低要求単位になった（同、二〇一二）。昭和二二年一二月にはこれらの新しい決定事項を踏まえて、大学基準の最初の改訂が行われた。

こうして教育課程編成の大枠が確定した後で、大学人による自主的団体である基準協会が最重要の課題として主体的に取り組んだのが、一般教育の理念とその啓蒙にかかわる問題であり、そのための中核的な組織として二三年一月に設置されたのが、先の「一般教育研究委員会」にほかならなかった。

「協会は一般教育について特に努力し、かつ、これが戦後新しいものであるために、その努力をしてきた」が、いまだ十分とは言いがたい。そこで「一般教育研究委員会を設置し、一般教育の目的、方法及び組織等に関する一般的事項を研究すると共に、その趣旨を周知徹底させる方策の研究を開始した。次いで、この委員会の研究が進むにつれ、その下部機構として社会科学、人文科学及び自然科学の三部門委員会を、東京地区のみならず関西地区にも（中略）同様開設することに定め」た。「このように、一つの目的のために七つの委員会が東西にわたって設けられたのは、本協会十年の歴史において他にはないのである。以て本協会の一般教育に対する熱意を察することができる」と、『大学基準協会十年史』は述べている（一五四-五）。

以後、四年にわたって続けられた委員会の研究活動の総括として編集・刊行されたのが、先にふれた報告書『大学に於ける一般教育』である。委員長役を務めた橋本孝基準協会副会長が寄せた、同報告書の「まえがき」によりながら、以下、最終報告書の刊行に至る一連の経緯をたどってみよう。

委員会はまず昭和二三・二四の両年度に「〔日本列島の〕東西呼応して各部門別に一般教育の目的および方法等を検討して各コースプランの作成に努め」た。「委員は総数百十余名の多数に及び、且つ参加校も各種の大学、高等専門学校数十校の多きに達する状況で、委員各位は時節柄身辺多事多端をきわめたにも拘らず、非常な熱意を以って常に協同研究に当」たり、「それぞれの構想の下に一応の参考試案をまとめる段階に立ち至った」ことから、第一次の中間報告を作成した（『大学に於ける一般教育』三）。新制大学の設置認可の作業が始まるなか、全国の大学関係者が、一般教育課程の編成に向けていかに主体的・情熱的に取り組んだか、裏返せば、この新しい理念に立ったアメリカ・モデルの教育課程の導入に、現場の教員たちがいかに戸惑い、困惑していたかがうかがわれる。

二五年度には問題の重要性を認識した文部省によって、関東・関西の両地区で省主催の「一般教育研究協議会」が開催された。基準協会の委員会は、そこで出された「各種の意見や質疑応答を参酌」し、専門部会の作成したコースプランと各大学の実際の授業プランを突き合わせて「新たな構想の下にまとめ上げたものに、大学の理念に照らして新旧大学の根本的特徴を明らかにし、新しい大学に於ける一般教育の在り方並びにそれに伴う諸問題を論述した総論的緒論」を付した、第二次の中間報告を刊行する。しかし、橋本も認めているように、これら二次にわたる中間報告に示された「コースプランは、率直に言って大部分机上プランの域を出」ておらず、一般教育推進のためには「一般授業担当者の側から遠慮のない批判的検討」が加えられる必要があった。そして、その絶好の機会を提供したのが、これも文部省主催、ＣＩＥ後援で開催された、ＩＦＥＬ（Institute for Educational Leadership）の集まりにほかならなかった。

ＩＦＥＬの役割

ＩＦＥＬとは、昭和二三年から二六年にかけてＣＩＥの指導下に教育関係者を対象に開かれた、アメリカの教育についての学習・研修会のことである。アメリカ・モデルの新学制・新教育の推進に教育現場で指導的な役割を果たす、リーダーの育成を目的としたこの研修会は、大学教育についても二五年九月から二六年三月にかけて開催された。

研修会には、アメリカ側からマグレールら三人の大学教授が講師として参加し、日本側からは「協会の一般教育研究委員会三部門の有力な委員が六七名講師として出講して、長期間に亙り、全国各大学の一般教育担当者と親しく研究討議する機会」となった。「これによって昭和二十三年発足以来の我国の新制大学に於ける一般教育の実情がどの程度であるか、多くの大学当局や担当者が一般教育を如何に理解し、如何に実施しているか、また如何なる点に隘路や問題が伏在しているか等の諸点がつぶさに明らかになった」とされている（同、三）。「加うるにＣＩＥの好意により本協会から人文・社会・自然の三部門代表者のアメリカ大学の一般教育視察も行われ、日本人の眼を以て親しく彼地の状況を視察し、彼我の相違と一般教育の在り方の複雑多岐に亙る点もわか」ったとあるように、奥井復太郎や玉蟲文一らのアメリカ派遣の契機となったのも、このＩＦＥＬであった（同、三）。

ＩＦＥＬはさらに、研修を受けた教員を中心に、関係者の研究や交流の場として全国六地区に、「一般教育協議会」と呼ばれる組織が自主的に結成され、活動を開始する契機にもなった。それだけでなく、この協議会が「主として一般教育担当者によって組織され、その研究も教授法及びコースプランの如き教育技術面に集中されたので、一般教育の促進に当っては学内行政及び専門教育の両面に働きかける必要があるとの声が高ま」ったことから、二七年一一月には基準協会が、第二次の「一般教育研究委員会」を発足させ、各地区で「一般教育研究会議」を開催する運びとなった。この会議には「各地区所在大学の学長、学部長及び一般教育担当責任者が多数出席」し、「一般教育の管理上」及び「一般教育と専門教育との関連融合」の問題をめぐって活発な討議が行われている（『大学基準協会十年史』一九〇–一）。

ハンドブックの作成

なお、研修会開催直前の昭和二五年（一九五〇）六月には、実施に移された一般教育の実態に危惧の念を抱いたマグレールから基準協会に対して、「新制大学の科目が一般に多すぎる。一週間の科目数が多く、必修をよけい課している大学がたくさんある。その原因はどこにあるか。自分としては、標準化が行われるおそれがあるから文部省の人には言いたくない。アクレディテーションの時を待って勧告するのでは遅いかから、至急に対策を立ててほしい」との申し入れがあったことが知られている（同、一四七）。

基準協会は急遽、カリキュラム研究委員会を設けて「実情について徹底的な調査を行ったが、その結果は単位に対する解釈と教授法が旧制時代の監督教育式の考え方に依っている」ことが明らかになった。「調査結果は非常な努力と多額の費用を費して纏められたものであ」り、「新制大学の行き方が大学教授の間にもいかに理解されていなかったかを示す好資料」であったとされている。「悪例ばかり示すことになり、かえって一般に悪影響を与える恐れがある」として結局、公表されることはなかったが、議論の過程でさまざまに活用されたであろうことが推察される（同、一四八）。

こうした一連の経緯を経て編纂され、二六年九月に刊行されたのが、前記の『大学に於ける一般教育』である。目次を見ると「第一部　緒論」と「第二部　人文科学、社会科学、自然科学」に分かれ、「緒論」はさらに「一　新制大学の使命、二　新制大学と一般教育、三　一般教育の必要性、四　一般教育と専門教育との関係、五　一般教育の基準の概要、六　新制大学の管理組織と一般教育の運営、七　新制大学とカリキュラム、八　新制大学とガイダンス、九　一般教育と教授方法」の各章からなる、包括的な構成になっている。新制大学の教育現場での、最大の悩みであった一般教育課程の編成と位置づけは、これによってその基本理念とガイドラインを明示する、総合的なハンドブックを持つことになった。

構造的な問題

こうして、大学側の内発的な要請に基準協会の働きかけが加わって、一般教育を中心に新制大学の理念の実現を目指す、全国規模の運動が展開されることになったが、その中で一般教育の直面するさまざまな問題点が明らかになってきた。『大学基準協会十年史』の要約によれば、その主なものは下記のとおりである（同、一九一－二）。

(1)全般的問題

・「大学基準」、特に一般教育の部分は単純化する必要がある。

(2)管理運営上の問題

・いわゆる縦割制においては専門分野の全く異なる教員が学部教授会を組織することになり、しかも専門教育担当教員の比重が小さくなるため、学部運営に支障を生じる。
・縦割制から横割制へ移行する傾向が顕著で、一般教育全体が予科または予備門化する危険がある。
・いわゆる教養部においては所属教員の身分に問題がある。
・一般教育担当教員の研究費に「差別待遇」がある。

(3)専門教育との関連

・専門教育の側から、理念としての一般教育の価値は認めるが、現実の一般教育には不満足である。
・学生が一般教育三六単位で得た知識を総合化する能力に欠けている。
・現実の問題として、一般教育が準備教育化するのは当然である。
・専門教育が自然科学の場合、一般教育の自然科学系から八ないし一二単位を割いて専門教育に振り当てるべきである（社会科学にも同様の主張がある）。
・一般教育科目の他に、専門教育のための「基礎教育科目」を設ける必要がある。

・専門教育と一般教育との関連を問題にする場合、専門教育の教授法改善が必要である。

大学教育の現場から上がったこうした反省と批判の声は、やがて「基礎教育科目」の設定、「教養部」の制度化、「綜合科目」の導入などの部分的改善につながっていく。しかし、奥井復太郎の言葉によれば専門・職業教育重視の伝統的な教育課程に「侵入して」きた、一般教育の制度的な不安定性は構造的なものであり、容易に解決し得るものではなかった。奥井とともに訪米し、アメリカの一般教育の実態を見聞してきた玉蟲文一が『新制大学の諸問題』に寄せた、以下に紹介する論考「一般教育をめぐる大学の問題」（三六二―七三）。は、そうした、一般教育制度が直面する問題点を、構造的かつ的確に分析したものにほかならない。

2　一般教育と年限延長論

玉蟲文一の一般教育論

旧制の武蔵高等学校を経て、東京大学教養学部の化学担当教授に着任した玉蟲は、この時期の主導的な一般教育論者であり、多くの論文や著書を執筆している（主著は『科学と一般教育』岩波新書、昭和二七年、及び『科学・教育・随想』岩波書店、昭和四五年）。大学基準協会の各種委員会の中心メンバーとして、また新設の教養学部教授として、一般教育のあるべき姿を問い続けた玉蟲が見てきたのは、「新制大学の多くはすでに昭和二四年に発足しており、実際の学年の進度は研究や討議の熟するのを待ってはいな」いにもかかわらず、「上記の基準協会の［一般教育委員会の］最終報告書［『大学に於ける一般教育』］が各大学に対して配布された頃［二六年］になっても、「大学の管理者や教授団の中には、なお一般教育の何であるかについて十分の理解をもたず、あるいはそれについてほとんど無関心の人が少なからず」存在する現実であった。

玉蟲の問いは、そうした厳しい現実に対する危機感から出発している。「過去の歴史を紐解いて見れば、恐らく一般教育をめぐるさまざまの問題はほとんどすべて論じつくされていることに気づく」。一般教育が「制度的に、既に根をおろしたことはたしかであるが、その実際の運営とその教育内容において、果して今後の健全な成長を期することができるであろうか。（中略）一般教育計画が現実に遭遇している困難と障壁は何であろうか。またそれを打開するにはどうしたらよいであろうか。どのような一般教育計画がわが国の現在あるいは将来の大学教育において最も適切なのであろうか」。そうした強い危機感から出発した問いを踏まえて玉蟲が指摘した問題点の第一は、一般教育の管理運営組織であった。

わが国の大学に於いて、一般教育実施上遭遇する多くの困難の中で最も現実的なものは、大学の組織、従ってその運営、管理に関することであると思われる。この問題はすでに新制大学の成立の過程のなかに内在していたものであり、しかもそれは学年次の進行と共に一層はっきり露出するようになったものである。新制大学は明らかにその理念において（中略）教育使節団の報告書中の高等教育機関に関する記述に準拠し、制度化されたものであったけれども、現実においては、かなり便宜主義的に、かつ機械的に作られたのであった。というのは、わが国の新制大学の多くは、或いは旧制高等学校と旧制大学との結合、あるいは旧制専門学校の昇格と併合によって誕生したものであり、その成立当初において内部的に教授陣容や教育計画についての全面的な再組織が行われなかった限り、その組織は必然的に互いに融和しがたい不均質のものを内蔵していたのである。

旧制高等学校と旧制大学が合体して成立した新制総合大学では、一般教育（中略）は旧制高等学校における教育と同質のものであると解し、したがって一般教育を専門教育への準備教育とみなす傾向があった。しかも旧制大学からそのままに受けつがれた専門教育の教育計画を保持しようとする意識は、一層一般教育を準備教育的のものに仕向ける結果を招いたと思われる。また、旧制専門学校の昇格と併合によって成立した大学では、それらが専門教育機関としての大学の面目や立場を作り上げることに急を要したために、一般教育はむしろ従属的のものとみられる傾向があったであろう。同じ大学の組織の中で、一般教育の担当者が身分的に差別され、研究者として不安定な立場に置かれなければならなかったというような事実は、このような事情を反映している。このような事情の下では、到底一般教育の健全な発展を期することはできなかったのである。四年の課程において、本来質的に異なる一般教育と専門教育を適切なバランスの下に実施して新しい大学の特徴を生かすためには、各大学はその成立の過程の当初からその組織について全面的な改革を行うことが必要であったのであり、古い伝統の中に新しい理念を持ち込むためには、一貫した方針によって支えられた絶え間ない努力がなされなければならなかったのである。

四年の大学課程の中で、一般教育を前期一年あるいは二年の間に集中的に行う方法と四年間にわたって階段式に行う方法のいずれを採用するかというような問題は、恐らく本質的なものではないであろう。問題はむしろ大学が一般教育それ自体の目的と方法に対する十分の理解の下に扱うかどうかという点にあるのである。(中略)何よりも必要なことは、各大学がその教育計画を実施する上において高度の責任と権限を持つ一つの組織――学部にせよ、部にせよ、委員会にせよ――をもつことである。しかもその組織は全学的立場において構成されたものでなければならない。

専門・職業教育主体の多様な旧制高等教育機関の再編・統合の過程で急造された、一般教育課程とそれを担当する教員集団・組織の大学内での位置づけの曖昧さ、地位の不安定性に最大の問題があることを鋭く突いた一文である。

「本来質的に異なる専門教育と一般教育を適切なバランスの下に実施して新しい大学の特長を生かす」ためには、「一般教育それ自体の目的と方法に対する十分の理解の下」に、それぞれの大学が「当初からその組織について全面的な改革を行うことが必要であった」にもかかわらず、そのための努力がなされてこなかった。一般教育をめぐる問題の根源はそこにあるというのである。しかし、後で見るように、玉蟲が強調した「全学的立場」に立った「高度の責任と権限を持つ一つの組織」は、結局実現されることはなく、一般教育の課程と教員集団の、専門教育のそれへの従属的な地位は改善されぬまま、一九九一年の設置基準の大綱化による一般教育制度自体の終焉を迎えるのである。

一般教育と専門教育

玉蟲が次に指摘するのは教育課程編成、一般教育と専門教育の「適切なバランス」の問題である。

一般教育の立場を困難たらしめている重大な理由の一つは、一般教育と専門教育とが融合的関係でなく、むしろ対立的関係に置かれているということにある。初めに、一般教育に対しては、大学基準によって、自然、社会、人文の各系列ごとに三科目十二単位という基準が与えられた。この基準は、恐らく一般教育を制度的に確立し、かつそれを育成する上において必要なものであったと考えられる。しかし、このような基準に従って、一般教育が正常に育つためには、四年制大学に於ける専門教育科目については日本の従来の大学教育の方法を根本的に改変することが必要であったのであり、しかもそのことは現実の問題としては非常に困難なことであったのである。現行の基準による一般教育の比重は専門教育に対比して過大であるという見解は、特に技術系の大学、学部からかなり強く主張されたし、また現にその主張はくり返されている。そして現実には、多くの大学に於いて、すでに一般教育は少なくとも部分的に基礎教育あるいは準備教育に転化されているのである。悲観的にすぎるかも知れないが、このような情勢では、やがて一般教育は形のみのものになってしまい、人間形成の教育としての理想は失われるのではないかとさえ思われる。

もし新制大学を押しなべて欧米におけるリベラル・アーツ・カレッジに相当するものとして構成することができたならば、その専門教育課程は、わが国の多くの大学教授が考えていたものとはかなり異なった内容のものとして編成されたであろうし、それと一般教育との関係も融和的であったであろう。しかし、それは一般的には実現され得なかったのである。外国語のために特に多くの単位と時間を用いなければならないわが国の大学の現実を顧みるとき、専門教育と一般教育との間に深刻な対立関係が生ずるのは、当然のことであると考えられる。そこで、現在、問題は一般教育が現在のように専門教育との激しい対立関係に置かれながら、次第にその本来の立場を失うか、それともそれが過大とはいわれぬ適正な比重において、本来の立場を守り抜くかという、かなりに切迫した形で提示されていると筆者には感じられるのである。

学生が大学に於いて何らかの専門教育を受けるためには、その前提としてかなりの程度に基礎教育を受ける必要があると思われる。その基礎教育の中には、外国語の外に、とくに技術系学部・大学に於いては、数学、物理学、化学のような学科が含まれる。大学に於いて、一般教育とは別に、そのような基礎教育を施すことの必要は予知されないことではなかったが、新制大学の発足の当初は、この点に対する一般の認識が欠けていたようである。もっとも、一般教育と基礎教育との間に果たしてどのような差があるかという疑問は多くの人が持っていたのであり、この点に関する理解のあいまいであったことが、一般教育の教育内容を不徹底な、かつ安易なものにしたのだといえるかもしれない。

個人的な考えとしては、この際一般教育科目と切り離した形において、基礎教育科目を設定する方がよいのではないかと思う。一般教育は、現在の状態で専門教育の圧力を受けながら、自然に準備教育化し、あるいは無力化するよりは、むしろその一部を基礎教育に移すことによっても、本来の特徴を生かす方向に進むべきではないか。

外国語教育と基礎教育

こうした玉蟲の主張の背後に隠されているのは、一方ではわが国の大学が明治以来構築してきた伝統的な教育のあり方の新制大学への継承、他方ではそれとアメリカ的なカレッジ教育の理念との接合の問題である。

学制改革の結果として、戦前期において、三年制の「高等普通教育」に特化した高等学校・大学予科と、三年制の専門・職業教育の場である大学学部とをあわせた、六年制をとっていた大学教育は、一般教育と専門・職業教育を併せて四年制の新制大学に再編・統合されることになった。新学制への移行の際には、旧制中学校の五年から新制中学校・高等学校の六年へと、中等教育の年限が一年延長され、従来の高等学校・大学予科の一年は、新制高等学校に移ったのだから、大学教育の年限は一年短縮されたにすぎないという「論理的」な説明がされたこともある。しかし、話はそれほど単純ではなかった。

何よりも専門・職業教育が一年短縮された。それだけでなく、新制大学最大の特徴として導入された「一般教育」課程は、旧制高等学校・大学予科の「高等普通教育」とは全く異なる、リベラル・アーツ教育を継承したアメリカ的なカレッジの一般教育理念に立つものであった。このことは、新制大学への移行に際して、従来の「高等普通教育」だけでなく、専門・職業教育を含む、四年間の大学教育のあり方そのものの全面的な問い直しが必要であったことを意味する。しかし玉蟲のいうように、移行はその根本的な問い直しを欠いたまま、短期間に拙速に進められ、その結果として一般教育は専門教育と「融合的関係でなく、むしろ対立関係に」、というより「従属的関係に」立たされることになった。四年間という短縮された年限のもと、標準化された課程編成をすべての大学に求める新しい制度的枠組の下で、専門・職業教育との対立的・従属的な関係に立たされた一般教育は、戦前期以来の伝統をほぼそのまま継承する専門・職業教育の要請、具体的に言えばそのための「基礎教育あるいは準備教育」への要請から、自由であることができなかったのである。

玉蟲の指摘する、一般教育を制約する「外国語教育」と「基礎教育」の必要性はともに、旧制高等学校・大学予科時代から引き継がれたものにほかならない。「高等普通教育」の完成を教育目的に掲げた、その旧制高等学校・大学予科だが、実際の役割は戦前期を通じて変わることなく、大学における専門・職業教育のための予備教育・準備教育にあった。教育課程は文科・理科に分けられ、両科共通の授業科目は限られ、大半が大学での専門・職業教育のための「基礎科目」で占められていた。とくに理科の場合、数学を含む自然科学系の科目が授業時間数全体の四割を越えていた。これに、欧米諸国の先進的学問を学ぶ上での必須の用具として文・理共通して重視され、授業時間数のほぼ三分の一を占めた第一・第二の外国語が加わる。旧制高等学校はまさに、「大学予科」そのものだったと言うべきだろう。

高等学校や大学予科を吸収・統合して発足した旧制大学系の大学はもちろん、それをモデルに一般教育課程を創出した旧制専門学校系の大学もまた、そうした専門・職業教育からの隠れた、しかし強い基礎教育・準備教育の要請や圧力を免れることはできなかった。一般教育課程を設計するにあたって大方の関係者、とりわけ専門・職業教育の関係者が暗黙裡に思い描いていたのは、アメリカ的なカレッジ教育ではなく、戦前期以来の伝統的な高等学校教育、「高等普通教育」であり、それが強い一般教育批判となって早くからその再改革、いわば「日本化」への要請の源泉となってきた。最初は人文科学系科目の一部であった外国語は、早くに必修科目として独立し、大学基準は改訂され「一般教育科目の外に二つ以上の外国語について、それぞれ八単位以上の授業を必ず用意しなければならない」とされることになった。一般教育理念の最も熱心な唱道者である玉蟲自身が望ましいとした、理科系における一般教育と基礎教育の分離、基礎教育科目群の設定もまた、やがて実現されることになる。一般教育の準備教育化を防ぐための、いわば防衛的なその選択が、一般般育の理念自体の変質を意味するものであったことは、あらためて言うまでもないだろう。

五年制大学論

一般教育と専門教育との関係について、この時期、先の三人の学長を含めて多くの大学人が主張した年限延長論、五年制大学論についても、ふれておくことにしよう。

「技術系大学・学部では専門教育の充実を計るために、その修業年限を五年にすべきだという主張がある。もし、それが実際に可能であるならば、一般教育あるいは基礎教育にもかなりの余裕ができるであろう」という、玉蟲の指摘にもあるように、専門・職業教育の年限延長が可能になれば、一般教育縮減への圧力は緩和される。五年制大学論は、一般教育の必要性を認めた上での主張であったことに注目する必要がある。

新たに導入された一般教育課程の理念と制度を支持し尊重するとして、従来の三年から二年ないし二年半へと、年限の短縮された専門・職業教育の水準低下を防ぐにはどうしたらよいのか。教育の内容や方法の改善も一策だが、専門分野によっては年限の延長を認めるべきではないか。医学・歯学についてはすでに六年制が認められている。他の学部、例えば工学部にも年限の延長を認めることはできないか。それが難しいというのなら、新しい大学院制度で設けられることになった修士課程を、より高度の・専門・職業教育の場として活用することはできないか。

京大工学部の実験

『新制大学の諸問題』には、そうした教育現場の発想から工学教育の実質的な五年制化を試みた、京都大学の事例が石原藤次郎（京都大学教授）によって紹介されている（「大学院の諸問題と五年制大学案について」一八七―九八）。

石原の認識もまた、一般教育の「現状はあまりうまくいっていない」が、専門教育のために「これを圧縮しようという見解は妥当ではなく、一般教育がすみやかに本来の目的を達成するように改善してゆくことが必要」であるというものであった。石原の属する京都大学では「各学部昭和三〇年度よりの規定を改正し、前期二年は教養部にて一般教育科目と基礎科目の学修に専念せしめ、その所定の科目と単位とを習得せしめたのちに初めて後期二年の専門課程に進学できるようにし」ている。「その趣旨は、一般教育と基礎教育とを重視して新制大学の特色を生かすと同時に、基礎科目と専門科目との履修の順序を明らかに」することにあった。

そうした一般教育課程の編成を前提に、「自然科学系学部においては、十分な専門教育を行うためには、二年の期間は短かすぎることを痛感し、一致して修業年限一ヵ年延長を要望している」。そこから出てきたのが「いわゆる五年制大学の主張」であり、「修士課程進学に伴う学生の過大な経済的負担を軽減し、しかも新分野の開拓に必要な実力を持った卒業生を恒常的に多数社会に送ろう」というのがその趣旨にほかならないが、「法規の関係上制度として実現されるに至っていない」。そこで「工学部では、ガイダンスによって学部卒業生に修士課程を一年間修めることを勧奨し、五年制大学の主張に沿うような措置」を採っている。ただし「これはあくまでも暫定的な措置であって、一貫した五年制大学が制度として実現するのを要望している事は云うまでもない」。

石原によれば、大学基準協会の工学部門の委員会では、こうした京大工学部の試みが評価されたが、一方で反対論も少なくなかった。(1)「現状では四年間をより有効に活用する余地が残されている」、「教授の内容や方法及び科目の配分その他について、考慮すべき」である、(2)修業年限の延長は、「現在の社会事情から極力避けるべき」である、(3)高度の専門職教育には大学院を利用させるべきである、というのがその理由であった。

五年制大学の代案の一つとして考えられる、その大学院修士課程だが、昭和三〇年（一九五五）六月に改定された大学院基準によって、「研究者、教育者の養成を目的としている事は云うまでもないが、社会の最近の要求に適合する高度の技能者の養成も含めて考えてよい。（中略）理論の面を対象とする教育、理論と応用の両面をあわせて対象とする教育、主として応用の面を対象とする教育のいずれを行うかは、大学が自由に選んでよい」ことになった。ただ、その大学院は「旧制大学そのままのところへ新制大学院を置いた訳で」、いまだに不備を免れない。発足からすでに四年になるが、「今日においても、教員組織や施設の内容はいたって貧弱」であり、「卒業後の受入態勢の見とおしの困難や学生の経済的負担の過大と相まって、現状はあまりに低調で（中略）満足すべき状態でない。形式的に整っても、人的物的貧困に悩んでいるのが今日の大学院である。（中略）折角の大学院も、根本的な補強補充を計らないと、その使用《ママ》と責任を果し得ない」。

とくに「大学院のある大学の教員は、これまでのような学部学生の授業の外に、大学院生のための授業を担当しなければならない。学部用、修士課程用、博士課程用といった三段階の講義、実験、演習などをやって、まさに八面六臂の活躍であり、その上研究の遂行という重大な使命を負わされている。こうした労働強化を耐え忍んでいるのが、大学院に置かれた大学教員の実態である」。形式ばかり整えても「人的物的の補強充実なくしては、折角の大学院が立ち腐れにな」ってしまう。「早急に根本的な補強充実を計るべきことを強調せざるを得ない」。

こうした大学院の実態を考えれば、学部教育の改善を図るほかはないのだが、関係者の間には「現状では四年間をより有効に活用する余地が残されているとし、現在の社会事情から修業年限延長を極力避けるべきであるという見解が多い」。しかし「米国の大学と科目内容に大きい差のあることを忘れてはならない。わが国の大学がすべて四年制になったのは、米国の大学が大体四年制であるという実情に負うところが大きいようであるが、わが国では外国語の学習に多くの時間を必要とし、専門科目の時間数が米国の大学よりかなり少ない場合が多い。なお、米国でも五年制を採用している自然科学系学部があることを注目しなければならない。一方、最終学年における卒業研究が、教育を完成する上に非常に重要なことは一般の認めるところであるが、四年制大学ではあまりに短くて、十分な卒業研究を実施することが困難である」。

結局、年限の一年延長、すなわち理工系学部の五年制化が、現実的な改善策だというのが、石原のたどりついた結論であった。

一方ではゆるがせにできない一般教育課程の存在、他方では大学院の制度的な不備と人的・物的な貧困が、専門・職業教育重視の学部での年限延長論の源泉になっていたことがわかる。京都大学のような旧帝大系の大学からすれば、短縮されたのは専門教育だけではない。吸収した旧制高等学校を母胎に組織された一般教育課程・教養部の年限は二年で、事実上一年短縮され、そのしわ寄せが「専門基礎科目」に及ぶようになったというのが、大学教授たちの実感であった。といって大学院修士課程の「教育課程として」の整備をはかるだけの人的・物的資源はない。この時期、多くの大学人の支持を集めていた五年制学部・大学論は、そうした日本的現実を踏まえた苦肉の策であったと見るべきなのだろう。しかし、大学基準も大学設置基準も、医・歯学系以外の学部の修業年限の弾力化を認める方向で改正されることはなかった。

3　単位制への疑問

単位制の問題

教育現場からの声としてもう一つ、基準協会での教育課程編成の論議に中心的な役割を果たした佐々木重雄（東京工業大学教授）の、単位制度に関わる反省的批判を挙げておこう（「新制度の大学教育と単位制度」三五三-六七）。新制大学の特徴である一般教育の導入を、「大学教育における近視眼的専門分化と職人的専門家養成の弊を是正し、文化を正しく発展させることのできる人間としての慧知を涵養させることを重視する、大学教育に対する戦後の世界的（あるいは西欧的）傾向に同調したもの」として高く評価する佐々木は、新しい単位制度は、その一般教育を含む新制大学の教育目的を達成するために、欠くことのできない装置だとしている。

佐々木によれば、これまでの日本の教育は「監督教育」であった。「修学の能力ありと認められ入学を許可された学習者に対して、画一的といってよい教科課程を履修させ、教師の目の届くところでなされた学習だけを認めるというやり方」である。しかしこれからは、「個性の開発を重んじ（中略）各人の能力、性向、興味等個性を十分顧慮し尊重して、適当な教科課程を採らしむべきであり、したがって教科課程にはこれに応じ得る自由さを与える」必要がある。さらに「教室における授業は本質的に受動的なものになりがちであるから、教室ではむしろ学習者に勉学の自発的意思を振起させるようにし、自ら勉学するように仕向けることが必要」とされる。単位制度は、そうした要請にこたえるためにアメリカのカレッジ教育に倣って、すなわち「教育課程の柔軟性と自学自習の重視」のために導入されたものにほかならない。ところが「単位決定法に関連して幾度か論議がくり返されたとはいえ、根本にさか上って論議されたことはほとんどなく、今日でも、大学教育の水準低下は単位制度の為であるという人さえある」。

その単位制度は旧制大学にもあったが、そこでは「講義、実験、実習ごとに一定の時間数を単位として授業時間数を計り、学科目ごとに授業量を表す単位数を定め、所定の条件の下に、所定の単位数以上の学科目の学習を修了すれば、学科目に関する限り、卒業資格が得られることになっていた。所定の条件については大学によっていろいろの差異があったが、学習の修了認定はほとんど共通的に、主として学期末あるいは学年末の試験の成績に依っていた」。新制大学における単位制度は、そうした旧制度のそれとは根本的に異なることが、まず理解されねばならない。

(1)旧単位制度はいわば学内措置であって、単位計算法も各大学で区々であったのに対し、新単位制は卒業資格を定める条件として公式化され、統一されている。
(2)旧単位制では、授業科目の単位数は授業時間数から算定されたのに対し、新単位制度では、それは平均能力の学生がその学科目の学習のために費やす標準的時間から算定され、学習が教室の内でなされると否とを問わず、毎週三時間十五週の勉学活動を一単位としている。
(3)新単位制度では、学士号に対する最低要求を、医学歯学の場合を除き、画一的に体育関係の単位を別にして一二〇単位としている。体育関係の四単位は一二〇単位が決められたのちに体育を正課とすることが定められたので、あとから追加されたものである。

新単位制度の合理性

佐々木は、この新しい単位制度について、とくに計算方法を問題視する声があることを認めた上で、次のように反論している。

確かに十分議論を尽くしたとはいいがたいが、この計算方法そのものは不合理ではない。大学設立基準設定協議会で、単位の計算方法について、「教室の内外を問わず、毎週三時間十六週の学習を一単位とするという原案が提出されたとき、少なくとも、理科系分科会では、実験と実習について教室における授業時間と実習時間の比率に関しては若干の修正が行われたとはいえ、講義に関しては別に議論は出なかった」。

理科系分科会で「此の計算法による卒業資格に対する最低要求を各委員がもち寄ったとき、その単位数は（中略）一三二ないし一六四の間にあり、一四〇前後が多かった。但し、それは旧制時代の学科内容を標準としこれに一般教育その他の単位を加えた数値であったことも容易に想像できる。一方、労働者の四八時間と同様の立場で、学生が毎週四八時間を学科目の学習にあて、これを四年間継続したとすると、一二八単位となる。毎日九時間を学科目の学習にあてるとしても一四四単位である。（中略）平均的能力の学生を標準に取ると、相当の荷重である」。

旧制時代には理科系の場合、それくらい勉強していたといわれるかもしれないが、「教室での授業時間はこれらの学部でも毎週四〇時間前後であり、授業に休まず出席し、家でも日曜を除き毎日二時間合計毎日九時間勉強するような生活を三年間続けた人あるいは続け得た人はほとんどいなかったといって差支えない」のではないか。「このように考えると、新制の四年制大学で卒業資格に対する最低要求を一四四単位以上にするなどということは全く非常識な話であり、一二六単位以上にすることでさえ学生生活の上からみれば無理であ」ることがわかる。「新単位制の旧制と異なる点は、それ自身としては、不合理あるいは不都合の点がないばかりでなく、むしろ妥当なもの」というべきだろう。

にもかかわらず、新しい単位制が非難される「最大の原因は、教育基本法の精神及び四年制大学増設の根底に横たわる思想が一般に理解されていないため、あるいは少なくとも理解されていなかったため」といってよい。大部分の大学教授がいまだに、「旧制時代と同じ考え方で新制度の大学教育に対処している」ところに問題があると見るべきだろう。「このような状態ではその影響が単位制の解釈にも現われるのはむしろ当然」であり、「一般的に、授業の運営については、講義と演習は必ず分けるというような型にはまったやり方をせず融通性をもたせ、一層効果的に実施することが望まれる」。

画一的な制度運用

こうした認識に立って、佐々木は単位制度の柔軟で主体的な運用を主張する。

教室での学習と教室外での自習との時間的比率をいかにとるかは、授業のやり方で変わってくるはずである。これは、講義ばかりでなく、実験実習についてもいい得る。従って単位は授業科目ごとに担当教授が自己のやり方に照らし予想される自習時間を考慮して定め、一年後に履修学生の意見を徴して各授業科目間の不均衡を調整するようにして定めるのがむしろ合理的な決定法なのではあるまいか。卒業資格に対する最低要求単位数の問題は、単位計算が実質的に正しく行われるようになれば、自然に解消する性質のものとみて差しつかえない。

以上のような考え方に従えば、大学基準の（中略）単位に関する条項［一科目に対する課程を終了した学生には単位を与えるものとする。各科目に対する単位数は次の基準による。講義、演習、実験実習……］は表現が不適当だといい得るかもしれない。毎週三時間十五週の勉学時間を一単位にするという原則をあげずに、推奨事項であるべきことだけが規定してあるからである。しかし、大学基準協会の他の文書によれば、前記原則も上げてあるし、この原則はいわゆる詰込主義を主とする監督教育から学生を解放するために設けられたことが述べられている。従って、大学基準の規定は恐らく教授法の改良と詰込教育の廃徐《ママ》に対する要望を単位決算《ママ》の基準に便乗させた結果、あのような表現になってしまったのであろう。

一時間の講義に対し教室外の二時間の準備又は学習を必要としないならば、講義について毎週一時間の講義を一単位とする条件が成立していない訳であるから、実質的に考え、基準に修正を加えて実施すべきである。基準からはずれていても、それが教育的見地から容認される明瞭な理由に基いて行われるものであれば、教育者である大学設置審議会委員や大学基準協会の会員資格審査委員がそれを容認しないはずはないと思われる。従って、前記の条件が成立しないのに毎週一時間の講義を一単位にしなければならないという理由はどこにも見出されない。大学はこの種の問題に関してこそもっと自主性をもってよいのではあるまいか。

以上のように考えてくると、単位制度に対する非難はその運営が適当でないために生ずるのであり、運営の良否はその大学の教授たちがどんな考え方で新制度の大学教育に対処しているかにかかっていることがわかる。

アメリカ・モデルの新しい単位制度を、その「根本にさか上って論議」することなく、言い換えれば制度の規定にある理念を理解することなく導入し、しかも単位の計算方法を弾力的・主体的に運用可能な「基準」ではなく、順守されねばならない「標準」として受け止め、設置認可の過程で機械的・画一的に適用したところに問題の根源がある、というのが、佐々木の指摘である。しかし、「大学はこの種の問題に関してこそもっと自主性をもってよいのでは」という佐々木の期待に反して、大学と大学教授自身による制度の柔軟で弾力的な運用は、その後長く実現されることはなかった。

第4章　昭和三〇年代のレビュー

1　座談会の記録

昭和三三年のレビュー

大学人による新制大学制度の総括的なレビューは、他にもいくつかある。昭和三〇年代に入って登場した、そのうちの二つを取り上げておこう。

一つは、昭和三三年（一九五八）に、上原専禄（一橋大学）、内田俊一（東京工業大学）、海後宗臣（東京大学）、梅根悟（東京教育大学）、城戸幡太郎（元北海道大学）、務台理作（慶應義塾大学）、小林政吉（東北大学）の七人の大学人が参加して行われた座談会の記録である（城戸他編『共立講座・世界の教育6　世界の高等教育』に第七章「日本の大学」三五-五三として収録。小林が速記録を整理し、概要を記述する形をとっている）。

昭和三三年という年は、新制大学院博士課程の最初の修了者が出る、言い換えれば「新制の学校体制が、一通りの完成をみようとしてい」た時期である。「急ごしらえの改革」がもたらしたさまざまな問題が、「深刻なしかも根深いあり方で、現れて」きている今、あらためて戦後大学改革をレビューし、未来に向けての展望を開こうというのが、座談会の狙いであった。取り上げられた主要なテーマは、①大学の年限と教育課程、②大学院の性格、③大学の自治の三つである。教育刷新審議会、大学基準協会、さらには大学の現場で改革問題に深いかかわりをもち、発言してきたこれら大学人たちは、新制大学の現状を、どのように見ていたのだろうか。

年限と教育課程について

まず、座談会で第一に取り上げられた「年限問題」だが、一般教育とも深くかかわるこの問題について、以下に見るように、座談会の参加者たちがこぞって批判的であったことがわかる。

一般教育制度の導入によって、専門教育の年限が短縮され、それが旧制大学に比べた学力低下の原因になっているというのが、年限延長を主張する側の主要な理由である。しかし、「問題は大学の教育課程として、専門教育と一般教育とをどう組み合わせるか」、また一般教育について言えば「その内容と方法」にある。現状では一般教育は、高校の「普通課程の科目とあまり変わらず、専門教育からみれば、無駄なことをやっていることになる」。それを放置して年限延長を唱えたり、「専門教育は大学院で」というのは「国民の生活を考えた高等教育の合理化とは言えない」。「高等学校と大学の教育的連携をもっと無駄のないものにすることを考え」るべきだろう（三六–七）。

ただ、同時に「大学の四年は専門教育を主体として考えるべきであり、一般教育は専門教育の種類に応じて、それを補うもの」であって、「強いてそれを前期にまとめて履修させる必要」はない。「学部の教育課程は設置に基準を設けたためか、画一的になり、大学による特色が発揮されていない。学部により、または学科によって独自な課程が構成され、それを完成させるために教授陣容も設備も充実される」必要がある（三七）。

短期大学制度については、その必要性は認めるが「二年の課程に、四年の課程で認められた一般教育と専門教育、それに教職課程までも、圧縮して組み入れようとしたこと」には問題がある。「専門教育の種類に応じて適当な年限もあり、教育課程の特殊性も認め」るべきである。「専門教育の種類に応じて専科大学を設ける」ことは良しとして、「それによって短期大学を廃止する必要」はない。短期大学は「国民教育機関の一部として」、高等教育の門戸開放、大衆化に大きな役割を果たすことが期待される。したがって多様な教育目的をもつのは当然であり、「単にそれを職業専門教育機関とするのは当たらない」（三二七–八）。

大学院の性格について

修了者を出すようになる大学院の問題については、出席者の間で、当事者としての忌憚のない意見が交わされたことがわかる。

博士課程の修了者が出る時期を迎えた大学院の問題は、論文審査にあたる大学教授の側で、「新制の博士号を旧制のそれとのつりあいでかねあわせて考えているところから、どの程度のものに博士号を与え」るべきか、「おしなべて大学院は博士を積極的に作ることに心がけるのか、それとも独創的な業績をあげたもので、研究者として優れたものにだけ博士号をあたえるのかという根本の態度がきまっていない」ところにある（三二八）。

この問題はさらに「ふかく新制の大学院の本質をどのようにかんがえるかという、根本問題につなが」っている。旧制から新制に切り替えられてからは、大学について「大衆のための職業教育の場という性格」が強く前面に押し出され、大学院までが同様に「最高の職業教育の場」と考えられるようになってきている。五年にわたって多額の授業料を払い、講義や指導を受け、単位を取り、課程を修了したのに、博士号をもらえない。「修士号はほとんどすべてに与えられているのに、博士号だけだししぶるのはなぜか」。教育の場となった大学院について、そうした疑問が強くなっていくだろう。

他方で、大学院は研究の場としての性格を併せ持っている。「少数でよいから研究者としての高度の才能をもつわかい人々を育て上げていかなければならない。（中略）大学院がアカデミックな研究機関でもなければならないという教授側のねがいは、これを尊重しなければならない」（三二九–三〇）。

こうした大学院をめぐる「理念やねらいの面でのみだれ」、「学生の入学動機と教授側のうけいれのかまえ」との大きな「ずれ」に対応するには、「最高の研究機関としての性格をもっていた旧制の大学は、例えばこれを研究所というような名前であらわして新制の大学の学部や大学院ときりはなして、特別な定員や設備の予算措置」をとる必要がある。それに対して「新制の大学は学士課程はもちろんのこと、大学院も教育機関としての役割をはっきりと打ち出すべきであ」り、これと平行して「旧制大学が果たしていた研究機関としての役割を担うものとして、大きな大学には各種の研究所」を附置し、新制大学の「大学院とのあいだに、自主的な人事の交流や研究者養成計画」を成り立たせる必要がある（三三〇–三）。

大学の自治について

座談会の記録は、大学自治のあり方の議論に大きな紙数を割いており、多くが学長や学部長を務めてきた座談会参加者たちが、この問題をいかに重視していたかを物語っている。

それによれば、大学の管理運営機構の改革にあたって占領軍が目指したのは、一貫して、第一に「中央集権的な官僚統制から大学を開放すること」、第二に「各大学の管理機構の中に広く国民の各種代表」を入れ、「大学をその独善的排他性から解放して、社会の要請にこたえる大学としてい」くことであった。「このねらいは、アメリカ軍がわが国における大学と社会との微妙な関係をふかく理解しないで、占領政策という形であらわしたために、わが国の国民感情をいらだたせ、大学の自治意識をおびやかすというわるい結果をひきおこしてしまった。しかし、このねらいそのものは、いまになっても積極的にふかくかんがえられねばならない内容をもっている」。検討の必要な問題点は少なくないが、「わが国の大学のありかたについての深い反省をうながすものであり、これからの大学の自治を確保し充実してゆくときのあたらしい方向をさししめしている」からである。

ところが、占領期が終わった後、「大学の管理の方式は不問にされたままで今日にいたっている」。問題は解決されたわけではなく、「文部省や大蔵省による官僚的統制が、やはり、つよく大学を支配し」ており、また「大学そのものは社会の動きに取り残されて、独善的な自治をまもり続けている。しかも、このこまった現情に対してどこからも批判や改革の動きが現れてこない。(中略) 日本の大学は、今までの惰性で動いている。これでは大学の自治は、いきいきとたもたれているとはいえない」(二四〇)。

外部者の参加する理事会方式の導入を求める「アメリカの改革意見は、占領がおわることによってきえさ」り、「管理の実権は各大学の教授会によってにぎられ」るようになっている。「今のところ政党や文部省は、この教授会中心の自治方式に対して、正面からこれを修正しようとするうごきは示していない」が、「大学の実情をみると、いろいろな方向から大学の自治がおかされ、またおかされようとしていることに気づく」。こうした事態は、「大学の外にある諸勢力」だけでなく、「大学の内部にある大学人そのものの無自覚や無責任」によっても引き起こされることに留意しなければならない。「教授たちはいわゆる「理事会案」などに対して反対運動はしたけれども、そのあとは現情にあまんじて、大学の自治のあり方や財政の問題や各学部間の派閥主義（セクショナリズム）などについて、大学相互の間の横の話し合いをしようという気持ちがあまりはっきりしていない。教職員組合などはあっても、賃上げの経済闘争にとどまっている。学生のうごきも、その時々の政治問題を取り上げているだけで大学の本質的な問題を論ずることがすくない」(二四〇–一)。

大学の自治が外部から侵されるのを防ぐためには、「大学はたがいに横の連絡をとりあって話し合いをさかんにしていかなければならない。今のままでは、すべてのことについてまず文部省がとりあげて、各大学に訓令するという形をとることになってしまう。こうして大学の自治は、正面からではなしに、目だたない事務上の処理の仕方のコントロールという形で、くずされていく危険をはらんでいる。(中略) これらの危険をまえもってふせぐための基本的な仕事として、今はもう忘れられているように見える大学の管理方式についての原則を大学自体が先頭に立って自主的にうちだし、法律化していく必要がある。これは、今の大学がゆきあたっている根本問題の一つである」（二四二-三）。

戦後の学制改革によって新しい発足を遂げた大学に対しては、社会に開かれた、社会の利益の増進に役立つ教育研究機関であることが強く期待され、「社会の利益を代表している人々の意見が、大学の運営に反映されることは当然だというかんがえがつよくなってきた」。大学は「社会から隔てられて超然として研究をたのしむのではなくて、社会と密接につながりながら研究し教育する大学へとかわってきたのである」。それは「大学の自治を脅かす危機であるかもしれない」が、同時に「大学が独善的な「とじられた自治」をぬけだして、社会とともにあゆむ「ひらかれた自治」にとすすむことのできる好機でもある。／そこで大切なことは、大学は財界の意見でも、労働界の意見でも、地域社会の意見でも、いずれの方面の意見に対しても耳をひらいて、これを正式の意見として公的に取り上げることである。（中略）大学が一般に社会全体のうごきからとりのこされていく場合には、大学のはたらきは次第に独善的になって、「とじられた自治」にとじこもらざるをえないようになるであろう」（二四三-四）。

基準協会への期待

それでは「大学の自治を本当の自治へと高めそれをまもっていく」ために何ができるのか。具体的で、将来性のある手段として最も期待されるのは「大学基準協会」である。この「全国の有力な大学がほとんどすべて会員組織で結ばれ」た「自主的な団体」は、会員大学が「互いに自主的に助け合って大学の質の向上を図る」ことを目的とし、「文部省とは別に切り離され、自治的に運営されるたてまえになっている」。設立されてから今日まで「大学設置の基準を作ることに主力が注がれてきたが、今後はこれにとどまらないで、もっと積極的に大学の学問研究の水準や教育の水準をあげる」ための方策について、「自治的な多角的な協議をおこしてゆくべきである。そして社会における政治的な党派のあらそいから大学の自治をまもっていくという大切な仕事をつよくすすめていく団体として伸ばしていくべきである」（二四八-九）。

「大学の自治は大学の外の社会に対する大学の自己防御的なはたらきとともに大学それ自身のうちからの向上というはたらきによってただしくまもられていくのである」。それ故に大学基準協会のような「自治的団体が、文部省や政党のはたらきかけをまっていないで自発的に大学の現情について活発な議論をおこし、大学のうちと外とに対して活動していくことが望まれている」(三四九)。

大学人の反省と自己批判

座談会の記録から読み取れるのは、大学側の当事者として新制大学の発足と整備充実に直接かかわり、主導的な役割を果たしてきた、旧制大学を継承する大学の学長や学部長たちの、生々しい実感のこもった反省と批判の声である。要約しておこう。

安易な年限延長論には賛成できないが、学部は基本的に専門教育の場であり、一般教育のあり方については、高校との接続関係から、その内容・方法まで、検討を要する問題が少なくない。なにより必要なのは、専門教育の性格や個性に応じた一般教育の多様化である。学部の教育課程の現状は、設置基準のためか「画一的になり、大学による特色が発揮」されるに至っていない。大学だけでなく、高等教育制度そのものも多様化が必要である。専科大学制度の創設には反対ではない。ただ、それと引き換えに短期大学制度を廃止することには賛成できない。短期大学に必要なのも、二分の一大学としての画一性の打破であり、それを職業教育機関化することではなく、多様な教育機能をもった、高等教育大衆化の受け皿や推進手段として活用していくことであろう。大学院について必要なのは、大学教員自身の意識変革である。新制大学院は教育の場として設計されているのであり、研究の場であった旧制大学院的な考え方を捨てる必要がある。優秀な研究者の養成の必要性に応えるためには、旧制大学を継承した大学学部に「研究所」を設け、新制大学院との交流をはかればよい。

最も重要な課題は、大学の自治に関わる管理運営組織の整備、法制化である。大学に対する官僚的統制の打破と、国民の各種代表の参加する開かれた大学運営が、GHQ／CIEの目指したものだったが、いずれも挫折して現在に至っている。いま支配的なのは、戦前期以来の「惰性」としての「教授会中心の自治方式」であり、このままでは大学人の「無自覚と無責任」から独善性に陥り、政府や政党など、外部勢力の介入を招きかねない。「理事会方式」が望ましくないとしたら、どのように社会の各方面の声や要請に「耳をひらいて」いくのか、「とじられた自治」を「ひらかれた自治」に変えていくのか、真剣に考える必要がある。重要なのは、セクショナリズムを排した横の連絡・連帯であり、その点で、全国の有力大学を会員とする自主的団体である「大学基準協会」に期待するところは大きい。文部省や政党が動くのを待たず、大学の学問研究や教育の水準向上から、自治に基づく管理運営方式まで、自主的な団体を中心に、「自発的に大学の現情について活発な議論をおこし、大学のうちと外とに対して活動していくことが望ま」れる。

このように見てくると、新制大学の現実について、政策を策定する文部省、それに中央教育審議会、大学現場の意見を代表する立場にある大学人との間に、新制大学の現状認識にも、修正や改革の方向性についての見解にも、基本的に大きな違いはなかったことがわかる。問題は、だれがそれを発議し、具体化するかにあった。大学人たちは、大学の自由・自治を前提にした、横の連帯による自主的で主体的な「下から」の改革を求め、文部省・中教審による「上から」の改革に抵抗を示したのである。

2　「大学制度の再検討」

民主教育協会と検討委員会

大学関係者によるレビューとしてもう一つ、昭和三七年（一九六二）に刊行された蠟山政道編の『大学制度の再検討』（福村書店）を紹介しておこう。

蠟山は、お茶の水女子大学学長を務めた政治学者だが、昭和二九年に、アメリカのアジア財団の支援のもと、教育に関心を持つ大学関係者を主要メンバーに創設された「民主教育協会（ＩＤＥ、Institute for Democratic Education）」の初代会長も務めていた。この民間団体（現在も「ＩＤＥ大学協会」として存続している）の主要関心事は、大学教育にあり、一般教育や学生の厚生補導問題について調査研究や啓蒙的な活動を展開してきたが、昭和三五年、「大学制度を全面的に再検討する」ことを目的に、「大学教育に関する諸問題」の調査検討委員会を組織した（『業績と回顧　ＩＤＥ五〇周年・高等教育研究所二五周年記念誌』）。

委員長は蠟山政道、委員には、中山伊知郎（一橋大学）、橋本孝（慶應義塾大学）、村井資長（早稲田大学）、高坂正顕（京都大学）、久保正幡（東京大学）、相良惟一（京都大学）、玉蟲文一（東京大学）、佐々木重雄（東京工業大学）らの大学人、それに文部省関係者で日高第四郎、天城勲、西田亀久夫、岡野澄らが加わっている。昭和三五年といえば、第Ⅲ部で見るように、中央教育審議会が「大学教育の改善について」諮問を受けた年である。民主教育協会の報告書として『大学制度の再検討』が刊行されたのは、中教審によるその「三八答申」の一年前、三七年二月であった。

このような検討委員会を立ち上げる理由を、蠟山は大学管理法案の問題から書き起こしている（「序にかえて――再検討すべき諸問題」序、三―七）。

その経緯については第Ⅲ部で詳細にふれるが、蠟山によれば、昭和二六年に国会に提出された「大学管理法案」が流産に終わったのは、一つには、それが「あまりに日本の大学の伝統的な管理方式とかけ離れたものであったため」だが、「根本的には、わがくににおける新制大学又は高等教育なるものの教育制度としての在り方を確定することが困難であった」ことによる。戦後改革によって「旧制高等学校や各種高等専門学校を一挙に併合して設置された新制大学については、旧制大学もこれと法律上は同一のとり扱いを受けることになった。さらに、いわゆる短期大学も高等教育の名のもとに包括されるに至った。（中略）このように、性格も、種類も、したがってその教育機能もことなるものが、一つの大学制度のもとに包括された理由には、政治的にも、社会的にも、無視できないものがあるけれども、早晩、再検討されねばならぬ状況にあった。そして一〇年以上たった今は、その時機がきたのである。／大学制度の再検討にあたって、取り上げなければならぬ問題点は多々ある。一〇年間の運用の実際を見てきた今日となってみると、そのあまりに多いのにおどろくほどである」。

そうした問題点の選択と重要性を「評価する観点もしくは座標」として、検討委員会が選び出したのは、①教育制度としての大学、②大学の自治と管理、③大学財政の三つに分けられた、全体で二〇の問題群である。文部官僚が加わっていることもあって、取り上げられた問題の中には、例えば事務機構、図書館、学寮、厚生補導、施設費、研究費、教員給与など、具体的・実務的なテーマも少なくないが、ここでは、制度・組織改革に関わる問題を論じた論考を取り上げることにする。なお、報告書は二〇のテーマについての個人論文からなっているが、「各執筆者の個人的見解を委員会の討議をへて相互の関連調和を保つように努めた」とされている（同、六）。

大学の性格・種類について

「教育制度としての大学」で、冒頭に取り上げられているのは「大学の性格・種類について」（同、三–一三）である。この問題については、発足から一〇年を経た新制大学制度が直面する最大の問題として、第III部で見るように、中央教育審議会から「種別化構想」についての中間報告が出され、また大学基準協会や国立大学協会でも検討が進められていた時期である。民主教育協会でも、制度見直しの中心的な課題として取り上げられ、活発な議論が行われたものと思われ、検討委員会の幹事役を務めた相良惟一が、それを踏まえて執筆したのが上記の論文である。

ここで展開されるのもまた、画一化した制度に対する批判である。それによれば、新制度の発足から一〇年を経た新制大学制度が、いまだに複雑な問題に直面しているのは、「大学の性格や種類」のような「根本的な問題すら、まだ満足な解決を見ていない」ためである。「現行の大学制度は（中略）画一的に過ぎ、同じようなものが多数存在し、独自の存在意義を発揮しているようには見受けられない」。大学が「国家および社会の要請にこたえるべき自己の使命を十分に果た」すためには、それぞれの大学に「特色ある性格を持た」せ、「種類分け」をする必要がある（三）。

わが国の大学制度は、明治以来ドイツに範をとってきたが、終戦後「アメリカの制度を大幅に継受するにいた」り、「それまで存在した多数の高等専門学校をことごとく大学に昇格させ、それらを従前の大学すなわち旧制大学と一緒にして、一挙にして数百の新制大学を発足させた。本来ならば、そのさい、これらの大学について、それぞれの性格なり種類なりについて明確にすべきであった」が、「遺憾ながら実行されなかった」。

それだけではない。「新制大学になったものの、旧制の大学すなわち旧制帝国大学、官立大学はやはり以前の旧制大学的観念を固執する傾向があり、新制大学としての自覚が不足し、それに切り換える努力が余りなされていない」。その一方で、「新たに出現した新制大学は、ことごとくといってよいくらい、すべて旧制の大学を範とすることにのみ、きゅうきゅうとし、こぞってこれに右にならえする傾向がある」。それが「同一性格、同一種類の大学を数多く出現させている有力な原因となっているのではないか」。「大学の定型化、個性の喪失」が「大学に対する社会の期待や要請にこたえることを困難にし」ているのであり、「その改善は焦眉の急」である（四）。

こうした現状は、現行法規の不備によるところも少なくない。「大学制度を規定する現行法規は、まことに簡単かつ画一的なものであり、大学の性格や種類に関し多様性を付与する」ものではないからである。学校教育法の第五二条は、「大学は学術の中心として、広く知識を授けるとともに、深く専門の学芸を教授研究し、知的道徳的及び応用的能力を展開させることを目的とする」と規定している。大学（短期大学を含む）は、すべてこの簡略で一般的な規定に準拠して「設置され、この規定をその目的・性格として掲げている」。本来ならば「このような箇にすぎる大学の性格や種類に関する規定は、（中略）むしろ多様性やゆとりを認める余地を残していると解する」べきだが、「結果としては逆に、定型化、画一化を助長する役割を果たしているというのは、皮肉というべきであろう」（五）。

相良は、このように述べたあと、中教審や基準協会での検討状況を紹介し、「要は、大学の性格、種類に関しては、実のり多い多様性を持たしめ、これを維持、発展させることが何よりも重要」であるとして、論点整理という形で、「解決の方向」を以下のようにまとめている（二三）。

(1)わが国の大学はそれぞれ独自の存在意義なり、目的なりを持つべきであって、それに基づき、それぞれの大学は特色ある性格を有し、種類分けさるべきである。

(2)大学の性格をどのように分けるかは、種々の意見があろうが、少なくとも、高度の学術研究機関という性格が一つには考えられ、もう一つには高度の職業教育機関であるということが考えられる。前者に関しては、大学院との関連の問題がでてくるのであり、後者については、さらにこれを細分することも可能であろう。

(3)大学の性格づけによって大学は多様性を持つ存在となってくるのであるが、このことはなお、種々の問題を提起する。大学の規模、修業年限、組織、編成等がそれであるが、なおまた実際的には、現在の短期大学制度をどう措置するかというような問題もあろう。

国立大学を念頭に置いてのことと思われるが、旧制大学関係者が伝統的な大学観に固執し、新制大学関係者もまたこぞって「旧制の大学を範」としている現状を厳しく批判した上での多様化論であることが知られる。文部官僚がメンバーに加わっていることもあるのだろう、歯切れの悪い表現になっているが、その打開策を学校教育法の改正に求めるなど、中央教育審議会の「種別化」構想に近い提言になっている。なおメンバーのうち、大浜信泉、奥井復太郎、日高第四郎は、中央教育審議会の委員でもあったことを付け加えておく。

二)。

大学の自治と管理

「大学の自治と管理」については、委員長の蠟山自身が総括的な論文を書いている(「大学の自治と管理」、同、一〇一―

政治学者の蠟山は、まず学問の自由と大学自治の関係から説き起こし、帝国大学・官立大学を念頭に、戦前期においては人事の「具状権」が「わずかに大学の自治と学問の自由に対する国家の保証を示すものであった」こと、当初は国家権力が強大で、その「具状権の運用にあたる総長または学長の任免がもっぱら文部大臣の手にあ」り、「大学の自治の大きな制約」となっていたこと、その後、大学側の自治意識の高まりから、「総長の学内互選制度」が認められるに至ったこと、などを述べている。「大学の自治は、この具状権と総長の学内互選制度と相まって、はじめてその効果が発揮される」が、互選制が慣行として認められたのは大正期になってからのことであった。

敗戦後、新制大学の発足とともに、こうした「過去の伝統は制度化され、一般化され」る。「総長・学長の任用は学内選挙制となり、評議会、教授会中心の運用制度は、暫定的な便宜的な立法(文部省規則)によって、一応制度的に確立」することになった。また「教育公務員特例法によって、国立大学のばあいには、学長・教授の任用に関する過去の大学自治の伝統は、少なくとも対国家の関係においては、いちおう、一般的に制度化されたとみてよい」。これらの暫定措置を踏まえて、政府は「大学管理法案」を策定し国会に上程するが流産に終わり、「大学自治の基本原則の確立とその保証手続きの完備」は先送りされたままになっている(一〇三―四)。

さらに「大学自治の問題は、大学が一個の施設または機関としてもつ自治という面をもっている。それは大学の管理権の所在と運用の問題にほかならない」。その大学の管理は、国家による「外部管理・行政的管理」と、大学自身による「内部管理・自治管理」に分かれる。内部管理・自治管理は大学が学問と研究の自由のためにするものであり、外部管理が制限され自治が拡大するほど、その「内部管理の権限と責任は増大する」。「従来、この大学の管理問題が等閑に付されて、あまり重要視され」てこなかったのは、「学問の自由が観念的に叫ばれ」るにとどまり、大学自治が、国家による「外部管理」の制限という限定的で、消極的な形で主張されるにすぎなかったためである。「大学の自治を全うするためには、それに適応する内部的管理、すなわち自治管理の問題の解決をはからねばならない」(一〇七-八)。

その内部管理だが、「大学管理法案が流産の結果、大学の管理機構は現在もなお暫定的な状態」にあり、「学長・評議会・教授会の三者の相互関係」をあらためて検討する必要がある。大学管理法案には「商議会」の設置が盛られていたが、「評議会」との間で権限の区分に重複のきらいがある。両者を統合することとし、「大学と社会との関係をより密接にする意味において、少数の学識経験者または卒業生のうちから適当な人物をくわえること」にすれば、「教授会の代表者をもって組織する現行評議会の欠陥を補う」ことが可能になる。その場合重要なのは、「外部の関係者の加わる評議会（または理事会）と教授会の権限と機能を明確に区分」することである。「前者は主として、社会の一機関としての大学の立場から大学全体の総合的観点からする大学の経営管理の諸事項」に、「後者は主として学問の自由とそれに関する専門職としての立場からする大学の自治に関する事項」に、それぞれ関与するものとし、「学長はこの両機関の調整統合を図るとともに、学生に対する補導訓育に対する総合的責任を負う立場に立」つ。これが、現職の学長でもある蠟山が理想とした、大学の内部管理機構であった(一〇九)。

このように、内部管理機構の確立を求める一方で、蠟山は「真に大学の自治がみとめられるためには、大学そのものを構成する教授の自治能力と責任意識」こそが、必要条件であるとし、そのための「倫理綱領」の必要性を強調している。「大学協会や大学教授連合等が、現在のごとき単に陳情機関や圧力団体のような役わりでなく、この重大な問題に対して自らの倫理綱領をもちうるようになる時が、おそらく日本における真の大学自治が確立されるときであろう」(一〇六)。評議会に外部者を加え、社会に開かれた大学とする一方で、教員自身の学問の自由への内発的な意思と責任感、そして教員と大学の相互の連帯感こそが国家権力の介入を制限し、自治を拡大し維持していく最も重要な基盤であるというのが、蠟山の見解であった。

一般教育の課題

新制大学が直面していたもう一つの重要な現実的課題である、一般教育課程の導入に伴う学部の教育課程編成問題についてもふれておこう。大学基準協会編の『新制大学の諸問題』に執筆していた玉蟲文一が、ここでも「教養課程と専門課程」という一文を寄せている（六九―八二）。発足当初から一般教育の推進と定着に中心的な役割を果たしてきた、現状を知悉する最適の執筆者といえるだろう。

玉蟲によれば、一般教育制度の導入からほぼ一〇年を経た今、必要とされているのは、一般教育と専門教育という区分を超えて真に統合された、また各大学の目的・性格・特色に応じた学部教育の課程編成である。「専門課程を構成する専門教育科目は、各専門分野に応じて特殊性を持つのに対し、教養課程を構成する一般教育科目、外国語科目及び保健体育科目は、概して専門分野にかかわりない普遍性をもっている。それぞれの色彩をもつ専門課程と無色の教育課程とを、どのように組み合わせて、調和のとれた一つの学科課程をつくるかということが、今日の大学に課せられた問題」である（六九）。

まず教養教育だが、最大の問題は外国語・保健体育を除く一般教育である。「一般教育科目を、人文、社会、自然の主要分野にわたって、均等な比重をもって配置したのは、学生が専門的にいずれにも偏らない一般的教養をうることを期待したものであり、その趣旨はよく理解される。しかし、そこに示されている各学科目は、それぞれの専門分野を代表する単一科目であるために、その科目の内容と教授方法に充分な考慮がはらわれないと、それらは単に各専門分野の概説あるいは入門として役だつにすぎないという傾向が表れる。また、これらの単一科目のなかには、高等学校の教科目と合致するものがあり、それらについては、大学での教授内容が高等学校のそれと重複し、そのために学生の学習意欲を阻害するという傾向も現実に見られる。さらに、一つの系列の中で履修すべき三科目は学生の選択にまかされているが、教師がわからの充分な指導が与えられないかぎり、一般教育のねらいとする事物の関連性、知識の総合は見失われる」（七一―二）。

占領軍の強い指導・助言のもと、新制大学が導入した「一般教育は、わが国の大学としてまったく新しい企画であり、それが充分な教育効果をおさめるためには、当初から多くの困難が予想された」(七三)。導入に中心的な役割を果たした大学基準協会は、特別委員会を設けてさまざまなコースプランの試案を作成し、とくにその「最終報告」では、開設された科目の選択履修だけでは困難な「事物の関連性、知識の総合」を可能にするべく、「各系列内における「総合科目」を提示している。これを行うには「専門を異にする教授間の協力が必要」とされるが、「それは容易におこなわれ」ず、「すでに一〇年を経過した今日において、(中略)そのようなこころみはなおきわめて少数の実例を除いて、ほとんど実施されていない状況である」(七三)。

残念ながら、「現在、一般教育科目は、多くの大学において、その教育効果について、多かれ少なかれ、疑念を持たれている。それは、概して、専門教育への準備として評価されているにすぎない。(中略)どうすれば一般教育をその本来のすがたにおいて生長させ、その評価をたかめることができるか。この問題は、時に専門教育との関係において、詳しく検討されなければならない」(七二-三)。

専門教育と一般教育

専門教育と一般教育の関係は、学部教育の年限問題とも深くかかわっている。新制大学における専門教育のうち年限の点で「旧制と差がないのはおそらく医学教育のみであろう。したがって(中略)短縮された期間においていかに効果的に専門教育をおこなうかが問題であるが、この問題は、各専門分野において考究されなければならない。ある種の専門分野では、専門教育科目自体の整理・再編成によっていちおうの解決を見出しうると考えられているが、多くのばあいは、専門教育の内容を充実させるためには、教養課程を圧縮するか、さもなければ修業年限を延長することが必要だと考えられているようである。とくに工学部門においては、最近五年制大学の設置を主張する声もかなりに強い。また、現行の制度においても、教養課程は専門課程に比較してその比重が重すぎるから、一般教育の内容を整理して、その結果期待しうる若干の余裕を専門教育に回すべきだという見解もある。ともかく、今日の日本の大学の教育計画のなかにおいて、専門教育と一般教育とは、親和的であるよりは対立的であり、両者のあいだは、さまざまなすがたにおいて現われている」。

「専門分野によっては、どうしても年限の延長が必要であるかもしれない。しかし、一年の修業年限の延長による社会的影響は大であるから、わが国のばあい、とくに慎重に検討されなければならない。差し当たっては、現行制度のわくのなかで、どうすれば専門教育の能率化をはかることができるかを十分に討議しなければならないだろう」（七三―四）。

一般教育と専門教育との関係では、もう一つ、基礎教育の問題がある。「現行の大学設置基準によると、一般教育科目のうち、特定の専門分野に関連あるものを八単位（二科目）の範囲内で「基礎教育科目」とすることがみとめられている」。これは、「専門教育を補強するための措置と考えられているが、いささか便宜的であり、かつ不徹底な方法である。このような規定が示されない以前から、多くの大学において、特に理科系に対する一般教育としての自然科学系列の各科目（中略）は、専門課程に対する準備又は基礎としての形態をとってきたのである。（中略）理科系部門に関するかぎり、基礎教育科目は現実におこなわれているのであり、この際むしろ、それをいっそう一般的な形態において設定することが適切ではないかと思われる。そのような基礎教育科目の設定は、おそらくかえって教養課程と専門課程とのあいだの対立関係を緩和することに役だつであろう」（七四―五）。

「一般教育科目と基礎教育科目との限界は、とくに後者の意味を広義にとる場合、あきらかではない。したがって、両者のあいだの単位配分もまた一義的に規定すべきものではない。（中略）大学基準あるいは大学設置基準は一般的基準を示すものだが、その実際の運用においては、各大学の性格によって、あるていどの変異をみとめることが必要ではないか。この点において、わが国の大学の教育計画はあまりに画一的になりすぎている」（七八―九）。

課程編成の硬直化批判

玉蟲の批判と反省の基底にあるのは、やはり「画一化」の問題である。新制大学の一斉発足のために、急遽策定された大学基準とそれに準拠する大学設置基準は、新たに導入される「一般教育」の制度化を急ぐあまり、専門教育との間に、また一般教育の科目間に、高く、しかも基準性の強い壁を設定するものであった。発足から一〇年余を経た新制大学の現実を見ると、学部教育の課程編成は硬直化し、関係者の間に不満と批判を呼んでいる。大学の目的・性格・種別に応じたより柔軟で、弾力的な課程編成を認めるべきではないか。玉蟲はこのように述べているが、その可能性について楽観的ではなかったことが、次の問いかけからもうかがわれる。

わが国の「「文理学部」と呼ばれる組織」は、「元来は［アメリカのリベラル・アーツ・カレッジと］同様の性格のものと考えられたのであるが、実際には、それは概して、その教育目標のはっきりしないものとなってしまったようである。つまり、それは、一般教育の観点からも不徹底であるばかりでなく、専門教育の観点からも不徹底なものとなっている。［戦後大学］教育改革によって生まれ出た「文理学部」のたどりきたった道程は、まさにわが国の新制大学における一般教育と専門教育の在り方についての矛盾と困難を表しているように感じられる。リベラル・アーツ・カレッジは、わが国においては健全に生長しえないものだろうか」(七九)。

わが国唯一の「教養学部」の教授であった玉蟲のこの慨嘆的な一文から数年後に、文理学部のリベラル・アーツ・カレッジ化どころか、解体・専門学部化が推進されることになるのは、後で見るとおりである。

第5章　経済界の批判と要望

1　日経連の批判と要望

経済界の新教育批判

新制大学に対しては、最初の卒業生が就職時期を迎えるとともに、経済界からも厳しい批判の目が向けられるようになっていた。日本経営者団体連盟（日経連）から、昭和二七年（一九五二）一〇月に出された「新教育制度の再検討に関する要望」（『中教審と教育改革』所収、一九三－四）は、その最初のものである。

戦後発足した新教育制度においては、わが国従来の教育体系、内容及び方法等全般に亘り根本的改革が実施された。しかしこの改革はほとんど無準備且つ急激に行われ、しかもわが国の実情を無視したものであるため、最近新制度実施に伴う諸般の欠陥につき数々の批判が起こりつつあり経営者側においても亦わが国の将来に思いをいたし、新教育制度再検討の必要を痛感するものである。

もともと高等学校以上の学校においては、学生生徒の知識能力に応じそれぞれ職業乃至産業面の教育指導が行われ、学校卒業後にはその習得した学識技術技能を通じ職業人として社会国家の進歩に貢献すべき人物が育成さるべきである。然るに新教育制度について産業人の立場よりこれを見るに社会人としての普通教育を強調する余りこれと並び行わるべき職業乃至産業教育の面が著しく等閑に附されこの点、新教育制度の基本的欠陥と云うべく、これが是正こそ先ず考慮されねばならぬ重要事である。

新学制の再検討を求める、そのような前文から始まる要望書は、大学について「新制大学制度の改善」という項を立てて、以下のように述べている。

大学卒業生はその多数が会社工場事業場等産業界に入り、それぞれの専門の部署について活動し将来は幹部として部下の統率指導、計画の樹立、企業経営の推進等にあたるべき人材である。従ってその基礎を作るべき大学教育の充実について産業界は常に多大な関心を持ち、今後とも能う限りの協力を惜しまざるものである。然るに、新制下における大学教育の現状は産業人としての人間教育面に遺憾の点が少なくなくまた一般的には教養学科と専門学科との間に一貫性を欠き専門的知識技術の学習を強化するため一部に変則的運営を行うものがあるなど、新制度自体に運営上の無理がすでに露呈されている。ゆえに大学専門学校別の存した旧学制がむしろ好ましいとの声すら起こっている。このことも亦新教育制度に対する企業側の不満を端的に表明せるものとして看過できない事柄である。

従って大学は人間教育を強化すると共に専門教育学術研究等との面に、不徹底なる画一性を排し、それぞれの特長を明確に発揮し得るよう新大学制度の根本的検討を速やかに進められたい。

昭和二七年秋といえば、次の年の春に大量に巣立っていく実質的な第一期の新制大学卒業生が、就職活動を開始した時期である。日経連の要望書は、新制大学の教育は一般教育・専門教育ともに不十分で、産業界の期待する人材養成機能を十分に果たしていない、とくに「社会人としての普通教育を強調する余りこれと並び行わるべき職業乃至産業教育の面が著しく等閑に附され」ているのが、「新教育制度の基本的欠陥」だと、抽象的な表現で新制大学の教育を批判しているだけで、新制大学教育のなにをどのように再検討し、改善すべきだというのか、具体的な提言は見ることができない。ただ、要望書の提出と時を同じくして、日経連が会員企業を対象に、大学卒業者の採用試験の結果について、実態調査を進めていたことを指摘しておくべきだろう。

新旧卒業生の比較

昭和二八年（一九五三）は、新制大学にとって実質的に最初の卒業生を出す年であっただけでなく、旧制大学にとっては最後の卒業式の年でもあった。ということは、二七年秋の採用試験が、新制・旧制双方の学生を対象に、両者の比較を可能にする形で実施されたことを意味する。日経連が行った調査には、四一社から回答が寄せられているが、その採用試験の比較結果は、新制大学卒の、①基礎学力：旧制大学に比し不足三〇、優秀一〇、差なし〇、②専門分野学力：旧制大学に比し不足三一、優秀八、差なし〇、③論文にあらわれた学力：旧制大学に比し不足二七、優秀一一、差なし一、④常識程度：旧制大学に比し不足一七、優秀二一、差なし一、というものであり、とくに感じられた点として「専門的知識の不足、知識がダイジェスト的でバランスを欠く、基礎学力に欠ける」などが挙げられている（『新日本教育年記』第二巻、一三三）。

同じ日経連の「採用試験総決算の会」が、二八年一月に一六〇社に対象を広げて実施した調査でも、「新制大学が旧制大学に大きく劣るのは［一六〇社中］基礎学力で一一一、専門的知識一一四、論文をまとめる力九一、常識七七」など、ほぼ同様の結果になっている（同、一四〇）。短縮された年限のもと、一般教育重視の新しい教育課程による教育を受けた新制大学卒業者が、常識面はともかく学力面で厳しい評価を受けたことがわかる。

それから二年後の二九年一二月、同じ日経連が「当面教育制度改善に関する要望」（『中教審と教育改革』所収、一四一六）を出しているが、そこでの新制大学批判は、こうした調査結果に示された企業の「実感」を基盤に、問題点を具体的に列挙し改善を強く要求する、踏み込んだ内容になっている。

日経連の改革要求

その二度目の要望書だが、前回の文教当局に対する「要望」が「社会的反響をよび、大学側と産業界との間の連絡強化並びに意見交換の素因を作り、或いは中央教育審議会においても新教育制度の再検討が行われるなど大学教育の改善が試みられつつある」のは喜ばしいことだとした後で、しかし「未だわれわれ産業界の要望するところに遠く、現下の教育界の一般的情勢はわが国産業の実情に副わないことを甚だ遺憾とするものである。（中略）世間から重大視されている大学卒業者の就職難問題も一方においては、わが国が当面するデフレ政策の影響によるとはいえ、他面わが国教育制度のあり方について産業界の受け入れ態勢との間に甚だしく懸隔があ」るためだと、高い調子で以下のような改革の断行を求めている（同、一九四—六）。

一　大学における法文系偏重の不均衡を速やかに是正すること

［これまで大学卒の法文系と理工系の採用比率はほぼ六対四であったが、新制大学の］卒業生の趨勢は漸次法文系偏重の状勢を呈し、新入学生の定員超過がこの偏重の度を更に進め、特に私大においてこの傾向が著しい。

この不均衡は一面就職難激化の一因であるとともに他面科学技術振興の観点よりみるも憂うべきものがある。（中略）現存の大学および学生数の枠内においてこの不均衡を是正すること。

二　大学の全体的画一性を排除すること

大学には学術研究、職業専門教育、教員養成等にそれぞれ重点を置く特長ある性格を持たしめ、全国的画一性を排するとともにこれらの教育を充実し、最近新設の大学等にみられる如き実質、内容ともに伴わざる学部並びに専攻部門の増設編成の弊を改めること。

三　専門教育の充実を図ること

(1)一般教育と専門教育中における基礎学科とを調整すること

一般教養の必要性はこれを認めるが、これは各種の教育課程を通じて行われるべきであり、大学四ヵ年の教育課程において教育の効率化を図るためには一般教育（例えば、語学、数学等）と専門教育中基礎学科との調整を行い、それによって専門教育を一段と充実すること。

(2)単位制度の運営を改善すること

単位制度による教育は、その実施にあたり教授方法の改善、施設、設備の充実が不可欠の条件であるにも拘らず、不準備のまま採用されたために学生の自発的学習を怠らしめ、学力低下の要因をなしているので、これらの方法、施設等を改善充実すること。殊に（中略）科目選択の自由より生じた従来の弊害を改め、一方において基礎学科を必修科目とするよう速かに改めること。

(3)中小企業における職業教育の養成に応ずること

（前略）各地方の上級学校においては中小企業を中心とする地域社会の要求に合致するよう特色ある専門教育の育成充実に特に努力すること。

四　中堅的監督者職業人を養成すること

企業体における従業員の人事構成に照らし中堅的監督者及び職業人の需要が強く要請されているにも拘らず、新大学制度においてこれらの要請に答え得べき中堅者の養成が行われず、職業専門教育の充実を図るために次の新構想による新学校制度を考慮すること。

(1)一部新制大学の年限短縮、或いは一部短大と実業高校との一体化などにより五年制の職業専門大学とすること。（後略）

五　教育行政を刷新すること

(1)新教育制度においては教育行政当局は大学の運営等に関して指導助言するにとどまっているが、これを刷新強化し、大学設置基準等についてもより一層監督を厳重にし、その実施励行に一段の努力をなすこと。

(2)教授は学問研究のみならず教育者としての使命に徹し、その職能を十分発揮せしむるとともに時流に迎合するが如き一部教育者の刷新を行うこと。

六　学歴尊重の弊風を是正すること（以下略）

「民主化」され門戸を大きく開いた新制大学から、復興途上の産業界の予想を上回る数の、しかも旧制大学・専門学校とは質的に異なる卒業生が送り出されるようになった時代状況を反映して、「要望書」は、法文系と理工系、専門・職業教育と一般教育のバランスの見直し、さらには「専門教育の充実」との関連で一般教育課程の編成や、単位制度の運営といった教育の内容にまで、批判の矛先を向けている。

先にみた大学人たちの批判的反省とも一部重なり合う問題点の指摘だが、制度改革とのかかわりで重要なのは、機能・役割に応じた四年制大学の種別化、それに「中堅的監督者及び職業人」養成を目的とした新しい短期高等教育機関制度の創設の要請という形で提起された「大学の全体的画一性」に対する強い批判であろう。それは第III部で見る、昭和二六（一九五一）年に「政令改正諮問委員会」から出された答申に示された、戦後最初の学制改革構想とも呼応する形で、その後の制度改革論議に強い影響を及ぼしていくことになるからである。

2　科学技術教育の改革要求

人材養成への焦点化

採用試験における学力問題から始まった経済界の新制大学批判と学制改革への要請は、その後、日本経済の復調とともに一転して不足が認識されるようになった科学技術者の育成・供給問題を切り口に、展開されていく。昭和三一年（一九五六）一一月に日経連から出された「新時代の要請に対応する技術教育に関する意見」はその代表的なものといってよい。

意見書は、「第二次産業革命ともいうべき原子力産業・電子工業の勃興およびオートメーションの普及産業技術の躍進的向上発展」に対応すべく、欧米諸国が「技術者・技能者の計画的な養成教育の懸命な努力を傾け」ているのに対して、「わが国においては、戦後学校制度の変革を見たが、技術教育の重要性は殆んど顧みられることなく、大学についてはは理工系に対し法文系偏重の風は依然改められ」ていないとして、次のように「技術者養成のための理工系大学教育の改善」を求めるものであった（『中教審と教育改革』一九八-九）。

(1)産業界においては、戦前旧制工業専門学校の供給していた中級技術者は今日の産業界においてもその必要を痛感しているが、現在二年制の短期大学では到底この要求を満足し得ない。よって二年制の短期大学を高校と結びつけ五年制の専門大学を設けその積極的拡充を図って、高校と大学との間の教育の重複非能率を是正するとともに実習、専門学科の充実を行いもって産業界の要請に即応すべきである。

(2)四年制大学は法文系に比し理工系がはなはだしく均衡を失し、学生数においても現在七五対二五の比率であって、戦前の六五対三五の比率にも達せず、将来科学技術者たるべき理工系学部学生数は短期大学を含めても約八万（すなわち一年約二万）にすぎない。（中略）政府は国家百年の大計に基き、計画的に法文系を圧縮して理工系（専門大学を含む）への転換を図るとともに、積極的に理工系大学に対する国庫支弁および補助の増額措置を講ずべきである。

(3) 工科系大学の教育内容については、新制大学四年間の専門教育の授業時数が旧制大学三年間のそれに比して約三〜四割方減少している現状に鑑み現行四年の枠内において専門科目の充実を図るとともに、学生の学外実習は原則として正科とし組織的に実施する必要がある。専門科目と併せて基礎科目の充実も大いに必要であるが、双方について完全を期することは実際上望み難いので、むしろ各大学が所在地域の特長、教授の陣容等によりいずれかに重点をおきそれぞれの特色の発揮に努むべきである。／なお云うまでもなく、学校教育の目標は知識を授けるばかりでなく、人格を造ることにあるから、工科系大学に於いて技術者倫理の徹底を図ることは極めて重要であり、また機械的技術の革新に伴い管理技術の進歩は益々著しいものがあるので、管理技術に関する科目は今後の技術者教育として忽せにできないところである。

(4) 将来の科学技術の進歩と産業技術の高度化に即応し、理工系大学院を強化して、専門科学技術者・上級技術者の育成に努める外、産業界の依託学生の制度を修士課程において認めるべきである。

(5) 理工系大学教職員の海外及び内地留学、相互啓発等により質的向上を図るとともに産業技術の高度化に伴う産業技術者の再教育について大学側の態勢を整備することが望ましい。

(6) 理工系大学と産業界とは絶えず緊密な連携を図り、大学側は産業界の要請を的確に把握して、これに対応する方途を攻究すべきである。産業界も講師の派遣、教授の現場見学出張その他工業教育全般ならびに研究の推進についてできうる限りの協力を致さんとするものである。

科学技術教育の振興

翌昭和三二年（一九五七）一二月、日経連はさらに追い打ちをかけるように、政府に、三三年度の予算編成にあたって「科学技術振興について（中略）所期の効果を上げるため強力な予算措置を採」ることを要望するとして、次のような、より具体的に踏み込んだ「科学技術教育振興に関する意見」を提出している（同、二〇〇一）。

大学における科学技術教育について

(1)大学理工系学科の定員増加を図る一方、地方大学の理工系学科を相互に整理統合（例えば甲乙両大学に各機械、精密機械、電気、電気通信の四学科ある場合に双方の二学科を移管し甲を機械、精密機械のみ、乙を電気、電気通信のみとするとして設備、研究費、教師の拡充強化に便利ならしめると共に各々特色をはっきりせしめること）。

(2)理工系大学教育の量的増大と併せて特に質的向上を図るため、教職員の充実および施設設備、研究費の飛躍的拡充を行うこと。

(3)理工系大学における専門基礎科目の充実に努めること。

(4)理工系大学院の内容の充実向上を図ること。

(5)短期大学と高等学校とを合せた技術専門大学を早急に設置すること。

ここには、理工系人材養成の計画的拡充、産学協同の促進から地方国立大学工学部の再編統合、さらには一般教育と専門教育の関係や単位制度の見直し、専門基礎科目の充実まで、さまざまな改善・改革要求が並んでいる。しかし、制度改革との関連で最も重要なのは、科学技術者養成、理工系高等教育に焦点を絞ったこの二つの意見書の基底にある、企業現場における工業技術者を下級・中級・上級に分ける、いわば技術者の三層構造論、さらにいえば明治以来の、三層に分かれた技術者養成システムの再構築論であろう。

戦前期のシステムの下では、中等レベルの工業学校が下級、工業専門学校が中級、大学工学部が上級の技術者を、それぞれ育成・供給してきた。ところが新制大学制度が発足し専門学校制度が廃止されたために、「今日の産業界においてもその必要を痛感している」中級技術者の供給源が失われてしまった。二年制の短期大学が暫定措置として制度化されたが、「到底この要求を満たし得ない」。新たに「二年制の短期大学を高校と結びつけ五年制の専門大学を設けその積極的拡充」を図るべきだ、というのである。

つまり、工業高等学校・技術専門大学・大学工学部という、産業界の人材需要に対応した新しい技術者養成の三層構造の再構築、というより「技術専門大学」という形での旧制専門学校の復活論である。多くの大学人たちが主張していた、大学工学部の年限延長（五年制化）と大学院工学研究科という、新しい三層構造の創出を主張するものでもなかったことに注目すべきだろう。第III部で見るように、戦後の新しい学制改革論は、この産業界の固執する、中級技術者養成のための新しい短期高等教育機関の創設問題を基軸に展開されることになる。

日経連理事の意見

大学改革に関する産業界の集約的な見解としては、先の『新制大学の諸問題』の中に、日経連の理事として、これら意見書の作成に中心的な役割を果たした中山三郎の論考がある。昭和三一年・三二年の意見書と同時期に執筆されたと思われる「新制大学に対する経済社会の要請」(六八—八三)という表題のこの論文は、これまでの意見書の内容を敷衍する形になっているが、中山個人の執筆ということもあり、より直截に新制大学批判が述べられている。その主なものを見ておこう。

(1)理工系の拡充

理工学部を増員しようとすると「他の学部との振合いからなかなか実現しがたい実情」があるようだが、「計画的に法文系を圧縮し理工系への転換を計」るべきである。その場合「総花的でなく重点的に実行」することが肝要で、とくに国立の「枢要な大学は教授も施設も備わっている」のだから、「既設の学科の定員を二、三割方増員する」ことは、若干の経費を増額するだけで容易に可能ではないか。

(2)私立大学と地方大学の充実

二二八校に達した「四年制大学の実態とこれらに対する社会の評価を見ると甚だしい格差があ」る。とりわけ「地方［国立］大学のあり方については考慮すべき点が多い」。「私立大学においては公正な定員制度をまもって、充実した教育を行い得るような態勢を整える」べきである。また「地方［国立］大学の中には地元に有力な産業が少なく、かつ大学の設備としても不十分なものが見受けられるので、かような大学はいたずらに総合大学の夢を追うことなく、かつての高等専門学校のように一つの専門分野に集約して、それぞれ独自の特色をつくり上げる方向に進むべきである」。

(3)工学部教育の内容改善

①新しい単位計算の方法もあって、「四年間の専門科目の授業時数が旧制大学の三年間に比べて三、四割方減った結果になっているので、現行の四年の枠内で専門科目の充実を計るべきである」。②工学部の「学外実習は現在全学生の六割程度に実施されているが、まだ必ずしも正科となっていない状況」である。正科とし、より組織的に実施することが望ましい。③「従来経済界の大学に対する要請として、大企業の面では基礎学力の充実を望み、中小企業の面ではすぐ間に合う専門知識と技能の修得を欲していて、双方相矛盾した注文が提示」されている。もちろん専門科目・基礎科目双方の充実が必要だが、「この要求を一つの大学で満たすことがむずかしいとすれば、各大学は所在地域の産業の特長や教授の陣容等を考え合わせて、専門科目か基礎科目かいずれか一方に重点を置いてそれぞれ特色の発揮に努めるべき」である。

(4)商経学部教育の内容改善

①オートメーションの進展など、生産技術の進歩とともに、これからは経営体制の合理化と効率的な運用のための「管理技術者が相当大量に要求されるようになる」。彼らに共通に必要とされるのが「数学的処理と統計的操作」

であり、「経済・経営の事実と結びついた数学と統計学の科目は商経学部においてきわめて重要」である。②大学の講義は理論面に偏し、「理論と現実との結びつきについての説明が足らない」ため、学生には「実際界にはいって日常生起する問題を正しく理解し、（中略）的確な処理を行う能力」が欠けている。「応用問題が解けるような原理の教え方」が必要とされる。③企業内の人事管理には「経済学、法律学、社会学、心理学などの総合的な知識技能と判断を必要とするので、偏らない基礎学力の修得はきわめて肝要といわねばなら」ない。④「商経学部に限らずいやしくも経済社会に就職する大学生に対しては、経済・企業に対するセンス（感覚）とマインド（判断力）を養うような教育内容を考慮する必要」がある。

(5)大学院の拡充と教職員の質的向上

大学院卒業者（とくに技術系）に対する産業界の需要は増加傾向にある。「将来の科学技術の進歩と産業技術の高度化、管理技術の発達に即応する専門的研究者・上級技術者・専門的管理技術者の育成のためには大学院を拡充強化すべき」である。「必要な教職員が学界で足らない場合は実際界からも適当な人材を迎え、また産業界の希望により依託学生の制度を修士課程において認めることが望ましい。（中略）既に企業内において中堅層となった産業技術者や管理技術者の再教育にも大学側が当り得るような体制の整備につとめる必要がある」。

(6)短期大学の専門大学への改編

「元来企業内の人的構成はピラミッド型をなしており、大学卒業者が主として上級技術者となるならば、その下の中級技術者は上級技術者以上の人数を必要とする。戦前にはこの中級技術者たるべき者はそれぞれ特色をもった旧制専門学校が供給していたが、戦後これら専門学校はほとんどすべて総合大学の一部となって特色を失った」。経済界では中級技術者の必要性を痛感しているところだが、職業教育を目的の一つに掲げる「二年制の短期大学はいかにもお粗末でその卒業者は到底業界の要求を満たし得ない」。かといって「短大の年限を延長すれば、四年制大学又はこれに近い大学の数を増やす結果となり、職業教育を目的とした短大設置の趣旨にも相反する。そこで高等学校と結びつけて五年制の工業又は商経専門大学に転換し、高校と大学との間の教育の重複や非能率を是正し、専門学科と実習の充実を行うことによって、産業界の要求する中級技術者を供給することができるならば、現在の短大の就職難のごときはやがて解消するに相違ない。もちろん短大の中にもいわゆる花嫁大学のごときはそのままとし、年限は五年制に統一する必要はな」い。「専門学科の種類によって四年制又はそれ以下でも足る場合もありうるだろう。

「もはや戦後ではない」

「日本経済の成長と近代化」という副題をもつ「経済白書」が発表され、その中の「もはや戦後ではない」というキャッチフレーズが流行語になったのは、昭和三一年（一九五六）のことである。高度成長期の始まりは数年後のことだが、敗戦の衝撃から立ち直った日本の経済界が自信を取り戻し、それが職業人養成機能への不満を切り口に、企業側の立場に立った新制大学批判となって表れはじめたことがうかがわれる。

それによれば、問題は旧制のすべての高等教育機関が一律に、画一的に、一般教育二年、専門・職業教育二年の教育課程編成による新制四年制大学へと、再編・統合されたところにある。産業界の期待する人材養成、とくに科学技術者養成の観点からすれば、すべての高等教育機関が四年制大学である必要はなく、また四年制大学のすべてが機能的、形態的に同一である必要もない。二〇〇校を超えた新制大学について必要なのは、その種別化という形での多様化である。そのためには、例えば国立の「枢要な大学」、「地方［国立］大学」、私立大学を差異的に扱い、さらには短期の高等教育機関として、旧制実業専門学校と同様に実用的な職業教育重視の「五年制専門大学」制度を、「花嫁学校」的な短期大学とは別に設ける必要がある——それが、日経連の思い描いた大学・高等教育制度の望ましい形であった。

こうした経済界からの批判と提言は、未完の部分を残しながらも出発し、社会的な機能を果たし始めた大学・高等教育システムの基本的な構造に対する、人材養成や就職問題を切り口とした現実的で包括的な検討の結果だという点で、教育課程編成や年限問題、さらには大学自治に関わる管理運営問題という、いわば組織や制度それ自体の部分的な整備や修正を求める大学人のそれと大きく異なっていた。「もはや戦後ではない」という認識は、経済人たちの目を、大学・高等教育システムの構造と機能の、経済成長の次の段階に向けた変革や転換の必要性を痛感させるものだったのである。

3　高等教育システムの構造と機能

システムの現実

昭和三〇年代の学制改革論議は、このように、大学人や大学団体、さらには文部省による戦後の新学制への批判や反省にとどまらず、人材養成需要に対応し得るシステムをという経済界からの要求をもう一つの基軸として、展開されていくことになるのだが、その具体的な内容に入る前に、第III部への橋渡しとして、内外の厳しい批判にさらされた大学・高等教育システムの現実がどのようなものであったか、ここでその概略を見ておくことにしよう。

表1に見るように、新制度の発足から昭和三〇年代中頃までの時期は、高等教育の規模の、横ばいといってよいほどに緩やかな成長期であった。昭和二五年（一九五〇）に二〇一校であった大学数は三〇年に二二八校、三五年に二四五校と、一〇年で四四校が新設されたにすぎない。設置認可の基準が、とくに私立大学について大幅に緩和されたとはいえ、戦後の混乱と疲弊の時代に、継承しうる戦前期以来の遺産なしに新たに大学を設置することは、不可能に近かったと見てよい。新設校のほとんどが、旧制度の専門学校の救済を目的に、暫定措置として設置が認

められた短期大学からの「昇格」校で占められていたことは、それを裏書きしている。文部省もまた、量の拡大よりは質の整備を重視し、設置認可に抑制的であった。

短期大学

それに比べて暫定措置とされた短期大学の場合には、認可基準が大学に比べて緩いこともあり、旧制度の高等女学校の専攻科・高等科等からの「昇格」も容易であった。その校数は、年限の長い四年制大学への進学や、卒業後の就業を希望しない女子の受け皿として急増し、昭和二五年（一九五〇）の一四九校から始まって二八年に二二八校と大学を上回り、三五年には二八〇校に達した（表1）。ただし、大部分が小規模の女子短大であり、昭和三五年の入学者数は四・二万人で、大学の一六・七万人の四分の一にとどまっていた（表2、3）。入学者中の女子比率は七〇%、私立比率が八二%、また専攻分野別では人文系二〇%、家政系が三七%で、合わせて全体の六割近くを占めていた（表4）。理工系はわずかに一三%であったから、産業界からの中級技術者や、準専門的職業人の要請に応えるものではなかったことは明らかである（『日本の教育統計』三七八-九）。短期大学の専修大学化や、五年制の短期高等教育制度の創設の必要性が叫ばれた背景に

表 1　高等教育の発展（昭和 25～45 年）

昭和	大学数	短大数	高専数	高等教育進学率（%）
25	201	149		
26	203	180		
27	220	205		
28	226	228		
29	227	251		
30	228	264		10.1
31	228	268		9.9
32	231	269		11.2
33	234	269		10.7
34	239	272		10.2
35	245	280		10.3
36	250	290		11.8
37	260	305	19	12.9
38	270	321	34	15.5
39	291	339	46	19.7
40	317	369	54	17.0
41	346	413	54	16.2
42	369	451	54	18.1
43	377	468	60	19.4
44	379	473	60	21.7
45	382	479	60	24.0

出典）『高等教育データ集』第 3 版，広島大学高等教育研究開発センター，2006 年による。

表2　設置主体別高等教育機関数

（校）

昭和	大学			短大			高専		
	国	公	私	国	公	私	国	公	私
25	70	26	105	–	17	132			
30	72	34	122	17	43	204			
35	72	33	140	27	39	214			
40	73	35	209	28	40	301	43	4	7

出典）『日本の教育統計——新教育の歩み』文部省，1966年より作成（以下同じ）。

表3　設置主体別大学・短期大学入学者数

（千人）

昭和	大学				短大			
	計	国	公	私	計	国	公	私
25	91	42	5	44	13	–	2	11
30	136	48	6	82	38	2	5	31
35	167	46	8	113	42	2	5	34
40	250	55	9	186	81	3	6	72

あったのは、そうした短期大学の実態にほかならない。ただ同時に、やがて恒久化されるその「二分の一大学」としての短期大学が、自宅通学希望が強くまた職業志向のまだ弱かった女子に、地方分散的で低コストの進学機会を提供するものとして、高等教育のすそ野の拡大に大きな役割を果たしたことを、あわせて指摘しておくべきだろう。

大学

入学者の四分の三を占める大学については、校数の増加が緩やかであったことは先にふれたとおりだが、この場合にも新設校のほとんどは私立大学であり、国立大学の拡充には厳しく抑制的な政策が採られたことがわかる（表2）。昭和二五年（一九五〇）の九・一万人から、三五年には一六・七万人と二倍近くに増えた入学者数についてみれば、増加分七・六万人の九一％までを私立が占め、入学者全体で見ても、新制度発足直後には国公立と私立ほぼ同数であったものが、三五年には私立が六八％と圧倒的に多数を占めている（表3）。戦後改革の結果として、私立セクターに対する文部省の統制権限が弱められたことから、量的規模の拡大が大学・短期大学ともに私立中心に進行し始めたことがわかる。

私立セクター主体で進行し始めたその量的拡大の最大の問題は、開設された学部・専攻分野の偏りにあった。表5は四年制大学の学部在学者を専攻分野別に見たものである。この時期を通じて構成比に、全体として大きな変化はなく、法・政・経・商の社会系が、約四〇％と最も多く、次いで理工系（理・工・農）二〇％、人文系（文）一五％、医療系（医・歯・薬）五％となっている。教育系だけが、昭和二五年の一六％から三五年の九％と急減しているが、これには六・三制の実施に伴う大量の教員需要の一段落という特殊事情が関係していることを指摘しておこう。

偏りは、設置主体の別に見るとさらに大きくなる（表6）。昭和三五年の数字を見ると、国公立では理工系が在

表4　短期大学在学者の専攻分野別構成

（人，％）

昭和	合　計	人文系	社会系	理工系	家政系	教育系	その他
25	13,839	24	36	13	24	0	3
30	76,025	18	28	12	33	1	8
35	81,528	20	18	13	37	5	7
40	145,459	22	15	12	39	8	4

表5　大学在学者の専攻分野別構成

（千人）

昭和	合　計	人文系	社会系	理工系	医療系	教育系	その他
25	222	27	89	46	9	36	15
30	504	77	198	104	29	61	35
35	601	93	247	138	28	55	40
40	895	139	367	240	35	57	57

（百分比）　（％）

25	100	12	40	21	4	16	7
30	100	15	39	21	6	12	7
35	100	15	41	23	5	9	7
40	100	16	41	27	4	6	6

表6　設置主体別大学在学者の専攻分野別構成（昭和35年）

（千人）

		人文系	社会系	理工系	医療系	教育系	その他
合　計	601	93	247	138	28	55	40
国公立	206	22	31	65	13	55	20
私　立	395	71	216	73	15	-	20

（百分比）　（％）

合　計	100	15	41	23	5	9	7
国公立	100	11	15	31	6	27	10
私　立	100	18	55	18	4	-	5

表7　大学院設置大学と在学者数

昭和	設置大学数				在学者数			
	計	国	公	私	計	国	公	私
30	47	12	4	31	10,174	5,022	409	4,743
35	84	25	11	48	15,734	8,928	851	5,955
40	131	43	17	71	28,454	16,809	2,146	9,499

学者全体の三一％と最も多く、教育系が二七％でこれに次ぎ、社会系は一五％に過ぎない。これに対して、私立では社会系が五五％と半数を超え、人文系の一八％を合わせると、四分の三近くがいわゆる「文科系」で占められており、理工系は一八％にとどまっている。国公立は高コストの理系を中心とした専門的職業人の育成、私立は低コストの文系主体のホワイトカラー養成という、戦前期から継承された人材養成の棲み分け構造が、戦後改革の結果いっそう強化・拡大されたのであり、それが文系卒業者の就職難や、理工系技術者の不足問題として、経済界による大学批判、システムの構造変革への要請を生むことになった。

大学院

大学院についても見ておこう。大学院は研究と研究者養成の場であるとする、戦前期以来の大学院観のもと、職業大学院の制度化が見送られたこともあって、大学院を設置する大学は、昭和三五年（一九六〇）になっても八四校（全大学の五三％）にとどまり、在学者数も一・五万人強に過ぎず、設置主体別では国公立が六二％を占めていた（表7）。学部教育の年限問題とも絡んで、理工系では大学院修士課程の実質的な職業大学院化が求められるようになっていたが、在学者の専攻分野別を見ると理工系の比率はまだ三一％で、人文系（四〇％）・社会系（二六％）あわせて文系が三分の二を占めていた（表8）。

博士課程の場合には、在学者の五〇％が医療系で、職業大学院化しているかに見えるが、裏返せばそれは他の専攻分野での研究者・大学教員養成機能が弱体であったことを物語っている。医師、法曹などの専門的職業人の養成を含めて、わが国の大学は職業・専門教育を学部段階で完結的に行う道を選択したのであり、大学院はその後も長

表8　大学院在学者の専攻分野別構成

（人，%）

	昭和35年		昭和40年	
	修士	博士	修士	博士
合　計	8,305	7,429	16,771	11,683
人文系	3,350	1,264	3,811	1,614
社会系	2,171	812	3,065	987
理工系	2,582	1,630	8,875	2,951
医療系	140	3,709	512	6,101
その他	62	14	508	30
	100	100	100	100
人文系	40	17	23	14
社会系	26	11	18	9
理工系	31	22	53	25
医療系	2	50	3	52
その他	1	-	3	-

く高等教育システムの付随的な部分にとどまることになる。

進学状況

高等教育システムに対しては、就職問題を切り口とした経済界からの批判だけでなく、大学進学をめぐって、社会的な批判の声が高まりつつあったことも、あわせて指摘しておくべきだろう。

就職が、高等教育システムの出口・アウトプットの問題だとすれば、進学は入口・インプットの問題である。新聞等のメディアの報道を含めて進学、より具体的には大学入試に対する社会的な関心は、就職問題以上に高かったといってよい。ただ、それが制度改革に関わる重要課題として取り上げられるようになるのは、昭和三〇年代の後半になってからである。それまでの高等教育進学率（入学者数／一八歳人口）の動きは表1に見るように、昭和三〇年（一九五五）の一〇・一%から三五年の一〇・三%へと、ほぼ横ばいを続けており、進学率が着実な上昇局面を迎えるのは、それ以後のことである。

ただし、それは文部省がとり続けた厳しい抑制政策の結果であり、この数字の背後には年を追って激化する受験競争の実態が隠されていたことを見逃してはならない。

表9は、大学への進学状況を示したものだが、入学定員は昭和二五年の一〇・三万人から三五年の一二・五万人へと、一〇年間に一・二倍にとどまったのに対して、入学志願者は三・六倍、実際の入学者数も一・八倍に達している。志願者数は各大学の受験者の総数、すなわち延べ数だから競争率が高いのは当然として、実際の入学者数の伸びが入学定員のそれを上回っているの

表9　大学進学の状況

昭和	入学定員（千人）	入学志願者（千人）	入学者（千人）	受験競争率（倍）	水増し入学率（倍）
25	103	221	91	2.1	0.9
26	104	340	110	3.3	1.1
27	107	473	123	4.4	1.1
28	109	507	130	4.6	1.2
29	114	596	136	5.2	1.2
30	116	658	136	5.7	1.2
31	116	666	140	5.7	1.2
32	116	622	141	5.7	1.2
33	120	631	146	5.3	1.2
34	122	691	156	5.7	1.3
35	125	801	167	6.4	1.3
36	129	873	180	6.8	1.4
37	143	992	201	7.0	1.4
38	150	1046	216	7.0	1.4
39	162	1003	218	6.2	1.3
40	175	1203	250	6.9	1.4

は、進学圧力が強く働いていたことを物語っている。「受験競争率」（入学志願者数／入学定員）と、いわゆる「水増し入学率」（入学者／入学定員）を計算してみると、昭和二五年と三五年の間に競争率は二・一倍から五・三倍に、水増し率は〇・九倍から一・三倍に上昇している。六・三・三制導入の結果として、新制高等学校進学者・卒業者が急増し、それが強い進学圧力となって受験競争を激化させ、定員を上回る入学者の受入をもたらすという状況が、安定的に推移する進学率の背後で進行し始めていたのである。

受験競争の激化

しかも、その激しさを増す受験競争は、各大学の設置主体別、さらにはその歴史的な出自の違いによって、著しく異なる顔をもっていた（表10）。

入学定員の五％程度を占めるにとどまる公立大学はひとまず置くとして、国立大学の場合、昭和三五年（一九六〇）時点での競争率は五・三倍、水増し率は一・〇倍であった。文部省が直轄の国立大学について、入学定員についても実入学者数についても、きわめて厳しく抑制的であったことがわかる。また、この時期の国立大学は、一期校・二期校の二グループに分けられ、受験生に二度の受

表10　設置主体別にみた大学進学状況

（倍）

昭和	受験競争率			水増し入学率		
	国	公	私	国	公	私
25	2.4	3.1	1.8	0.9	1.0	0.9
30	5.4	8.7	5.5	0.9	1.0	1.4
35	5.3	9.9	6.7	1.0	1.3	1.6
40	5.5	12.0	7.2	1.0	1.2	1.7

験機会を保証していたが、旧制大学のほとんどが一期校、新制の地方国立大学は二期校というグループ構成になっており、受験競争のさらなる激化を招いていた。私立大学については、入試の時期や方法について、文部省の統制権限は及ばなかったから、国公立大学との重複受験者を含めて、受験者の延べ数は年々増加し、昭和三五年の受験競争率は六・七倍に達していた。文部省の抑制政策にもかかわらず、水増し入学率も上昇する一方であり、昭和三五年には一・六倍に上っている。ここでも、旧制の大学と専門学校という出自の別を基軸に、受験競争の厳しさには大学間での差が大きく、拡大の一途をたどっていた。

昭和三〇年に五〇％を超え、三五年には六〇％に近づいた高校進学率に象徴される中等教育の大衆化・普遍化を背景に、高まる一方の進学熱と受験競争の激化、そこから生じた私立セクターからの強い新増設要求に、どう対応していくのか。昭和三〇年代後半以降の高等教育政策は、一足先に経済界からの要請として顕在化した人材養成需要と、急激に進行する進学需要の高まり、それがもたらす「試験地獄」への対応をめぐって展開されることになる。

第Ⅲ部　修正と改革

第1章　新制大学制度の再検討

1　政令改正諮問委員会の答申

動き出した改革論議

ここまで見てきたように、新制大学制度については、整備・完成までにはまだ取り組まねばならぬ多くの未解決の問題を残す一方で、制度の実施とともに次々に新しい問題や政策課題が出現し、また大学の現場だけでなく、卒業生を受け入れる経済界からも反省や批判の目が向けられるようになっていた。そうしたさまざまな要請や課題にどう対応し、修正や改革の要請にどう応え、解決をはかっていくのか、政府・文部省は、新制度の発足当初から対応を迫られていた。「未完の大学改革」に、政策・行政主体である政府・文部省がどのように取り組み、修正や改善、再改革の努力を進めたのか。この第III部では、占領期の終結前後から、昭和三八年（一九六三）の中央教育審議会のいわゆる「三八答申」にいたる間の政策的動向に焦点を当て、文部省と直属の審議機関である中央教育審議会の動きを中心に、関連する政府の諸審議機関、さらには大学諸団体の対応等を絡めながら、「修正と改革」の具体的な道程を跡づけていくことにする。

昭和二四年から二五年へ

若干時間をさかのぼって、政治と政策の動向を簡単に振り返ることから始めよう。

新制大学が一斉に発足した昭和二四年（一九四九）は、行政当局にとっては、何よりも法的整備の年であった。一斉に発足する新制国立大学の編成形態等を定めた「国立大学設置法」が制定されたのが五月、一二月には「私立学校法」も公布され、「私立大学審議会」の設置が決まった。「学校教育法」の一部改正案が国会に上程され、審議可決された短期大学制度については、錯綜した議論の末に暫定的措置ということで落着している。四月にその設置を認める「短期大学設置基準」を定め、準備が完了した。八月には大学設置委員会が、来春の制度発足に向けて「短期大学設置基準」を定め、準備が完了した。なお、大学基準協会が「大学院基準」を作成し、文部大臣に提出したのもこの年である。大学・大学院・短期大学という、高等教育システムの制度的な骨格がこれによって、ひとまず法的に確定したことになる。

第I部で見たように、残された課題への取り組みの大きな動きとしては、「国立大学管理法案起草協議会」の設置があった。文部省は、まず八月に教育刷新審議会、日本学術会議、大学設置委員会、国立大学長会議から各二名の委員を任命して起草準備委員会を発足させ、九月にはこれに大学基準協会、全国大学教授連合、日本私学団体総連合会、日本教職員組合の代表を加えて正式の起草協議会を設置した。広く関係団体の代表を集めた委員会の構成からは、大学自治の根幹にかかわる国立大学の管理運営システムの構築が、いかに重要視されていたかがうかがわれる。

なおこの年、政府は教育刷新委員会を文相の諮問機関として文部省に移し、教育刷新審議会に名称変更した（六月）ほか、首相の文教諮問機関として別に「文政審議会」を設置している（五月）。ただし、天野貞祐、安部能成らを委員に任命したこの新審議会は、教育刷新審議会に代わるものではなく、教育勅語に代わる「教育綱領」の作成を目的としたものとされ、その後「文教懇話会」に改称・格下げされるなど、成果を出すことなく終わっている。

翌昭和二五年は、国内的にも国際的にも激動の年であった。一つは東西冷戦の激化に伴って、連合国軍総司令官ダグラス・マッカーサーが五月、共産党の非合法化を示唆し、六月に共産党幹部の公職追放を命じるに至り、その動きは報道界や教育界にも及んでいった。いわゆる「レッドパージ」である。大学も例外ではなく、GHQ／CIEの高等教育顧問のイールズ博士は、二四年の夏ごろから各地の国立大学で「学問の自由」をテーマに、共産党員教授の追放を求める講演を行い、五月には東北大学でこれに反対する学生による講演の妨害・中止事件が起きている。大学自治の根幹にかかわる問題であり、学生自治会を中心にレッドパージ反対運動が燃え盛るなか、一二月には先の「国立大学管理法案起草協議会」から答申が出され、運動の火に油を注ぐ形になった。

国際的にみれば六月に朝鮮戦争が勃発し、またアメリカの国務長官フォスター・ダレスが来日して、日本政府との間で講和条約の締結に向けた動きが始まった。条約の調印は二六年九月だが、この間、全面講和か単独講和かをめぐって激しい意見の対立があり、単独講和を掲げる吉田茂首相が自由党の議員総会で、全面講和を主張する南原繁（東京大学学長）を「曲学阿世の徒」と批判したのに対して、南原が学問の自由を守る立場から反論する一幕もあった。その一方で、南原はレッドパージ粉砕学生大会の開催を強行した全学連を、「大学の自治と研究の自由を暴力と不法侵入を以て蹂躙」するものと、厳しく批判している（『新日本教育年紀』第二巻、一五）。政治状況の激動に巻き込まれた大学は、自治のあり方を問われ、それは「大学管理法案」の行方にも大きな影響を及ぼさずにはおかなかった。

第二次アメリカ教育使節団が来日したのは、そうした騒然たる政治の季節只中の八月である。先に見た使節団報告書の高等教育に関する部分は、そうした時代背景を考慮に入れて読まれる必要がある。

二五年の五月に、教育刷新審議会の論客として学制改革の方向に大きな影響力を発揮してきた天野貞祐が、文部大臣に就任したことも付け加えておくべきだろう。教育刷新審議会の委員として、強硬な旧制高等学校・帝国大学制度の温存論者であった天野は、六月には早速、国立新制大学について、「七二国立大学濫立のため共倒れを生じる恐れがあり、また教育の極端な地方分権のため大学が郷土人教育の場となる恐れがあるとして、認可時の施設整備要件を満たす見込みのない地方大学は二年制大学とし、旧総合大学及び教授施設の整っている所だけを四年制として存置するとの意向」を表明している（同、一八）。政府・文部省としての公的な言明ではないが、文部大臣がはじめて戦後大学改革の再検討の必要性にふれた発言として、注目される。一二月には地方行政改革委員会から政府・国会に対し、行政事務再配分に関して文教関係では「国立大学はなるべく府県又は五大市に移譲し、残存大学は適宜統合化」することを求める勧告も出されており、発足したばかりの新制国立大学について、再編成を求める声が高まっていたことがわかる（同、三八）。

第二次使節団の来日を機に、教育刷新審議会と文部省が戦後改革のレビューを実施し、報告書を公表したのはすでに見たとおりである。新制大学制度の出発からわずか一年、再び改革論議の時代が始まろうとしていた。

政令改正諮問委員会の設置

天野貞祐文相は昭和二六年（一九五一）七月にも衆議院文部委員会で新制大学について、「徒らに総合大学化する傾向があるが、将来は学問研究の大学と職業教育大学の種別をはっきりさせて、各地方の大学は郷土の色彩を生かした特色あるものにしたい。出来れば全国をいくつかのブロックに分け各地方の大学を糾合した総合大学を作りたい。（中略）新制大学院についてはそれが学部の修業年限の延長に終わらないようできるだけ少数の大学に学問を専ら志す人を対象にするようにしたい」と、持論を披歴している（同、六四）。しかし、大学制度の再検討の議論は、文相のこうした見解と直接の関わりのない、また教育刷新審議会とも無関係のところで、占領期の諸改革全体の見直しの一環として始まろうとしていた。

二六年四月、朝鮮戦争の終結をめぐる意見の対立からマッカーサーは連合国軍総司令官を解任され、代わってマシュー・B・リッジウェイ中将が着任する。そのリッジウェイは着任直後の五月一日、憲法記念日に「占領政策を緩和し、講和条約締結後の完全自治へ移行する過程として発令実施されたポ［ツダム］政令その他の法令を検討する権限を与える旨の声明」を発表した（同、五三）。吉田首相はこの声明を受けて、五月六日に早くも首相の私的諮問委員会として「政令の改正に関する諮問委員会」（以下、政令改正諮問委員会）を発足させている。「総理大臣が相談役として委員を委嘱」した、法的根拠によらない「顧問的性格」のこの委員会の委員には、木村篤太郎、中山伊知郎、前田多門、小汀利得、石坂泰三、板倉卓造、原安三郎、田中二郎、石橋湛山と、錚々たる財界人や政治家、大学人が選ばれ、追放解除問題から行政機構、さらには税制まで、占領下に進められた一連の改革の再検討を進め、教育についても二六年一一月に審議の結果を答申した（広島大学・森戸辰男関係文書「政令改正諮問委員会の概要」）。

「教育改革に関する答申」

「答申の成文化までの経過も、今のところは不詳であり、したがって、いかなる根拠にもとづいてこの答申のような大学改革意見がまとまったのかも不明」（海後・寺崎『大学教育』一三五）とされるが、その「教育改革に関する答申」は、新学制発足後にあらわれた最初の学制改革構想としてきわめて重要な位置を占めている。その答申は、次のような前文から始まる（『新日本教育年記』第二巻、二九七―三〇〇）。

終戦後に行われた教育制度の改革は、過去の教育制度の欠陥を是正し、民主的な教育制度の確立に資するところが少なくなかった。しかも、この改革の中には、国情を異にする外国の諸制度を範とし、いたずらに理想を追うに急で、わが国の実情に即しないと思われるものも少なくなかった。これらの点は、十分に検討を加え、わが国の国力と国情に合し、真に教育効果をあげることができるような合理的な教育制度に改善する必要がある。もっとも、これまでの教育制度の功罪を早急に断定することは妥当でなく、教育制度改革に及ぼす影響の大なるにかんがみ、これが再改革は、とくに慎重なることを要する。ここには、本委員会において十分に検討した結果到達した教育制度の改革に関する意見の大綱を述べて参考に供する。ただ、その具体的な細目については、さらに検討を要するものが多く、ことに改革の実施については、とくに混乱をきたすことのないよう十分の配慮を必要とする。ゆえにこれらの諸点については、適当な審議機関にかけて慎重に検討し、万全の措置をとられることを要望する。

占領下諸改革の見直しの重要課題として教育問題を取り上げる理由とされたのは、アメリカ・モデルの新学制が理想を追うに急で、実情への配慮に欠けるという委員たちの基本的な認識である。そして、短期間の審議の結果打ち出されたのは「わが国の国力と国情とに適合し、よく教育効果をあげ、もって、各方面に必要且つ有用な人材を多数育成し得る合理的な教育制度を確立する」という、「国力と国情」に見合った人材養成の効率重視の、言い換えれば経済的貢献重視の「合理的」な学制への再改革構想であった。

「六・三・三・四の学校体系は、原則的にはこれを維持すべきものであるが」としながら、答申が再改革の基本方針として掲げたのは、以下の三点である。

(1)わが国の実情に即しない画一的な教育制度を改め、実際社会の要求に応じうる弾力性をもった教育制度を確立すること。
(2)普通教育を偏重する従来の制度を改め、職業教育の尊重強化と教科内容の充実合理化を実現すること。
(3)現在のわが国の国力では、六・三制の完全な実施を早急に実現することは、きわめて困難であり（中略）ゆえに、教育者側も被教育者側も、わが国の現状を十分認識し、教育施設その他の不十分をしのんで最善の教育効果を上げるようくふうと努力をすること。

画一性の打破と職業教育重視をうたったこの基本方針から見えてくるのは、占領下の学制改革に対する批判的な評価と、旧制度の学校体系への回帰志向である。

第一次教育使節団の報告書にあるように、そして教育刷新委員会の諸決議が示しているように、占領下の学制改革が目指したのは、職業教育重視で進学系統の多様に分岐した明治以来の学校体系の否定であった。高等小学校・青年学校・中学校・高等女学校・実業学校に分化した中等段階は、義務化された三年制の新制中学校と、同じく三年制で総合制・男女共学・小学区制を原則とする新制高等学校に再編統合された（実業学校制度の廃止）。大学・高等学校・専門学校・実業専門学校・師範学校に分かれていた高等段階も、すべて四年制の新制大学に移行させ、二年制の短期大学は暫定措置とすることが、日本側の主体的な選択の結果として決定され、新制大学には専門・職業教育と並んで一般教育の課程が一律に設けられることになった（実業専門学校制度の消滅）。政令改正諮問委員会答申の「基本方針」は、そうした戦後学制改革の進んできた方向の修正、というより逆転・再転換を目指すものだったのである。

「専修大学」構想の登場

答申は、高等教育の制度改革について次のような構想を描いている。

(1)大学を「二年又は三年の専修大学と四年以上の普通大学」に分ける。
(2)「専修大学」は、①「専門的職業教育を主とするもの（工・商・農各専修大学）」と、②「教員養成を主とするもの（教育専修大学）」に分ける。
(3)「普通大学」は、③「学問研究を主とするもの」と、④「高度の専門的職業教育を主とするもの」に分ける。
(4)高等学校と大学の二年または三年を合わせた「五年制又は六年制の農、工、商、教育等の職業教育に重点を置く「専修大学」を認める」。

ここから読み取れるのは、旧制度への復帰、とりわけ専門学校制度の事実上の復活願望である。旧学制との対比でいえば、改革案中の学校種が、それぞれ「専修大学」は専門学校・実業専門学校・師範学校、「普通大学」は帝国大学・官公私立大学に相当することは、あらためて言うまでもないだろう。「学制の画一性を打破する」ための「学校体系の例外」とされた(4)の「五年制又は六年制」大学も、専修大学（専門学校）の一種である。新制大学制度の全面的な見直しと再編に近い改革構想といってよい。暫定措置とされた「短期大学」制度の事実上の廃止を意味する専修大学制度の創出、さらには五年制専修大学の設置の構想が示されている点に、とくに注目すべきだろう。その後の大学に関わる制度改革論議の出発点は、この政令改正諮問委員会答申の「専修大学」案にあるといってよいからである。

国立大学再編論

答申は、国立大学の再編についても具体的に述べている。

(5)「現在の国立大学は、その規模能力に応じ且つ地方的事情を考慮して普通大学と専修大学に区分すること。／普通大学となるものについても、施設、スタッフ等の充実の期待しがたい学部学科については、五年制又は六年制の専修大学に再編すること。また、遠隔の地に分散している学部学科についても右と同様に措置すること。／（備考）例えば、学芸大学はこれを教育専修大学（高等学校をあわせて五年又は六年）とし、文理学部、学芸学部、教育学部についても適宜整理を考えること。／なお。わが国の現在の財政状態にかんがみ、国立大学の増設又は公立大学の国立移管は、これを行わないこと」。

いわゆる「地方国立大学」の「専修大学」化、旧専門学校・師範学校制度への復帰に近い、裏返せば旧帝国大学をはじめとする旧制大学の別格扱い、「普通大学」化を求める踏み込んだ提言である。「一県一大学」原則に基づいて一斉に発足した「地方国立大学」のミニ総合大学化に批判的な立場をとり、「五年制又は六年制の専修大学」化という形での短期高等教育機関への転換を求め、さらには学芸学部に象徴される教員養成の理想主義を否定するなど、答申は、新制国立大学制度の全面的な見直しを求めていることがわかる。

戦後改革への配慮

もちろん、新学制を原則的に維持するとしていることからも知られるように、答申は戦後改革を全面的に否定しているわけではない。そこには改革を評価し、制度の一層の整備・充実を求める積極的な提言もまた、含まれていることを指摘しておくべきだろう。

(6)「教育専修大学」については「旧師範学校化することのないよう特に考慮すること」。

(7)医学部・歯学部については「現行の入学資格に関する特例措置は、いたずらに学制を混乱せしめ、学生に対してもはなはだしくむだを生ぜしめるから、これを廃止すること」。

(8)大学院には、「修士課程と博士課程を設けることができる」ものとすること。修士課程は二年（以上）、博士課程は三年（以上）とし、「特に施設、能力の充実しているもののみに設置する」。修士課程は「いたずらに在学年数の延長をきたすに等しい結果に陥る弊害を伴い易いから、とくにその設置及び運用について注意すること」。

(9)「大学については、その自治を尊重すること。大学管理の具体的方式についても、各大学の自治を尊重すること」。

⑽「［国立］大学の財政については特別会計制度を採用する」こと。

⑾「教育刷新審議会その他教育制度に関する各種の審議会はこれを統合し、教育行政全般にわたる単一最高の審議機関を設けること。しかして、必要に応じて専門家を加えた分科審議会を設けることとすること。／（備考）右の最高の審議機関は、広く社会の意向を十分に反映しうる組織たらしめること。この見地から教育関係者が構成員の半数をこえないようにすること」。

「及ぼす影響の大なるにかんがみ、これが再改革は、特に慎重なることを要する」、「これらの諸点については、適当な審議機関にかけて慎重に検討し、万全の措置をとられることを要望する」として、新たに「教育行政全般にわたる唯一最高の審議機関」の設置を求めていることにも注目すべきだろう。

しかし、全体を通じて、委員会の新制大学制度に対する評価は厳しい。六・三・三・四の学校体系は原則維持するとしてはいるものの、答申に盛られたこの再改革構想が、「特例」としてではあれ実施に移されれば、戦後改革の理念は空洞化の危険性にさらされる。答申は新聞等でも大きく取り上げられ反響を呼んだが、教育関係者の多くは批判的であり、「当の文部省にとってもいささか急激な改革提案に過ぎ、当惑気味のようであった」とされている（大田編『戦後日本教育史』二〇四）。答申の直後に出された、教育刷新審議会の「中央教育審議会設置に関する声明」が、そのなかでわざわざ「伝えられる政令改正諮問委員会の教育改革案は、わが国の教育上、幾多の重要な問題を含んでおり、にわかに、賛意を表しがたい。政府は、今後さらに、中央に、教育のための恒久的な審議機関を設け、教育刷新の基本精神を堅持して、慎重に審議すべきものと認める」と、記していることも付け加えておこう（『会議録』第十三巻、一二五）。

2　教育界の反応

異例のアンケート調査

それもあってだろう、文部省は答申について異例のアンケート調査を実施し、その結果を『文部時報』に掲載している（「政令改正諮問委員会の教育制度の改革に関する答申をめぐって」昭和二七年二月号、二-三）。答申が「教育界に深い関心をよびおこしたのみならず、政治界、経済界、学界等社会の各方面にもいろいろの反響をよんでいる」ので、「報道人、学識者、教育関係者等」に批判を求めたもので、「世論の一班」をうかがい得るものという前文のついた、そのアンケートの結果だが、回答率は二割程度、回答者のほとんどが教育関係者で占められていた。そのなかから、大学改革関連の主要な意見を抜き出してみよう。

・大学については原則的に修正案を支持する。特に医学部、歯学部の現行入学資格に関する特別措置の撤廃は早急に実現したい。高等学校と併合した専修学校案も賛成。ただし、小中学校教員のためのいわゆる教育専修大学案は絶対反対である。（中略）今次教育改革の最も輝かしい成果は四年制大学による教員養成制度の確立にあったと思う。もちろん現状では教授陣、施設その他一として理想を満たしうる段階には達していないが、――したがって過渡的措置として二年乃至三年制のものも一時認めざるを得ないが――、制度としてはあくまで四年制を主体とすべきだと確信する。（九州大学教育学部長、平塚益徳）

・この問題については［自分が委員長を務める国立大学協会第一常置委員会で］左の勧告案が満場一致で可決せられた。（中略）政令改正諮問委員会の教育制度の改革に関する答申は、そのいう如く、新教育制度は発足したばかりであり、その効果を早急に測定することは妥当でないばかりでなく、却って混乱をかもし、これが学生並びに地方一般に悪影響を及ぼすことは少なくはない。且つ国家百年の大計に立脚すべき教育制度が一時行政措置によって動かされるごとき朝令暮改の弊は厳に戒むべきである。もとより大学制度の運用には改善すべき点があるので、これらのことについては本協会においても慎重審議中である。尚、今回のごとき教育制度の根幹に関係ある改革は権威ある審議機関に諮って充分検討されるよう処慮せられたい。（金沢大学学長、国大協第一常置員会委員長、戸田正三）

・答申は、六三制義務制とともに、六三三四の現在の学校体系を原則的に維持するといっており、この点は賛成であるが、一方において、わが国の実情に応じたという同委員会の修正案はこの原則を事実上くずすものを含んでいる様な気がする。（中略）高校、大学では、専門の職業教育を主としたものを設置する必要はある。このため大学の再編、高校プラス大学といった形も考えられてよいが、職業課程から上級学校へ進む道は開いて、教育の機会均等の精神を維持するよう注意しなければならない。／大学院の修士課程、博士課程には反対である。殊に修士課程は在学年限延長の可能性が多く、わが国の実情に適しない。学士、修士の称号はむしろ廃止すべきだ。博士は従来の論文制度を残すべきで、少くとも大学院博士課程は、博士のレヴェルを低下させるものであってはならない。その意味で大学院は設けるとしても、ごく少数にしたい。（毎日新聞論説委員、藤田信勝）

・この答申は、学校制度によって社会の階層性を助長する結果をきたすものである。中学校の段階から、いわゆる普通課程と職業課程とを分けるのは、明らかに学校系統の単線型をやめて複線型に戻るものであり、産業構成のうえで、兵卒、下士官、将校の要請を、それぞれの学校に割り付けるもののように見える。／この答申は、大学における教育と研究との水準の低下をきたす恐れをいだかしめる。国立大学の相当部分を専修大学へ格下げすること、また大学院の幅をいちじるしく狭めること、などは、わが国の学術水準の釘付けになることを憂えしめる。／この答申は、日本社会における教師の重要性を認識していない。この答申の方式で行けば教

員養成機関は旧師範学校式にもどるものと見られる。(海後宗臣教授ほか、東京大学教育学部有志)

・大学に四年の高級大学、三年の中級大学、二年の下級大学というような三階級の大学を設けることは画一打破の行き過ぎで不賛成である。／現存する二年の短期大学も問題であるが、女子教育や元の専門学校の転換上、やむなくできたこの二年制大学は、もう少し推移を見て研究することとして、三年などという、四年制の長期でもなく、二年の短期でもない中途はんぱな制度は設けるだけ無駄なことだと思う。殊に「専修」などという差別的なレッテルを張るような、青年心理を無視した旧観念は去るべきではなかろうか。／医歯学部の入学資格についての特別措置は、当時のやむない事情から生まれたことではあるが、現行学制中の最悪例であるから、即刻改正することに大賛成である。年限の如きも、インターンの関係もあり、五年くらいにしてよいのではないかと思う。／散在する地方の国立大学を合理的に統合し、分立して、充実することは必要なことである。(児玉九十、明星学苑長)

・この答申の基調になっているものは、実は職業教育の振興拡充ではなくて、教育財政を大幅に緊縮することにあることは一見して明かである。すなわち二年又は三年の専修大学を設けること、国立大学の増設又は公立大学の国立移管を停止すること(中略)など、いずれも教育費の削減を狙っているのである。(中略)この改革案は職業教育の面では、六三三四の学校体系をくずす「特例」的なものをむしろ、原則的なものと考えている観がある。小学校の上に五年または六年の高校を設け、これらを工業、商業、農業の専門学校と称し、さらに中学校の上に同じく五年または六年の大学を設け、これらを工業、商業、農業の専修大学と称するようであるが、専門学校を実業学校、専修大学を専門学校と読み換えれば、旧学制の態勢そっくりのものに戻るのである。職業教育機関を傍系的学校として取り扱うことの不合理なことは従来しばしば指摘されたが、今やそれが再び登場することになり、学制の根本的破壊になるおそれが多分にある。(細谷俊夫、名古屋大学教育学部助教授)

・大学に二年又は三年の職業教育を主とする専修大学と、四年以上の普通大学に分つことととされているのは賛成である。／現行乱立して特色のない大学制度は改悪である。職業教育を強化する体制への改善は最も希望したい点である。（田中円三郎、長崎県教育長）

・学校体系の例外として特例(1)の職業教育に重点を置いた六年制の「高等学校」と、特例(2)の農工商等の職業教育に重点を置く五年制又は六年制の「専修大学」を認めるという案についてであるが、その教育目標や教育内容について明らかにされていないから、かってに考えるに過ぎないが、わが国の産業界の現状を見れば、いかに優秀な中堅技術者並びに現場の指導者が重要であるかがよくわかるのであるから、この社会の要求と生徒並びに学生の素質や志望に即応するためのこれらの特例には賛成である。（佐藤孝次、北豊島工業高等学校長）

・本案の主眼点は画一性の打破と職業教育の強化の二点につきると思うが、そしてその趣旨にはある程度同感できるものがあると思うが、具体案を見ると、現在の制度に対する認識がまるでできていないように思われる。／例えば教員養成を工商農業の職業教育と画一的に立案しているなど、画一打破の根本趣旨にも反しはしないか。答申によれば教育専修大学に高等学校課程を含めた五年乃至六年の課程を設けているが、工商農系についてはいざ知らず、旧制師範で予科がいかに師範教育の障害になったか（中略）まったく認識を欠いていて、いかに「教育専修大学が旧制師範学校化することのないように特に考慮すること」と作文で書いても、答申そのものがそれを求めている結果になることを御存じないらしい。（中略）元来普通教育偏重を排せよというならば、大学では、基準協会のきめた三十六単位の一般教養の外に、四単位の体育、それに各大学で例外のない外国語の数単位ないし十数単位を先ず問題にしなければ、ほとんど意味がない。専修大学案が出てくるのは、それからあとの問題である。（内山良男、佐賀大学教育学部長）

・教員養成に関しては、大学に二年又は三年の専修大学と四年制の普通大学の設置が計画され、文理学部、学芸学部、教育学部等を適当に整理することがあげられているが、現在文理学部と教育学部とあるところの大学の運営は必ずしも適当にいっていないようだし、文理学部の性格も明確でない。学芸大学、学芸学部は名称も性格もまたスッキリしたものではないように思うので、学部の整理は当然のことと思う。この答申は「例えば」として「学芸大学はこれを教育専修大学とする」ことを記している点からみて、現在の各府県の大学にある教育学部もこれを教育専修大学とすることを考えているようであるが（中略）大学は四年制に普通大学でなければならないと思う。（中略）地についた教育を施し得る教員の養成を目ざす大学である。だからある府県に普通大学をおき、ある府県は専修学校でよいということはできない。（岡野徳右衛門、静岡県教育長）

大学界の空気

ＧＨＱの示唆によって設置された首相の私的諮問機関という、正統性に問題のある審議機関から、しかも審議過程の不透明なまま出された答申である。戦後学制改革の効果もまだわからぬままに見直しをという、「一時行政措置によって動かされ」た「朝令暮改の弊は厳に戒むべき」であり、「別途権威ある審議機関に諮って充分検討」すべきではないかという国立大学協会の意見は、教育・大学界の全体的な空気をあらわしたものと見てよいだろう。

多くの関係者が抱いていたのは、新しい学校体系を「原則維持」するとしながら、画一性打破と職業教育重視を掲げて、二〜三年制や五年制の「専修大学」を「特例」として認めようとする答申が、結局は複線型の旧学制への復帰を図ろうとしているのではないかという強い警戒感であった。「大学に四年の高級大学、三年の中級大学、二年の下級大学というような三階級の大学を設けることは画一打破の行き過ぎで不賛成である」という児玉九十の意見はその代表的なものといってよい。とくに、教員養成に特化した「専修大学」の設置には、旧師範学校の復活を図るものとして強い反対意見があった。

しかし同時に、普通教育（一般教育）重視に大きく振れた新学制に批判的な、職業教育の復権を求める答申に理解を示し、その観点からする画一性打破の主張を好意的に受け止める意見もまた、少なくなかった。政令改正諮問委員会の答申に対して、旧学制へのノスタルジーとして切り捨てることのできない、わが国の高等教育の職業教育重視の伝統復活を支持する現実的な意見を抱く人たちが、この時点ですでに一定数存在していたのである。

文部省の見解

この答申については、「当惑気味であった」とされる文部省自身が、求められて述べた意見書も残されている（昭和二六年一二月二一日、広島大学・森戸辰男関係文書「政令改正諮問委員会の概要」）。その内容は以下のとおりである。

(1)「専修大学を設ける事は、現行の短期大学及び二年課程の教員養成課程の運営で十分目的が達成されるから、その必要はない」。

(2)大学を種別化するのは「大学の性格が大学の組織、沿革及びスタッフの教育活動の間に自然に形成されるものであり、又大学が教育と学術研究を併せ行う使命を有しているのであるから制度的に色分けすることは妥当ではない」。

(3)「学校体系の例外については、新学制の趣旨からいって絶対反対である。現行制度の運営に依って同様の目的が達せられる」。

(4)「医学及び歯学教育ならびに大学院については、今後研究すべき問題である」。

(5)「国立大学の再編については専修大学の性格が明瞭でないので意見を述べ難い」。

(6)国立大学の財政について「特別会計制度を採用することは支出金に対応する収入金が伴わない以上結局一般会計の負担となり発展性を認められないから実施は困難である」。

(7)「教育制度に関する各種審議会統合の答申の趣旨には賛成ではあるが、機械的統合については検討を要する」。

先に見たように、天野貞祐文部大臣は国会で、政令改正諮問委員会答申とほぼ同趣旨の国立大学見直し論を披歴していた。しかし、専修大学制度を設ける必要はない、大学の種別化は妥当ではない、学校体系に例外規定を設けるべきではない、専修大学の性格が曖昧なまま国立大学の再編を云々することはできない、と並べていくと、教育刷新審議会とともに戦後学制改革の推進に当たってきた文部省が、この時点では少なくとも省として、全面的に反対といってよいほどに、答申に示された改革構想に批判的であり、「教刷審路線」遵守の姿勢を堅持していたことがわかる。ただし、その後の文部省、さらには教育刷新審議会の後身である「中央教育審議会」における大学をめぐる改革論議の流れが、時代状況の変化の圧力のもと、この答申の提起した課題を積極的に引き受け、制度改革の推進を求める方向に急速に転換していくのは、あとで見るとおりである。

この答申について、代表的な教育史家たちは、「大学の〝種別〟化論、専科大学問題、教員養成制度の改編論など、その後一九五〇年代後半から六〇年代にいたる多くの大学教育再編論の、ほとんどすべての論点を、萌芽的にふくんでいたということで、注目に値する答申であった」（海後・寺崎『大学教育』二四-五）、「（政令改正諮問委員会の答申は直ちに実現の運びには至らなかったが）そこで提起された学校体系の多様化や職業教育の重視の方向は、その翌年以降財界から相次いで出されていく教育制度改革の要望意見の中で引き継がれ（中略）教育行政の再編成を経て実施に移されていった」（大田編『戦後日本教育史』二〇五）と評価し、位置づけている。答申は確かに、その後の高等教育制度再改革への実質的な出発点となるのである。

3　中央教育審議会の設置

教刷審から中教審へ

昭和二六年（一九五一）九月、対日講和条約が締結されて日本は主権を回復する。時を同じくして、戦後学制改革の推進に中心的な役割を果たしてきた教育刷新審議会が、最終報告「中央教育審議会について」を出して幕を閉じた。

その最終報告は、「教育刷新審議会は、創設以来わが国教育改革の根本的改革の樹立に多大の貢献をなし、今日一応その使命を達したので、これらの教育改革の基礎の上に、民主的教育の完全な実施と、広く国民文化の向上を図るために、文部省に恒常的な諮問機関として中央教育審議会を置く必要がある」と趣旨を述べたあと、その新しい審議会の委員の選任について、以下のような手続きをとることを求めている。

(1)委員の定員は十五名とする。

(2)選任に当たっては、まず「主として、文部省の内外に設置されている法定の審議会等から、各二名の選挙人を推薦し、この選挙人が定員の倍数の委員候補者を制限連記の方法で選出する」。

(3)「選挙人を選出すべき団体」としてさしあたり、教育刷新審議会、大学設置審議会、日本学術会議、社会教育審議会等の法定の団体のほか、全国教育委員会委員連絡協議会その他これに準ずる団体を想定する。

(4)「委員候補者の選出にあたっては、教育・学術・文化の分野から二〇名または十八名、政治・社会・産業・経済の分野から一〇名または十二名を選出する」。

(5)「文部大臣は、委員候補者のうち、教育・学術・文化の分野から一〇名または九名、政治・社会・産業・経済の分野から五名または六名を選出する」。

さらに選任された委員からなる審議会の権限について、「文部大臣は、左に掲げる事項について、その基本方針を決定する場合においては、あらかじめ中央教育審議会にはかり、その意見を聞かなければならない」として、「ア　学校教育に関する重要な事項　イ　社会教育および文化事業に関する重要な事項　ウ　教育財政の大綱　エ　国、公、私立大学に関する重要な事項　オ　その他、教育・学術・文化に関する重要な事項」を列挙し、これらの事項について「必要と認められる場合は、文部大臣に建議することができる」としている。

内閣直属の審議機関として占領下に大きな権限を委ねられ、新学制の設計にあたってきた教育刷新審議会が、それを継承する新設の中央教育審議会を、単なる文部大臣の諮問機関ではなく、委員の選任から審議事項にいたるまで、広く「教育・学術・文化」分野から選ばれる委員の主導のもと、幅広い権限をもった強力な審議機関とする構想を描いていたことがわかる。

その中央教育審議会は、翌二七年六月に設置されるが、「文部大臣の諮問に応じて教育、学術、又は文化に関する基本的な重要施策について調査審議し、及びこれらの事項について文部大臣に建議する」、純然たる諮問機関とされ、また委員についても「人格が高潔で、教育、学術、又は文化に関して広くかつ高い識見を有する者のうちから、文部大臣が内閣の承認を経て任命する二〇人以内の委員で組織する」とあるだけで、教育刷新審議会の要望したような選任方法が採られることはなかった。占領期の終結とともに、教育刷新審議会の時代は終わり、制度改革を含む文教政策は、再び政府・文部省の主導の下に、文部大臣の諮問機関である中央教育審議会を主要な舞台として、進められることになる。

中教審と高等教育問題

その中央教育審議会だが、政令改正諮問委員会の提起した大学・高等教育の改革課題に、設置後、直ちに取り組むことはなかった。後でその詳細にふれるが、「大学教育の改善について」文部省が諮問し、新制大学制度の包括的な再検討を求めたのは昭和三五年（一九六〇）五月になってから、答申が出されたのは三八年一月のことである。ただ、文教政策の策定に主導権を回復した文部省がこの間、高等教育改革に手を拱いていたわけではない。第一九回答申として出された「大学教育の改善について」までの中教審の一八の答申を見ると、そのうち九答申が直接、あるいは部分的に、高等教育に関わる改革提言を行っていることがわかる。高等教育の改革課題に総合的な検

表1　高等教育関連の中教審答申

昭和29年 2月	第 4 回	医学および歯学の教育に関する答申
29年11月	第 6 回	大学入学者選考およびこれに関連する事項についての答申
30年 9月	第 9 回	私立学校教育の振興についての答申
31年 9月	第11回	教育・学術・文化に関する国際交流の促進についての答申
31年12月	第13回	短期大学制度の改善についての答申
32年11月	第14回	科学技術教育の振興方策について（答申）
33年 4月	第15回	勤労青少年教育の振興方策について（答申）
33年 7月	第16回	教員養成制度の改善方策について（答申）
34年 3月	第17回	育英奨学および援護に関する事業の振興方策について（答申）
38年 1月	第19回	大学教育の改善について（答申）

出典）教育事情研究会編『中央教育審議会答申総覧（増補版）』ぎょうせい，1992年。

討を加えた昭和三八年の第一九回答申、いわゆる「三八答申」は、そうした助走期間を踏まえて行われた文部大臣の諮問に応じて、三年近くにわたって展開された審議の産物にほかならない。

昭和二六年の政令改正諮問委員会答申に示された改革構想に当初は当惑し、消極的な態度で臨んでいた文部省が、昭和三五年の時点で、なぜ戦後高等教育改革の包括的な再検討を求める諮問をし、また中央教育審議会が審議の末に、政令改正委のそれを基本的に引き継ぐような内容の答申をなぜ出すに至ったのか。表1に示した、それ以前に行われた一連の中教審答申を手がかりに、「三八答申」に至る改革論議の足取りをたどっておくことにしよう。

大学自治と管理運営問題

まず、管理運営問題である。

中央教育審議会が発足した昭和二七年（一九五二）当時、高等教育にかかわる最大の政治的イシューは、大学自治に関する問題であった。学生運動が激しさを増すなか、東京大学では、情報収集のため学内に立ち入った私服警官に学生が暴力を加えた、いわゆる「ポポロ事件」が起きている。警官の立ち入りは自治を侵すものと主張する大学側と、大学もまた治外法権ではないとする警察側が厳しく対立し、南原学長と警視総監が自治と治安をめぐって話し合ったものの意見は一致せず、国会でも問題が取り上げられ、参議院文教委員会が、「学問の自由と大学自治に関する意見書」を出すなどのことがあった。

その大学自治ともかかわって、国立大学における管理運営制度が依然として未定のままであることが、あらためて大きな問題となった。第I部でみたように、「国立大学管理法案起草協議会」の答申をもとに、文部省は二六年三月、国立大学及び公立大学の「管理法案」を国会に上程し、公聴会も開かれるなど審議が進められたものの、国会の内外における批判が強く、結局審議未了、廃案に終わった。学生運動が政治問題化する中で、学内の管理運営組織について何の規定もない深刻な事態に、二七年春には国立大学協会が独自に「大学法試案」の作成作業に着手すると共に、同年六月、文部省に対して下記のような要望書を提出している。

> 新制大学発足して既に久しきに大学管理法は未だに制定されない。新制度における大学の管理についてその基本的基準の定めなきは重大なる欠陥といわなければならない。且つ実際上管理運営上区々の論議を醸し、支障又少なからず、よって早急に制定せられんことを要望する。同時にこの法の内容如何は国立大学管理上に重大な関係を持つことは当然であり、我々はここ数年の実施の経験を持つものであるから、予め省案作成にあたっては、本協会に意見を求められるよう要望して止まない。（海後・寺崎、六二四―五）

大学管理法案の準備

これに呼応するように、文部省内でも「大学管理法案」の作成準備が進められていたことが知られている。「国公立の大学における学問研究の自由と教育の自主性を保証するために大学の自治を尊重するとともにこれらの大学が公共の福祉のためにつくさなければならない責務を通じて運営されることを明らかにして、その適正な管理を図ることを目的とする」ことをうたった、その新しい「大学管理法案」だが、「「大学管理法問題」当時の諸案と大きく異なる特色は、中央段階の審議機関をなんら設けず、また各大学段階の理事会案も排除したことにあった。かつての教育刷新委員会の中央教育委員会構想や、国立大学管理法案起草協議会の案などにみられたような、文部省に関わる大学管理機構設置の構想」はなかったとされる（同、六三五）。

寺崎昌男によれば、法案の具体的な内容は、「学内における管理機関としては、評議会および教授会または代議員会（数個の学部を置く大学の同一学部の施設が地域的に分散していて教授会開催が困難な場合、教授会の権限を代行するものとして設置）が置かれるが、その権限関係や構成についてはほぼ国立大学協会の線に近い。すなわち、評議会は、人事基準に関する事項のほか、学内の重要事項を審議決定するのであって、最高機関である教授会権限も同協会試案にきわめて近い」ものであったとされている（同、六三六）。

寺崎は同時に「この法案における最大の問題点は、学長の職務権限であろう」と指摘している。法案では「学長は国立大学及び国立短期大学の学長にあっては文部大臣、公立大学及び公立短期大学の学長にあっては文部大臣及び当該学長の任命権者の監督を受け、当該大学を総括しこれを代表する」とされており、「旧制度の規定ときわめて近いものになって」いた。その点で「以前の諸案とは異質のもの」であり、それが「各種の団体から官僚統制を強化するものとの反論を招くことになった」というのである。

こうした動きのなかで発足した中央教育審議会は、昭和二八年（一九五三）一月に「戦後の教育全般の改善について」という包括的な諮問を受けて審議を開始するが、大学管理法案についても「大学管理法特別委員会」を設けて検討を進め、総会でもこの問題が、二八年三月から八月にかけ四度にわたって取り上げられている（同、六三六）。

審議の内容は公表されなかったが、昭和二九年二月の「東京大学学生新聞」の記事に基づいて寺崎が紹介しているところによれば、この新しい案には評議会・教授会、それに学長に関する規定のほかに、廃案になった「大学管理法」の「商議会」と似た「参議会」に関する規定が加えられていた。「参議会」とは、評議会の議を経て文部大臣の承認を受けて設置される諮問機関であり、「学長、当該大学教授、学識経験者」の三者から構成され、「当該大学の教育・研究運営にかんする重要な事項について学長の諮問に答え、また学長に建議する」権限を持ち、評議会は、学則の改廃、予算、施設の設置廃止、学生定員などについて議決する際には、あらかじめ参議会の意見を聞かねばならないとされていた（同、六二七）。

しかし、この中央教育審議会での管理運営組織にかかわる審議も、結局、答申として実を結ぶには至らなかった。国立大学は、学校教育法の教授会に関する規定と、二八年四月に定められた「評議会に関する暫定措置を定める規則」のほかは、明確な法的規定をもたぬまま、旧制時代に帝国大学が獲得・形成した自治慣行をモデルに、運営されていくことになるのだが、そこに至る複雑な経緯については、後で詳細に跡づけることにしよう。

4　占領期改革の見直し

包括的な諮問

このように、占領期から引き継いだ諸課題のうち最大の管理運営問題については、依然として結論を得るに至らなかった文部省・中央教育審議会だが、それ以外にも取り組みの必要なさまざまな課題を抱えていた。

昭和二七年（一九五二）度の文部省年報は、「従来の旧制大学、高等専門学校および教員養成所学校六五八校（昭和二二年四月現在）の六割五分近い四二六校がすべて大学の名を冠したということは、現在わが国の国力に比して多すぎるという批判はあるが、教育の機会均等と教育施設の地方分散とを目的とする新学制からして、大学の国土計画的配置を図るという趣旨に照らし、地方文化の向上のために、むしろ喜ぶべきことではあるまいか。／現在これらの大学の施設の充実と教授陣容の整備が緊急の課題となっているが、貧しい施設と陣容の中からもしだいに特色ある業績が生まれつつあることは注目に価する」（一九）と、新制大学の成果を自賛する一方で、「昭和二四年度に発足した国立大学は、本年度をもって第四年目の完成年度を迎えた。時あたかもわが国待望の独立第一年目に当り、大学制度及び大学教育についても創設期を脱し、反省と整備の期にはいったといえる」(一九)としている。

また、二八年度の文部省年報には、「大部分の新制大学では前年度末〔二八年三月〕に最初の卒業生を出して社会に送り込んだ。これらの新制大学卒業者に対しては、その学力の不足、専門性の希薄等の理由から、とくに産業界からは批判的にみられている。このことは新制大学が専門教育のみの施設でなく一般教育と専門教育とを兼ねてその内容としている趣旨を理解していない点もあるが、また一面、おそらくかれらが戦時下または戦後の混乱期に初等・中等教育を受けてきて、じゅうぶんに基礎的な勉強を身につける環境を与えられなかったところにもあるので、これらの点は大学自体の充実とあいまって、年を追って改善されるであろう。しかし卒業者の専門分野における学力水準を旧制大学のそれと比較した場合、一般にあき足りない感じを持たれていることはたしかで、世間ではこれと大学数が旧制時代にくらべて著しく増加した事実とを結びつけて批判の声が高い。文部省においても反省期に入った教育行政における一つの問題点として大学制度に再検討を加える必要を感じ、まず大学設置基準をわが国の実情に即して改訂することとし、昭和二八年一九月大学設置基準研究協議会をおいてその事業に着手した」(一九)とある。

政令改正諮問委員会の答申もあって、文部省は戦後改革の総合的な見直しに着手する必要性を感じはじめていたのであり、それが中央教育審議会への「戦後の教育全般の改善について」という包括的な諮問となったとみてよいだろう。この諮問に対して、二八年七月から三一年一二月の間に一三の答申が出されるが、第一回の「義務教育に関する答申」の冒頭には、次のようにある。

> 戦後行われた教育の改革は、民主主義をその基本理念とし、過去の教育の欠陥を是正することを目的として新しい制度のもとに関係各方面の多大の努力が払われたにもかかわらず、一般にいまだ習熟を欠くものがあり、所期の効果を上げるに至っていないものが多く、その目的を達成するにはなおいっそうの努力を要する。

またその改革のうちには必ずしもわが国の実情に適するとは言いがたい点も認められる。／これらの諸点に関し、民主主義の根本観念にもとらない限り、実情に即してこれに適当な是正を行うことは現下の急務であると信ずる。

戦後改革の中には、「習熟を欠く」ために「所期の効果を上げる」に至っていないものもあれば、「わが国の実情に適」しておらず「実情に即して」適当な是正を図ることが「現下の急務」となっているものもある。まずは喫緊の改革課題を個別に取り上げ、順次「改善」策を答申し、「民主主義の根本観念にもとらない限り、実情に即してこれに適当な是正を行」っていこうというのが、中教審の基本方針であったことがわかる。

医学・歯学教育問題

表1にみるように、中教審が高等教育関連で最初に取り上げたのは、医学・歯学教育の問題である。占領軍の圧力のもと、学制改革論議のなかでも医学・歯学教育は一貫して別扱いされ、早くから六年制とすることが決まっていた。進学についても他学部と異なり「修業年限四年の大学において二年以上の課程を修了」したものを入学させるという、リベラルアーツ・カレッジの存在を前提としたアメリカ的な制度をとり、その結果として多数の学内浪人の出現をもたらしていたことは、第I部ですでに見たとおりである。政令改正諮問委員会の答申でもふれられていた、実情に即した是正の急務とされた代表的な事例である。

中教審の昭和二九年（一九五四）二月の第四回答申（『中央教育審議会答申総覧（増補版）』一四）は、医学部・歯学部の六年の修業年限を「進学課程二年（以上）、専門課程四年」に分け、両学部に限って一般教育課程とは別に「進学課程」を設置することを、また自力での設置が困難な単科大学の場合には他大学と協定を結んで進学課程を置くことを認めるとするものであり、文部省は直ちに、答申の趣旨に沿った学校教育法の改正を行っている。占領期改革の修正第一号といってよいだろう。

受験競争と学制改革

中教審が次に取り上げたのは、高等学校と大学との接続関係に関わる、入学者選抜の問題である。昭和二九年(一九五四)一一月の第六回「大学入学者選考およびこれに関連する事項についての答申」(同、一八一二二)がそれだが、新制大学の発足時から社会・政治問題化し、その後長く教育政策上の最重要課題の一つとなるこの問題について、ここで注目したいのは入学者選抜そのものではなく、答申の「これに関連する事項」の部分である。その部分に、高等教育の制度改革に関わる重要な提言が示されているからである。

教育民主化の象徴として、多様な種別の中等学校を再編・統合し、総合制を特徴とする新制高等学校が発足したのは昭和二三年春である。高校進学率は一挙に上昇して、二五年春にはすでに同年齢人口比で四〇%を超えるまでになり、同時に、これも再編・統合されて発足した新制大学(と短期大学)への進学希望者数も急増し始めていた。こうして年々増加する高校卒業者数と大学進学希望者数に対して、大学・短大の収容力については、質的な整備の必要性や予想される卒業者の就職難への配慮から、文部省が抑制策を採っており、その結果、受験競争は年々激しさを増す一方であったのは、先に見たとおりである。

答申は、その受験競争・「入学者選考」問題について、昭和二九年度の高校卒業者七〇万、大学進学希望者二四万、志願者三八万(うち浪人一四万)、大学・短大収容力一四・五万、さらには入学者中の浪人比率六〇%という数字を挙げて深刻さを訴えたあと、競争緩和に必要なのは、入学試験を含む選考方法の改善以上に、高等教育の制度改革にあるとしている。「大学の入学志願者数に対して、大学の収容力が少ない現状にかんがみ、収容力の増加をはかるということも検討すべき問題であるが、それよりも、まず各大学に対する志願者数を、平均化することに努力することが必要である。その目的を達するため試験方法ばかりでなく、制度その他の点についても考慮する必要がある」というのがそれだが、「志願者数を、平均化する」努力の必要性が強調されたのは、新制大学間に前身校の違いによって質的な格差、ひいては社会的威信の差異があり、それが特定大学への志望者の過度の集中をもたらし、受験競争の激化や多数の浪人発生の原因になっているとする認識からである。こうした問題意識に基づいて提起されたのが、制度改革を含む以下のような改善策であった。

(1)高校卒業者が「一定の大学に集中するのを防止」するため、「内容のふじゅうぶんな大学に対し、教授陣容およ び教育研究施設の改善充実を図るよう努力すること」。

(2)「産業界その他一般社会」に、「各大学の性格・特色について（中略）じゅうぶん理解せず、いわゆる有名校の卒業生のみを採用する傾向がある」ので、「その点について広く周知せしめる方法を講ずること」。とくに「社会的定評のあった旧制実業専門学校のうち、新制大学の一部になったもの」については、従来通り「その特色を発揮し、産業界の要望に応じうるよう考慮すること」。

(3)「短期大学の制度を改めて、恒久的の教育機関とし（中略）職業教育その他について充実した専門教育を授けるものとすること」。このように改正すれば「短期大学志願者の増加となり、結局四年制大学の入学率の緩和になる」、つまり受験競争の緩和が期待できる。

(4)「短期大学の課程と高等学校の課程とを包含する新しい学校組織を認めること、充実した専門教育を授けるためには、五年間の課程において一般教育および専門教育の学年配当を容易にすることも必要である」。

(5)改正された短期大学は、「深く専門の学芸に関する教育を行い、主として職業に必要な能力を育成することを目的」とするものであり、「主として専門職業教育の充実を図るとともに一般教育・外国語ならびに体育の各科目についても適当な考慮を払う」ものとして、名称も「短期大学あるいは専科大学」とする。

「専科大学」という緩和策

前身校の違いによる教育研究条件の格差是正が第一に挙げられているが、強調されているのはその意味での平等化ではなく、一つは、四年制大学に統合・画一化されてしまった高等教育機関の間の、「特色発揮」という形での差異化による、特定大学（具体的には旧帝国大学をはじめとする旧制大学）への志願者集中の回避、もう一つは、暫定措置として設けられた短期大学を職業教育重視の「専科大学」に転換することによる、四年制大学への進学圧力の緩和である。とくに後者については、短期大学の「専科大学」化と恒久化をはかり、また五年制の新種の短期高等教育機関の設置を求めるなどの措置をとれば、「結局四年制大学の入学率の緩和」、受験競争の沈静化につながるはずだという楽観的な見通しが述べられている。受験競争の緩和策として、制度改革の必要性が強調されていることがわかる。

昭和二九年（一九五四）一一月といえば、政令改正諮問委員会が、画一性の打破と職業教育重視の観点から、新しい短期高等教育制度の創設を中心に、「複線型」の学校体系への回帰を提言してから三年が経過した時点である。産業界の意見を代表して日経連からも「中堅監督者及び職業人」養成の必要性を理由に、ほぼ同趣旨の意見表明があったことは、先に見たとおりである。政令改正諮問委員会の答申に冷ややかな反応を示した文部省だが、その諮問機関である中央教育審議会が、受験競争の緩和という名目でとはいえ、短期大学の「専科大学」化を基軸に、「種別化」構想を打ち出すに至ったのは、大きな変化と言わねばならないだろう。

第2章　短期高等教育制度の模索

1　職業教育と短期高等教育

短期の職業教育機関

前章で見たように、「入学者選考」に関する中教審答申の一部に短期大学制度に関する事項が加えられたのは、暫定的措置として発足してから四年を経て、四年制大学の数を超えるまでに発展した制度の恒久化の是非を、文部省自身が検討課題とせざるを得なくなったためである。

答申に先立って文部省は、昭和二八年（一九五三）四月、大学学術局に局長の諮問機関として「短期大学教育課程等研究協議会」を設置しており、二九年一〇月には協議会から決議「短期大学制度の確立について」が出されている。その決議によれば、短期大学は「地域文化の中心として、専門の学芸を教授研究し、実務に必要な知的、道徳的及び応用的能力を育成」する専門・職業教育重視の短期高等教育機関で、「一般教育科目の最低修得単位数を軽減」し、名称は「専科大学」あるいは「専門大学」でもよく、また高等学校と併せた五年ないし六年制も認めることとされている（海後・寺崎『大学教育』三六六-七）。中教審の前記答申が、この決議を踏まえてのものであることは、あらためて言うまでもないだろう。

注目されるのは、その決議が、現行の短期大学制度の単純な恒久化ではなく、職業教育重視の新しい短期高等教育機関への転換を求めている点である。決議より一カ月前の九月には大達茂雄文相が、「現在の短期大学制度は中途半端であるからこれを改革して専門大学にすべく学校教育法を改正する」ことを言明しているが（中原「報告・短期大学この二十年」三二）、日本経済の急速な復興と発展を背景とした産業界からの改革要請は、文部省にとって、無視しえないものになっていたのである。

経済界の要請

復活を遂げる経済界・産業界の要請に、文部省がそれまで応える努力を全く怠ってきたわけではない。とくに「大学における産業技術教育については、工業・農業・水産・商船・商業等に関する専門教育の重要性にかんがみ、昭和二五年以来文部大臣裁定によって技術教育協議会を設け」議論を重ねてきた（『文部省年報』昭和二七年度、一九）。「大学・関係官庁・学識経験者よりなる委員をもって構成し、大学技術教育の振興を図るとともに、技術者養成計画・教育課程の研究・産業界との連けい等の諸課題を協議する」とされたこの協議会は、昭和二七年（一九五二）四月に答申には大学における「一般的振興方策ならびに一般教育と専門教育との関連事項」を中心に議論を進め、「大学における産業教育振興について」を出し、「大学基準をわが国の現状に適合し弾力性ある運用ができるよう改正し、特色ある大学を発達させること等」を提言している（『新日本教育年記』第二巻、九八）。

昭和二七年というのは、すでに見たように日本経営者団体連盟が、大学卒の就職問題に関連して「普通教育を強調する余りこれと並び行わるべき職業乃至産業教育の面が著しく等閑に附され」ていることを理由に、「新教育制度の再検討」を求める要望書を文部省に提出した年でもある。しかしこの時点ではまだ、文部省内にそうした答申や意見書に対応した、新学制再検討の動きは見られなかった。

ただその一方で、同年一二月には岡野清豪文相は国立大学長会議の席上で「大学の質の改善のため各大学が目的・性格に応じて特色を生かすべきである」とし、さらに「産業教育は大いに拡充の必要がある。学長たちの考えには学術の蘊奥を極めることに第一義をおき、教員養成とか産業教育には小さなウエイトしかおかないのは遺憾」だと発言している（同、一二六）。吉田茂首相が国会で文教改革の方針について、「終戦後の教育改革についてはその後の経験に鑑み、わが国情に照らして再検討を加えると共に、国民自立の基盤である愛国心と道義の高揚を図り、義務教育・産業教育の充実と学芸及び科学技術の振興のために格段の努力を払う所存であると言明」したのも、同時期である（同、一二八）。産業教育や科学技術の振興を理由の一つに、政府部内に戦後教育改革の見直しへの気運が高まり始めていたことがわかる。

再改革の動きが本格化するのは、昭和二九年に入ってからである。大達文相は六月の国立大学長会議での挨拶で「新制大学ではその目的から、もとより一般教育を閑却すべきではないが、有能な職業人、社会人を養成するための専門教育、技術教育の授け方について、卒業生の受け入れ側である産業界の要望をも十分参考にする必要がある」と、「産業界の要請」への配慮を求め、一一月には大学卒の就職難に関連して「大学の過剰ことに短期大学の在り方は再検討を要する」と発言している。大達から代わった安藤正純文相が、参議院の文教委員会で就職難問題が取り上げられた際、産業教育振興の必要性を強調し、政権党である民主党が三〇年度予算に関する緊急政策として、「大学制度の改善、職業専門教育振興、五年制の職業専門短期大学制」などを打ち出したのも、この年であった（同、二二八、二三六、二四四）。

日経連の「当面教育制度改善に関する要望」は、そうした一連の動きの中で提出されたのであり、文部大臣の度重なる言明に見られるように、文部省はその「要望」の第一に挙げられた新しいタイプの、職業教育重視の短期高等教育制度の創設を考慮に入れて、短期大学の恒久化問題を検討せざるを得なくなっていた。

短大制度の恒久化論

すでに見てきたように、四年制大学以外に二〜三年制の短期高等教育機関の設置を認めるべきかどうかは、文部省にとっても戦後早い時期からの重要な政策課題であった。旧制高等学校・帝国大学制度の温存論者の抵抗やGHQ／CIEの思惑や圧力もあり、紆余曲折の末、直ちに四年制大学に昇格することの困難な専門学校や、昇格を望まない女子専門学校の救済のため、「暫定措置」として、学校教育法の付則という形で、昭和二五年（一九五〇）春に「短期大学」制度が発足するに至った経緯は、第I部で詳細に述べたとおりである。

発足したその短期大学は、「二年（又は三年）の実際的な専門職業に重きを置く大学教育を施し、良き社会人を育成することを目的」とし、「一般教養との密接な関連において、職業に必要な専門教育を授ける完成教育機関であり、同時に大学教育の普及と成人教育の充実を目指す新しい使命をもつ」とされ、設置基準によれば、四年制大学と同様、一般教養科目と専門科目からなり、単位数等についても画一的で標準化された教育課程をもつ、いわば「二分の一大学」として制度設計されていた。しかも設置された短期大学の多数を占めたのは、女子系の私立短期大学であり、「良き社会人」はともかく「実際的な専門職業」教育については、産業界や職業教育関係者の期待に応えるものとは言いがたかった。

その短期大学を制度として恒久化をはかるとなれば、政令改正諮問委員会によって口火が切られ、日経連の要望書にも記された、「中級技術者」に代表される「半専門的職業人」の育成を目的とした「専修大学」や「専科大学」、「職業専門短期大学」などと称される、新しい短期高等教育機関の設置要求にどう対応するのかについて、議論を避けて通ることはできない。中央教育審議会は、短期大学の目的・使命は何か、名称は短期大学のままでよいのか、短期大学を大学とは別の学校種とするのか等の問題について、あらためて抜本的な見直しを迫られていたのである。

短大関係者の要望

暫定措置という不安定な状態に終止符を打ち、制度の恒久化をはかることは、当然のことながら、短期大学関係者の強い要望でもあった。

日本私立大学協会（私短協）の事務局長・副会長等として、この問題に深くかかわった中原稔によれば、昭和二九年（一九五四）四月の同協会総会で「短期大学を恒久的教育機関として確立する」ことを決議し、大達文相に陳情したのが、恒久化を求める運動の発端とされている（中原、一八-一六三）。その大達文相が、産業界の要請に対応する新しい短期高等教育制度創設の積極論者だったのは、先に見たとおりであり、短期大学関係者の間でもさまざまな議論が交わされるようになっていた。

中原によれば、恒久化をめぐって、一方の極には積極的な改革論があった。(1)二年制では充実した教育は不可能で、中途半端になり社会的に有用な人材の育成は期しがたい、(2)二年の間に多くの一般教育を習得するため専門教育が不徹底であり、専門教育重視の教育課程に切り替える必要がある、(3)高校教育と併せた五〜六年制の新制度も実力増強の意味から検討の要がある、というのがそれである。

対照的に、現行制度のままの恒久化を求める意見も強かった。(1)二年制自体に社会的要望と魅力があることは、短大数の激増によって証明されているのだから、二年で可能な教育分野にとどまればよい、(2)専門教育の増強は現行基準の下でも十分可能である、(3)暫定措置とはいえ制度を発足させた以上その育成強化を図るべきで、経験と教育を重ねればより充実するはずである、(4)高校と併せた五〜六年制は、短期大学制度の恒久化という当面の目的とは別の、まったく新しい制度だ、というのである（同、三一-二）。

会員の間でこのように意見が大きく割れるなか、私短協は二九年一〇月に緊急臨時総会を招集し、長時間の議論の末、恒常化のための法改正を求める概略以下のような決議を採択し、「全私立短期大学一九三校の総意」として文部省に提出した。

⑴名称は現行通り短期大学とする、⑵学校教育法の改正に際しては、現行通り、短期大学を大学教育の枠内に規定する、⑶目的使命に甚しい変革を加えない、⑷恒久化に伴って、短期大学教育を画一化することには反対である、常に社会の要望に即応出来るよう各種各様にわたる教育内容とその変化を持たせることが必要だ、というのがそれである。現状維持的な恒久化論、言い換えれば職業・専門教育重視の短期高等教育機関への転換要求に否定的な恒久化論が、私立短期大学関係者の多数意見とされたことになる。そして、この決議を踏まえて、私短協は、前記の中教審答申中の短期大学関連の改革構想にも、日経連の要望書に示された改革要請にも、全面的な反対を表明するのである。

翌三〇年の五月、文部省は短期大学制度の恒久化を目的とした学校教育法の改正案をまとめ、最大の利害関係者である私短協に意向を打診してきた。それは、⑴短期大学の名称はそのまま、⑵大学とは別種の学校として学校教育法第一条に明記し、⑶目的規定も大学とは別とする、⑷高校と併せた五年制の新制度を設けるという、先の決議とは真っ向から対立する内容であり、協会は当然反対したが、文部省の側も譲らなかった。安藤正純から代わった松村謙三文相は九月の記者会見で、「短期大学を旧専門学校のように実科を中心とした専門大学として恒久制度化するために、早急に中教審へ諮問、答申を得て学校教育法改正案を次の国会に提出する。専門《マ》学校《マ》切替えに当っては設置基準を改定、現在の短大を再審査する方針だが、これにより専門技術者の養成を切望する地方の実情と要請にこたえたい」と言明している。これについて中原は、「本協会の短大恒久化の要望がまさに藪をつついて蛇を出したことになり、短大の危急存亡となりそうなため」、急遽文部省幹部と懇談の機会を設けたが、方針は変わらず、「本協会と文部省とはどこまでも平行線で一致点を見出すことは不可能であった」と回顧している（同、三九）。

2　中教審への諮問と答申

諮問理由の説明

こうして意見が分かれるなか、文部省は大臣の言明通り、昭和三〇年（一九五五）一〇月になると中央教育審議会に「短期大学制度の改善について」諮問した。

その諮問は、短期大学制度の恒久化問題をはじめて取り上げた先の「入学者選考」答申以後の諸事情、とりわけ産業界からの要請を考慮して、「その目的・性格、高等学校教育との関連および女子教育の特殊性などについてさらに検討を加え早急に改善措置を講ずる必要がある」とした後で、改正の問題点を列挙し、それぞれについて大学学術局長が賛否さまざまの意見があることを説明するという、異例のものであった。私立短大側の強い反発に、文部省が配慮せざるを得なかったことがうかがわれる。

諮問に際しての局長の説明は、次のようなものであった（『総覧』四五－四六）。

(1)目的

四年制大学とは別個に「深く専門の学芸に関する教育を行い、主として職業に必要な能力を育成することを目的とする」と明確に規定することについて

イ　現行の「短期大学の目的使命に甚だしい変更を加えない」で欲しい。

ロ　「設置基準に既に明記されて」おり、「学校教育法を改正してそれを規定する必要がない」。

(2)性格

「高等学校教育の基礎の上に主として職業教育その他について充実した専門教育を行う完成教育機関とする」

ことについて
イ「大学の範ちゅうからはずれることは反対。（中略）独自な目的をたて四年制大学とは異る使命を有する大学とする」。
ロ　現行通り「大学教育のわく内におく」。
(3)名称
イ「短期大学あるいは専科大学」「専科大学」とすることについて
ロ「短期大学又は専科大学以外」の適当な名称がよい。
(4)修業年限
「二年または三年の外に現行の高等学校および短期大学を合せて五年又は六年とするものを設ける」ことについて
イ　学校教育法を改正しないまま「五年または六年制の専科大学を創設することは、志望を早期に制限し、高等学校教育を混乱させ、専科大学をも低下させる恐れ」がある。
ロ「五年制または六年制の短期大学制度は、学校教育法の改正に寄らず実際上は高校・短期大学両者の基準の新たなる設定」によるのが適当である。
(5)その他
イ「女子教育における短期大学の目的・性格・教育内容等は必ずしも男子の場合と同様でないことを考慮して欲しい」。
ロ　学校教育法第一条に「短期大学たる名称を大学と別個に表現しないで欲しい」。

「短期大学制度の改善について」答申

このように列記された対立的な意見を見ていくと、短期大学について、単純に現状を踏まえた制度の恒久化を図ることが不可能である一方で、それを職業専門教育重視の別種の短期高等教育機関に転換させる方向で意見の集約を図るのもまた、容易ではなかったことがわかる。しかし一年余の審議を経て中教審が到達したのは、産業界の要請に沿った、職業専門教育重視の短期高等教育への転換を求めるという結論であった。昭和三一年（一九五六）一二月に出された答申の内容は、以下のとおりである（同、四六–四八）。

記

［新学制の下、高等教育は原則修業年限四年の大学で行うこととなったが］当時の高等教育機関の切換えの困難な事情等を考慮して、暫定措置としてその修業年限を二年または三年とする短期大学の制度が設けられたところ、六年後の今日、すでにその数は二六八校に及び、職業教育ならびに実際教育の機関として重要な役割を占めるに至ったので、これを恒久的制度に改めるとともに、実施後の状況、社会的要請等にかんがみ、その目的・性格を明らかにし、教育内容等についても改善する必要が認められる。よってこの制度を下記のように改め、すみやかにその充実強化を図られたい。

趣旨

一、短期大学は（中略）恒久的な制度とし、高等学校教育の基礎の上に、主として職業または実際生活について専門の学芸を教授研究する機関とする。なお（中略）土地の状況、男女の性別、専門の分野等を考慮して、画一的でなく、それぞれの特色を持たせるようにする。

二、一貫して充実した専門教育を授けるために、必要のある場合は、高等学校の課程を包含する短期大学（あるいはその他の名称、以下同じ）を認める。

三、短期大学は、専門教育を行う完成教育機関であって、四年制大学とは別個のものであり、したがってその目的・性格は異なる。（中略）これに関する規定を設ける場合にも、両者は明確に区別する必要がある。

目的

短期大学は、深く専門の学芸を教授研究し、主として職業または実際生活に必要な能力を育成することを目的とする。

名称

短期大学あるいはその他の名称。

修業年限

二年または三年とするが、必要のある場合は現行の高等学校の課程を合わせて五年または六年とすることができる。（後略）

教育内容

一、専門教育を充実し、応用的能力を育成するために、実験・実習・演習および実技を重視する。

二、単位制をとるか、学年制をとるかは、当該短期大学の選ぶところに任せる。

四年制大学との関連（卒業者または修了者の進学）

一、短期大学を卒業した者は四年制大学に編入することができる。（後略）

備考

現行の短期大学を新制度へ切り替えるにあたっては、現状を尊重し円滑に行うようにする。

現行の短期大学制度を、「現状を尊重」しながら「円滑に」「新制度に切り替える」としているが、(1)短期大学という名称にはこだわらない、(2)四年制大学とは別の、独立の学校種とする、(3)高等学校と併せた五～六年制を認める、(4)「主として職業または実際生活に必要な能力を育成」する専門教育機関とする、(5)応用的能力を育てるべく「実験・実習・演習および実技を重視する」、(6)画一的でなく「土地の状況、男女の性別、専門の分野等を考慮」して「特色を持たせる」、というように、具体的な内容を見ていくと、答申の狙いが政令改正諮問委員会の答申を基本的に継承し、産業界の声高な学制改革要求に全面的に対応する、事実上の新制度創設にあったことは明らかである。

私立短期大学協会は直ちに、諮問が「短期大学制度の改善について」とあるのに、中教審が「改善」ではなく、「現行短期大学を廃止し、大学に非ざる新制度を創設して、短期大学を切換え転換せしめる」ことを答申したのは、諮問の範囲を超えて学校教育制度の体系全般に関わる改革を求めるものであり、容認しがたいとして強く反対意見を表明した。

3　「科学技術教育の振興方策について」答申

中教審への諮問と答申

そうしたなか文部省は追い打ちをかけるように、昭和三二年（一九五七）四月、現行の教育は「最近の科学技術の諸分野における画期的な進歩と産業技術の革新に適応対処していくには、必ずしもじゅうぶんとは認め難い」として、中央教育審議会に「科学技術教育の振興方策について」諮問し、その一部として職業教育重視の短期高等教育問題についてもあらためて審議を求めた（『総覧』四九―五一）。

諮問に挙げられた「検討すべき問題点」の第五「教育制度について」の中に、「(1)教育の一貫性　科学技術教育振興のためには、中学校教育と高等学校教育、高等学校教育と大学教育の間に、一貫性を持たせることが適当であるといわれているが、制度的にはどうこれを取り上げるか」、「(4)ア　大学教育　大学卒業生の基礎的・専門的学力ならびに専門技術の向上の見地から見て、大学・大学院・短期大学の性格および修業年限等について考慮する必要はないか」とあるのがそれである。

ソビエト連邦がアメリカに先んじて人工衛星打ち上げに成功し、いわゆるスプートニク・ショックが世界を駆け巡ったのは、同じ年の一〇月のことである。東西冷戦を背景に先進諸国間の科学技術競争が激化の一途をたどるなか、復興を遂げた日本の経済界・産業界もまた否応なく競争への参入を迫られる時代状況が、そこにはあった。中教審の特別委員会は半年の間に一三回の審議を重ね、同年一一月に答申を出している。いかに審議が急がれたかがうかがわれる。答申は「科学技術教育の振興方策」いかんを視点に、危機感をもって戦後学制改革全体の見直しを求める内容になっていた（同、五二―六〇）。

答申は冒頭に「わが国の科学技術は、戦争による破壊、敗戦に次ぐ混乱・疲弊、研究施設・設備の老朽化・旧式化、研究費の不足等によって立ち遅れ、これを基礎とする産業技術、ひいては産業自体も進歩をはばまれ、その新開地は主として外国技術の導入に依存しなければならない現状にある」、これを打開するには「科学技術の振興、とくにその基礎として科学技術に関する研究と教育の振興」が不可欠だが、「戦後のわが国の教育は、その改革が急激に行われたため、科学技術教育の面からみて、教員組織・施設・設備等においてはなはだ不備があり、その内容も各学校段階間に関連性を欠き、多くの問題を包蔵しており、進歩した科学技術の要請する科学者・技術者を養成することは、質においても量においても望み難い現状である。このことは諸外国において、膨大な経費を投じ画期的な科学者・技術者の養成計画を樹立し、真剣に科学技術教育の振興をはかっている今日、深く反省されなければならない」と強い危機感を表明した後で、小中学校から大学院まで、科学技術教育の振興のための具体策を提言する内容になっている。

短期大学と科学技術教育

そのうち、短期大学教育に関する提言は以下のとおりである。

短期大学の科学技術教育について

今日、産業界において、旧制工業専門学校の卒業者に相当する技術者の要望が強いが、現在、理工系の短期大学は数も少なく内容もふじゅうぶんで、科学技術教育の面で大きく寄与しているとはいい難い。／わが国においては、大企業と並んで中・小企業も大きな部分を占めているので、このような技術者の養成は急務と思われる。そのためには先に答申したとおり、次の処置が必要である。

一、短期大学の目的・性格を明らかにし、その制度および内容の改善を図ること。

二、短期大学と高等学校を合せた五年制または六年制の技術専門の学校を早急に設けること。／なお、公・私立短期大学が理工系教育の拡充を行う場合には、必要な助成を行うこと。

簡略で、目新しい提言は含まれていないが、答申の「付記」に「短期大学に関する対策（中略）については、本審議会としてすでに（中略）「大学入学者選考およびこれに関連する事項について」および（中略）「短期大学制度の改善について」において答申済みであるが、本件の重要性にかんがみ、重ねて答申するもの」だとあり、いわば念押し的な内容になっていることに留意すべきだろう。

念押し的と言えば、同じ「付記」の最後に、「学校教育に関連する事項としては、本文に答申するもののほか、なお多くの点（大学院のみの大学、大学学部の修業年限の延長（中略）等）について検討したが、これらは単に科学技術教育振興の面だけから結論を出すべきでなく、総合的な見地から審議する必要があるとの結論に達した。よって、適当な時期に教育制度全般にわたって検討する機会を考慮することが望ましい」とあることを付け加えておこう。短期高等教育問題に限らず、戦後改革のもとに発足した新しい学校教育体系を高等教育制度に焦点をおいて再検討する必要性を、中教審自身が明言したのはこれが初めてであり、それが三年後の昭和三五年（一九六〇）の諮問「大学教育の改善について」と、それに対する昭和三八年のいわゆる「三八答申」につながっていくのである。

対立する意見

それはともかく、科学技術教育振興のスローガンのもとに、五～六年制の「技術専門学校」の早急な設置とともに、短期大学の理工系拡充を求めるこの答申は、専科大学構想に反対を唱えてきた私立短期大学協会の立場をいっそう難しくするものであった。「当時の私立短期大学二一一校中理工科系はわずか一〇数校に過ぎ」ず、多大の資金を要する理工系の設置と維持を「国の助成と、産業界の援助のない私立短期大学に（中略）期待するのは無理」である一方で、「短大を大学の枠から外すことは反対である」という態度が「恰も短大協会は科学技術教育そのものに反対しているかの如き誤解を与えているむきが見受けられた」からである（中原、四七）。

それだけでなく、同じ短期大学でも職業系が多数を占める国公立短期大学は、中教審答申に示された改革の方向に基本的に賛成であった。昭和二九年（一九五四）一二月にすでに「入学者選考」答申に関連して、全国公立短期大学協会が、(1)名称は「専科大学」とする、(2)従来の短大の延長ではなく独自の目的をもつ、四年制大学とは異なる大学とする、(3)ただし大学の範疇から外すことには反対、(4)高等学校と合わせた五～六年制にも反対、(5)目的は「深く専門の学芸を教授研究し、主として職業に必要な知的、道徳的及び応用的能力を展開させること」とするなど、短期大学の職業・専門教育重視の「専科大学」への転換を是認する意見書を文部省と中教審に提出している。また国立大学短期大学部の団体も、制度の恒久化にあたっては、「専門的に実際的な職業教育の機関たる目的を明確に打出」すことを要望していた（海後・寺崎、三三八－四〇）。私立と国公立、女子系と職業系とで、短期大学関係者の間の見解は大きく分かれていたことがわかる。

4 「専科大学法案」の提出

法案の提出

こうしたなか、最大勢力である私立短期大学協会は、要望しているのは短大制度の恒久化であり、職業系の短期高等教育制度の創設自体に反対しているわけではない旨を文部省に伝えたが、昭和三三年（一九五八）二月、文部省から示されたのは、短期大学制度の廃止と「専科大学」制度への転換を求める以下のような「学校教育法一部改正案」であった（中原、四九）。

一、新たに職業的専門教育を主たる目的とする専科大学制度を設け昭和三四年四月一日から実施する。
二、専科大学は大学とは別個の高等教育機関とする。すなわち学校教育法一条にも専科大学を大学以外に表示する。
三、修業年限五年または六年の専科大学は中学卒業生を入学させる。
四、短期大学制度は廃止する。
五、従来の短期大学は今後五ヵ年だけ存続を認める。

私立短期大学協会の主張とは真っ向から対立する案である。協会側は、政権党である自民党の政調会文教部会に働きかけ、その結果、最後の五ヵ年存続案について「五ヵ年の期限などつけず、現在の通り当分の間の字句を付したまま存置させる。但し短期大学の新設は許さず、専科大学のみの新設を許可する」という妥協案を示されたが、納得しなかった。新設を許さないということは、短期大学があくまでも当分の間の制度であって、漸次四年制大学か専科大学への移行を期待されていることを意味しており、受け入れがたいというのである（同、四九）。

結局、改正案は昭和三三年三月、私立短大関係者の反対を押し切る形で第二八回国会に提出された。⑴四年制大学とは別個の高等教育機関として「専科大学」を設置する、(2)深く専門の学芸を教授研究し、職業または実際生活に必要な能力を育成することを目的とする、(3)修業年限は二年または三年とする、(4)五年または六年とする専科大学を設けることができる、(5)成立後三年以内に、短期大学は専科大学に切り替える、という内容の、いわゆる「専科大学法案」がそれである（海後・寺崎、三七四）。

より強硬な内容のこの法案は、しかし、提案理由の説明がされただけで一度も実質的な審議に入らぬまま国会が解散し、廃案となった。

三度の廃案

昭和三三年（一九五八）九月、第三〇回国会が召集されると、政府は私立短期大学側の反対に考慮して、成立後三年以内に切り替えるとうたった部分を「一九五四年三月三十一日までに認可された短期大学は「当分の間」存続できる」という表現に改めた上で、基本的に同一内容の法案を再び提出した。一〇月には衆議院文教委員会で公聴会が開かれたが、参考人として招致された私立短期大学協会の会長は反対意見を述べ、また衆参両院の議員に下記のような内容の要望書を送付した（中原、五三）。

一、専科大学として大学でも、高校でもない制度を作り、短期大学の新設は許さず、わずかに既存のもののみ認めるという今回の案は短期大学の自然衰滅を待つ案であるので、短期大学の新増設も許可すべきである。

二、理想としては専科大学を大学の枠の中に入れた案とせよ、これなら短期大学は全部賛成である。

三、以上ができねば短大は今のまま「当分の間」を付したままでよいから短大には触れないようにされたし。

条件闘争的になったとはいえ、基本は反対であることに変わりはない。法案が成立すれば重大な影響を受ける女子系の私立短期大学に配慮して、文部省は、法案にある「実際生活に必要な能力」とは「主として女子教育の専科大学を考えて」のものであり、「実際生活」とは「女子の主婦としての生活を主として考え」て使った字句である、という答弁まで用意していたとされる（海後・寺崎、二四八）。法案は衆議院で可決されるに至ったが、他の法案で紛糾した国会が自然休会に追い込まれ、会期切れとなり、審議未了で再び廃案となった。

あくまでも専科大学制度の新設・短期大学制度の廃止を目指す政府は、三三年一二月、第三一回国会に三たび法案を提出した。その際、私立短期大学協会は、学校教育法改正後も「すでに存する短期大学は（中略）従前の例により存続することができる」という修正を加えることで賛成を求められたが、「なるほど短期大学は存続しうるが、専修大学は学校教育法本文に恒久的に規定し短大は全く一時的存在に過ぎ」ないとして、この案も直ちに拒否した（中原、五三）。法案に対しては野党である社会党が反対であるだけでなく、自民党の文教部会の中にも同情的な意見があり、文部省はさらに専科大学の名称を短期大学に変更することで妥協を図ろうと試みたが、協会側はこれでは新旧両制度の短期大学が出現することになり、しかも「新短大は大学ではなく、また旧短大は新設を許されない」というのでは賛成しがたいとして、これにも応じなかった。

こうして意見調整ができぬまま、法案は国会の会期切れのため、今回もまた廃案になるという異例の事態となった（同、五三-五四）。

文部省の教育白書『日本の高等教育』は、「短期大学を従来どおり大学のわく内で恒久化することを希望する短期大学関係者の賛成が得られず、主としてこのために成立をみるに至らなかった」としているが（七三-四）、暫定措置であるとはいえ、短期大学は昭和三三年の時点ですでに二六九校と、大学の二三四校を上回る数に達していた。しかも在学者の八割が文系で六割が女子というその短期大学を、中級技術者の育成を主目的とする職業教育主体の「専科大学」に転換させようという構想自体に、無理があったと見るべきだろう。これから後、文部省は短期大学制度には手をつけず、別途、五年制の新しい職業系短期高等教育制度を創設する方向に、大きく高等教育政策の舵を切っていくことになる。

第3章　科学技術教育振興と大学改革

1　科学技術教育の振興政策

経済界の学制改革編

このように見てくると、昭和三〇年代初めに火がついた学制改革論議は、短期高等教育問題を中心に展開されていたかに見える。しかし、この時期の政府・文部省・中央教育審議会、それに日本経営者団体連盟（日経連）などの動きを年表風に並べてみると（表1）、改革論議の真の主役は科学技術教育問題であり、それゆえに短期高等教育問題に限らず、大学・高等教育全般を視野に入れたものであったことが明らかになる。

経済界の要請を受ける形でなされた、中教審への「科学技術教育の振興方策について」の諮問（『中央教育審議会答申総覧（増補版）』四八‐五一）は、「最近の科学技術の諸分野における画期的な進歩と産業技術の革新に適当に対処していくには、必ずしもじゅうぶんとは認め難い」という認識のもと、「現行の教育を検討し、小学校・中学校・高等学校および大学の教育を通じて、教育内容の改善を図るとともに科学技術者養成の計画を立て、関係の学部・学科・課程等の整備、学生・生徒の定員の調整、教員資質の向上、施設、設備の充実など、改善の措置を講」ずる必

表1　科学技術教育振興政策の動向

昭和30年10月	文部省「短期大学の改善について」諮問
31年　1月	政府「臨時教育制度審議会設置法案」を閣議決定
31年11月	日経連「新時代の要請に対応する技術教育に関する意見」
31年12月	中教審「短期大学の改善について」答申
32年　4月	文部省「科学技術教育の振興方策について」諮問
32年　4月	文部省　科学技術系学生8000人増募計画を策定
32年10月	日本学術会議学術体制委員会「大学の在り方について」中間報告
32年11月	中教審「科学技術教育の振興方策について」答申
32年11月	文部省「科学技術教育振興方策」を発表
32年12月	日経連「科学技術教育振興に関する意見」

要のある課題の洗い出しを求めている。短期高等教育問題は、高等教育制度、さらには学校教育制度全体の再検討の一環として提起されたものであることがわかる。

諮問中に挙げられた大学関連の検討課題は、先にも見た(1)「大学卒業生の基礎的・専門的学力ならびに専門技術の向上の見地から見て、大学・大学院・短期大学の性格および修業年限等について考慮する必要はないか」から始まって、(2)「大学卒業生に対して、専門学力ならびに専門技術の向上の必要があるといわれているが、このためには学科目、その教授および学習方法（特に実験・実習）をどのように改善すればよいか」、(3)「中堅技術者・上級技術者の増員が必要と思われるが（中略）養成の計画を定める必要があるか」、(4)その場合「どのような学部・学科・課程の整備及びその学生・生徒の調整をしなければならないか」、(5)「計画的に大学・学部・学科の設置およびその運営を行うためには、文部大臣の監督権は現状のままでよいか」、(6)「教育制度の問題点に関連して、大学の入学試験制度について再検討の余地はないか」など、多岐にわたっている。

政府・文部省の狙いは、科学技術教育振興の名の下に、戦後学制改革の歪みを最も深刻な形で抱えた四年制大学を含む、高等教育制度そのものの見直しを進めることにあったと見るべきだろう。

さらにいえば昭和三一年（一九五六）一月には、政府は「臨時教育制度審議会設置法案」を閣議決定している。実現を見ることなく終わったが、中央教育審議会に飽きたらず、内閣直属の審議機関を新設して制度改革に乗り出す構想まで抱いていたことがうかがわれる。また、日本学術会議も、学術体制委員会を設置して大学のあり方に検討を加え、三二年一〇月に中間報告を出していることを付け加えておく。昭和三〇年代を迎えて、「反省と批判」を踏まえた学制改革の時代が、再び始まろうとしていた。

「科学技術教育の振興方策について」答申と大学

そうした時代状況の中で出された中教審の「科学技術教育の振興方策について」答申（昭和三二年）が、大学の改革・改善について具体的に何を要望していたのか。答申の「第一　大学の学部、大学院および付置研究所における科学技術教育について」の項に示された大学関連の提言の概略を見ておくことにしよう（同、五三―五五）。

答申のこの項は、⑴科学技術系大学学部卒業者の質の向上、⑵科学技術系大学学部卒業者の数の増加、⑶大学院の充実、⑷大学付置研究所の協力、の四つの部分から成っている。

注目されるのは、⑴の「学部卒業者の質の向上」に関する部分である。そこには、「現在の大学教育が科学技術者養成においてふじゅうぶんであるおもな原因は、戦後現行制度の実施にあたって、従前の高等専門学校を母体として組織された大学については、教職員の数と質、施設・設備等が準備不足のまま発足したこと、一方、旧制大学の転換したものについては、老朽の施設・設備が未更新のまま現在に至っており、教職員の数あるいは教授方法が旧態依然のものが多いことなどによるものと考えられる。従って、科学技術系大学卒業者の質を向上させるためには、現行の教育方針の徹底を図るとともに、次の諸施策を、具体的な年次計画をもって実施することが必要である」として、六項目にわたって、改善の必要な事項が挙げられている。

①教育内容及び教育方法の改善、②教職員の充実と質の向上、③施設・設備の充実、④研究費等の増額、⑤大学入学者の基礎学力の向上、⑥大学と産業界の連携、がそれである。求められているのがなによりも、教育の人的・物的条件の整備・充実の必要性であり、新制大学発足から七年を経て、経済の復活・成長を背景に、「質の向上」

のための政策的努力の必要性に目が向けられ始めたことがわかる。

昭和三〇年（一九五五）四月には、松村謙三文相が「大学の新増設の見通しについて、戦後の新制大学は国公私立とも乱立しすぎたきらいがあり、また、中央、地方の財政状況からいってもすでに限界に来ているので、今後は原則として認めない方針であり、今後はむしろ教育内容の充実に力を尽くしたい」との所信を表明している（『新日本教育年記』第三巻、一四〇）。また実際に、三二年一一月に文部省の発表した「科学技術教育振興方策」は、理工系に限ってだが、学生の入学定員増のほかに、国立大学の教員・在外研究員の増員、教官研究費・学生経費の増額などを具体的な数字を挙げて示す内容になっていた。科学技術教育振興を切り口に、政府・文部省は大学教育の質の整備・充実へと、政策の舵を切り始めていたのである。

質の向上を

答申が同時に、①の教育内容・方法の改善の項で「現在の大学卒業者における数学・物理学・化学・外国語及び国語等の一般基礎学力と専門基礎学力の不足ならびに実験・実習・設計・研究棟の訓練のふじゅうぶんな点を補い、かつ、専門学力の向上を図るため、一般教育・基礎教育および専門教育科目の単位の基準・単位数・教授方法・授業計画等の改善を図ること。その際、一般教育を軽視することのないように留意すること」を求めている点にも注目すべきだろう。質の向上のためには、専門教育の年限延長よりも「単位の基準・単位数・教授方法・授業計画等の改善」を重視すべきだとする姿勢が、見てとれるからである。

質の向上策として、答申がさらに「(3)大学院の充実」の必要性を強調している点も重要である。「高度の科学技術者と優秀な教育者・研究者を養成する大学院の任務の重要性にかんがみ、その施設・設備および教員組織を充実整備するとともに、大学院学生に対する奨学金を拡充増額すること」、「大学院の修士課程においては、技術者養成の目標をも有することを明らかにするとともに、産業界の現職技術者を受け入れて、再教育する方途を講ずること」とあるのがそれだが、大学院の教育目的として「高度の科学技術者」の養成を「優秀な教育者・研究者」の前に置き、また修士課程について技術者養成や現職技術者の再教育の役割強化の必要を強調している。専門職業教育の強化策として、学部教育の整備と同時に大学院・修士課程の活用が、ようやく政策課題として浮上してきたことがわかる。

先にふれた日本学術会議の中間報告も、「大学修業年限はそれぞれの学部の事情に応じて四～五年、医学部六年とする。大学院については（一案）四年制大学卒業者は学士、五年制には修士の称号、大学院は博士課程（修業年限三～四年）のみとする。（二案）五年制、四年制とも学士の称号、大学院は修士課程、博士課程とし、修士課程は一～二年、博士課程は三～四年、大学院にはその大学卒業者以外も入学できるようにする。新設大学の充実強化のためには学部の分離、統合も行ない、同時に地方の特色を十分生かすことが望ましい」と、大学院や学位制度と関連づけた大学教育の改革を構想するものであった。総会で採択されるには至らなかったが、新制大学制度の見直しが大学関係者の間でも、教育の「質」の重視という形で議論されるようになっていたことが知られる。

「大学教育の改善について」諮問

こうした科学技術教育の振興を切り口に動き始めた新制大学制度の見直しだが、その最重要のテーマとされた短期大学の専科大学への転換構想が、国会における「専科大学法案」の再三の廃案によって挫折すると、政府・文部省は昭和三五年（一九六〇）五月、中教審に対して、「大学教育の改善について」という、新制大学制度の包括的な再検討を求める諮問を行った（『総覧』五八－五九）。

「終戦後行われた教育制度の改革によって、わが国の高等教育機関は等しく新しい性格、内容を有する大学になったが、その実施状況をみるに、わが国の実情にてらし、なお種々検討を要する問題がある。また最近の産業経済並びに科学技術の発展にかんがみその改善を要望する向きが少なくない。よって、この際その目的性格、設置、組織編制、管理運営等について根本的に検討を加え、その改善を図りたいと考える」というのが、その諮問理由であった。検討すべき問題として挙げられたのは、①大学の目的・性格、②大学の設置および組織編成、③大学の管理運営、④学生の厚生補導、⑤大学入学試験、⑥大学の財政、の六項目である。

広範囲にわたる諮問だが、行間からは、発足して一〇年を経た新制大学の直面していた問題状況が見えてくる。何よりも、新制大学は、わが国の実情にてらして「種々検討を要する問題」を抱える一方で、「産業経済並びに科学技術」の急激な発展、さらには政治・社会状況がもたらした新しい課題に直面し、過去を振り返るだけでなく、新しい現実を踏まえて未来を展望する必要性に迫られていた。この諮問の背景には、わが国におけるどのような時代状況があったのか。簡単に見ておこう。

激動の昭和三五年

表2は、諮問が行われた昭和三五年（一九六〇）の、大学改革に関連した主要な出来事を並べたものだが、終戦から一五年、わが国の政治と社会・経済が大きな転換期を迎えていたことが知られる。

まず一月には、岸信介首相が渡米して日米安保新条約に調印し、帰国した。冷戦下での新しい日米関係の基礎となるこの安保新条約の批准をめぐって国論は二分され、自民党が国会で革新勢力の反対を押し切って単独採決を強行すると、激しい抗議運動が起こった。その主力は全学連をはじめとする学生たちであり、これに革新系の学者や研究者が加わり、政府と大学が対立する騒然たる「政治の季節」のなか、岸内閣は六月にアイゼンハワー米大統領の訪日中止に追い込まれ、七月には退陣、池田勇人内閣が発足する。

「寛容と忍耐」をスローガンに掲げて発足した池田内閣が目指したのは、「政治の季節」から「経済の季節」への転換である。年末一二月には、その象徴ともいうべき「国民所得倍増計画」が閣議決定された。年平均九％の経済成長を持続し、一〇年間で国民所得の倍増を達成するというこの壮大な経済計画は、「文教の刷新と科学技術振興

表 2　昭和 35 年の出来事

1 月 24 日	岸信介首相　アメリカで日米安全保障新条約を調印して帰国
1 月 29 日	松田竹千代文相（34 年 6 月就任）　現行学制の再検討を中教審に諮問する意向表明。専科大学のほか「私立大学と国立大学のあり方を改め，国立大学は理工系に重点を置き，文科系は私立大学に任せる方向をとる，大学入試地獄解消のため入試制度を再検討する等」
2 月　1 日	岸首相　国会で施政演説。35 年度には「基礎科学の強化はもちろん，科学技術振興の長期的かつ総合的基本方策を樹立し，科学技術振興の確固たる体制を確立したい決心である」
4 月 20 日	日本学術会議　大学制度のあり方とその長期計画を立案するための特別委員会設置
5 月　2 日	松田文相　中教審に「大学教育の改善について」諮問
5 月 20 日	国会で自由民主党が安保新条約を単独可決
5 月 20 日	全学連が安保新条約反対運動を展開。国会・首相官邸へデモ
5 月 24 日	安保新条約反対の学者・知識人が国会へデモ
6 月　2 日	「民主主義を守る全国学者・研究者の会」結成大会
6 月 13 日	全学連を中心に学生が国会構内に突入。樺美智子死亡事件
6 月 16 日	アイゼンハワー大統領の訪日中止決定
6 月 17 日	国大協総会　学生運動と大学秩序について討議，大学の秩序確立に関して声明発表
6 月 18 日	文部省　国立大学長会議で学生の行動と大学の態度について批判
7 月 19 日	岸内閣退陣，池田勇人内閣発足。荒木万寿夫文相に就任
8 月 13 日	行政管理庁「大学における科学技術教育行政に関する監査」結果に基づき文部省に改善勧告。担当教職員の不足，教官研究費は戦前の 3 分の 1，教官研究費・学生経費とも教育研究以外に管理費にも充てられている，施設設備不足など
9 月 19 日	日経連　大学教官の待遇改善を文部・大蔵両省に要望
10 月 23 日	経済審議会教育訓練小委員会「所得倍増計画に伴う長期教育計画」を池田首相に報告
10 月　4 日	科学技術会議　「10 年後を目標とする科学技術振興の総合的基本方策について」を答申
11 月　1 日	経済審　「国民所得倍増計画による長期教育拡充計画」を答申
11 月　8 日	文部省　「国立大学施設の現状と対策」を発表
11 月 14 日	関西経済連合会　大学制度改善に関する意見書を文部省，中教審に提出
11 月 23 日	国大協総会　大学制度の改善策と学生自治会正常化の問題等を討議
12 月 17 日	私大連　私立大学の授業料値上げについて，私学助成措置の実現の見通しがつかない以上，教員の待遇改善等の財源を学費値上げによって賄うほかないとの声明を発表
12 月 27 日	「国民所得倍増計画」閣議決定

は、すべての施策の前提」であるとして、「人づくり政策」・「マンパワー・ポリシー」を主要な柱の一つに掲げるものでもあった。計画の策定作業は、経済企画庁・経済審議会を中心に昭和三二年頃から進められており、教育についてはー一月に、経済審議会の答申「国民所得倍増計画による長期教育拡充計画」が出されている。一〇月には、内閣総理大臣の諮問機関として三四年二月に設置された科学技術会議から、答申「一〇年後を目標とする科学技術振興の総合的基本方策」が出されたことも指摘しておこう。

中教審に対する諮問は、そうした政治の季節と経済の季節がせめぎあう、激動の時代の只中になされたのである。アイゼンハワー大統領の訪日阻止をもたらした激しい学生運動は、「学生の厚生補導」とともに「大学の管理運営」の問題をあらためて提起するものであり、科学技術振興の必要性は、大学の教育研究の質、さらにはその改善・向上のための「大学財政」の重要性を浮上させた。それだけでなく後で見るように、画一化した大学制度の下での大学間格差に起因する激しい受験競争が、「入学試験」を社会・政治問題化させつつあった。諮問は、そうした時代状況を端的に反映するものであったといってよい。

こうした時代状況は、昭和三八年に出される「三八答申」の方向を左右し、その内容に影響を及ぼさずにはおかなかった。三五年五月の「大学教育の改善について」の諮問から、およそ二年半の審議過程を経て、三八年一月の答申にいたるまで、政府・文部省の高等教育政策に、どのような変化が生じたのか。そうした経済と政治をめぐる時代状況の中で新たに提起された科学技術教育の振興と、新制大学発足以来の大学の管理運営の二つの問題を中心に、まずはその変化を跡づけておくことにしよう。

2　科学技術教育振興と二つの答申

科学技術会議の答申

科学技術教育の振興については、先にふれたようにこの時期、中央教育審議会だけでなく、科学技術会議と経済審議会という政府の二つの重要な政策審議機関からも、文部省の高等教育政策に大きな影響を及ぼす答申が相次いで出されている。科学技術会議の「一〇年後を目標とする科学技術振興の総合的基本方策」と、経済審議会の「国民所得倍増計画による長期教育拡充計画」がそれである。

このうち「科学技術振興の総合的基本方策」答申は、総理府の外局として昭和三一年（一九五六）に設置された科学技術庁の諮問機関、科学技術会議から三五年一〇月に出されたものである。

答申は「人材養成の方策」の項を立て、「大学は科学技術の分野において枢要な立場にたつべき者の教育をなすべき使命を担」うものであり、「わが国の科学技術者の知識能力の水準は、実に大学における教育の成果によって定まるといっても過言ではない」。ところが「わが国の大学の実情をみるに、なおその理念と現実との間に相当の隔たりがみられ、そのため大学は科学技術者の養成の母体として、その機能を十分に発揮することができるような状態にあるとはいいがたい。したがって、次に掲げる諸点については、これが早急に検討され、改善されなければならない」として、概略以下のような提言を行っている（『新日本教育年紀』第四巻、三一一―三七。主要・関連部分を中心に要約）。

(1)大学（学部の課程）の問題点と対策

大学が、社会のきわめて大きな期待と要望に応えて機能を発揮するためには、次の諸点について検討と措置がされねばならない。

㈠一般教育と専門教育との調和

「科学技術教育上の問題としてもっとも論議の的となっているのは、専門教育と一般教育の関連である」。科学技術者にはますます複雑で高度な専門知識が要求されるようになっているが、「現在の大学における専門教育は、戦後の改革によって、戦前の旧制大学の場合にくらべて、学部・学科により一様ではないが、概してその時間数は相当程度圧縮され」ている。一方、人文、社会などの一般教育は、科学技術者の「人間形成の基盤を養う」ものとして不可欠である。「したがって、限定された大学の教育機関内において一般教育と専門教育の両者をともに効果的に行うためには、その調和」をどう図るかが最大の問題であり、そのためには次のような改善策が考慮されねばならない。

①一般教育

一般教育が「専門課程への準備段階ではなく、それ自体が独自の重要な教育目的をもつ」ものだという理念は正しいが、年限の制約の下で一般教育と専門教育の成果の融合をはかるには、教育方法などについて技術的な検討を加える必要がある。具体的には、とくに人文・社会系の一般教育と基礎教育の混同を避ける、総合的な科目を設ける、老練の教授など優秀な教員の確保に努め、教員に教授法の研究や任務遂行上の自覚と責任を求める、量・質ともに不十分な施設設備の整備充実を図る、などの諸点に配慮する必要がある。

②専門教育

専門教育については目標の明確化と、教授法の検討が必要である。目標は「科学技術に関する基礎的な知識と研究能力の付与」、それに技術上の問題解決のための科学の応用方法の教育と修練にある。そのためには「演習問題や実験課題を設定し、あるいは少人数教育による討論方式を採用」するなど、「教授法の改善に努」め「学生の問題解決能力、原理の応用能力の錬磨をはかる」必要がある。

(二)教育年限

こうした「教育内容を現行の大学教育期間中に（中略）充分に付与しうるか否かについては、従来もさかんな議論」があった。一方には「とくに増大する科学技術の専門事項を現行の期間内で十分に習得させるためには、学部学科の必要に応じてその修業年限を延長することができるよう措置すべきであるという意見」があり、他方で「中学及び高等学校の教育内容の改善、あるいは大学に対する諸施策の改善によって、現行年限内においてもその機能を発揮することは可能であるとの意見」もある。さらなる検討が必要だが、本答申では「現下における社会的要請との関係をも考慮して（中略）今後さらに考究すべきものとし、まず現行諸施策の改善充実をその目途とすることとした」。

(三)教職員組織の充実

教育の効果を挙げるための第一条件は、「優れた教員を必要数そろえる」ことである。それには「戦前期にくらべればきわめて低い」教員の俸給を引き上げ、「国内外留学制度の強化」を図る必要がある。また「教員には教育と研究の両者を併せ遂行しうる能力と責任とが要請される」が、「従来教育の問題はとかく二義的に考えられていた傾向がある」。「大学教員の自覚をうながす」と共に、研究業績だけでなく「教育業績あるいは産業界における業績」の評価も併せて行われるべきである。教育効果を上げるにはさらに、教授・助教授・助手の「合理的な定数」により編成される教員組織と、それを支える補助職員が必要とされる。「最近における教育内容の分化、拡大、さらに大学院における研究指導のために、現在の教員の教育および研究上の負担は、旧制時代にくらべて相当に大きい」。にもかかわらず、「助手ならびに技術者、その他の補助職員は、教授、助教授の定員に比して不足であり、とくに大学院を持つ大学においてそれが甚だしい」。国立大学においては、「一般、語学、基礎、専門教育ごとに明確な基準を設け、学生数の増加に伴って教職員数を増加し得るよう措置すべきである」。

(四)施設設備の整備充実（略）

(五)現在の大学についての措置

基本的な問題点とその対策は以上の通りだが、「将来における計画を樹立するにあたっては、現在の大学のすべてにこのような機能を発揮させることの可能性および必要性について考究する必要がある。／かえりみるに、現在の大学の間には、その施設の面からしても、また教育組織の面からしても、なお相当の格差の存在することは否みえない事実である。／さらに産業界においては、企業における技術者の人的構成比の面からして後述する中級技術者の養成機関の設置をのぞんでいる」。「したがって、今後一〇年間においてとられるべき措置としては、まず、その機能を十分に発揮しうる可能性を有する大学についてはその充実強化を早急にはかるとともに、その他の大学のあるものについては必要に応じて、その一部を分離充実してその機能発揮に便ならしめ、あるいは特定分野に特色をもたせ、とくに優秀なる教員組織を有する学部については、その内容を充実させ、前者と比肩しうる程度にまでたかめる必要がある。さらに、現状からして、中級技術者の養成に適当と思われる大学及び学部については、これをもってその特徴を発揮せしめる方法をも考慮すべきである」。

(2)大学院における問題とその対策

「科学技術者の養成の根幹的母体」は、大学の学部課程であるが、「より深い根底にたつ優れた専門家である研究指導者や教授者、すなわち、いわゆる学者の養成や、専門のより深い指導的技術者の再教育を組織的におこなうためには、より広くかつ深い基盤に立つ精深な研究、教育がおこなわれうる機関の存在を必要とする」。現行の教育制度上それに対応するのは大学院にほかならない。ところがその大学院の現状は「機能を十分に発揮しうるものとは考えられない」。大学院の「充実をはからなければ、科学技術の発展に伴い、将来著しく要求の増大が予測される研究担当者や指導的技術者並びにこれらを指導するに十分な学力を有する教育者の養成は不可能となり、科学技術の発展は重大な難関に逢着する」。したがって、次の諸点について改善を図る必要がある。

㈠教員組織の充実

現状では「教官の指導上の負担の増大を招き、大学院における効果的な研究指導を困難にするばかりでなく、学部における学習指導にも悪影響を及ぼすおそれがある。（中略）教員組織の充実をはかることによって教官の過大の負担を除き、大学院におけるその効果的な活動を増大させることが必要である」。

㈡設備施設の整備充実（略）

㈢大学院生及び修了者に対する待遇の改善など

「大学院進学者、ことに工学や基礎医学の分野のそれがきわめて少ないという実情は重視すべき問題である」。それは「とくに大学院在学中における経済的負担の大きいことや、研究者としての将来の処遇が必ずしも恵まれないことなどに起因するもの」であり、今後も持続するなら研究者、教育者、ひいては技術者の計画的養成も不可能になる。

㈣付置研究所との協力

「大学の教育上必要がある場合にはその協力を求める。（中略）とくに付置研究所においてはその研究目的が比較的専門的であるから、これが教育に参入する場合には、大学院におけるそれに参与することが適切である」。

㈤再教育の拡充整備

「社会の各分野において既に業務に従事している科学技術者が日々に進展する科学技術の進歩に適応してゆくためには、これらの者に対して［大学院において］再教育の機会が付与されることが必要である」。

⑶中級技術者の養成についての問題点とその対策

研究または生産の現場で、研究者又は技術者の組織的な活動を行うに際して、彼らの指導の下に「専門的補助者となるもの」が必要とされる。

こうした「中級技術者は、戦前は、主として旧制の専門学校をその供給源としていたものであるが、戦後の教育制度の改革による高専制度廃止によって、新たなる中級技術者の獲得は不可能になった。(中略) 現行の短期大学では修業年限の関係もあって、その教育内容が十分でなく、これに中級技術者の養成を期待することは困難」である。そのために生じた「中級技術者の不足は、組織体における人的構成の不適正をもたらすに至り、ひいてはその指揮系統に不合理を生ずる結果ともなっている。さらに中小企業においてはその性格上「基礎的知識を付与された技術者」よりも、現実に「すぐ役立つ技術者」に対する要請を強めているようにみえる」。これについては「技術者は大学出身者の一本でよく、むしろ現在の大学卒業者が、中小企業に進出するような措置を取ればたりる」という説もある。しかし大学卒に必要とされるのが「未知領域を自力で開拓しうる」能力の訓練であるのに対して、中級技術者に期待されるのは主として「既知の技術を用い得る能力の修得」であり、そのためには、実践的専門教育を主眼とし、高校課程と合わせた五〜六年制の「新しい教育機関の制度化」をはかる必要がある。

妥当な内容

科学技術振興に特化した審議機関による答申だが、全体として現実を踏まえた妥当な内容といってよいだろう。そこには、戦後の新制大学制度を一方的に批判するのでなく、現行制度の枠組みを基本的に維持し、それを前提に「改革」よりも「改善」を図ろうという志向が強く見てとれる。

例えば、大学内外で改革論議の一つの焦点になってきた、一般教育と専門教育の関係を中心とした教育課程編成について、答申が求めているのは調和や融合、総合化の必要性と、教授方法の改善である。教職員組織の充実、その定数増や補助職員の増員、待遇改善と採用時における教育業績評価や産業界での実績評価の必要性を説くなど、教育重視の改善策を強調している点、また学部教育の年限についても、諸説あるが「今後さらに考究すべきものとし、まず現行諸施策の改善充実をその目途とする」べきだとしているのも妥当なところだろう。

その一方で、答申が、四年制大学に一元化された高等教育システムのあり方に批判的であったことも指摘しておかねばならない。

まず、この時期の学制改革論議の最大の焦点であった技術系の短期高等教育問題については、産業界が強く求めている旧制度の専門学校に代わる「中級技術者」の養成機関の必要性に理解を示し、現行の短期大学には期待できないとして、五〜六年制の「新しい教育機関の制度化」に賛同している。また、答申は四年制大学について、現実に存在する「相当の格差」を前提に、計画的な整備充実を進める上で大学間に優先順位をつけ、差異的に扱う必要性を指摘している。婉曲な表現ではあるが、画一化された四年制大学間の機能的な分化、さらには種別化をはかる必要性を示唆したものといえよう。旧帝国大学や官立大学のみを別格扱いすることなく、新制大学との格差の是正を図り、「とくに優秀なる教員組織を有する学部については、その内容を充実させ、前者［旧制大学］と比肩しうる程度にまでたかめる必要がある」としている点も注目に価する。

さらに重要なのは、大学院の整備充実にかかわる提言である。そこからは、科学技術振興の担い手としての大学院に向けられた、強い期待がうかがわれる。昭和二八年（一九五三）に発足した新制大学院は、専任の教職員組織も施設設備も持たず、学生にも不人気で、機能を十分に発揮しているとは到底いいがたかった。いま大学院の充実を図らなければ、「将来著しく要求の増大が予測される研究担当者や指導的技術者並びにこれらを指導するに十分な学力を有する教育者の養成は不可能となり、科学技術の発展は重大な難関に逢着する」という一節には、関係者の強い危機意識が示されている。

答申は、「研究活動の拡充整備に関する方策」の中の一項として、あらためて「大学院の充実強化」の項を立て、こう述べている。

　研究活動のもつ重要な機能が認識されるにともない、高度の能力を持った研究者に対する需要は、次第に大きくなりつつある。最近は、一般的にいって、自然科学関係でこのような高度の研究者となるには、大学院の修士課程又は博士課程を修了することが必要である。したがって、大学院は研究者養成機関として重要な意義をもつ。また、学問の最高水準をめざした研究の場としての大学院の重要性については多言を要しない。／このような二重の意義をもつ大学院の現状は必ずしも十分でないので、その充実強化が必要である。したがって、所要の施設設備については専用のものの整備をはかるとともに大学院の教育研究に専念できる教員を補強する必要がある。なお、大学院を独立組織とするかどうかについても検討する必要があろう。

　ここに見られるように、大学院について強調されているのはなによりも研究と研究者養成の機能であり、より高度の専門技術者の養成に関わる修士課程の役割にはふれていない。とはいえ、中級技術者養成のための短期高等教育機関の創設に焦点化されてきた学制改革の議論が、大学院の整備充実にまで及び、専任の教員組織、さらには「独立組織」化が強調され始めたことは、大きな変化といってよい。学制改革論議は新しい段階に移行しつつあった。

経済審議会の答申

　もう一つの、経済審議会による答申「国民所得倍増計画による長期教育拡充計画」（『新日本教育年記』第四巻、四六四－七三）は、経済の成長目標に合わせた労働力・マンパワーの計画的育成という量の側面から、教育の改革や計画化を要請するものであり、直接、学校教育制度の見直しや改革の課題を取り上げているわけではない。しかし、ここでも大学教育について技術者・技能者養成の視点から「改善」の必要性が述べられている。

答申によれば、「人間能力開発政策の中心となるものは教育訓練である。これには元来その成果が非常に長期にわたってしか現れないような問題と、比較的短期に解決されるような問題がある。政策もこのような面から見なければならない。前者に属するもっとも重要な政策は「中等教育の完成」（中略）という原則であろう。／後者に属するもっとも重要なものは科学技術者及び技能者の新規増員計画と、これらの既就業者の再教育訓練である」。計画全体として、力点は前者の「中等教育の完成」、より具体的には高校進学率の急上昇に対応するためのいわゆる「高校急増対策」と、技能者の需要増に応えるための工業高校の拡充整備に置かれているが、併せて強調されているのは、大学の理工系学部の大幅拡充の必要性である。

三年前に策定された「新長期経済計画［昭和三二年・一二月閣議決定］」では大学で養成される科学技術者八千人の養成を計画した。その後経済の成長は予想外に大きく、わが国の経済の潜在的成長力が新たに検討された結果、倍増計画が立案されたのである。（中略）計画によって予想される就業者の増加と、産業構造の高度化にともなう就業構造の変動を考慮すれば、昭和四五年において科学技術者は七万人の増加を必要とする」。「将来の経済発展において科学技術に依存する度合い」はさらに急速に高まることが予想される。「現在大学における理工系卒業者と他の学部の卒業者の割合は（中略）ほぼ二対八となっているが昭和四五年においても、それは三対七程度に変わるに過ぎない。／先進工業国のそれは現在ほぼ四対六の割合である。しかも最近の高い経済発展にもかかわらず、文科系にたいする社会的要請からみれば、その供給は過剰と考えられる。この点について本委員会は充分審議する余裕がなかったが、今後国全体の立場から学生の学科別構成のあり方について検討すべきである」。

答申はこのように理工系の拡充、科学技術教育の振興の視点から、学校教育制度の再検討の必要性を指摘する。

戦後改正された六・三制はそのモデルをアメリカの制度に取ったのであるが、今日この制度は国民のものとなってきている。西欧の学制が伝統的に複雑な系統、種類、修業年限をもった複線型であるのにたいして、わが国の制度は（中略）一本化した単線型となっている。今日、西欧の場合は学校制度をどのようにして単純化するかということに改造の大きな目標を置いている。この点からみれば、わが国の制度は、西欧におけるがごとき改造の目標をもたない。しかし、科学技術の革新に伴って、科学技術教育の観点から学制改革の要望が数多くだされている。例えば専科大学の案、高校の修業年限の延長の案などがある。学校制度としては、原則として現行制度を尊重するが、科学技術教育拡充の要請からは若干の多様性を持たせてもよいであろう。

科学技術会議の答申と同様、ここでも戦後の新学制を原則尊重しつつ、「若干の多様性」を持たせることが提言されている。注目すべきは、それが戦前回帰的な、いわば後ろ向きの多様化ではなく、「科学技術の革新」を見すえた未来志向の多様化の必要性を主張しているという点である。それは「西欧」から「アメリカ」へという、学校制度のモデル転換に対する積極的な評価にも表れている。

科学技術会議と経済審議会の二つの答申は、その意味で通底し重なり合っていたといってよいだろう。

3　高等専門学校制度の創設と理工系拡充

高専制度の創設

二つの答申が出された直後の昭和三六年（一九六一）には、そこでの提言にそった具体的な政策が相次いで打ち出されている。

高等教育の制度改革という点で重要なのは、「高等専門学校」制度の創設である。暫定措置として出発した短期大学の恒久化問題と、中級技術者養成のための新しい短期高等教育制度の創設問題との同時解決をはかるべく、昭和三三年三月に文部省が国会に提出したいわゆる「専科大学法案」が、廃案に追い込まれた経緯はすでに見たとおりである。その「専科大学」に代えて、「高等専門学校」制度の創設に至った理由を、文部省の「教育白書」は、次のように述べている（『わが国の高等教育』一〇四―五）。

［専科大学法案は］短期大学制度の恒久化と技術者養成機関の創設を結びつけ、現行の短期大学をすべて専科大学に取り込もうとするものであったことから、短期大学関係者の反対を招いて流産し、その後も再三国会に提案されたが成立するに至らなかった。／そこで、この二つの問題を切り離し、短期大学制度恒久化の問題は、別に大学制度全般の問題との関連でさらに検討することとして、現存の学校とは異なったまったく新しい制度として高等専門学校を創設することとなった。そこで、昭和三六年四月「学校教育法の一部を改正する法律案」が第三八回国会に提出され、同年六月公布、施行され、昭和三七年度から高等専門学校が発足することとなった。

［高等専門学校は］深く専門の学芸を享受し、職業に必要な能力を育成することを目的とし、（中略）中学校卒業程度を入学資格とする修業年限五年の高等教育機関であり、工業に関する学科が置かれるものとされている。／その修業年限は、高等学校の修業年限に大学の修業年限四年のうちの二年を合せたものに相当するが、その教育は、これらの学校とは別個に五年間を通じて一貫した教育を行い、一般教育および基礎教育を効果的に実施し、その上に充実した専門教育を行うこととされている。したがって、修業年限に前期、後期の区別はなく、教育課程も学年制をとり、単位制をとる大学とは異なった独自のものとなっている。

文部省は、袋小路に追い込まれた「専科大学」構想を断念して、短期大学の恒久化問題と中級技術者の養成問題とを切り離し、後者について、工業系の中級技術者養成に特化した「高等専門学校」制度の創設に踏み切ったのである。その高等専門学校は五年制で、しかも名称に見るように大学の一種ではなく、五年一貫の教育課程をもつ、中等教育と高等教育にまたがるまったく新しい独立の学校種であった。法案が成立すると、荒木万寿夫文相が直ちに「三か年をめどに、各都道府県に少なくとも一校の工業高専を設置したい」と、国立主体の新設構想を表明し、全国各地に誘致運動が起こるなどブーム現象を生じ、昭和三七年の一七校から始まって昭和四〇年には国立四九校、公立四校、私立七校、併せて六〇校を数えるに至った。ただし、これがほぼピークで、産業界の大きな期待の下に新設された高等専門学校制度は、それ以上の発展を見ることなく現在に至っている。なお、残された短期大学の恒久化が実現したのは、昭和三九年六月になってからであった。

理工系拡充の大合唱

その後の高等教育の発展に、高専制度の創設以上に重要な意味を持ったのは、科学技術庁が科学技術会議の答申を踏まえて、昭和三六年（一九六一）三月に文部省に対して行った、技術者養成計画の一層の拡充を求める異例の勧告である。これより先、文部省は昭和三六年を起点に、国立大学主体の理工系増員七か年計画を策定していたが、科学技術庁が、目標のさらなる拡大と前倒しの達成のため、私立大学の理工系拡充の促進を求めてきたのである。

科学技術会議の先の答申では、今後一〇年間に約一七万人の理工系大学卒業者の不足が見込まれていた。文部省はこれに対応すべく、昭和三六年を起点に七か年で一万六千人の増員計画を立てていたが、「この程度のテンポでは科学技術者不足の半数をみたすことも至難で、経済成長達成に重大な支障を生ずることは明白であり、初期年次におけるさらに大幅な計画が策定されなければならない」。しかし、この「国家的使命を早急に達成するためには国立大学のみではその財政的限界のせいもあって困難であり、現在においても理工系学生の約六割の養成を担っている私立大学の占める役割を再認識し、（中略）養成計画の早期達成を図ることが望ましい。私立大学においては、かねてから理工系学生の増員計画については協力体制をとり、昭和三六年度において新たに一万余人を増員養成する計画」を立てているとのことであり、その促進に向けて早急に措置を講じられたい、というのが科学技術庁の勧告の内容であった（野村他『大学政策・大学問題』六八一―二）。

同月、私立大学連盟・私立大学協会など、私学三団体が設置した「私立大学振興政策委員会」もこれに呼応するように、文部省の七か年計画について、「理工系学生の約六割の養成を担っている私立大学の現状を重視し、合理的な計画を樹立すべきである。私立大学理科特別助成補助金を恒久立法化し、現行補助率一／二を三／四に引き上げるとともに、その対象を施設に拡大の上、補助金の大幅増額を講ずる」などとした「私立理工系大学院、学部、短期大学充実活用の具体策にかんする要望」を関係機関に提出した。さらに五月には日本大学など私立一〇大学が、科学技術者不足に対応するため、理工系学生定員、学科増を決定したとの声明を発表している。日本社会党がこれを支持し、「各私立大学の自発的計画である工学部五〇〇〇人の増員計画を速やかに認め、必要な財政援助を図る、私立大学の工学部設置には大学設置基準を緩和する」などの措置をとることを、政府に申し入れたことも付け加えておこう（『新日本教育年記』第四巻、六〇）。

八月になると、これに追い打ちをかけるように、日経連が「技術教育の画期的振興策の確立推進に関する要望」を政府と国会に提出した。「政府の科学技術教育拡充計画、とくに今後七年間に一万六〇〇〇人の定員増を目途とする大学理工系増員計画は、産業界の実態に即応しない面もあるから、根本的な再検討を要するが、さしあたってこれをなるべく短期間に達成するよう国、公、私立大学を通じた具体的繰り上げ計画を速やかに樹立すること」、そのために「国の予算あるいは助成費を大巾に拡大し、（中略）とくに私立大学の技術教育内容の質、量両面にわたる強化に対し、国としても、各種助成金の大巾増額、補助対象の拡大（中略）等一段の助成措置を講ずること」、また「このたび創設された高等専門学校の健全な発展充実のために国として十分な財政措置その他積極的な振興施策を講ずること」などが、その主要な内容であった（野村他、六八二）。

昭和三六年が、科学技術庁に経済企画庁、政党から経済界、さらには私学団体まで加わって、技術者養成の計画的拡張を求める大合唱の年であったことがわかる。こうして文部省は九月に、昭和三六年からの七年で、理工系学生を一万六〇〇〇人増員するという当初の計画を三九年までに二万人増と変更し、それに応じた学科の新設・拡充改組、学生定員増の計画を発表するに至った。

「池正勧告」とマス化

重要なのは、この大合唱の火付け役となった科学技術庁の勧告が、私立大学理工系のさらなる規模拡大を要請するだけでなく、その手段として政府の財政的支援と同時に、大学設置基準の運用面での緩和を求めるものであった、という点である。それは以下のように具体的に、文部省の政策変更を要求するものであった（『野村他『大学政策・大学問題』六〇二）。

(1)現行の大学設置基準、大学設置審議会の申合事項等大学の設置のために必要とされる基準は、私立大学における現実とそぐわぬ点が多く、かつ国立大学の取扱と差別的な点もあるので、これにかんする再検討を行う必要がある。とくに以下の諸点については検討を必要とする

(イ)教授等の教員構成及び施設設備については、初年度において完成年度における六割〜八割程度を保有する必要があるとしていること。（国立大学の場合は初年度に必要な教員及び施設設備のみでみとめられる）

(ロ)教授の資格要件は学位や教育経歴が重視され産業界、研究所などにおける実地経験などが十分考慮されないこと。

(ハ)校地の面積は、原則として校舎面積の六倍以上を必要とすること。（国立大学においては三倍程度）

(2)施設設備については、三十七年度以降さらに国はその助成について考慮すべきである。

このほか、従来認可制であった学科増設や定員変更についても、届け出制に緩和するよう強い要望があったこと

が知られている。

荒木文相はこれに応えて、七月の閣議で「私立大学の学科増設及び学生定員変更については、従来の大学、学部設置認可条件から外し、学則変更として事前届け出制とする。教育水準を確保するため視学官、視学委員制を拡充し随時大学の事情を視察し必要な指導助言を行なうなど所要措置を講ずるとの方針」に了承を取りつけた。これに呼応して私立大学三団体は直ちに、「視学官、視学委員の強化による、設置基準を下回る大学への国の財政援助停止措置等により、私学の自主性を侵すことにならないよう文部省に要望」書を提出して緩和の実行を迫ると同時に、それに代わる規制措置の導入をけん制している（『新日本教育年記』第四巻、七四）。

当時、日本経済新聞の記者として取材にあたっていた黒羽亮一は、池田正之輔長官の名前をとって「池正勧告」と呼ばれた科学技術庁の勧告は、「表面的理由は、所得倍増計画達成に必要な科学技術者養成のために私大の設置や拡張を容易にする必要があるなどというもの」であったが、「その含意は、池田の出身校である日大会頭で、当時私学界の実力者だった古田重二良らの、文系・理系にかかわらず大学拡張を容易にしたいという強い要望を代弁したものだった」としている（黒羽『戦後大学政策の展開』一〇六）。

文部省は、要望を容れて適用緩和措置をとることになるのだが、理工系に限らず、人文社会系にも同様に適用されたこの緩和措置は、制度改革とかかわりなく高等教育の急激な量的拡大、いわゆる「マス化」への扉を大きく開く役割を果たすことになる。

第4章　政治の季節と管理運営問題

1　大学管理運営問題の再燃

政治の季節再び

高等教育の世界の「経済の季節」が一段落し、昭和三七年（一九六二）を迎える頃、再び「政治の季節」がめぐってきた。

三五年五月の中教審に対する文部省の諮問が、大学に関わる諸問題の包括的な検討を求めるものであったことは先に見たとおりである。そのなかで政府・文部省が最重要の審議課題としていたのは、諮問事項の三番目に挙げられた、新制大学発足当初からの難題「大学の管理運営について」、すなわち「大学管理機関のあり方、教員の待遇および身分取扱い等大学の管理運営について検討し、その改善を図る要はないか」であった。諮問に際しての文部次官の理由説明には、管理運営問題に関してより具体的に、次のような検討課題が挙げられていた（『大学管理問題に関する資料集』三三-四。以下『資料集』と略記）。

(1)「大学の管理機関」として、「学校教育法あるいは教育公務員特例法の規定に基いて、学長、学部長、教授会、評議会、協議会などが置かれ」ているが、「その組織、権限、相互の関係あるいは運営の方法等については、必ずしも明確な制度の確立ができておらずきわめてまちまちの姿であり、大学自体においても運営上非常に苦労している向きも少なくない」。

(2)「学長、学部長等の選考についても検討すべき点」がある。

(3)「教員の選考、任免、分限、懲戒、服務等の身分取扱」については、教育公務員特例法に規定しているが、「これについても改善すべき点があるのではないか」。

(4)「大学管理の問題として大学の設置者である国、地方公共団体又は学校法人などの大学に対する監督権の問題」がある。人事面は教育公務員特例法に規定されているものの、「大学の運営一般」については国立の場合、「文部大臣は大学に対する監督権を有しておらず、大学の運営はほとんど大学の自治に任されている」。「国費で成立している国立の大学についてはもう少し文部大臣の監督の権限が認められて然るべきではないか」。「また大学教官の政治的活動と大学自治の限界という問題もあろうかと思う」。

寺崎昌男によれば、ここには「従来、問題となってきた大学管理のほとんどすべての問題が指摘されている。しかも管理機関相互の権限関係の明確化、その恒久立法化、文部大臣の監督権の強化、教職員政治活動の限界設定の問題等、きわめて重要な内容が含まれていた。一九六〇年六月の日米安全保障条約の改訂の問題をひかえて、学生運動や大学の自治が問題となっていた時点であっただけに、このような諮問が行政当局によって行われた政治的意味は大きかった」(海後・寺崎『大学教育』六三四)。

文部省は中教審に審議を求めただけではない。同年九月には省内に「大学管理運営改善協議会」を設置し、国・公・私立大学長、教授等、大学関係者を委員に任命して「学内秩序維持の問題を中心に、大学管理運営の実態」について調査研究を開始している（同、六三四）。まず各国立大学の運営状況調査を行い、その結果を集計して、三六年一一月に「管理運営に関し検討すべき問題点」を公表し、三七年七月には中間報告を発表した。そこには「客観的に見た場合に好ましくない運営例なども記述されていた」が、結論は慎重だったとされている（黒羽『戦後大学政策の展開』三六–七）。文部省が、これまでの挫折の経緯もあり、意気込みの一方で慎重を期していたことがうかがわれる。

国大協の中間報告案

管理運営制度の整備改善は、大学の自治に直接かかわる問題である。とくに反体制的な学生運動を抱え、政権政党の批判にさらされている国立大学にとって、それは敏感にならざるを得ない問題であった。直接の当事者ともいうべき国立大学協会は、昭和三五年（一九六〇）五月に中教審への諮問があると直ちに、そこに挙げられた審議項目と「並行して同じ問題について各常置委員会が分担して調査研究」することとし、大学の管理運営問題については第一常置委員会で検討を進め、三六年一一月に研究の成果を総会に報告した。「社会一般からも建設的な意見を求める意味でこの報告案を一般に公表したところ、大学の内外から多くの意見が寄せられた」（『国立大学協会三十年史』一二五–六）とされる、その第一次の中間報告案の内容は次のようなものであった（『資料集』三三五–七）。

大学の使命遂行には自治が絶対的に必要だが、その自治の確立には、「裏付けとして、人事に関する自治の円滑な運営が必要である。そのため、大学の関係者は、大学の理念にもとづく大学の自治の本質に関し、深い認識と反省とを常に怠らず、もって大学の自治の適用について誤りなきを期」さなければならない。

(1)**学長の選出方法**

学長候補者の選考には「当該大学の内外を問わず、広く候補者を求めることが適当」だが、「各大学の沿革ならびに事情にもとづく措置、例えば学内からのみ候補者を選ぶというようなことも考えられ」る。「終局的には各大学の自主的な決定にゆだねられて然るべきものと思われる」。学長選考の際の「選挙権者の範囲」についても同様だが、教授以外に広げる場合は「専任講師以上とすることが望ましい」。

(2)学長の権限

学長の職務権限は法律上必ずしも明確に規定されていない。学長の地位、責任なども同様であり、明確化する必要がある。

(一)学校教育法には「学長は、公務を掌り、所属職員を統督する」とあるが、「あまりにも簡に過ぎ」、例えば校務とはどのような意義、範囲かなど、疑義が生ずるおそれがある。「大学の管理運営にかんする総括的かつ最高の責任者であり、かつ大学を代表するものであることを規定上、明確にすべきであると考える」。

(二)「一般的に問題とされるのは、学長の権限と評議会、教授会の権限との関係」だが、この点については「特に現行法上、明確を欠くきらい」がある。例えば学長と評議会の関係について、教育公務員特例法により「評議会が行政機関としての機能を演ずる場合を除き(中略)学長の諮問機関である性質を有することを、法律をもって明確にする必要がある」。

(三)各大学には「学部長会議」が置かれている場合が多いが、「これに法的根拠を与え」れば、評議会との関係が問題になる。「現在のように、非公式な性格を有する学長の相談相手としておけばよい」。

(3)学部長の選出方法

教育公務員特例法の規定には、学部長は「当該学部の教授会の議」にもとづいて、学長が選考することになっている。学長としては「学部の自治尊重という点」から「教授会の意向を尊重せねばならない」ので、選考といっても「形式的」にならざるを得ないがやむを得ない。選出の場合の選挙権者は「専任講師以上とし、事務職員、助手などを加えることは妥当ではない」。

(4)教授会

学校教育法には「教授会の組織には、助教授その他の職員を加えることができる」とあるが、「教授をもって構成する。ただし、必要があると認められる場合は、これに助教授及び専任講師を加えることができる」と改めるべきである。また、学校教育法は「重要事項を審議するため、教授会を置かなければならない」としているが、「重要事項」とは何か、「法規でもう少し明確にする必要」がある。教授会は、教員「人事に関して特別の権限を与えられている」が、それ以外は「本来、学部長の諮問機関たる性格を有するものである。現在、教授会はいわば学部の最高機関のごとき観を呈し、いかなる事項でもこれに付議する傾向が存することについては一考を要する」。教育公務員特例法の規定により、大学の教官に与えられている特別の身分保障は、「研究と教育という教官の職分のために存するものであり、大学の行政事務のためではない。したがって、一般の教官は研究教授に専念すべきであり、行政事務に関することはその本来の職責ではない」。大学には「教官の系列と事務職分の系列が並び存するのであり、両者の職分の相違を明確にすべきである。（中略）教授会の権限を定めるにあたっても、右のことを念頭におかねばならない」。

(5)評議会

「評議会が法律の根拠を持たず、単なる文部省令で設けられていることは妥当を欠くというべきである。評議会についても、とくに法律で定める場合を除き、学長の諮問機関であること、およびとくに評議会が全学の自治機関たる性質を有することを明らかにすべきである。そのほか、評議会と教授会の関係を明らかにするとともに、前者は学内最高の合議体であり、教授会はこれに優先するものではないことを明らかにする必要がある」。

教授会側からの批判

審議にあたった国立大学協会の常置委員会は学長主体の委員構成になっており、「報告案」には、法規的に不備なまま、また多くは純然たる「新制」大学として自治の伝統や慣行を欠いたまま、管理運営に当たってきた現職の学長たちの思いが集約されていると見るべきだろう。学長・学部長・教授、評議会・教授会それぞれの関係と権限の明確化、そのための法的整備への強い要請はその表れだが、とくに「学部の［教授会が］最高機関のごとき観を呈し、いかなる事項でもこれに付議する傾向が存することについては一考を要する」、「一般の教官は研究教授に専念すべき」であるなどの指摘を見ていくと、教授会中心の「大学自治」のあり方に、少なくとも学長たちが疑問を抱き、改革の必要性を感じていたことがわかる。そして「中間報告案」は、このように、法規的な未整備と空白状態の下で形成されてきた、学部教授会主体の自治慣行に批判的な立場を打ち出したことによって、内外から、とりわけ国立大学内部からの厳しい批判にさらされることになる。

昭和三七年（一九六二）四月に茅誠司（国大協会長）宛てに出された国立二四大学・四二学部の教授会による要望書は、その代表的なものである。要望書は、国大協の「中間報告案は、大学の自治確保の観点からみて重大な問題をふくんでいると考えられます。殊にこの問題は中央教育審議会における大学制度の検討の方向とも関連するところでありますから、国立大学側の意向を表明する貴協会がこれについて意見を公にせられるに当っては、特に慎重なる配慮のあられんことを切望してやみません」として、下記の「三原則」の遵守を「要望」するものであった（『資料集』三三八–九）。

(1)教員任用については、あくまでも教授会の議によって決すべきであり、それ以上に学長・評議会などが人事権を行使するということのないようにすること。

(2)評議会を学長の諮問機関とすることによって、学長の権限を強化する法律を定めないようにすること。

(3)教授会が学部の最高機関である現状を否定して、これを「学部長の諮問機関」のように性格づけるとか、教官が大学の行政事務に係ることを排除するような改革を企てぬようにすること。

国立大学の一般の教員たちが、新制大学発足から一〇年を経て、旧制帝国大学のそれをモデルに導入し、慣行として定着し始めた「教授会自治」に制約を加えるような、学長や評議会の権限の明文化と強化にきわめて警戒的であったことがわかる。

日本学術会議の勧告

同じ昭和三七年（一九六二）五月には、日本学術会議からも、国大協の「中間報告」に批判的な内容の勧告「大学の管理運営制度について」が出されている（『資料集』二四三-五）。「大学管理制度を改善整備するに当っては、いやしくも学問の自由と大学自治の精神とが脅かされることのないよう、慎重を期すべきである」という前置きのもと、勧告は次のように、大学の自主性と「教授会自治」重視の立場を鮮明に打ち出すものであった。

「大学の管理・運営はわが国の大学が多年にわたってつみ上げてきた慣行と経験にまつべきものが多く、更にそれぞれの大学の自主的決定にゆだねるべき点が多いのであって、これを細部に亘って画一的に法制化することは、かえって円滑な管理運営を妨げるおそれがあり、そもそも大学の自治の精神に反することともなる。よって法規の整備は、原則的な事項に止めるべきであるが、現在の法規はこの原則的な事項に関しても種々の欠陥や不備をもつと認められるので、次の諸点においてこれを改善整備すべきである」。

(1)教授会について

わが国の伝統では、「大学自治の基本的な機関とされてきたものであるが、現行の諸法規ではその権限は必ずしも明確ではない。よって、教授会が管理運営に関する重要事項についての議決機関であることを明示すること」。教授会の構成員も「自主的決定や慣行によるべきであって、画一的な限定を行うべきではない」。

(2)評議会について

法規上、「学長の諮問機関の如く規定されているが、教授会をもって大学自治の基本的な機関とする建前からして、評議会は全学的に統一的処理を必要とする事項に関して、各教授会に代って意思決定を行う議決機関とすべきである」。

(3)教員の人事管理について

「現在、教育公務員特例法の規定があるが（中略）大学自治の建前からみて、種々の欠陥をもっている」ので改める必要がある。

(一)学長の選考は「協議会」が行うことになっているが、「大学が自主的に定める方法による選挙にもとづいて、大学の管理機関（協議会）が行うものとする」と改める。選挙権者の範囲は「大学の自主的決定にまつべきであって、画一的に規制すべきではない」。

(二)学部長その他教授会を置く部局の長の選考は、学長が行うことになっているが、「すべて当該学部又は部局の教授会の議にもとづいて学長が選考」する、と改めること。

(三)学部・部局長以外の評議員については、「学長の申出に基づいて文部大臣が任命する」と規定されているが、これを改めて各「学部又は部局の教授会の議にもとづき学長が選考する」と改めること。

「教授会が管理運営に関する重要事項についての議決機関であることを明示」すべきであるという一項からもわかるように、国大協の中間報告案と異なり「教授会自治」重視の立場を強調する「勧告」であったことがわかる。

政治化する問題

このように、直接の関係者の間でも意見が分かれるなか、同じ昭和三七年（一九六二）五月、池田勇人首相が参議院選挙の第一声で、大学教育が「革命の手段に使われて」いると発言すると同時に、「学問の自由はもちろんこれを尊重しますが――今のような大学の管理制度について再検討を加えるべく、荒木文部大臣に指示」していると述べた（『大学管理問題に関する資料集』二四六―七）ことから、「大学管理制度改悪」に対する警戒心や反対意見が一挙に強まり、日本教職員組合や日本社会党が抗議声明を出すなど、問題は政治化した。さらに六月には中教審の「答申原案」が、日本共産党の機関紙『アカハタ』によりスクープされて審議の方向性が明らかにされると、反対運動はさらに拡大した。

スクープされた答申原案「高等教育機関の管理運営と大学自治」の主要な内容は下記の通りである（『資料集』二四九―五三）。

大学の規模が拡大し、「社会制度としての性格が強く」なったいま、「その管理運営も新しい事態に適応しうるもの」でなければならない。さらに大学の管理運営には「社会制度として課せられた国家社会の要請を考慮すべきである。その際、いわゆる大学の自治、管理運営上の自主性について特に留意する必要がある」。その「大学の自治の基本的な要素」は、「教員人事における自主性」にあり、それは大学の「管理運営の主要部分と表裏の関係」にある。「大学院大学は、その目的、性格に即し以下にのべる趣旨にそって適切な措置を講ずべきである」。また「この方途は国立大学について検討されたもの」だが、「公、私立の大学にも通ずるものに関しては、その趣旨にそって検討することが望ましい」。

I　学内管理機関

「現在の学内管理体制は必ずしも分明でない。基本体系としては全学の総括的な最高の責任者を学長、学部の責任者を学部長とし、評議会は全学の、教授会は学部の重要事項を審議する機関とする」

(1)学長

大学の管理運営の最高責任者である。選考・任命にあたっては「評議会で複数の学長適任者を学の内外から選び、それについて学内で投票を行ない、その結果にもとづいて評議会が学長候補者を決め、学長がこれを文部大臣に申し出る。文部大臣はそれを任命するものとする」。投票者は教授とし、「学長候補者の選定、投票等に関する手続きは制度化する」。「学長を補佐するため必要な大学には（中略）副学長のような補佐機関を設け」、学長が教授のなかから選考する。なお、「大学院大学長を認証官とする」。

(2) **評議会**

「学則、学部規則などの制定、改廃、学内予算の方針、学生の厚生補導の方策など大学運営上の重要事項を審議する機関とすべきである。（中略）原則として学長、各学部長、各学部の教授若干名、及びその他の重要な部局の長をもって構成するものとする」。

(3) **学部長**

「学部長が学部の責任者であることを明らかにし、十分の職務を果たし得るようにすべきである。学部長は学部の執行責任者、教授会の主催者であるとともに評議員として大学の重要事項の審議に参与」すると同時に、「大学の管理運営について学長と密接に協力するものであることを明らかにする」。教授会が適格者を選定して学長に推薦、学長はこれを慎重に選考して、文部大臣に申し出るものとする。

(4) **教授会**

「現在の制度ではその職務権限、構成、設置、学長との関係等が明確でない。（中略）大学によって本来教授会の審議事項とは考えられないような事項をも審議している場合もある。教授会は教育研究の計画、学生の教育、指導および学業評価、学部長、教員の選考、学位・称号に関する事項について審議するものとすべきである」。構成は現状では大学によりまちまちだが、教授のみで構成すべきものとし、「とくに必要がある場合に限り評議会に諮って助教授または専任講師を加えることができるものとする」。

II　教員の身分取扱および処遇

「一部の大学では教員の選考の範囲がややもすれば閉鎖的になりがちで、その承認も安易に行われているなど適切を欠く場合もある。（中略）教員の選考はまず学部長が教員の資格基準に従い、教員選考委員を設けるなどの方法で教員資格者を選び、教授会に諮って学長に推薦する。学長は（中略）学部長の場合に準じて慎重に選考し、その結果を文部大臣に申出文部大臣が任命する。学部長が適格者を選ぶには公募などで広く人材を求め、慎重を期するものとする」。

III　中央の機関

「新たに中央の機関を設けるものとする。この機関は高等教育機関の計画的設置に関する事項について審議するとともに、大学における教育研究に関する基本的方策についても審議するものとする。また文部大臣が大学から申出のあった学長、学部長又は教員の候補者を著しく不適当と認めた場合、この機関に諮って大学に再選考を求め得るものとする」。

人事を中心に管理運営制度の法的整備に力点が置かれているのは当然として、文部大臣を頂点とするピラミッド状のシステムが構想されているのが目を惹く。文部大臣は、学長、学部長から教授まで、最終的な任命権を持ち、「著しく不適当と認めた場合」には、人事について「大学に再選考を求める」権限も認められている。対照的に教授会の権限は縮小され、教員人事の主導権も、学部長に与えられることになっている。従来議論されてきた、外部者を委員とする理事会や商議会のような組織の必要性についても全くふれていない。またこれも必要性が叫ばれてきた、大学の「計画的設置」や「基本的方策」等の審議にあたる「中央の機関」についても、設置の必要性は指摘されているが、委員構成等、具体的な内容については述べられていない。理由は明らかにされていないが、ここに描かれた管理運営のシステム像が「大学院大学」を想定してのものとされている点も気になる。「大学院大学長を認証官とする」という一項が唐突に出てくるのを見ると、一般の新制大学との差異化が構想されていたのかもしれない。

いずれにせよ、法的に未整備なまま自生的に形成されてきた、新制大学の管理運営の実態からすれば、大学に対する文部省の監督・統制権限を強化し人事への介入を図ろうとする、大学側の主張する「教授会自治」とは対極的なシステム像の提唱であったといってよいだろう。

改善協議会の報告

翌七月には、この答申原案の参考に供されたと思われる文部省設置の「大学管理運営改善協議会」の検討結果も発表されている（『資料集』二六六‐八）。

その概略をみると、大学の管理運営とは「大学本来の目的を達成するために、大学がその人員、施設、資金をもっとも有効に活用する方針を定め、それに従って、大学を構成する各機関の権限を相互に尊重しつつ、全体としてそれらの機能を自主的に総合調整することである」という一般論の後で、次のように述べられている。

(1)学長・評議会・学部長・教授会それぞれの権限・性格を明らかにしようとしたが、評議会・教授会は扱う事項によって「諮問機関的・参与機関的・議決機関的な性格を複合的に備えており、これを単純に性格づけることは適当でな」い。

(2)「学長が大学の管理運営の総括的な責任者であることは明らか」だが、「すべてのことについて専断的な権限があると解してはならない」。

(3)「現行制度のもとで運営されている各大学の実態を見れば、一方では長い慣習と伝統によって、成文化された規則以外に運営上の妥当な規範が確立している大学もあれば、他方では、現行法令に不明確な点もあり、解釈上の余地が広いことが一因となって、運営上の見解の対立が生じ、全学的な総合調整が困難になったり、時にはそれを好ましくない目的に利用する事例もある。（中略）各大学の事情とその問題に差異のあることをじゅうぶんに考慮し、不必要な画一化を避けるべき」である。

(4)「大学の管理運営に関する問題は、今後とも冷静かつ慎重に検討されるべきことがらであり、各大学及び国立大学協会等においても、さらに検討が加えられ、自主的に相互の協力によって、その改善がはかられる必要がある」。

法制の不備なまま慣行化した大学の管理運営実態を踏まえるほど、意見の集約が難しく、「答申原案」とは違って慎重な、歯切れの悪い言い回しに終わらざるを得なかったことがうかがわれる。

「答申原案」批判

それはさておき、六月にスクープによって明るみに出た中教審の「答申原案」に、大学関係者が強い批判を浴びせたことは、あらためて言うまでもないだろう。管理運営問題について中教審が正式の「中間報告」を出すのは、昭和三七年（一九六二）一〇月一五日だが、スクープからそれまでの間に、大学基準協会（意見書、七月一六日）、国立大学協会（中間報告、九月一五日）、日本学術会議（声明、一〇月五日）から相次いで、この問題に関する批判的な見解が示されることになった。

このうち大学基準協会の「国立大学の管理運営についての意見書」は、中教審への諮問に対応する形で同協会が設置した「大学制度研究委員会」が進めてきた審議の結果を、理事会が承認したものである。「要するに大学は、学長、学部長、または教員の選考並びにその他の重要事項の審議決定に当っては、学問の自由と大学自治の精神に徹底し、公明適正な管理運営を自主的に行うことを建前とすべきである」という総括に見られるように、管理運営の機構や人事制度についての見解は、大学の自主性尊重という点で、国立大学協会の「中間報告案」との間に大きな違いはない。

注目されるのはそれに続く一文である。「したがって人事に関して不適切と思われるような場合を仮想して文部大臣がある種の機関に諮って大学に再考を求めるようなことがあるならば、いたずらに無益の摩擦を起すのみならず、大学の正当な発展を阻害する結果を招くおそれが十分にある。むしろ大学自治の名に価する慣行を確立するよう各大学自体の努力に任すべきであり、各大学もまたその使命を全うして社会の期待に答えるべきである」（『資料集』二六八–九）。中教審原案で最も問題視されたのが、文部大臣に拒否権や差戻し権を認めることによる、大学人事への介入であったことがわかる。

日本学術会議の「声明」も、短いものだが同様に、文部大臣の拒否権の問題を取り上げている。

本会議は、第三六回総会の決議［三七年五月一一日］によって、大学管理制度について政府に勧告した。本会議は、ここにさきの勧告を重ねて確認するものである。／この勧告は、現在の焦点となっている国立大学の人事に関する監督官庁の、いわゆる拒否権やさしもどし権について直接には言及していない。しかしこの勧告の精神はいうまでもなくかかる構想は全く不適当であるという前提の上に立っているものである。／大学がその使命である学問の研究と教育を遂行するためには、大学の人事がその時々の政治の動向によって左右されてはならないことは明らかである。／本会議は問題の重要性にかんがみあらためてここに声明し、状勢の推移を注視するものである。（同、二七九）

ちなみに、文中にある「総会決議」とは、学術会議が中教審への諮問を機に進めてきたこの問題に関する検討結果のまとめであり、それが「教授会自治」の重視を鮮明に打ち出すものであったことは、先に紹介したとおりである（同、二四三–五）。

2　国立大学協会の抵抗

国大協の「中間報告」

さて、昭和三七年（一九六二）九月一五日の国立大学協会総会で決定された「大学の管理運営に関する中間報告」である。

同協会の第一常置委員会は、中教審への諮問があった直後からこの問題の検討を進めており、三六年一一月に第一次の「中間報告案」を公表したところ、内外の多くの批判を浴びたことは先に見たとおりである。三七年六月の総会でそれらを踏まえて自由討議を行い、修正を加えた原案を各大学に送付してさらに意見を求めるという手続きを経て、第二次の「中間報告案」が作成され、あらためて各大学に送付されたのが七月末であった。「爾来、月余の間、特に暑中にも拘わらず、各国立大学は、大学の管理運営の問題は、大学みずからの問題であるという自覚の下に、それぞれ独自の立場に立って、この報告案を異常の熱意をもって慎重に検討を続け」た。その結果に基づいて、九月の総会で再度「慎重に審議したすえ、中間報告案を支持すべきとの結論に達し」、最終的に決定されたものである（『資料集』三六六）。公表されたその「中間報告」には、以下のような茅誠司会長の談話が附されていた。

大学の管理運営は、多年の伝統の下に、大学自らの責任においてなされてまいりました。このような大学の自治は、大学がその機能を真に発揮するために不可欠のものであります。この報告は、大学自治の原則に立脚し、これを一層充実させるために、大学が自ら管理運営を図っていく際に参考とされるべき基準を述べたものであります。

この報告の中にも述べておりますように、大学の管理運営の改善は、法規の改正によって直ちにその目的を達成しうべきものではありません。むしろ各大学が、この報告に述べられているところを参考として、自らの自覚と反省によってよき慣行の確立に努力するとともに、全大学が相互に協力することこそ、大学の管理運営の改善のための最善の方途であるとわれわれは考えております。従って、現在、大学の管理運営上の欠陥があるとしても、大学のこのような自主的な改善に期待することなしに、一概に立法措置をもってこれを是正しようとすることは、決して採るべき途ではないということを、この際特に一言しておきたいと存じます。なお、この報告の中で若干法規の改廃にふれておりますが、その趣旨とするところの基本は、これに異なるところはないのであります。

この報告は、中間報告でありまして、我々は今後さらに検討をしなければならないものでありますが、これが全国立大学の支持を受けたことは極めて大きな意義があると考えております。政府、中央教育審議会その他関係諸方面におかれては、この全国立大学の意とするところを慎重に考慮されるように特に要望する次第であります。

大学の管理運営の改善には、この報告に掲げられているように、各大学の共同連帯の意識に基づく協力が、この際、特に重要であります。この意味において、大学運営協議会（仮称）は、全大学の協力の中心になるべきものとして、きわめて重要な役割を担うものであります。その具体的な任務・組織及び運営については、さらに慎重に検討しなければなりませんが、そのために直ちに準備委員会を発足させることにいたしました。

大学が社会と密接な関係をもち、これに対して重大な責任を負っておりますことは、いうまでもありません。しかし、その責任は、なによりもまず、大学が学問の研究の教育においてすぐれた業績をあげることによって果されるのでありまして、そのために学問の自由と大学の自治が欠くことのできない条件であることは、すでに申したとおりであります。われわれは、この重大な使命とこれに伴う責任を深く自覚し、社会・国家の負託にこたえるべく最善の努力を払うものでありますが広く一般におかれても、この大学の使命を理解さ

れるとともに、大学の活動に対して一層の支持と激励を与えられるよう心から望むものであります。（同、二六七）

学問の自由・大学の自治を強調しつつ、国立大学がつくり上げてきた管理運営上の慣行を重視し、法規の整備に名を借りた画一化と文部省による統制を避け、各大学が自ら自主的・主体的に管理運営制度の整備を進めるとの宣言であり、その象徴とも言うべきものが「大学運営協議会（仮称）」の設置だというのである。第一次の中間報告案に対する大学現場からの批判に応えて、学長・学部長の権限の明確化・強化よりも、教授会・評議会中心の管理運営を重視する内容に、大きく修正されていることがわかる。

国大協案の概要

以下、「中間報告」に示された、国立大学が理想とした管理運営システムの概略を見ることにしよう。引用が長くなるが、戦後改革から一〇年余を経た時点での、国立大学の自治慣行を踏まえての批判的反省を含む提言であり、当時の管理運営の実態を伝える好資料となっているからである（『資料集』二六八―七八）。

(1)学長の選考と任命

(一)学長の選考

法規（教育公務員特例法）上は大学管理機関（「協議会」）が、その定める基準により行うことになっているが、「実際上は、各大学においてその選考は例外なく選挙の方法によっている。この方法は、従来の慣行によると同時に、（中略）法規に即しているのみならず、そもそも学長の選考方法として最も適切な方法と考えられる」。今後ともこれを維持するとともに、「選挙によって学長を選考するという原則」に、法的根拠を与えることが適当である。学長候補者は「当該大学の内外を問わず、広く」求めることが望ましいが、その際「各大学の沿革や慣行等はじゅうぶん考慮されて」然るべきである。選挙人は「研究及び教育の運営に直接の責任を負うものだけに限」るべきで、広げても常勤講師以上とする。

㈡学長の任命

法規上は、当該大学の学長の申し出に基づき、文部大臣が任命することとなっている。これは「多年の慣行を基礎として、学長適任者の実質的な決定はこれを大学の選考するところに任せ、そこで正当な手続により選考された者について、文部大臣が形式的に任命することを法律上明らかにしたもの」である。「この趣旨は将来とも堅持されなければならない」。「大学が、必ずしも適当でない者を選定したような場合に備えて、文部大臣が学長任命についてなんらかの実質的な権限」を持つべきだとする議論があるが、大学の自治を損ない、「政治的判断に流れる」おそれがあり、望ましくない。「当を得ない場合があるとしても、それは大学の自主的反省によって是正されるべきもの」である。先の議論は、学長に限らず「大学の教員の人事について、文部大臣に何らかの実質的権限を認めるべき」であり、そのために「中央の機関を設置し、文部大臣の権限行使に参与させるという構想」を打ち出しているが、「考慮の余地はないというべき」である。

(2)学部長・教員の任命

㈠学部長

「当該学部の教授会の議に基づき学長がこれを行う」という、現行法規による「制度を改めるべき理由はない」。

㈡教員

「教授会の議に基づき、学長が選考するものとする」という、現行法規による「制度は維持されるべきである」。

(3)協議会・評議会・教授会の構成

㈠協議会

法規では「評議員および部局長で構成する会議」で、「学長についての選考、不利益処分の審査など」が職務とされているが、これらの職務は「評議会などで処理し得ると考えられるので、大学管理機構簡素化の趣旨からいっても、協議会の制度は廃止することが望ましい」。

㈡評議会

現行通り、学長、学部長、学部教授および付置研究所長、その他大学の重要な職にある者から構成する。

㈢教授会

学部の教育・研究の管理運営に直接の責任を負う者、すなわち教授、実情に応じて助教授・常勤講師を加えて構成する。

⑷諸機関の地位、権限、相互の関係

㈠相互の関係及び調整の原則

①学長・評議会・学部長・教授会等の「各機関の権限の具体的内容や相互の関係は、法令上必ずしも明確ではないが、それは大学自治の原則から各大学の自主的慣行によって定められてゆくべきものである」。

②評議会、教授会は、大学、学部それぞれの意思形成にかかわる機関であり、学長、学部長はその「意思を体してその職務を行うべきものである」。同時に学長、学部長は「単なる執行機関」にとどまらず、「意思決定に関わるものであり、評議会、教授会と一体的関係を保ちつつ、実際上、指導的機能を営んでゆくべきものである」。

③各機関は「法令や学内規則に基づいて、それぞれの権限を有して」おり、それを乱してはならないが、同時に各機関は「その権限に依拠して互いに割拠対立すべきものではなく（中略）相互に協力して妥当な運営を図るべきものである」。

④「各部局の連絡調整をはかり、大学全体の有機的な管理運営を期するためには、学長、評議会、学部長会

議又は部局長会議などの全学的機関が総合調整の機能を果たすことが特に必要である」。

⑤「大学の意思は、その正規の機関により、正規の手続きを経て、形成かつ表明されることが大切」であり、「大学の全構成員は、あくまで大学の意思形成が正規の過程において実現されるよう努力すべきである」。

(二)学長の地位と権限

①「学長は大学を総括し、かつ大学を代表するものである」。職務は「大学の他の諸機関との間に有機的な関係を保ちつつ、必要に応じて、学部長会議または部局長会議などの補佐を受けながら行うべきである。また その職務は「研究および教育に直接かかわりのない行財政上の事項で、学長の専決に属するものを除き、評議会の議によって行われるべきものである」。

②「大学全体の管理運営にかかわる事項については、自ら執行の任に当たる」が、「重要な事項については、全学の意思を総合調整し、その意志に即して執行にあたるべきである」。

③「学部、研究所の管理運営にかかわる事項でも、大学全体にかかわりのあるものについては、学部、研究所の自主性を十分に尊重しつつ、全学的な見地から、総合調整を行うよう努めるべきである」。

(三)評議会の地位と権限

評議会については法律に規定がなく、文部省令により暫定措置として設置が認めている。そこでは評議会は「学長の諮問機関」とされているが、「従来の慣行に基づき占めるべき地位や機能を正当に表しているものとはいいがたい。(中略)従来、全学的な意思形成の機関として大学の管理運営上重要な機能を果してきたものであり、「学長の単なる諮問機関」とされるべきではなく、その機能は「今後も、じゅうぶんに尊重されなければならない」。こうした趣旨から「権限の具体的内容は、法令に特別の定めのある場合」を除き、「各大学のそれぞれの伝統と実績に応じて適宜に定められ、また運用されるべきである」。

(四)学部長会議・部局長会議

「法制上の機関ではないが、現在、多くの大学において、学長を補佐するとともに、評議会に協力するものとして各学部・部局間の関係を調整し、大学を総括するうえに重要な機能を果たしている。（中略）全学の円滑な管理運営をはかるために、じゅうぶんに活用されるべきである」。

㈤学部長の地位と権限

「学部長は、学部を総括し、かつ、学部を代表するものである。その職務は研究及び教育に直接かかわりのない事項で、学部長の専決に属するものを除き、教授会の議によって行われるべきである」。

㈥教授会の地位と権限

「教授会は学部の意思形成の機関である。学部における研究、教育および教員の人事に関する事項ならびに学生の補導その他重要な事項は、教授会の議に基づいて行われるべきである。ただし、事項によっては、その一部の処理を学部長に委任することを妨げない」。

⑸国立大学協会の役割

ここまで「大学の管理運営の改善は、単に法令による規制や所轄庁の監督的措置によって実現されるべきではなく、大学自らの責任の自覚とこれに基づく自主的措置によって、はかられるべきであるという大学自治の本旨に立脚し、改善方策の大綱を示し」てきたが、「その趣旨にしたがい、なによりも要望されることは、各大学がまず、みずから自主的に適正な基準を確立し、良い慣行を形成して管理運営にあたることである。しかし、このことは必ずしも容易ではない。特に問題によっては、一大学限りで処理解決を見ることが相当困難である場合もあり得る。このような場合、問題の解決をはかるには、各大学相互間の緊密な協力が要請されることになる。／たまたまある大学において発生した管理運営上の欠陥なり、支障は、本来ひとり当該大学のみの問題にとどまるものではない。それは全ての大学に共通の問題としても考えられるもの」であり、「すべての国立大学が共同連帯の意識をもって、その処理に協力することが必要とされる。／この意味において、国立大学協会がその会則に見られるように、国立大学相互の緊密な連絡と協力により大学の管理運営制度の改善に寄与するならば、その意義たるやきわめて重要であるといわなければならない。(中略)右の趣旨に即して、国立大学の管理運営の自主的改善を強化促進するために、協会内部に適当な組織を設け、有効適切な方策を樹立することを急務と考える」。

方策の具体的内容については今後さらに検討が必要だが、その「管理運営の自主的改善を強化促進する」ための「適当な組織」の「大綱」は、以下の通りである。

㈠国立大学協会内部に、管理運営の改善のための特別の組織「仮称大学運営協議会」を設ける。国大協会長、副会長のほか、会員の互選による委員若干名で構成し、必要に応じて専門委員を加え得るものとする。

㈡協議会は、おおむね左に掲げる事項をその任務とする。

①大学の管理運営に関する調査研究と情報の収集・交換

②管理運営のモデル方式の作成

③各大学に対する必要、必要に応じた助言援助

④大学内部に対立紛争を生じた場合、関係者の申出に基づく解決斡旋

⑤管理運営に関する各放漫の意見聴取と、関係方面への意見提出

⑥その他管理運営の改善に必要な諸事業

㈢この協議会の機能は「法的効力を持つものではないが、それが適切に運用されるならば、実際上には大きな意義を持つことになろう」。なお「協議会の活動にあたっては各大学の自主性をじゅうぶんに尊重しなければならないことは当然である」。

「大学運営協議会」の提唱

このように見てくると、国大協の中間報告が、旧制の国立大学、とりわけ帝国大学が築き上げてきた自治慣行をベースにした、その意味で現状追認的な管理運営システムを理想とするものであったことがわかる。意思決定の機関はあくまでも評議会と教授会であり、教員集団の投票により選考される学長・学部長は、そこで決定された事項の執行者にとどまるものとされている。

問題は、法規面の未整備もあって、旧制度の大学を継承した大学はともかく、継承すべき自治の歴史も伝統も持ち合わせぬまま発足した純然たる「新制」大学の、一〇年余を経た今も整序化され安定したというにはほど遠い管理運営システムの現実にあった。少なくとも、国立大学協会で「中間報告」の作成にあたった学長主体の委員会メンバーが、こうした新制国立大学の問題含みの管理運営の実態を、十分に認識していたことは疑いない。

それは例えば「良い慣行がすでに出来上がり、これに基づいて管理運営の円滑に行われている大学が少なくない。このような慣行がまだ成熟していない大学にあっては、他大学の良い慣行を取りいれ、運営上の妥当な基準を整備確立すべきである」という一節、さらには「［自治の慣行をまもるためにも］各大学は、学長選考方法について反省を加えるとともに改善を図り、また国立大学協会はそのような改善を促進するよう努めなければならない」、「学長選挙はあくまで公明清純かつ全学的立場を旨とすべきであ」り、「選挙が学内の対立抗争の場になることや、局部的な立場から候補者を立てるようなことは、厳に避けなければならない」、また「評議会は全学的な機関であって、部局の利益代表の集まりではないことはいうまでもない。従って、評議会は常に全学的な見地に立って審議することが必要であり、また部局間に意見の対立のおそれがある問題については、これを調整する役割を果たすべきものである」といった、「中間報告」の随所に登場する反省的・批判的な指摘からも明らかである。

そうした管理運営実態の改善を、文部大臣に人事上の拒否権まで認める、学長を頂点とするピラミッド状の管理運営システムの法的な整備・確立に求めるのか、それとも、大学自治・教授会自治の伝統と理想を尊重し、大学人の自主的・主体的な努力に待つことにするのか、中教審と国大協との間で見解は大きく分かれていたことがわかる。

その隔たりを若干でも埋めるために「中間報告」が提示した、事実上唯一の現状変革的な改革構想が、中間報告の最後の部分に示された、「大学運営協議会（仮称）」の設置である。「さらに検討が必要」とされたその協議会は、『国立大学協会五十年史』によれば、実際に設置され昭和三八年（一九六三）一月に第一回の会合を開いているが、その活動などについては後でふれることにしよう。

3　中央教育審議会の管理運営答申

中教審主査の談話

国大協の中間報告が発表されると、当然と言うべきだろうが、茅誠司学長が国大協の会長を務める東京大学は、直ちに本学は「学問の自由を守り、大学の自治を確保するためには、大学の管理運営が教授会の自治を基底として行われ、教員及び学長の任免等の人事が大学自身の意思によって行われることが不可欠の要件であるという見解にたち、大学の管理運営の面における改革は、法令を改めることによってなし得るものではないとの考え方に立つもの」であり、その視点から「国立大学協会から示された中間報告案を検討した結果、同案は、細目においてなお議論の余地があるが、その骨子は本学の見解にほぼ一致するものとして、その大綱について支持する」ことを決定した旨を告示している（『資料集』二七八）。日本学術会議が一〇月に出した先の声明も、国大協の報告に支持を表明したものにほかならない。

一方、管理運営に関する部分の答申作成を進めていた中央教育審議会の反応は微妙であった。中教審の中間報告（実質的な答申）が出されるのは一〇月一五日だが、その一週間前の一〇月八日に、審議にあたっていた第十六特別委員会の森戸辰男主査（広島大学学長）が、以下のような談話を発表している。

国大協の中間報告の「原案は、関係委員会の手許で慎重に用意され、各大学において審議された上で、過般の総会で採択され」たものであり、「国立大学の総意として、じゅうぶん尊重されるべきもの」である。中教審の特別委員会でも、二〇回ほど回を重ねてこの問題を審議してきたところであり、国大協の見解については、「これを原案と関連させて慎重に検討した結果、数か所原案を改める」こととした。

この際、一言しておきたいのだが、「世間には、中教審の考え方と、国大協の考え方とが、根本的に対立するように言う人」もあるが、これは非常な間違いである。「中教審も国大協も、社会制度として、国家・社会の支持と協力を得て、その使命をじゅうぶんに達成することを念願とする点においては、全く見解を一つにしている」。また「中教審［の中間報告］は、大学がその使命を達成するために、学問の自由と大学の自治が必要であり、したがって大学の管理運営は大学の自治を基本とすべきものであることを明記」しており、国大協の中間報告も、「大学の自治が絶対無限のもの」でなく「限界の存する」ことを確認するとともに、「大学管理運営の基調」として、大学の自主性の確保と並んで「社会国家に対する責任の自覚」を強調している。「両者の間に基本点において根本的な対立は存在しない」。

「ただ、中教審の報告が大学関係者以外に社会の各層を代表する多くの人々をふくむ委員会において、国の施設として、また社会制度としての大学の管理運営の大綱を、全体の立場で審議した結果であるのに対して、国大協の報告は、国立大学の関係者だけによって、主として国立大学の立場から、内部の自治を整備強化することを目途として作成されたもの」である。「したがって、両者は基本的な点で一致しながらも、ニューアンスやタイミングや個々の具体的な点で相違するところがあっても、それは致し方ないこと」であり、「むしろ当然のことかもしれ」ない。

中教審が原案に「大幅な調整」を加えたのは、「国立大学の関係者が大学に対する国家・社会の期待にこたえ、大学本来の使命を深く自覚されて、その自主的体制を整備、確立されようとする信念と態度に深く期待と信頼を寄せ」ているからである。（『資料集』二七九―八〇）

談話中にある、答申原案の「大幅な調整」が、どの部分に加えられたのかについては、文部省資料が残されている（同、二九四―五）。

それによれば主要な点は、(1)学長の選考の際の投票権を、必要と大学の事情に応じて教授だけでなく、助教授・専任講師にも認めることとした、(2)評議会その他の学内管理機関の関係で、学長が「大学管理の総括的責任者として全学の総合調整及び指導的な機能を果たすものである」ことを明らかにした、(3)「学部長・教員の選考については、学長が選考することで趣旨は明らかなので、とくに学部にさしもどすことを述べないことにした」、(4)「文部大臣は、国立大学の設置及び文部行政の責任者として、国民に対する責任と大学自治の尊重を基本とし、大学の管理運営についてその権限を慎重に行使すべきことを明らかにすることによって、学長、教員の任命についてとくに具体的にのべないことにした」、(5)「人事に関する中央の機関は設けないことにした」などである。

「大幅な調整」とは言いがたいが、大学側からの強い反対意見を容れて、人事に関する文部大臣の差し戻し権や拒否権を明記することをやめるなど、大学自治への介入と受け取られかねない表現を和らげる配慮であったことがわかる。

しかし、大学自治の尊重という基本理念を共有するとはいえ、中教審の描く管理運営像が、国大協のそれと対照的なものであったことに違いはない。

中教審の構想した管理運営制度は具体的にどのようなものであったのか。森戸主査の談話から一週間後の一〇月一五日に、その部分だけがいち早く発表された、中教審の「大学の管理運営について」答申の概略を見ることにしよう（なおこの部分答申には、「大学の管理運営については、国立・公立・私立の大学を通じた制度を定めることは困難であるので、この報告は国立大学について検討したものである」という注記があることを、付け加えておく）。

中教審の答申概要

「大学の管理運営は、大学の自治をぬきにして取扱うことはできないし、大学の自治は、また学問研究の自由を離れては考えられない。学問研究の自由と進歩を基軸とする大学の自治は、これを固定したものと考えるべきではなく、その本質と伝統を保ちながら、急激に変化していく大学の内外の事情に即して、有効な弾力性のあるいきた制度として現実的に発展させていくべきものである」。

Ⅰ　大学の管理運営と大学の自治

わが国の大学は近年規模の拡大を続け、また学問の発展、国家社会の要請に伴い、目的の多様化と構造の複雑化を遂げつつある。「したがって、大学の管理運営は大学本来の使命に即し、総合的、合理的かつ効果的に行われなければならない。他面、大学には社会制度として課せられた国家社会の養成と期待に応じる責任ある管理運営が必要」とされる。その際「大学の自治すなわち大学の管理運営上の自主性とその慣行について特に留意することが必要」だが、その「自治は、抽象的、観念的なものではなく、具体的、実質的にこれを考えなければならない」。教員人事、学内施設の管理、学生の指導、財政などがその具体的なものだが、とりわけ重要なのは、人事に関わるそれである。

「教員人事における自主性は、大学の自治の基本的な要素であるとともに、大学の管理運営の主要部分と表裏の関係にある。大学自治のこの面は、戦前においても慣行とされてきたものであるが、戦後になって制度的に明らかにされるとともに、すべての国立大学に及ぼされるに至った」。ただ大学の規模が拡大し、組織が複雑化していくなか、「管理運営が適切に行われなければ教育研究機関としての本来の使命の達成に支障を生じるばかりでなく、大学の自治の実態を保持することすら困難となろう。従って、大学としての性格にふさわしい管理運営に関する諸制度を整備することが緊要である。さらに学内関係者は、こぞってこのことについて認識を新たにし、その目的実現に努め、特に、学内管理機関の立場にある者が、それぞれ制度上の責任者として自覚を深め、全学の指導的機能を果たすことがきわめて重要である」。

II　学内管理機関

「管理運営が円滑に行われ、その実をあげるためには、まず大学の学内管理機関おのおのの職務権限を明確にし、学内管理体制を確立する必要がある」が、「現在の学内管理体制は、必ずしも分明ではない」。そこで「基本体系としては、全学の総括的な責任者を学長、学部の責任者を学部長とし、評議会は全学の、教授会は学部の重要事項をそれぞれ審議する機関とし、それらの職務権限について、学長、学部長との関係を明らかにすべきである。さらに必要に応じて学長の補佐機関を設けうることとすべきである」。

(1) 学長の職務権限と選考・任命

「学長は、大学の管理運営の総括的な責任者」であり、「評議会その他の学内諸機関と連けいを保ちつつ全学の調整をはかり、かつその指導的機能をはたすべきものである」。「選考にあたって、現在は投票の方法が用いられている」が、「投票者の範囲や投票の手続き等について適正を期す必要がある」。選任の方法は「評議会で複数の学長適格者を学の内外から選び、それらについて学内で投票を行ない、その結果に基づいて評議会が学長候補者を決め、学長がこれを文部大臣に申し出（中略）文部大臣はそれによって任命するものとする」。投票者は教授とし、必要に応じて助教授、常勤講師を加えることができるものとする。「規模の拡大と構成の複雑化に伴い、全学的な教育研究計画の樹立など管理運営上の重要な分野において学長を補佐するため、必要な大学には、例えば副学長のような補佐機関を設けるべきである」。なお「大学院大学の学長を認証官とすることを検討する必要がある」。

(2)評議会の職務権限と構成

「評議会は、学則、学部規則等の制定改廃、学内予算の方針、学生の厚生補導等大学運営に関する重要事項を審議する機関とすべきである」。「原則として学長、各学部長、各学部の教授若干名およびその他の重要な部局の長をもって構成する」（なお、「協議会は、その構成員が評議会とほとんど同様」であり、「別に、協議会を設ける意義に乏しい」ので、廃止する）。

(3)学部長の職務権限と選考・任命

「学部長は学部の責任者であり、教授会の主催者となり、かつ学部の管理運営に関する事項については執行の責に任ずる。また評議員として大学の重要事項の審議に参与し、大学全体の管理運営について学長を補佐するものである」。選考については「教授会において適格者を選び、学部長はこれを学長に推薦する。学長はそれについて慎重に選考し、その結果を文部大臣に申し出る。文部大臣はそれによって任命する」。

(4)教授会の職務権限と構成

「教授会は学部における教育研究について管理運営上の重要な機関である」が、「現行の制度においては、その職務権限、設置、学部長との関係等が明確ではない」。職務権限については、「審議事項に関する規定」が「必ずしも明らかでなく、大学によっては、本来教授会の審議事項とは考えられないような事項をも審議している場合もある。教授会は教育研究の計画、学生の教育、指導および学業評価、学部長・教員の候補者の選出、学位・照合に関する事項等について審議に当たるものとすべきである」。また、現在「構成員の範囲は、各大学によって区々であるが、教授会は教授のみをもって構成されるべきもの」とし、必要に応じて「助教授または常勤講師を加えることができるものとする」。

III　教員の身分取扱い

「大学が教育研究の成果をあげるには、なによりも教員が適任者であることが必要」だが、「現在一部の大学にあっては、教員の選考の範囲はややもすれば閉鎖的になりがちであり、その昇任も安易に行われているなど適切を欠く場合もある。よって、適任者を得るための方途を確立するため、教員の選考は次のようにするのが適当である。／教員の選考については、学部長は教授会の議により、教員の資格基準に従い、教員選考委員を設けるなどの方法によって教員適格者を選び、その候補者を学長に推薦する。学長はそれについて慎重に選考し、その結果を文部大臣に申し出る。文部大臣はそれによって任命するものとする」。「教員適格者を選ぶに当たっては、例えば公募によるなど、広く人材を求めるとともに、学内外の専門家の意見を聞くなどの方法を用いて慎重を期するものとする」。また「適格者を常に大学に確保するために、教員については任期制度または再審査制度を設けることを検討する必要があろう」。

IV　大学と国家・社会

(1) 学外者を加えた機関

「民主社会における大学は、社会に対して閉鎖的であるべきでなく、積極的にその関連する社会との連けいを深め、特に地域社会のために寄与することが望ましい。依って必要に応じて大学に学外者を加えた機関を設けるべきである。この機関は、公開講座等の大学の拡張、産業経済界と大学との連けい、教育の向上および文化の発展等に関し、大学と地域社会とがその協力関係を進めるため相互に意見を交換する機関とする」。

(2) 文部大臣の職責

「文部大臣は、国立大学の設置および文教行政の総括的責任者として、大学の管理運営に関しその権限の行使にあたっては、国民に対する責任を考え、大学自治の尊重を基本として、じゅうぶん慎重を期さなければならない」。

法案の提出と挫折

中教審の受けた諮問「大学教育の改善について」に対する答申は、この「大学の管理運営」と同時に、「大学の設置および組織編成」と「大学の入学試験」についての部分も発表されている。「大学の目的性格」についてはこれより先、昭和三六年（一九六二）七月に答申が出ているから、諮問に挙げられた六つの「検討すべき問題点」のうち、「学生の厚生補導」と「大学の財政」の部分を残して、答申の主要部分が整ったことになる。最終の本答申が出されたのは、それから一か月余り後の三八年一月二八日であった。

他方、管理運営制度の法制化を急ぐ文部省は、本答申を待たず、三七年一二月中にはすでに部分答申を踏まえた「国立大学運営法案」と「国立大学運営法の施行に伴う教育公務員特例法の一部を改正する法律案」（野村他編、五七三－八〇）を作成し、国会提出に向けて準備を進めていた。その法案は結局、国会に上程されるには至らず、廃案に追い込まれるという意外な結末を迎えるのだが、当時、記者として取材にあたっていた黒羽亮一は、のちにその経緯を概略以下のように記している（黒羽『戦後大学政策の展開』二六－三〇）。

池田首相の選挙遊説中の発言で火が付いたこの問題は、中教審の答申原案が『アカハタ』紙にスクープされると反対の火の手がさらにひろがったが、それでも「当初は、東京大学など主要大学でも、文部省の動きを危惧しつつも、それにまっ向うから反対してはどうかという空気であった」。たとえば文部省が設置した大学管理運営改善協議会の委員だった田中二郎（東大法学部教授）は「協議会で話を聞いていると、新制大学の中には、われわれの常識をもって理解できない運営が行われている」と述べている。文部省側は、内藤誉三郎次官が新聞に、法制の不備が混乱を招いているのであり、自治は治外法権を意味しない、とする一文を寄稿するなど強気であった。最も強く反対を唱えたのは日本学術会議であり、国立大学協会は、それに突き上げられる形で大学の自主性を強調する中間報告を作成したが、「一部の大学に批判されるような傾向があることは認めざるを得」なかった。

中教審は、「人事に関する文部大臣の差し戻し権限を断念」するなど、こうした反対意見を一部容れた答申を提出し、文部省はこれをもとに、法案の準備を進めたが、「国大協側は、なおもこの法案制定にも不満だった。昭和三七年も押し迫った一二月二七日、有沢広巳、東畑精一、中山伊知郎の三人の長老学者は池田首相を訪問して、「立法の内容がどうというのではないが、大学人がこれに消極的な現状においては法案の国会提出は混乱を深めるばかりである」という意見具申を行った。さらに翌年一月一七日に国大協は「同協会が設置を予定している」大学運営協議会の活動は問題のおこっている大学学長の申し出に基づいて開始されるのが原則だが、事態が深刻と判断した場合には、大学の申し出がなくても助力に乗り出すときがある」と、姿勢を一歩強めた。国大協は文部大臣による教員人事への介入や、一律的な立法措置をきびしく斥けたが、学内の管理運営体制は強化するという、文部省と同じ立場に立った。国大協内の運営協議会は二月二八日に発足した。／このため政府は立法化を正式に断念して、池田首相は一月二三日の衆議院本会議で、「大学の管理運営の改革は、大学人の自主的努力に待つ」という趣旨の発言をした」。

その際、文部省は次のような文部大臣談話を添えて、国会未提出となった先の法案の条文を公表している。

本来管理運営の改善については、これに関する法制の整備と大学当局の自主的改善の為の努力が両々あいまって初めて効果が期待出来るものである。立法については、先に国立大学協会の意見を十分取り入れた中教審答申を基礎として鋭意その準備を進め、一応の試案を得るに至ったのであるが、国立大学協会はなおこの法案の取扱について慎重な配慮を要望しているので、その要望に応えて大学側に十分な検討の機会を与えるとともに、広く国民一般の支持の下に出来る限り早い機会によりよき成案を得て国会に提出したいと考える。（同、三〇）

新制国立大学発足以来、文部行政上の最重要の懸案であった管理運営システムの法的整備は、こうして再び見送られることになったのであり、それが実現するには平成一六年（二〇〇四）の国立大学法人化を待たなければならなかった。

なお、政府が見送りの一つの理由とした国立大学協会設置の「大学経営協議会」は、その後、「社会環境の変化や学問の進歩を考慮に入れ、大学の制度・組織、法制化の問題等について」検討を加える場となり、下部組織として「大学問題研究会」を設けるなど、昭和五三年（一九七八）まで常設の組織として「国立大学の管理運営の問題点」に関する情報の収集や、意見の集約、報告書の作成などの活動を行っていたことがわかっている（『国立大学協会五十年史』三九–四〇、五三、六〇）。

ただ、大きな期待を寄せられたその協議会だが、先に見た任務の③と④に挙げられた、実際の管理運営に関する「助言援助」や「紛争の解決斡旋」にあたることはなく、またそのような役割を果たし得る組織として整備されることもなかった。同協会史には、政府の「大学運営法案の国会提出が見合わされることになったのは、大学側の以上のような自主的な努力が評価されたものと言われている」とあるが（『国立大学協会三十年史』一二六）、個別大学の自治を越えた国立大学全体の、大学共同体としての自治に基づく管理運営システムの改善をという理想は、結局、実現されぬままに終わった。

第5章　「大学教育の改善について」答申

1　大学の種別化構想

中教審の「三八答申」

前章で論じたように、管理運営に関する部分については早々と、事前に制度化の見送りが決まってしまった中教審答申だが、昭和三八年（一九六三）一月二八日、六つの部分答申を合わせた本答申が文部大臣に提出された。いわゆる「三八答申」である。昭和二二年の学校教育法の公布から一六年、さまざまな問題を抱え議論を呼んできた新制大学制度について、はじめて、中央教育審議会による包括的な再検討の結果が公表される運びとなったのである。答申は、諮問された六つの「問題点」に対応する次の六つの部分からなる、長文のものであった。

Ⅰ　大学の目的・性格について
Ⅱ　大学の設置および組織編成について
Ⅲ　大学の管理運営について

IV　学生の厚生補導について
V　大学の入学試験について
VI　大学の財政について

以下では、すでにみた「管理運営」に関する部分を除き、これまで跡づけてきた改革論議と最もかかわりの深い、「I　大学の目的・性格」と「II　設置および組織編成」の部分を中心に、「VI　大学の財政について」を除く答申の内容を見ていくことにしよう。なお、答申内容については原則として原文を紹介するが、順序の入れ替えや部分的削除、各項目の番号の振り直し、［　］を付した小見出しの追加など、若干の編集を加えたことを付け加えておく（答申の原文は『中央教育審議会答申総覧（増補版）』所収、六八一一三四による）。

「大学の目的・性格について」

最初に、答申の核心部分を占める「I　大学の目的・性格について」である。それは次のような前文から始まる。

新制大学の制度は、戦後における教育改革の一環として学術研究、職業教育とともに、市民的教養と人間形成を行なうという理念に基づいて発足した。しかるに、実施後十数年の実績をみると、所期の目的が必ずしもじゅうぶんに達成されていない。そのよってきたる重要な要因の一つは、わが国の複雑な社会構造とこれを反映するさまざまな実情にじゅうぶんな考慮を払うことなく、歴史と伝統をもつ各種の高等教育機関を急遽かつ一律に、同じ目的・性格を付与された新制大学に切り替えたことのために、多様な高等教育機関の使命と目的に対応しえないという点に求められる。／高等教育機関ないし大学の目的・性格を検討するにあたっては、まず、これらの諸点をじゅうぶん考慮することがたいせつである。／以上の観点から、わが国の高等教育機関の目的・性格について、これらに応じた種別について、またその種類に応じた修業年限、教育内容、教育方法等について検討を加えた結果、次のような対策が必要であると考える。

占領下に、「実情にじゅうぶんな考慮を払うことなく、歴史と伝統をもつ各種高等教育機関を急遽かつ一律に」切り替えることで誕生した画一的な新制大学制度を改革し、それぞれの目的・性格に応じた年限、教育の内容・方法をもつ複数の学校種からなる、新しい高等教育制度への転換をはかるべきだという、昭和二六年（一九五一）の政令改正諮問委員会答申に示された構想を実質的に継承する、いわゆる「種別化」構想の登場である。

具体的にどのような種別を設けるのか。答申は「高等教育機関には、学問研究と職業教育に即して、おおよそ三つの水準が考えられる」として、

一、高度の学問研究と研究者の養成を主とするもの
二、上級の職業人の養成を主とするもの
三、職業人の養成および実際生活に必要な高等教育を主とするもの

の三つを設定し、各水準に対応する高等教育機関として大学院・大学学部・短期大学を挙げ、それぞれについて次のような問題点を指摘し、改善の必要性を説いている。

問題点と改善点

(1)大学院について

まず、大学院である。修士課程と博士課程が置かれているが、修士課程については「研究能力の高い職業人の養成も行なうべきだという意見も強く、また現実にはこのような役割も果たしつつあり、特に最近ではこの種の教育に対する要望がますます強くなりつつある」。こうした「事情にかんがみ、博士課程においては、研究者の養成を

主とし、修士課程においては研究能力の高い職業人の養成を主とするものとすべきである」。「高度の、しかも独創的な学問研究を行な」う博士課程は、「教員組織や施設設備の充実したきわめて高い水準のものでなければならない」ので、「設置条件は、高くかつきびしいものとし、重点的充実を期する必要がある」。なお修士・博士の両課程については「並列式と積み上げ式の両者を認めてよい」。また「大学院は、現在学部を基礎としており、両者は、緊密な関連をもつ」が、「内容を充実し、運営を効果的にするためには、ある程度の専任の教員と専用の施設設備をもつべき」であり、「自主的運営を図るための管理機構についても考慮すべきであろう」。

(2)学部水準の高等教育機関について

大学学部は「高等教育機関の中心的な地位を占めており、研究者の教育、高い専門職業教育、高い教養教育、教員養成、芸術専門家の育成などきわめて多様な使命をもっている」。ところが「現在の制度のもとでは、これら各種の教育を、同じ目的・性格を持つ大学学部において行っており、教育内容についても、一つの設置基準によって一律の規制を受けている」。そのため、「それぞれの目的に応じた特殊性が教育内容その他の面に必ずしも反映されていないうらみがある。（中略）学部水準の教育がじゅうぶんその使命を果たすためには、それぞれの特殊性に応じ、教育内容に特色をもたせるように設置基準を定めるべきである。また、芸術専門家の育成のような特殊な教育内容を持つものについては、種別を分けることが望ましい」。修業年限については「特定の専攻分野について、現在の修業年限の延長を希望する意見がある」が、「現行制度のもとで教育内容、教育方法の改善等の措置を講ずれば、しいて修業年限を変えなくてもよい」。ただし、こうした改善措置では「必要な専門能力を育成し得ない専攻分野においては、修業年限の延長もやむをえない」。

(3)短期大学について

中教審の先の「短期大学制度の改善について」答申にあるように、「その目的・性格を明らかにするとともに、これを恒久的な制度とする必要がある。なお、「高等専門学校」は、同答申にある「高等学校の課程を包含し、一貫して専門教育を行うもの」という趣旨にそうものと考える」。

五つの種別

このような問題点の指摘と改革課題の認識に立って、答申が設定するのは大学院大学・大学・短期大学、それに高等専門学校と芸術大学を加えた、高等教育機関の五つの種別である。

(1) 大学院大学

高度の学術研究を行なうとともに、高い専門職業教育を行なうもの。／(注)「高い専門職業教育」には、高い教養教育および教員養成を含む。

(一)総合大学を原則とし、すべての学部の上に博士課程を置く。また、修士課程を置くことができる。ただし、医・歯学部の上には修士課程を置かない。／学部を置かない大学院大学も考慮する必要がある。

(二)学部の修業年限は、四年とする。ただし、専攻分野によっては五年とすることができる。／医・歯学部は六年とする。

(三)修士課程は、研究能力の高い職業人の養成をおもな目的とし、修業年限は二年とするが、五年の学部の卒業者は一年で修了するものとする。／博士課程は、修士課程と並列にまたはその上に置く。修業年限は、修士課程の上に置く場合は三年とする。並列に置く場合は五年とするが、五年の学部の卒業者は四年で修了するものとする。／医・歯学の博士課程の修業年限は四年とする。(後略)／(注)①学部自身は、博士課程の有無によってその性格が異なるものと考えるべきではないが、博士課程と学部とは、緊密な関連をもって運営されるものであるから、博士課程の有無によって学部の運営等に差異の生ずる結果となることも認めなければならない。／②高度の学術研究の発展を目的とする大学院の重要な使命にかんがみ、大学院大学は大学院に重点をおくようにすべきである。

(2)大　学

主として高い専門職業教育を行なうもの。(注)「高い専門職業教育」については、大学院大学の(注)とおなじ。／博士課程は置かない。必要な場合は修士課程を置くことができる。ただし、医・歯学部の上には置かない。／学部および修士課程の修業年限については、大学院大学の場合と同じ。

(3)短期大学

専門職業教育を行なうものまたは実際生活に必要な知識、技能を与えもしくは教養教育を行なうもの。／修業年限は二年または三年とする。

(4)高等専門学校

義務教育修了者に対して専門職業教育を行なうものとする。／修業年限は五年とする。

(5)芸術大学

音楽、美術等に関する専門家の養成を行なうもの。／修業年限は四年とする。また、中学校卒業を入学資格とし七年とすることができる。なお、音楽、美術に関し、さらに高度の技術の習得及び研究を行なうための特別の課程を置くことができる。／(注)一般教育は、上述の高等教育機関のすべてにおいて行なわれるべきである。

注目されるのは、「大学院大学」と「大学」という種別の設定である。「総合大学を原則とし、すべての学部の上に博士課程を置く」のが「大学院大学」だという定義は、旧制大学、端的に言えば旧制帝国大学をモデルとしたものと見てよい。とすれば「大学」は、それ以外の、主として旧制専門学校を母体にした国公私立の「新制大学」を指すことになる。国立大学の場合、その種別化の要件とされるのは、あとでみるように講座制と学科目制という教員の組織編制の違いである。博士課程の「設置条件は、高くかつきびしいものとし」て「重点的充実を期」する一方で、「大学」には修士課程の設置だけを認める。いわば「大学院大学」と「学部大学」、「研究大学」と「教育大学」、「博士課程大学」と「修士課程大学」の差異化・種別化という形での、旧制度の大学と専門学校という重層的構造の復活を思わせる提言になっている。

2 教育の内容と方法

種別に応じた特色化

答申は、このように高等教育機関の種別を設定するだけでなく、それに応じた教育内容及び教育方法についても全面的な見直し、改善を求めている。

「教育内容及び教育方法については、高等教育機関の種別に応じ、それぞれの目的を達成しうるよう、これに特色をもたせる必要がある。また人間形成は、高等教育の重要な使命の一つであるから、教育内容及び教育方法を改善するにあたっては、特にこの点に留意しなければならない」という一文に始まるこの部分では、教育課程の編成から単位制度や学年暦まで、占領下に民間団体である大学基準協会主導で進められた教育面での一連の改革が、文部大臣の諮問機関である中教審による再検討と、改革提言の対象とされている（以下、「 」内の小見出しは引用者による）。

教育内容の改善

(1)「履修基準の多様化」

教育内容は、現在、いわゆる教養課程に属するものと、専門教育課程に属するものに大別され、前者には一般教育科目、外国語科目、保健体育科目、基礎教育科目があり、後者には専門教育科目がある。これらの科目の履修基準については、現在のようにそれを一律に定めることなく、高等教育機関の種別に応じ、また同種別のうちにあってもその教育目的に応じて、特色を生かしうるように定めるべきである。

(2)〔**一般教育の改善**〕

一般教育は、広い教養を与え、学問の専門化によって起こりうる欠陥を除き、知識の調和を保ち、総合的かつ自主的な判断力を養う目的をもつものである。一般教育のこのような趣旨を生かすとともに、教養課程における教育の合理化をはかるため、一般教育の内容方法について、次の諸点を改善する必要がある。

(一)〔**一般教育と基礎教育の分界**〕　しばしば一般教育と基礎教育とが観念的にも実践の上でも混同されているために、本来の一般教育も専門の基礎または準備も、ともにその効果がじゅうぶん上がっていない場合が少なくない。したがって、一般教育と基礎教育の分界の関連を明らかにすることが望ましい。

(二)〔**三系列間の配分**〕　現制度のもとでは、人文科学、社会科学、自然科学の三系列にわたり、均等の科目数、単位数が要求されており、専攻分野の種類に応じた特色が考慮されていない。そこで、三系列間の科目数、単位数等の配分は、専攻分野の特色を考慮して定めうるようにすべきである。

(三)〔**総合コース等**〕　一般教育科目の系列および科目の調整、例えば総合コース等の新たな方法についての検討が必要である。

(四)〔**高校教育との関連**〕　一般教育は、高等学校における教育のくり返しにすぎないという批判があるので、一般教育については高等学校の教育内容との関連を考慮し、高等教育機関の学制の理解力にふさわしい高度のものとすべきである。

(五)〔**一般教育の期間**〕　現在の一般教育は、以上の諸点を考慮した上で、その内容方法を改善すれば、一段と効果的に行なうことができると考えるので、一般教育にあてる期間は、専門教育との関連を考慮し、各高等教育機関の教育目的に応じて定めるべきである。

(3) 〔**外国語科目の効果**〕

外国語科目は、教養課程において主要な地位を占めているにもかかわらず、その教育の効果は必ずしもじゅうぶんにあがっていない。外国語科目は、専門教育の基礎として重要であり、国際理解を深め、教養を高めるためにも大きな意義を持つものであるから、この教育を効果的に行なうためにじゅうぶんな方途を講ずる必要がある。

(4) 〔**保健体育科目の検討**〕

保健体育科目は必要であるが、その在り方については、検討すべきである。

教育方法の改善

(5) 〔**単位制度の改善**〕

大学の卒業には、一定の単位数の修得が要件とされており、単位は、教室内の授業に教室外の学習を含めて定められている。けれども現状のもとで単位制度をその本来の趣旨どおり実施することには幾多の困難があり、これが学力向上の妨げの一つとなっていることも争えない。このように、単位制度の現状は、わが国の実情に即しないものがあるので、一方でその障害をとり除くことに努めるとともに、単位制度そのものに対して幾多の改善を加えることが要請される。これと関連して、学年制、科目制、授業時間制等についても検討すべきであろう。

(6) 〔**少人数教育の必要**〕

教育の効果を上げるためには、大教室における講義のみに終始することなく、小規模の学級において学生が教員と接触する機会を持つことが必要である。とくに、一般教育科目、外国語科目、実験実習を伴う専門教育科目等についてはこのことが重視されなければならない。また、専門教育では、実験実習を伴わないものについては、講義と演習を併用すべきである。

(7)〔**学年暦の見直し**〕

現行の学年暦では、学期の途中に長期の休暇がはいっているために授業が分断されており、それが教育効果の向上を妨げる一因ともなっている。これが対策としては、学年の開始期を九月とすること、学期の分け方および休暇の度数と長さなどについて検討されなければならない。

(8)〔**教育課程・教育方法の研究**〕

高等教育機関における教育課程および教育方法の研究は、学校管理、学生補導等の研究と同様にじゅうぶん行なわれていない。この欠陥を改めるため、たとえば、これらの研究教育を担当する講座を大学に設けるなど、適切な方途を講じる必要がある。

(9)〔**条件整備の必要**〕

新制大学が所期の成果をじゅうぶんに収めえない理由の一つは、それが終戦後の窮迫した事情のもとに発足したため、財政的裏づけがじゅうぶんでなかったことに存すると認められるので、このたび、以上もろもろの措置を実行するに際しては、上記の経験にかえりみ、施設設備の整備、教員組織の強化充実等に対し格段の配慮を払うべきである。

(10)〔**産業振興への協力**〕

高等教育機関における工業、農業等産業に関連する専門分野の教育研究においては、関係諸機関および諸団体と協力を深めて、これら産業の振興に資する方途を検討する必要があろう。

(11)〔**学位の授与**〕

博士課程については、現行の大学院制度の趣旨を尊重し、所定の年限を目標として学位を与えるようにすべきである。／なお、いわゆる論文博士については、その審査方法を改善する必要がある。

「科目の履修基準については、現在のようにそれを一律に定めることなく、高等教育機関の種別に応じ、また同種別のうちにあってもその教育目的に応じて、特色を生かしうるように定めるべきである」とあるように、基調となっているのは、高等教育機関の種別と専門教育の違いに対応した教育課程編成の多様化、「特色化」への要請である。そこでは一般教育と専門教育、一般教育と基礎教育の関係見直し、人文・社会・自然の三系列間での科目配分の再検討、総合コースの導入、単位制度の再検討、一般教育と高校教育の関係見直しなど、一般教育を中心に多岐にわたる問題が取り上げられている。学部教育の改善について、少人数教育の実施から「教育課程および教育方法の研究」のための講座設置まで、積極的な提言が含まれている点も目を惹く。それだけ新制大学の教育が問題含みであるとみなされていたことがわかる。こうした教育課程の「特色化」には、大学設置基準の弾力化・柔軟化が必要とされるが、その問題は後で見る別項に譲られている。

3　大学の組織編成について

大学の組織編成

答申の「II　大学の設置および組織編成について」は、「高等教育機関の全体的な規模（学校数、学生数）、配置および設置については、個人的希望、社会的要請及び学術研究上の必要を基礎として計画的に考慮されなければならない。／また、個々の高等教育機関の学部、学科等の構成内容とその組織および編成についても、上にのべた諸要因が考慮されなければならない。同時にそれらにおいては教育研究の目的にじゅうぶん即応した合理的、能率的な管理運営がなされるように改善される必要がある」という前文から始まる。

答申の具体的な内容は、「規模、配置および設置」と「組織編成」の二つの部分からなっているが、種別化とかかわりの深い「組織編成」から先に見ていくことにする。

「組織編成」の問題として取り上げられているのは、大きくは学部学科の再編成、教養課程の実施組織、講座制・学科目制、それに博士課程大学、の四つである（〔　〕内の小見出しは引用者による）。

学部・学科の再編

(1)学部の分離統合

(一)〔**国立大学の再編**〕

新制の国立大学は、いわゆる一県一大学の方針のもとに、旧制の大学、高等学校、専門学校、師範学校を合併して設置された経緯がある。したがって、これらの学校のもっていたそれぞれの目的、性格、歴史、伝統、地理的位置についてじゅうぶん顧慮することなく、一律に合併したため、一つの大学として管理運営の円滑を欠いているものがある。このような大学のうちには、今後、いっそうの改善を図ることによって、一つの大学としてじゅうぶん成果をあげることを期待できるものがあるが、他面、これを分離したほうが管理運営が円滑になり、それぞれ教育研究上の実があがると思われるものもある。よってこのようなものについては、その適正なあり方を検討する必要があろう。

(二)〔**学部の再編**〕

学部は、学術、職業の専門による分化に従って専門的な教育研究を行う組織と考えられる。／しかるに、学部のうちには、学術、職業の発展に対応して従来の種類と異なって新たに設置されたものと、もっぱら成立過程における特殊事情から、特殊の学部となるにいたったものとがある。前者についてはその必要は認められるが、後者については、教育研究上また運営上、学部としての機能をじゅうぶん果しがたいと思われる。したがって、後者のような学部は、実情に即し、これを専攻分野別に再編成し、それぞれを充実した学部とするなど、その改善を図ることが望ましく、また、今後は、このような学部の新設を認めないようにすべきである。

㈢〔**文理学部の改組**〕

文理学部は、人文科学、社会科学、自然科学にわたる教育研究の組織によって専門教育を行なうとともに、全学の一般教育を担当することを目的として発足した。しかるに、その目的が多様であるため、さらに教員組織および施設設備もじゅうぶんでないことなども加わって、文理学部は、所期の教育効果をあげることが困難な実情にある。このような現状にかんがみ、文理学部は、それぞれの実情をしんしゃくして改組されることが必要である。すなわち、教員養成を目的とする学部、または人文科学系、社会科学系もしくは自然科学系の学部等に再編すべきである。この場合、他の学部あるいは他の大学との分合を行なうことによってその目的を果たすことができることを考量する必要がある。

㈣〔**学科の再編**〕

現在の学部の多くは、その学科の編成において旧制大学以来の分科概念を継承しているので、現代の学術の進展に即して教育研究の成果をあげえない場合がある。依って、異なる学部のうちにありながら相互に関連をもつ専攻分野については、学部編成の上で検討すべきである。

㈤〔**学際的な教育研究組織**〕

多くの学問分野にわたる総合的な教育研究またはいわゆる境界領域に属する分野の教育研究を行なうこと

は、特に総合大学の重要な使命であるから、そのための連絡協力の組織を設けることについて考慮すべきである。

(六)［教員養成大学・学部］

教員養成を目的とする大学および学部については、先に答申した「教員養成制度の改善について」を参考にして検討すべきである。

組織の再編

(2) 教養課程の教育を行なう組織

いわゆる教養課程における教育を行なうにあたっては、そのための組織が制度上確立していないため、現在、さまざまな困難が生じている。教養課程における教育を行なう組織は、必ずしも各大学において一様でなく、将来も、画一的な組織とすることは適当でない。ただし、多くの学部を有する大学においては、教養課程における教育を効果的に行なうため、必要に応じて責任者を置き、担当教員の間の連絡協力を密にするための機関を設けるなど、自主性と責任をもつ組織を置くことが望ましい。このような組織を教養部として制度的に認め得るようにする必要があろう。教養部の組織については、たとえば

(一)教養課程を主として担当する教員は、教養部の専任とするとともに、教養部に教授会を置くことができるようにすること、

(二)教養部の長の責任と権限を明確にすること、

(三)教養部と各学部との連絡を緊密にするための組織をつくること、

などを考慮する必要があろう。

なお、教養部については、必要に応じ教員の充実その他の措置を講ずべきである。

(3) 講座制・学科目制

教育研究上の基礎的な組織としての講座制、学科目制の問題については、大学院が高度の学術研究を行なう組織であるが、一面、教員組織、施設設備等の面において学部との間に緊密な関連をもつ実態にかんがみ、大学院大学の学部は講座制に、大学の学部は学科目制によるのが適当である。なお、教育研究上の基礎的な組織については、講座制、学科目制ともにさらに検討すべきである。

(4) 博士課程を置いている大学

「大学の目的・性格について」において述べたように、大学院大学は、総合大学を原則とし、すべての学部の上に博士課程を置くものとなっているが、現在、総合大学に近い構成をもち、博士課程の基礎となっている学部とそうでない学部とで構成されている大学のうち、教育研究の水準の高いものについては、実態に即して適切な措置をとることを検討すべきである。

国立大学への焦点化

大学の組織編成といっても、ほとんどが国立大学、しかも「一県一大学原則」に基づいて発足した地方国立大学の問題として検討されていることがわかる。これらの大学は「一律に合併したため、一つの大学として管理運営の円滑を欠いて」おり、改善を図れば「一つの大学としてじゅうぶん成果をあげることを期待できるもの」もあるが、「分離したほうが管理運営が円滑になり、それぞれ教育研究上の実があがると思われるもの」もある。それぞれに「適正なあり方」を考える必要があるという、地方国立大学の再編構想である。

また学部学科については、これも国立大学における、旧制高等学校を継承して発足した文理学部の見直しと、一般教育課程を担当する責任組織としての「教養部」の設置が提言されている。文中にある「教員養成制度の改善について」答申（昭和三三年七月）では、学芸学部の教育学部への転換が示唆されているから、戦後学制改革の掲げた「リベラルアーツ」教育の理想の、事実上の放棄が求められたことになる。さらに重要なのは「教育研究上の基礎的な組織」、すなわち「講座制・学科目制」に関する提言である。そのいずれを基礎組織とするかによって、国立大学は「大学院大学」と「大学」に二分されることになるからである。

これらの提言が、国立大学セクターのどのような再編をもたらしたかについては、後で章を立てて詳細にふれることにする。

4　大学の規模・設置・配置について

高等教育の規模

「規模、配置および設置」の項は、昭和三〇年代中頃からはじまった進学率・進学者数の急上昇から、高等教育の「量」の問題が、避けて通れぬ高等教育政策上の課題として浮上してきたことを示唆している。この部分は大きく、高等教育の規模、高等教育機関の配置、高等教育計画と設置基準、の三つの部分からなっている。

(1)規模の拡大と水準の維持

わが国の高等教育は、科学技術の進歩、教育の民主化、人口の増加および国民所得の伸長に伴って、今日著しく拡大普及している。最近、高等教育機関への進学希望者は、しだいに増加し、昭和三七年の高等学校卒業者の約二八％が高等教育機関への進学を志望し、またその六七％が高等教育機関に進学している。また、高等教育機関への進学者の該当年齢人口に対する比率は約一三％で、この普及率は、世界の主要国の水準に比べて劣っていない。今後とも、この傾向が強まり、それに伴って高等教育の規模の一層のいっそうの拡大が考えられる。／しかしながら、高等教育を受ける者はそれにふさわしい資質能力を備えたものであるべきこと、その専門分野別の構成については人材需要の社会的要請をも考慮して定めるべきこと、および高等教育の水準を維持するためには一定の基準を確保すべきことなどの条件を勘案する必要がある。よって、高等教育の規模の拡大にはおのずから限度があることを考え、慎重な配慮が必要である。

(2) **大学院、学部、短期大学、高等専門学校の規模**

大学院については、さきに検討した目的・性格に従い、その専門分野および学生数は、じゅうぶんに学術研究の発展を期しうる適正な規模であることが必要である。大学院は研究者の育成のため、他の大学の卒業者に門戸を開放し、また、各方面の現職者の再教育を行なう必要があるので、その学生数の増加を考えるべきである。とくに修士課程については、その目的・性格にかんがみ、ある程度の規模の拡大が要請される。／学部の規模については、現在すでに相当の程度に達していることを考慮して、また、短期大学の規模については、高等専門学校との関連を考慮して検討することが必要である。高等専門学校については、必要に応じて工業に関する学科以外の学科をも置くことができるようにするとともに、社会的要請に沿ってその規模を拡大すべきである。

(3) **学生の専門分野別構成**

社会制度としての高等教育機関における専門分野別の構成および学生数は、人材需要の社会的要請に対応しなければならない。とくに、技術革新を基軸とする産業、経済、社会の高度の発展に伴う各方面の人材需要に対応することは、きわめて緊要である。／わが国の現状では、自然科学系の高等教育機関と学生の数は、社会科学系、自然科学系のそれらに比べてきわめて少ない。したがって、自然科学系の高等教育機関の拡充と学生の数の増加が必要である。

高等教育機関の配置

(1) 地域的配置

わが国の高等教育機関の半数および学生の過半数は、大都市に集中している。大都市は、交通、住居、保健、防災等の点から、高等教育を行なう環境としては、必ずしもふさわしくなくなっている。また、このような地域では、高等教育機関が将来必要に応じて施設を拡充することも、ほとんど不可能である。／高等教育機関は、その属する地域社会の教育文化の中心となり産業振興の基盤として広く諸地域社会の発展に寄与すべきものである。この意味からも、高等教育機関の過度の大都市集中は、是正される必要がある。／なお、多様な高等教育を受ける機会を地域的にかたよらないように広げるためにも、同種の専門分野の高等教育機関が地域的に集中しないよう、その配置について考慮すべきである。

(2) 設置者別の配置

高等教育機関は、国立、公立、私立の設置者の別によってそれぞれ設置の趣旨を異にし特色をもつものであるから、それらの配置は総合的な立場から考慮されなければならない。／(注)いわゆる公立大学の国立移管については、公立大学の存在意義について改めてじゅうぶん確認するとともに、移管を必要とする理由、移管した場合の効果等について、国立の高等教育機関の全体的な整備方針とあわせて総合的に検討し、すみやかにその可否を決定すべきである。

(3) 規模および配置を検討するための措置

高等教育の規模および高等教育機関の配置については、以上のように留意すべき点が多くある。したがって、これらの問題を解明し、具体化を図るためには、いっそう精密に実体を調査し、専門的に研究する必要がある。一方、目下政府において検討している国土総合開発、首都圏整備あるいは人的能力開発等の諸計画との関連においても、じゅうぶん検討されなければならない。／よって高等教育の規模および高等教育機関の配置について適正な総合的なあり方を確立するために、一定期間集中的に調査検討する調査機関を設けることを検討すべきである。

設置計画と設置基準

(1) 設置計画

従来、高等教育機関の設置および設置後の重要事項の変更は、「大学設置基準」の定める条件を具備していさえすれば、これを認可するたてまえがとられてきた。その結果、高等教育の規模と高等教育機関の配置について計画性に欠けるところがあった。／今後は、以上にのべた調査研究の結果を基礎として、高等教育の規模、学生数の専門分野別構成および高等教育機関の配置の適正化を図るべきである。このため高等教育機関の計画的設置について審議するための機関を設けることを検討すべきであろう。

(2) 設置基準

高等教育機関の設置基準は、その種別、目的・性格に即して定め、特に、画一的になることを避けるべきである。また、大学院大学の博士課程は、「大学の目的・性格について」において述べたように、高度の学問研究と研究者の養成を目的とするものであるから、その設置基準は、きわめて高いものとする必要がある。／高等教育の充実と向上を期するためには、高等教育機関は、設置基準に厳正に即して設置されることは当然であるが、設置後も不断にその水準の維持向上に努めなければならない。しかるに、従来、設置基準の適用にあたって適正を欠いていることもあり、さらに、設置後の水準の維持向上に努力の足りない点も見受けられた。よって、今後、設置基準の適用を適正にするとともに、高等教育機関の設置および設置後の重要事項の変更に関し認可すべき事項について再検討を加える必要がある。／文部大臣が、高等教育機関の設置計画及び設置基準を維持する責任者として、必要な措置をとりうるようにすべきである。

設置認可行政の強化

答申の基調は高等教育の計画化、政府・文部省による量的規模の統制、それによる構造変革にある。入学者の質や高等教育の水準維持を考えれば、「高等教育の規模拡大にはおのずから限度がある」ので慎重にのぞむべきだという認識のもと、「人材需要の社会的要請に対応」するため、専門分野別構成の見直しと自然科学系、大学院修士課程、高等専門学校の拡大の必要性を説き、また私立大学を中心とした高等教育機会の「過度の大都市集中」の是正を求め、それには高等教育の規模や構成を、「国土総合開発、首都圏整備あるいは人的能力開発等の諸計画との関連」のもとに設計し直し、計画化していく必要があるとしている。

しかし最も重要なのは、「計画」化の推進に欠かせぬ「大学設置基準」に基づく行政的措置の強化に関する提言であろう。高等教育機関の設置認可や重要事項の変更は、これまで設置基準に「定める条件を具備していさえすれば、これを認可するたてまえがとられてきた」が、それでは計画化は不可能である。規模・構成・配置の適正化、計画化のためには「今後、設置基準の適用を適正にするとともに、高等教育機関の設置および設置後の重要事項の変更に関し認可すべき事項について再検討を加える必要がある」。また、その設置基準については、高等教育機関の「種別、目的・性格に即して定め、特に、画一的になることを避けるべきである」。

さらに「従来、設置基準の適用にあたって適正を欠いていることもあり、さらに、設置後の水準の維持向上に努力の足りない点も見受けられた」が、今後は「設置後も不断にその水準の維持向上に努め」るようにしなければならない。何よりも「高等教育機関の設置計画及び設置基準を維持する責任者」は文部大臣であり、その文部大臣が水準に維持向上に「必要な措置をとりうるようにすべきである」。

全体として見てとれるのは、「量」より「質」重視への政策的志向である。ただそこには、質の維持・向上にかかわって、大学基準協会と「大学基準」の果たすべき役割についての言及はない。強化が必要とされているのは専ら、設置認可や質の改善に関わる文部省の役割である。設置認可・チャータリングは文部省、水準の維持向上・アクレディテーションは大学基準協会という、戦後改革の掲げたアメリカ的な二元的システムの理想が、事実上放棄されたことがわかる。

5 厚生補導と入学者選抜

「学生の厚生補導について」

「三八答申」の「大学の管理運営について」の部分はすでに詳細に見たので省略し、次に残る部分について概略を紹介しておくことにしよう。

中教審に対する諮問と審議が、全学連による学生運動を闘争の主力とした、いわゆる「六〇年安保」をめぐる政治的対立の只中に行われたこともあり、「三八答申」は、「学生の厚生補導について」の項に多くの字数を割いている。ただし、学生の政治活動の一方的な批判に終始しているわけではない。前文には「新制大学の任務は、学術研究、職業教育とともに、市民的教養を与え、人間形成を行なうことにある」、その人間形成が「専門教育を含む正課教育を通して行われることはいうまでもない」が、「最近における学生数の急速な増大に伴い、正課教育における教師と学生との人間的な接触の機会はますます減少しつつある。その結果として、伝統的な教育方法のみによっては、学生の人間形成の課題にじゅうぶん対処しえない事態となっている。（中略）課程外活動において学生の人間形成上の効果を期待し、これを推進するための学生の厚生補導の充実の必要が強調される」のは、こうした理由からだ、とある。オーソドックスでアメリカ的な「厚生補導」論といえよう。

人間形成とかかわって課外活動が学部段階の教育の重要な一部であり、学生数の急増、「大衆化」の進展によってますますその強化の必要性が増しているという認識が、提言の基調をなしていることがわかる。

三つの提言

「厚生補導」に関する提言は、大きく次の三つの部分に分かれている。

(1)「大学における厚生補導の意義およびあり方について」

厚生補導がその「機能を生かしその効果を上げるためには、大学の教育計画の一環として組織的計画的」に行われる必要があるが、「その基盤となるのは、全学の教職員の厚生補導についての認識と責任の自覚」であり、また学生についても「課程外教育の意義に関しじゅうぶん理解させること」が、「厚生補導の目的の効果的達成のために不可欠である」。ところが現状では「厚生補導の活動」は、「正課教育の補充的機能に過ぎず、また「大学教育の付帯的活動」とみなされるなど、「大学教育のうち独自な分野を有するもの」として理解されていない。「教員の認識と責任の自覚」も、「学生の理解もすこぶる不徹底であって、これが厚生補導活動の大きな隘路となっている」のは、遺憾である。

(2)「学生の自治活動および政治活動その他の社会的活動に対する教育指導及び管理のあり方について」

学生の自治活動は「大学の課程外の教育活動として認められたものである」にもかかわらず、現状では、「しばしば、本来の目的に従った活動として行われていないものがあり、時には、特定の少数指導者の支配のもとに、政治的ないし社会的な志向をもつ学生運動の形態をとって展開されている」。「あるべき学生の自治活動と政治活動その他の社会的活動とが混乱」している現状に、「教職員も、学生も、はっきりした認識と評価を欠」き、「大学としても、これに対する確固たる教育指導および管理の方針を立てていない」場合がある。

「このような事態に対処することは、大学教育の当面する重要な課題の一つ」であり、大学は「学生の自治活動がその本来の目的に適合して展開されるように積極的に指導の原則と方法を確立し、それによって、期待される教育効果がじゅうぶんに達成されるようにすべきである」。大学は、「学生の政治活動その他の社会的活動のあり方について適切な助言と指導を行ない、学生の政治的、社会的教養のかん養を図ることを主眼とするが、修学に専念すべき学生の本分と政治的に中立であるべき大学教育の理念にかんがみ、必要な範囲においてこれらの活動を規制する責任と権限とを有するものである」。

(3) 学生の厚生補導に関する組織およびその運営について

「学生の厚生補導の機能がじゅうぶんに発揮されるには、それが大学の教育計画の一環として組織的計画的に編成される必要」がある。そのためには、①大学は「学部教授会の意見をじゅうぶんに尊重し」つつ、「評議会、専門委員会等全学的機関において審議をつくし」、これについての全学的な「基本方針あるいは処理方針を決定しておく」必要がある。②学生部は学長の監督のもとに厚生補導に関し「専門的技術的調査研究」を行ない、「全学的な厚生補導に関し企画立案」し、全学的な計画の推進と業務の執行にあたるものであり、職員には職務の遂行と教育的な判断に必要な教養と専門性が必要とされる。採用、処遇、養成・研修の方法について検討し、学生部長を「教員の身分をもつ専任職員とする」ことを考慮する必要がある。③厚生補導に関する教員組織は、専門課程の場合には、学部、学科の組織別に担当の教員が所属の学生に指導を行なうことで効果を期待できる。しかし教養課程では「大学に入学して日が浅く、大学教育への適応がじゅうぶんでない多数の若い学生が対象」であることから、特別の配慮が必要である。指導教員や、厚生補導担当の専任教員を置くほか、「正課教育と厚生補導とをよく関連させて効果的に教育指導を行いうるよう配慮する」必要がある。④厚生補導の効果が発揮されるためには、「その場となる学寮、学生会館、体育施設、健康管理施設等、物的諸条件の整備充実が不可欠」であり、そのための経費の充実を図らなければならない。

アメリカのカレッジ教育の重要な一部である"student personnel services"を新制大学に導入するにあたって採用された、「学生の厚生補導」という訳語は適切か、その理念が十分に理解されていたのかどうかは疑問だが、新制大学における「学生部」を中心とした諸活動が、学生自治会の反体制的な政治運動への対応にエネルギーを奪われ、問題含みで不備なままであったことは疑いない。第II部でふれた、占領期末期に出されたCIEの「高等教育の改善に対する勧告」でも、「学生部」関連でガイダンス、学生自治のあり方、学生と教員とのコミュニケーションなど、数項目にわたって改善の必要性が指摘されていた。激化する一方の学生運動への対応策的な色彩が濃いが、同時に、進学者数の増加と高等教育のいわゆる「大衆化」、大学の「マンモス化」が急進展しはじめるなか、「教養課程」の問題ともかかわって、「厚生補導」のあり方の包括的な再検討と整備の必要性が急浮上していたことがわかる。

入試問題・昭和二九年の答申

続く大学の入試問題について、中教審は、先に見たように昭和二九年（一九五四）に一度答申を出している（第六回「大学入学者選考およびこれに関連する事項についての答申」）。大量の大学受験浪人が出現し、一部の高等学校の受験準備学校化や受験予備校の増加が社会問題化するなど、新制度の高等学校と大学との間のアーティキュレーション、「高大接続」問題が急浮上したためだが、その時点では、この問題の基底にあるのはなによりも教育機会をめぐる需給の構造的なアンバランス、とりわけ特定大学への受験生の集中だとみなされていた。

「大学の入学志願者数に対し、大学の収容力が少ない現状にかんがみ、収容力の増加を図るということも検討すべき問題であるが、それよりも、まず各大学に対する志願者数を、平均化することが必要である。その目的を達成するため試験方法ばかりでなく、制度その他の点についても考慮する必要がある」という答申の一節はそれを裏書きしている。

その昭和二九年の答申が求めたのは、①「内容の不十分な大学」に対する「教授陣容および教育研究施設の改善充実を図る」努力、②「各大学の性格・特色」に対する「産業界その他一般社会」の充分な理解の喚起と周知、③「社会的定評のあった旧制実業専門学校のうち新制大学の一学部になったもの」については、「産業界の要望に応え」うる「従来通り」の特色発揮、そして④すでに紹介した短期大学の「専科大学」としての恒常化であった。

選抜制度の現状と問題点

それからほぼ一〇年を経た今回の答申の中で、中教審が示した現状認識は、「大学入学についてわが国の現状を見ると、人口の増加、教育の普及、産業の発達、民主化の進展に伴って進学希望者の数が著しく増大しているのに対して、大学においては、規模の拡大にもかかわらず、その収容力が不足しており、両者の間に不均衡が存在している。それに加えて志望者が有名校と大都市へ殺到するため、また、大学の専門分野別構成が社会の人材需要に即応していないため、深刻な大学入学問題が生じている」というものである。問題状況が改善されず、逆にさらに悪化していたことがうかがわれる。

ただ収容力や構造変革の問題を、答申のこれまで見てきた部分で取り上げていることもあるのだろうが、入学者選抜に関わる今回の提言は、もっぱら選抜制度や方法の改善にしぼられている。すなわち答申は、大学入学者選抜制度の問題は、①入学者選抜に関する技術的・制度的な問題、②入学者選抜の背景にある教育政策とそれに影響する諸要因の問題、③いわゆる浪人問題、の三つに分けて考える必要があるとした後で、①に焦点をしぼる理由を次のように述べている。

まず②の「教育政策に影響のある政治的、経済的、社会的要因の問題は広範多岐にわたっているが、教育政策については、社会及び経済の発展に伴う高等教育への個人的、社会的需要の増大に即する高等教育機関の規模の拡大と多様性および奨学制度の拡充が要望される」としている。ただし、これらの問題は答申の別の個所で取り上げられていることもあり、それ以上の具体的な提言はない。③の浪人問題は、現行の学校制度のもとでは、「大学、高等学校のいずれの側からもらち外」にあるとみなされ、積極的な配慮と関心の対象にされていない。「憂慮すべき問題であり、すみやかに適切な措置が講じられ」て然るべきだが、直接入学者選抜制度に関わる問題ではない。そこでここでは「当面の課題として、技術的、制度的な改善策のみを取扱う」ことにしたい。なお、制度の改善について「統一的入学試験制度、入学資格試験制度、無試験入学後《ママ》のような方法等について、欧米各国の制度、実情をあわせて審議検討したが、我が国の教育制度、社会事情から、ただちにそのような方途をとることは適当とは考えられない」としている。

技術的な改善案

結局提示されたのは、共通テストの導入を基軸とした①の「技術的・制度的」な改善方策である。

「高等教育をうけるにふさわしい適格者の選抜にあたっては、進学希望者の学力、資質については、高等学校における学習到達度と高等教育への進学適性の判定が基本的な条件である。したがって、志望者の学習到達度および進学適性について、信頼度の高い結果をうる方法を検討、確立し、この方法により、共通的、客観的なテストを適切に実施することとする」とあるのが、それである。そのために、テストの研究・作成・実施にあたる専門機関を新設する。「この機関は差当り財団法人とし、高等学校教育と大学教育との要請がじゅうぶん調整されるため、高等学校関係者と大学関係者を中心とし、その他学識経験者、文部省関係者を加えて組織運営されるものとする。また、この機関は、上述の目的を達成するため、テストの問題及び実施に必要な専門家を要する実施部門をもつものとする」。

「三八答申」のなかでも最も具体的な提言の一つであり、実際に提言に基づいて昭和三八年（一九六三）に財団法人「能力開発研究所」が設立されている。

第6章　答申の評価と成果

1　文部省の新制大学観

冷ややかな反応

「三八答申」と呼ばれた中央教育審議会答申は、新制大学制度をめぐる反省と批判をふまえ、審議に三年近い時間を費やし、改善と再改革へのさまざまな提言を試みた長文の包括的な答申であったが、大学関係者の反応は好意的なものではなかった。「大学は研究と教育を固有の任務とする社会的制度」だという点で、「他の社会的諸制度と区別される」べきものだが、今回の答申は、その点への深い考慮に欠けるという、戦後大学改革を論じた著作のなかでの寺崎昌男の指摘は、その代表的なものといってよいだろう。

［答申は、大学が］むしろ社会的制度であるという本来形式的な規定を、産業社会に対する大学の全面的適応への論拠とした。それは大学の社会的責任を強調した戦後の大学改革理念とは似て非なる思想である。大学は、研究と教育という固有の職務の遂行を通じて、社会の附託にこたえるべきである。そのための方法と機構

がいかにあるべきかは、大学の本来的機能に即して、大学人自身によって構想され決定されるべきことである。戦後におけるこのような研究と実践の立ち遅れが、今日の深刻な大学問題の一因であるといえよう。行政権力や党派的利害、経済的要請を通じての改革ではなく、大学はいったい何をなすところなのかの考察にもとづいた、自主性の原理による大学改革が望まれるのである。（海後・寺崎『大学教育』一七二）

大学人自身が、どのような手続きのもとに、改革の「方法と機構」を、「自主性」をもって「構想」することが可能なのかについての言及はそこにはない。しかし、答申の最大の眼目が、戦後改革が未解決のまま持ち越してきた「大学の管理運営」問題の決着に置かれたこと、さらには大学の自治と学問の自由に直接かかわるこの問題に関する提言が、大学・学術界からの強い批判を浴び、早々と事実上の撤回に追い込まれた一連の経緯を考えれば、答申全体に対するこうした冷ややかな評価は、予想されたものであったといってよいだろう。

新聞記者として取材にあたっていた黒羽亮一は、こう振り返っている——

管理運営問題はともかく、答申のそれ以外の部分について、審議は「純粋に教育問題として行われていたが、その審議には政治的状況が絡むのは避けられなかった。答申は、占領期の末期からの「保革対決」「一九五五体制」などといわれる政治的課題の中で、また何ごとにつけて現状維持的な大学の体質の中で、概して有効な効果を生まなかった。具体的には、この諮問は全学連という学生運動を前衛とした「六〇年安保闘争」の最中に行われたということがある。本格的審議に入ったころは、それは一応鎮静化していたが、「学生の厚生補導について」の記述は詳細をきわめた。（中略）管理運営について検討すれば、この問題に対する戦後政策の流れと、旧制大学とは異なる新制大学という事情から、必然的に大学管理法的な発想にたどり着かざるを得なかった。そして、管理運営について中教審答申に沿った立法化が行われなかったことは、この問題に限らず、三八答申全体の政策効果を著しく減退させたのである」（黒羽『戦後大学政策の展開』一〇五–七）。

昭和三〇年前後に展開された一連の政治的過程を見れば、大学関係者が答申に強い警戒感を抱いたとしても不思議はない。安保闘争の余燼冷めやらぬ「政治の季節」の中で提出された、管理運営問題重視の「三八答申」は、その点でも大学人たちに好意的に迎えられるはずがなかった。

しかし、それだけではない。答申に対する大学関係者の冷ややかなまなざしは、答申のもう一つの眼目ともいうべき「種別化」構想にも向けられていた。寺崎は「高等教育機関の種別構想は中央教育審議会答申の前提をなす基本的な改革点」であり、しかもそれは「たんに［政令改正諮問委員会以来の］旧来の方向を継承・踏襲しただけのものではな」い。「五〇年代後半から産業界によってたびたび提起されていた大学再編の要求を背景としたもの」であり、「第一に、高度専門技術者の養成機関としての「大学院大学」を積極的に強化しようという意図を、それまでの諸構想よりもつよくもち、第二に、その下に大学・短期大学・高等専門学校（中略）というすべての高等教育機関を階層的《ヒエラルヒッシュ》に位置付けている点」に特徴をもつ、「戦後大学政策史上最も構造的で全面的な再編成構想」だとしている（海後・寺崎、一五三―五）。

管理運営制度の改革が棚上げされることが決まった後、大学関係者の批判は、その種別化構想に焦点化されることになるのだが、中教審答申の核心部分とみなされた種別化構想とは何かを見る前に、中教審に諮問を発した当の文部省は、発足から一〇年余を経た新制大学の現実をどうとらえていたのか、まずは文部省自身の「新制大学」観を見ておくことにしよう。

高等教育白書

中教審の答申作成にあたって、事務局として審議に必要な資料や情報を作成し提供してきた文部省は、答申から一年後の昭和三九年（一九六三）に、「高等教育白書」ともいうべき『わが国の高等教育――戦後における高等教育の歩み』を刊行している（以下、『白書』と呼ぶ）。戦後改革の総点検作業の結果が集約されたこの『白書』には、諮問と答申の背景や基底にあった当時の文部省の新制大学観が、端的に映し出されている。

まず、『白書』の「まえがき」には、次のように書かれている。

わが国の高等教育は再検討が必要ではないかという意見は、戦後現行制度が発足してまもないころから今日にいたるまで、いろいろな形で社会の各層に根強く存在している。とくに、最近の技術革新に伴い、いっそう多くの科学技術者の養成や、技術革新を生み出す高度の学問研究の水準向上の要求が高まり、他方、社会の変容に伴って進学希望者が飛躍的に増大するなど、高等教育に対する社会の側からの要請は、量質ともに複雑多岐となってきている。このような要請に対して、現行の高等教育制度がじゅうぶんに対処できていないのではないかという疑問から、現在わが国の高等教育は、曲がりかどに直面しているとさえいわれている。

戦後高等教育の民主化と機会均等を目標とし、民主国家再建に必要な学問研究と人材育成の使命をになって発足した現在の制度が、以来一七年を経過した今日にいたるまで、関係者の努力によってしだいに整備充実され、量的にはめざましい伸長を遂げ、高等教育の普及に大きな貢献をしたにもかかわらず、このような事態に立ちいたったのはなにゆえであろうか。そもそも理念自体に誤があったのか、理念の不足ないしは理念の実現のための努力の不足なのか、理念の実現をささえる諸条件に欠けるところがあったのか、それとも激しく変化進歩する社会の進展に対応できなくなったのであろうか。

本書は、このような疑問に対して直接答えようと意図するものではない。むしろ、我が国の高等教育の歴史のうちに戦後の改革をとらえ、そのあゆみを発足当初の趣旨をはじめとしてその後の展開過程を通じて、出来るだけ事実に即して実情を明らかにしようとしたものである。

新制大学批判と文部省の反論

この「まえがき」にある、新制大学に向けられた疑問・批判として『白書』が具体的に挙げているのは、次の諸点である(一八四―五)。

(1)学校体系が画一的に過ぎ、それぞれの大学が特色を失い、また旧制の専門学校に相当するようなわが国の実情に即した職業教育を目指す学校制度に欠けるところがある。

(2)総じて、卒業者の学力、資質が低下しており、とりわけ専門の学力がふじゅうぶんである。

(3)人間形成がふじゅうぶんで、卒業生は哲学的、体系的思考に欠け、人物に深みが見いだせず、社会の指導者の養成の機能が失われている。

(4)卒業者の専攻分野の割合が社会の要請と合致していない。

これらの批判のそれぞれについて、『白書』は以下のような答えを用意している。

第一の批判については、政令改正諮問委員会の答申以来、産業界を中心に繰り返されてきたものであり、文部省としては「高等専門学校制度という新しい学校制度を生む」ことで対応を図ってきたが、同時に「単線型学校制度のたてまえは、なお教育の機会均等の現れとして戦後の学制の中に堅持されていることを見逃してはならない」(同、一八五)という、微妙な表現の反論がなされている。このように単線型の「たてまえ」堅持をうたってはいるが、文部省の狙いが高等専門学校制度の導入にとどまらぬ、社会的(職業的)要請に応ずる高等教育機関の種別化を軸とする事実上の「複線型」への転換にあったことは、あとで見るとおりである。

第二、第三の教育に対する批判に対しては、それが「旧制大学の卒業者の学力、資質との比較で論」じられる場合が多いことを指摘した上で、次の諸点に留意を求めている。①新制大学は専門学力だけでなく「一般教育を重視し、総合的な教養を身につけさせる」ことを主眼としている、②新制大学の専門教育課程は二年乃至二年半で、旧制大学・専門学校より短く、また「高度の職業人の養成は、大学院修士課程に期待されている」、③新制大学の初期の卒業生は、戦時・戦後の混乱期に初・中等教育をうけたため「基礎学力を身につけることができなかった」、④戦後、就職活動が「卒業の前年夏から秋にかけて行われる」ようになり、「最終学年を落ち着いて学業に専念」するのを妨げられている（同、一六六）。新制大学の理念を前提とし、その実現をはばむ現実を踏まえての反論といってよいだろう。

また、第三の「人間形成」については、「学生のゆきすぎた政治活動や反社会的行動」に関わって批判されることが多いが、それは「良心の自由と人格の尊厳を基調とする人間的な教養や高邁な識見の涵養」といった、「旧制度の教育特に旧制高等学校の役割を高く評価する意見と表裏の関係にある」。新制大学は、そうした人間形成の理想を放棄したわけではない。「旧制の学校の特色」を継承し、すべての高等教育機関と学生に及ぼすことを目指してきたが、①入学難とともに生じた激しい受験競争が、「学生が静かに人生を観照し、広範な読書と友人との自由な討議による深い思索にふける余裕を与え」ることをはばみ、また②大学・学生数の増加が教育の「マスプロ化」をもたらし、「学生の資質、能力、個性を最大限に伸ばし、指導者として必要な人間形成を行なう余裕」を奪っているなど、「新制大学の現実」から「所期の目的を果しえないでいる」にすぎない（同、一六六―七）。

旧制高等学校に対するノスタルジックな評価をたしなめ、新・旧の大学における教育目的の違いを強調し、民主化・大衆化の進行する新制大学での教育が、指導者養成の理想から遠ざかっていく現実に理解を求めている。アメリカの社会学者マーチン・トロウのいう、「エリートからマスへ」の高等教育の段階移行の避けがたい現実を、文部省自身がはじめて指摘したものとしても、注目されて然るべきだろう。

第四は、年々増加する卒業生の大半（五五％）が人文・社会系の卒業生で占められ、社会的需要の高い理科系の卒業生が減少傾向にある（二五％）ことに向けられた批判である。文部省としては、理科系の振興・拡充に力を注いでいるが、「志願は減少の傾向すら示している」。その背後にあるのは、「わが国の社会風潮に根強い人文・社会系尊重、言い換えれば学歴の偏重と技術・技能の軽視」である。「大学のみならず学校教育全般の正常、適正な発達のために必要」とされるのは、「一般社会における無批判な学歴偏重の気風」の是正と、「真に社会に有意な能力のもち主が優遇される気運」の醸成である（同、一八七―八）。文部省による学歴主義批判の登場である。この「学歴偏重」の是正と先の「マスプロ化」への対応は、昭和四〇年代以降の高等教育政策の重要な基調の一つになっていく。

中教審答申への期待

このように見てくると、所管官庁としては当然のことだろうが、文部省が、戦後改革により誕生した新制大学制度に向けられた諸批判に同調し、改革の必要性を強調するというより、まずはその成果を前向きに評価する現実的な立場をとり、その上で中央教育審議会での審議に、戦後改革の反省的総点検と同時に、国際的な科学技術競争の激化と高等教育の規模拡大という新しい時代状況を踏まえた、未来志向の大学制度の改革提言を期待したことがわかる。

新制大学は、社会のあらゆる要請に対応できるすっきりした高等教育であるとの確信と期待をもって発足し、以来一〇数年間、関係者の努力と相まって、それなりに相応の役割を果たし、成果をおさめてきた。特に高等教育の普及に大きな貢献をしたことは、その著しい特色である。しかし同時に過去の実績が明らかにしたことは、社会の進展に伴い、飛躍的に複雑化し多様化する要請に対して、このような単純で画一的な制度では対処しきれないのではないか、ということである。もとより制度の成果は、その運用面の努力や裏づけとなる諸条件によって左右されるところが大きい。これらの点でさらに努力が必要であることは言うまでもないが、進展する社会の中で、大学がになう重大な役割にかんがみて、制度自体の根本的再検討を要望する気運が高まってきたのも、自然の勢いであったというべきであろう。大学問題は、激化する国際競争に生き抜こうとする世界各国が、ひとしくそのかぎとして取り上げているところであって、今や大学の目的使命の再検討、教育内容方法の改善、規模の拡大は、世界的傾向になっている。かかる情勢のもとに（中略）中央教育審議会に対して大学教育の改善について諮問がなされた。（同、二〇三―四）

「出来るだけ事実に即して実情を明らかに」することを重視するとうたった『白書』は、受けたばかりの答申の内容については、事項別にごく簡単に紹介するにとどめている。提言に基づく改革の推進についても、「管理運営面の改革が、法案まで準備したにもかかわらず「諸般の事情から一時その提案を見合わせ、他日の機会を待つことになった」のは残念だとする一方で、「目的・性格」については短期大学制度の恒久化、「教育内容」については一般教育の改善措置が、「焦眉の問題」であると、控えめに記述しているにすぎない。

しかし、先の引用中にもあるように、文部省の諮問の核心は、なによりも「社会の進展に伴い、飛躍的に複雑化し多様化する要請に対して、このような単純で画一的な制度では対処しきれないのではないか」という問題提起にあった。期待されたのは、そうした「単純で画一的な制度」の変革のための提言であり、諮問に応えて中教審が打ち出したのが「種別化」に象徴される「多様化」の構想にほかならない。

「大学の目的・性格について」、「大学の設置および組織編制について」という答申の中核的な部分で、中教審は高等教育のどのような未来像を描いたのか。あらためて種別化・多様化に関わる答申の内容を整理しておくことにしよう。

2　種別化と多様化

種別化とは

答申によれば、新制大学制度が「所期の目的を必ずしもじゅうぶんに達成」しえずにいる「重要な要因の一つは、わが国の複雑な社会構造とこれを反映するさまざまな実情にじゅうぶんな考慮を払うことなく、歴史と伝統をもつ各種の高等教育機関を急遽かつ一律に、同じ目的・性格を付与された新制大学に切り替えたことのために、多様な高等教育機関の使命と目的に対応しえないという点」にある。

そこで「わが国の高等教育機関の目的・性格について、これらに応じた種別について、またその種類に応じた修業年限、教育内容、教育方法等について検討を加えた結果」、中教審が達したのは、以下のような結論であった。すなわち「高等教育機関には、学問研究と職業教育に即して、おおよそ三つの水準が考えられる」。「一、高度の学問研究と研究者の養成を主とするもの　二、上級の職業人養成を主とするもの、三、職業人の養成および実際生活に必要な高等教育を主とするもの」がそれであり、それぞれ大学院・大学学部・短期大学がこれに対応する。このうち大学院と短期大学は、高等教育機関の「種別」としてすでに学校教育法に明記されている。大学院はもともと「学部を基礎」とした、学部と「緊密な関連をもつ」高等教育機関であり、暫定措置として発足した短期大学は恒久化が予定されている。発足したばかりの高等専門学校も高等教育機関の一種別である。とすれば、あらためて「種別」化が必要とされるのは、高等教育制度の本体ともいうべき「大学学部」それ自体ということになる。

問題は、「高等教育機関の中心的な地位を占めており、研究者の教育、高い専門職業教育、高い教養教育、教員養成、芸術専門家の育成などきわめて多様な使命をもっている」その「大学学部」における「各種の教育」が、「同じ目的・性格を持つ大学学部」で、「一つの設置基準によって一律の規制を受け」て行われており、「目的に応じた特殊性が教育内容その他の面に必ずしも反映されていない」ことにある。「大学学部」がその使命を十分に果たすためには「それぞれの特殊性に応じ、教育内容に特色をもたせる」べく、画一的な「設置基準」を見直す必要がある。

こうした認識のもと、答申が高等教育機関の「種別」として設定するのは、①大学院大学、②大学、③短期大学、④高等専門学校、⑤芸術大学の五つである。つまり、独立の新学校種として制度化された高等専門学校のほか、短期大学も大学とは別種の高等教育機関として恒久化し、制度の本体である「大学」について、大学院大学・大学・芸術大学の三つの種別を設け、それぞれに応じた設置基準の多様化をはかるというのが、答申の提言ということになる。

「大学院大学」と「大学」

教育内容の特殊性により、芸術大学という学校種を新たに設けることは別として、重要なのは「大学院大学」と「大学」という種別の設定である。

答申によれば「大学院大学」は「高度の学術研究を行なうとともに、高い専門職業教育を行なうもの」だが、それだけでなく「総合大学を原則とし、すべての学部の上に博士課程を置く。また、修士課程を置くことができる」とされている。「学部を置かない大学院大学も考慮する必要がある」という文言もある。さらに「注」として、「①学部自身は、博士課程の有無によってその性格が異なるものと考えるべきではないが、博士課程と学部とは、緊密な関連をもって運営されるものであるから、博士課程の有無によって学部の運営等に差異の生ずる結果となることも認めなければならない。／②高度の学術研究の発展を目的とする大学院の重要な使命にかんがみ、大学院大学は大学院に重点をおくようにすべきである」と書かれている。

これに対して、種別としての「大学」に関する記述はごく簡略に、「主として高い専門職業教育を行なうもの」

で、「博士課程は置かない。必要な場合は修士課程を置くことができる」とだけある。答申の狙いが何よりも、新制大学のなかから「高度の学術研究を行なう」、「すべての学部の上に博士課程を置く」「総合大学」を「大学院大学」として抜き出し、別格扱いすることにあったことがわかる。それは答申が「高等教育機関の設置基準は、その種別、目的・性格に即して定め、特に、画一的になることを避けるべき」であり、とりわけ「大学院大学」の博士課程は「高度の学問研究と研究者の養成を目的とするものであるから、その設置基準は、きわめて高いものとする必要がある」としていることからもうかがわれる。このような条件を充たす「大学院大学」として想定されたのが、旧制度の大学、より具体的には旧制帝国大学を中心とする、研究機能の充実した一握りの大学群であることは、あらためて言うまでもないだろう。

答申には、その「大学院大学」を独立の種別とするための、もう一つの装置が用意されている。それは教育研究上の基礎的な組織としての「講座制・学科目制」の別である。

「大学院が高度の学術研究を行なう組織であるが、一面、教員組織、施設設備等の面において学部との間に緊密な関連をもつ実態にかんがみ、大学院大学の学部は講座制に、大学の学部は学科目制によるのが適当である」。すなわち、基礎的な教育研究組織を「講座制」と「学科目制」に分け、講座制をとる大学だけに大学院博士課程の設置を認める、言い換えれば大学院大学は「講座制大学」、一般の大学は「学科目制大学」とするというのである。

ただし、大学院の基礎としての講座制という提言は、あくまでも国立大学を対象とするものであり、公私立を含むすべての大学に及ぶことを想定したものではない。その意味で「大学院大学」は、制度的にみて高等専門学校・短期大学と並ぶ独立の種別・学校種と呼ぶには、曖昧な部分を残していた。さすがに大学院大学を大学一般から制度的に分離し、学校教育法を改正し、別の設置基準を用意して独立の学校種・種別とするところまでは踏み込めず、講座制・学科目制の区別を設置基準に書き込むことで、国立大学についてのみ、実質的な種別化の実現を求めたことになる。

教育課程編成の見直し

簡単にふれるにとどまった種別としての「大学」について、答申が提示しているのは、「設置基準」の、とくに教育内容の編成基準の見直しという形での「多様化」である。

「教育内容は、現在、いわゆる教養課程に属するものと、専門教育課程に属するものに大別され、前者には一般教育科目、外国語科目、保健体育科目、基礎教育科目があり、後者には専門教育科目がある。これらの科目の履修基準については、現在のようにそれを一律に定めることなく、高等教育機関の種別に応じ、また同種別のうちにあってもその教育目的に応じて、特色を生かしうるように定めるべきである」とあるのがそれである。

「大学院大学」と「芸術大学」とを取り出した後に残される、多数を占める一般の「大学」の場合、「教育目的に応じて、特色を生かし」た履修基準の設定とは、具体的にはこれまで一律に課されてきた一般教育課程の、専門教育課程との違いに応じた編成見直しを意味する。実際に答申が求めているのが、専門・職業教育重視の立場からする「いわゆる教養課程」の見直しにほかならないことが、次のような提言からもわかる。

(1)「一般教育と基礎教育とが観念的にも実践の上でも混同されている」ため、「本来の一般教育も専門の基礎または準備も、ともに効果」が上がっていない場合が少なくない。そこで「一般教育と基礎教育の分界の関連を明らかにすること」が望まれる。

(2)一般教育について、人文・社会・自然の三系列にわたって「均等の科目数、単位数が要求されており、専攻分野の種類に応じた特色が考慮されていない。(中略)三系列間の科目数、単位取得の配分は、専攻分野の特色を考慮して定めうるようにすべきである」。

(3)「一般教育にあてる期間は、専門教育との関連を考慮し、各高等教育機関の教育目的に応じて定めるべきである」。

戦前期以来のヨーロッパ的な専門学部制を踏襲する一方で、アメリカのカレッジ教育をモデルに一般教育制度を導入した新制大学が、発足当初から、「教育目的に応じ」てそれぞれに「特色」を持つ専門教育課程と、一律の基準による一般教育課程との間でさまざまな葛藤や軋轢を抱え、見直しの必要が言われてきたことは、これまで見てきたとおりである。とくに高度の専門職業人の養成を目的とする専門学部については、年限延長の必要性が繰り返し問題にされてきた。発足当初から六年制をとることが認められた医学部・歯学部を例外として、結局、四年制学部の枠が堅持されてきたのだが、職業目的の大学院修士課程の整備の遅れもあり、一般教育課程の見直し、単位数の削減や年限の短縮に解決策を求めようとする圧力は、強まる一方であった。

答申は、「特定の専攻分野について、現在の修業年限の延長を希望する意見がある」ことを前提に、「大学院大学」以外の「大学」にも「必要な場合は修士課程を置」き、また「専攻分野によっては五年制［学部］とすること」が、圧力緩和の一つの方策であることを認めている。しかし、答申がそれ以上に重視し期待したのは、四年制学部の枠内での教育課程編成の、言い換えれば一般教育と専門教育の関係見直しという形での「多様化」の推進である。「現行制度のもとで教育内容、教育方法の改善等の措置を講ずれば、しいて修業年限を変えなくてもよい」、年限の延長は、こうした改善措置では「必要な専門能力を育成し得ない専攻分野」に限って検討すべきであるという答申の主張は、それを裏書きするものと言ってよいだろう。

こうして答申の言うように、一般教育課程について、専門教育課程の目的と個性に応じた多様な編成を認めるとすれば、多数を占める「大学」という「同種別のうち」での学部教育の多様化、さらにいえば一般教育課程の多様化のもとでの、専門分野の違いを軸にした、いわば「隠れた種別化」が可能になる。答申は、新制大学像の転換を、高等教育機関の顕在的な種別化だけでなく、そうした教育課程編成の多様化という形での「隠れた種別化」に求めるものであったと見ることができる。

基準協会の「類型」化論

この設置基準の弾力化による「隠れた種別化」については、大学関係者の間にもそれを支持する意見が強かった。「三八答申」に対する意見書として、昭和三六年（一九六一）五月に大学基準協会が、当時の荒木文部大臣に提出した「大学教育制度に関する改革案」（蠟山編『大学制度の再検討』二四〇-三）に示された大学・学部の「類型」化論は、それを裏書きするものと見てよい。

「（大学が）使命とするところは、真理の探求にもとづいて、(1)高い教養と広い視野をもつ人間の育成、(2)高度の職能者の養成、(3)研究者の養成、にある。ここにいう(2)と(3)は、もちろん(1)とまったく別個に遊離したものではなく、密接な関連をもつものであることはいうまでもない。しかしながら、大学はいかなる点にその目的の重点を置くかによって、若干の類型に分たれ、その性格に個性を生じうる」という前文から始まるその「改革案」は、次のような「類型」を挙げている。

〔大学・学部〕

A型（現行四年制の新制大学）

B型（四年制の大学）

C型（五年以上の大学）

B型およびC型の大学は、大学における一般教育の意義を尊重するとともに、専門教育については現在程度以上の教育を指向するものである。B型の大学においてはA型の新制大学と多少おもむきを変えて、たとえば一般教育科目三系列（人文・社会・自然）のなかで、専門教育課程中の主要科目と密接な関連のある科目は、これを基礎教育科目に転換するというような配慮があってよい。C型の大学における一般教育のありかたについては、A型、またはB型の二つの場合が考慮される。

㈱現在の新制大学の中で、とりわけ、単科の新制大学においては一般教育科目三系列中で、その専門科目とおなじ系列に属さない他の二系列においては、往々にして、教員組織、施設内容等において教育的効果のうえで遺憾な点がみられる。これは単科大学における特殊の事情を考慮に入れない画一的な大学設置基準の方式に規制されたからであって、到底一般教育の目的を充分に達成するものとは考えられない。／したがって、以上のA型、B型、C型の大学（学部）のほかにD型（専門課程だけ）の大学が考慮される。この大学は一般教育課程をふくまず六・三・三・四へのつながりかたは、高等学校へ直結せずに、四年制大学の一般教育課程へつながるものである。この種の大学については今後の審議の課題としたい。

〔大学院〕

修士課程（二年以上）

理論および応用の面における高度の職能者の養成を主目的とする。修業年限は、一応二年以上とするが、五年制大学卒業者は一年以上とすることができる。

博士課程（五年以上）

研究者および教授者の養成を目的とする。修士課程修了者も博士課程へ進学しうるよう考慮する。

現行の「A型」大学の外に、専門分野の性格に応じて、⑵専門と一般の教育課程編成を（専門重視の方向で）弾力化する「B型」、⑶学校教育法第五五条二項（「特別の専門事項を教授研究する学部（中略）については、その修業年限は、四年を超えるものとすることができる」）を活用した、年限五年以上の「C型」、さらには⑷一般育課程を置かない「D型」という四類型を設ける。また、大学院については⑸「高度の職能者の養成を主目的」とする「修士課程」と、⑹「研究者および教授者の養成を目的」とする「博士課程」とを分離する。

基準協会が、このような結論に至った理由は、以下のように説明されている。

人間形成を重視する現行の新制大学制度は、「これを尊重しなければならない」が、「最近の産業経済ならびに科学技術のめざましい進歩発展にかんがみ、理論と応用の面における基礎的もしくは専門的知識を持つ高度の職能者の養成は、きわめて緊要であるにもかかわらず現状の専門教育をもってしては、所期の目的を果たすことがはなはだ困難な情勢にある」。こうした観点から審議の過程で、「専門教育の効率をさらに高めるための方策」として、「一般教育の一部または大部分を高等学校に移譲」する、「学部の修業年限を延長する」などの意見も出されたが、「大学における一般教育それ自体が、新制大学の教育的使命の基盤をなすものであり、むしろ、大学教育独自のものとして充分に効果あらしめるように、現状を批判しつつ、その教育の内容や方法について一段の改善を期すべきであるという結論に達した」。修業年限の延長についてもさまざまな議論があったが、「大学が享受するある種の専門分野においては、それに適応するための方途として」、学校教育法の第五五条二項を適用できるよう考慮すべきだということになった。

また、大学院については、現行の大学院基準に、「修士課程は専門分野における理論と応用の研究能力を養うことを目的とする」とあり、またその解説に「この課程においては、単に研究者・教授者たるべき能力の養成を目的とするばかりでなく、実社会において指導的役わりを果すために要する能力の養成を目的」とする、とあるにもかかわらず、「現実の修士課程は、狭義の研究者・教授者の養成に限定されている実情にある」。しかし「修士課程のあるべき姿」としては、「実社会において指導的役わりを果す者、すなわち学部の基礎のうえにたつ高度の職能者、若しくは上級技術者の養成をば主たる目的とすべきであり、したがって、研究者教授者の養成こそは一貫した博士課程（五年以上）においてはたさるべきではないか、ということに意見が一致した」。

このように、大学基準協会の改革案は、中教審答申とほぼ同一の認識に立ち、「類型」という言葉で、中教審答申と重なり合う多様化の必要性を説き、大学院については「研究大学院」と「職業大学院」を別課程とするという、より踏み込んだ改革構想を打ち出している。ただし基準協会の力点は、あくまでも設置基準の弾力化による学部教育の「類型化」、あるいは「隠れた種別化」にあり、「大学院大学」という「種別」を新たに設けることには否定的であったことがわかる。とはいえ、一般教育の導入と制度化に中心的な役割を果たしてきた基準協会が、専門教育重視に転じて、一般教育の縮小まで視野に入れた「弾力化」を提言するに至ったのは、大きな変化というべきだろう。

日本学術会議の反対意見

大学基準協会とほぼ同時期（昭和三六年六月）に、総理大臣に宛てて勧告「大学制度の改善について」を提出した日本学術会議も、種別化には否定的であった。審議中の中教審に向けて出されたその勧告は、「I　大学の目的と性格」、「II　大学院」の二つの部分に分かれ、「I」では、大学の種別と修業年限について次のように述べている（『新日本教育年記』第四巻、三五一七）。

A　大学の種別

大学（短期大学を除く、以下同じ）をいくつかの種類（たとえば大学院を有する大学と有しない大学）に制度上区別し、その種別に応じて教員定員のきめ方、履修単位の種類と数（たとえば一般教育の単位数）、教官研究費、学生経費の積算単価等に差別を附けることは適当でない。／これらの基礎条件や基準は全ての大学を通じて単一の方針をもって貫かれるべきものであって、各大学はこの基準の上に立って、それぞれ特色ある自主的運営を期すべきである。特に現在、予算の積算基礎および教員定員に関して存在する講座制と学科目制差別は、後に述べるごとく大学院に関する措置を別途講ずることを前提として、これを撤廃することが必要である。

B　大学の修業年限

大学の修業年限は、現制を維持すべきである。／専門教育の強化は、教育内容の改善、単位制の弾力的運用などによってある程度達成されるであろう。さらに高度の専門教育を必要とする分野では、大学院修士課程の拡充によってそれぞれを充すことができるであろう。ただし、それへの過渡的措置として特定の学部学科に関しては必要に応じて、一年の修業年限の延長を行いうるように措置することが認められる。

つまり、学部教育については、専門分野によっては年限延長もやむを得ないとしつつ、講座制と学科目制の区別による「大学院大学」という種別の設定については全面否定というのが、学術会議の見解であった。学術会議の勧告の大きな特徴は、その一方で大学院の整備拡充に大きな字数を充てている点にある。

A　博士と修士

大学院の博士課程と修士課程とは本来別個の課程である。これは、研究分野によっては修士課程は高度職能技術者養成に重点をおき、博士課程は研究者ないし研究指導者養成に重点をおく必要があることを認めた考えである。したがってこの考え方にもとづいて、たとえば、工学系高度職能技術者の養成教育を拡充する必要がある分野では、修士課程の定員を拡大し、また学問の分野によっては博士課程のみをおくことができるようにすべきである。／これらいずれの場合にあっても、実際の運用にあたっては、博士・修士両課程の間の学生の移動を認める等弾力性を持たせるべきである。

B　学部と大学院の関係

大学院の機能を充実させるためには、大学院に専任の教職員、専用の施設・設備及び研究費を配し、その管理を独立させることが必要である。もとよりその場合にも学部との関係は、教員や施設の共用等、有機的な関連を保つべきである。／このように大学院に独立性を与えることを前提として、学部のみに関しては大学院をもつ大学と、もたない大学との間に教員の定員、予算の積算基準等について差別を設けるべきではない。

専門分野によって、「高度職能技術者の養成」に特化した修士課程を置き、博士課程と並置することを認めるとする点では基準協会の改革案と同じだが、大学院の人員・予算・施設設備面での独立性を強調している点に注目すべきだろう。

設置基準と文部省

このように、二つの主要な大学・学術団体は、いずれも「三八答申」の提案する、大学院大学と大学への種別化構想には批判的であったが、大学側からの批判や反対はそれだけではなかった。意見の鋭い対立がみられた最も重要な論点は、「隠れた種別化」としての教育課程編成の多様化の主張が、「大学設置基準」の設定・運用の見直し、より具体的には文部省の権限強化と合わせて提示されている点にあった。その設置基準について「三八答申」はこう述べている。

高等教育の充実と向上を期するためには、高等教育機関は、設置基準に厳正に即して設置されることは当然であるが、設置後も不断にその水準の維持向上に努めなければならない。しかるに、従来、設置基準の適用にあたって適正を欠いていることもあり、さらに、設置後の水準の維持向上に努力の足りない点も見受けられた。よって、今後、設置基準の適用を適正にするとともに、高等教育機関の設置および設置後の重要事項の変更に関し認可すべき事項について再検討を加える必要がある。／文部大臣が、高等教育機関の設置計画及び設置基準を維持する責任者として、必要な措置をとりうるようにすべきである。

新制大学の画一化を生み、多様化を阻んでいるとして批判の対象にされてきた「大学設置基準」だが、その原型はもともと大学基準協会によって、すなわち大学人たち自身の手で作成された「大学基準」を踏襲する形で定められたものである。それに若干の手を加えたものが、大学設置審議会により設置基準として採用され、昭和三一年（一九五六）には正式に「省令」化され、その後も大幅に改訂されることなく、新制大学の組織編成から教育の内容・方法にまで、まさに「一律の規制」を及ぼしてきた。

答申は、その「設置基準の適用にあたって適正を欠」き、さらに「設置後の水準の維持向上に努力の足りない点」があったことを認める一方で、これからは大学の設置認可の基準を、文部大臣の責任において再検討し、改訂し、運用すべきだとしている。種別化・多様化に関する一連の提言は、設置基準の文部省による改訂や運用といわばセットで、これまで大学基準協会に代表される大学と大学人が自主的・主体的に取り組んできた教育課程の編成等についても、行政官庁である文部省の責任と権限の強化を求める形で、提示されたのである。

すべての大学に一律に適用される設置基準がもたらした画一化については、大学関係者の間にも根強い批判があり、基準の複数化・弾力化や教育課程編成の多様化を求める声があがっていたことは、これまで見てきたとおりであり、先の基準協会の改革案も次のように、その必要性を認めていた。

六・三・三・四のたてまえはいちおう認めるとして、そしてまた民主的、文化的社会における最高教育機関としての新制大学は、その目的および使命において充分に意義があることは認めることができるとしても、しかも今日の大学の目的および使命が多元的である現状および将来において、すべての大学を四年制の新制大学制度一本に画一化するところに根本的欠陥があるのであるから、各大学がその志向する目的・使命に応じた教育効果をたかめ、各大学（学部）の自由な特殊性を生かすためには、制度のうえにおいても、現状以上のゆとりと多様性を持たすべきであるということに意見が一致した。（蠟山編、二四三）

ただし、大学人たちが期待したのは、設置基準の弾力化と運用緩和を前提とした大学側の自主的・主体的な選択による、いわば「下からの多様化」であり、文部省の指導・統制下での「上からの多様化」・「隠れた種別化」ではなかった。「行政権力や党派的利害、経済的要請を通じての改革ではなく、大学はいったい何をなすところなのかの考察に基づいた、自主性の原理による大学改革」（寺崎昌男）を求めてきた大学関係者たちが、答申に強く反発し、厳しい目を向けたのは、その意味で当然というべきだろう。

戦後改革理念の否定か

このように、中教審「三八答申」の、大学人の目から見た根本的な問題点は、画一性の打破を最重要課題に掲げて出発した審議の成果が、戦後大学改革の基本的理念の否定につながりかねない、あるいはその放棄を求めるに近い改革構想となって提示されたところにあった。管理運営組織の法制化は言うまでもなく、高等専門学校制度の創設による高等教育の「複線化」、短期大学の「種別化」、講座制・学科目制の区別による大学院大学の別格化などは、いずれも戦後改革の理念に抵触するものとして、大学関係者の間に強い疑義を生み、反対を呼び起こさずにはおかない提言であった。

占領下の一連の改革は、占領軍（ＧＨＱ／ＣＩＥ）の指導・助言という、隠された、しかし強い圧力の下においてとはいえ、基本的に日本側の主導により大学人の手で自主的に選び取られ、進められてきた。教育刷新委員会による制度改革は、大学人主体の特別委員会によって骨格がつくられたのであり、また一般教育を中心とした教育課程の編成モデルは、大学人による民間団体である大学基準協会が、ＣＩＥの別動隊視されながらも主体的な検討を重ね、「大学基準」の形で策定したものである。新制大学制度は文部省ではなく、占領軍が提示してきたアメリカ的な民主教育の理念を受容した大学人たちが、自らの模索と選択のもとに青写真を描き、また人的にも物的にも厳しい諸条件のもとでその実現に努力を重ね、構築してきたものであった。

そうした大学人たちの目に、中央教育審議会の「三八答申」は、新制大学制度の実体化に向けて積み重ねてきた自分たちの自主的な努力を無視し、文部省の主導下に、しかも戦後改革の基本理念を否定する方向で、制度の「改悪」をはかるものと映ったのである。

繰り返しになるが、制度や教育課程の画一性打破と多様化の必要性という点で、中央教育審議会・文部省と大学関係者との間で、基本的な認識に大きな違いがあったわけではない。しかし、大学人の期待する弾力化された制度のもとでの「自主的で選択的な多様化」と、中教審答申の主張する文部省主導で進められる制度の種別化と、「統制され枠づけられた多様化」とでは、改革の目指す方向性が明らかに大きく異なっていた。それはまた、改革の主導性をめぐる立場の相違でもあった。再改革を、文部省の指導統制下に進めるのか、それとも大学人の主体的な選択決定に委ねるのか。「上からの改革」か「下からの改革」か。強力な統制権限を持つ行政官庁としての文部省の復権か、新制大学制度の基底にある戦後民主主義の理念の堅持か——管理運営問題が棚上げされた後、設置基準の改訂による「種別」化構想は、そうした文部省と大学の対立の象徴とみなされ、「三八答申」の全体が大学関係者から冷ややかに迎えられ、改革構想としての失速を余儀なくされたと見るべきだろう。

3　「三八答申」の残したもの

忘れられた三八答申

大学関係者に歓迎されず、事実上「お蔵入り」することになったその中教審の「三八答申」について、二人の元文部官僚の次のような評価がある。

昭和三八年の中教審の答申は（中略）占領下の改革を日本の事情に即して見直し、再構築を図るための構想として注目すべき多くの内容を含んでいた。しかし、私学を中心とする大学の大衆化の急激な進行とやがて始まる大学紛争がそのような構想を押し流していった。（大崎『大学改革』二〇七）

こうした「種別化構想を基軸とした」提言が実行に移されていたならば、日本の大学制度は大きく改善されていたであろう。しかし現実には、これらの提言は、国立大学協会などの反対にあって実現できなかった。（中略）大学教育の改善については、進学率が一〇％を超えたばかりの時代においてはまだ国民的な課題とはならず、政治レベルでの関心も低かった。その中で文部省は、大学設置基準の制定に伴う国立大学の教育体制の整備や理工系学生の増募の対応に追われる一方、荒木文相が強い意欲を示した国立大学運営法案に取り組んだが、それも大学側の激しい反対運動の前に挫折してしまった。こうして新制大学は未解決の問題を抱えたまま日本の社会に定着していく。そしてやがて大学紛争の時代を迎えるのである。（草原『日本の大学制度』一三一－三）

たしかに全体として見れば多くの提言が未発に終わり、また大学紛争後に出された昭和四六年（一九七一）の中央教育審議会の大答申「今後における学校教育の総合的な拡充整備のための基本的施策について」——いわゆる「四六答申」の陰に埋もれて忘れ去られた感のある「三八答申」である。しかし、三年に近い審議の成果が、その後のわが国の高等教育の発展になんらの影響も及ぼさなかったわけではない。賛否はともかくとして、審議の過程で展開された戦後大学改革の総合的な見直しの作業は、敗戦直後の時期に拙速に導入されたアメリカ的な理念と制度を、日本的な伝統や新しい現実を踏まえて総点検し、修正とさらなる改革によって組み換え、大学・高等教育システムの日本的構造を構築することを目指したものであり、答申に盛り込まれた提言の小さからぬ部分が、その後政策化され実施に移されている。わが国の高等教育の急激な大衆化、いわゆる「エリートからマスへ」の段階移行に必要な制度的基盤は、「三八答申」によって用意されたといってもよい。学校教育法の公布から一六年後に行われた戦後学制改革の総決算として、また日本的なマス高等教育の出現を約束したものとして、「三八答申」が果たした役割は、あらためて評価されて然るべきであろう。

答申は何を変え、何を変えなかったのか。それによって確定された高等教育制度の日本的構造は、どのようなものであったのか。制度の骨格を規定する、隠れた、しかし最も重要な主役として機能してきた、大学設置基準の問題から見ていくことにしよう。

政治学者ペンペルの指摘

戦前期日本において、国家が大学に及ぼしてきた強い管理・統制の権限を排除するために、占領軍が、大学の設置認可に関する文部省の権限縮小を意図し、チャータリング（設置認可）とアクレディテーション（適格判定）の基準を分ける、アメリカ的な二元的制度の導入を図ったことは第I部で見たとおりである。しかし、大学人による主体的な大学の質の維持・向上を目指すアクレディテーションの制度は定着せず、文部省権限の復活・強化と大学基準協会の発言権の低下が、なし崩し的に進行しつつあった。占領期から昭和四〇年代中頃までの日本の高等教育政策の決定過程を詳細に分析した、アメリカの比較政治学者T・J・ペンペル（T. J. Pempel）は、そうしたアメリカ・モデルの導入と挫折に関心を持ったのであろう、次のようにその経緯を記している――

占領期に「CIEをバックに大きな影響力を保持」してきた大学基準協会だが、「時とともに、基準協会の実効力を縮減する措置がとられるようになり、ついには一九五六［昭和三一］年、大学設置基準が省令化されるに至った」。それまで、大学設置審議会により使用されてきた「大学基準協会が設定した基準は（中略）こうした動きに大きく影響」され、「基準協会は全ての認可権を失い、単に民間団体の入会資格の審査基準との意味しかもちあわせなくなった。大学設置審議会の規則はその後さらに改訂を重ね、その結果、特に大学設置審議会内の基準協会選出委員の重要性が数字的にみても減少し、以前は四五名中二二名であったのが、九五名中の二二名になってしまった。／政府は国立大学に大学基準協会によるアクレディテーションを受けるよう奨励したがうまくいかず、協会の役割はますます縮小した。（中略）基準協会に対する政府の影響力が圧倒的に大きく、逆に協会が公式あるいは非公式を問わず政府の政策に対して及ぼす影響は極めて限られていた」（ペンペル『日本の高等教育政策』九一-三）。

大学の設置認可、ひいてはその際に審査対象となる組織の編成や教育の内容・方法について、大学の主体性・自主性を最大限に認め、大学団体（基準協会）による質の維持向上に期待するアメリカ的な二元的制度が、大学設置基準の「省令化」によって事実上放棄され、政府・文部省の大学に対する強力な統制権限が復活したというのが、ペンペルの指摘である。その文部省の「復権」はどのようにして達成され、それがわが国の高等教育のその後の発展にどのような影響を及ぼしたのか、より詳細にその経緯をたどっておこう。

設置基準省令化

設置認可制度の整備、言い換えれば認可権限の強化が、文部省にとって、新制大学の発足当初からの最重要課題の一つであったことは、第二次教育使節団の来日の際に文部省が用意した報告書『日本における教育改革の進展』の「高等教育の改革」の項で、真先に「大学の設置基準」を挙げていることからもうかがわれる。報告書は「大学の設置計画を立てるに当たっては、まず大学の設置・編成・教員組織・学部・学科の組織等の重要事項について設置の基準を設けることが必要である」とした後で、その設置基準として、大学基準協会の作成した「大学基準」を準用しているが、「大学の設置基準については、まだその全部の基準が完成しているのではなく、なるべくすみやかにじゅうぶんな研究に基づいて大学（大学院、短期大学を含む）の設置基準の全体系を完成する必要がある。また、すでに設定され、準用されている現在の大学設置基準についても、さらにいっそう検討を加えたいと願っている」と、文部省主導による基準の改正と設置認可制度の整備の必要性を強調している（伊ケ崎・吉原編、一九六）。

設置基準が、大学基準協会によって作成された「大学基準」を踏襲する形で定められたことは、これまで見てきたとおりだが、実際の設置認可業務は、大学設置審議会と文部省が担い、「大学設置の基準として採用した［基準協会作成の］大学基準に［文部省作成の］大学基準運用要項を加えたもの」（『大学基準協会十年史』九五）によって、審査が行われていた。その「運用要項は、基準協会はもちろん、いかなる大学関係団体の意思にも関係なく、当初から文部省が暫定的に、任意に定めていたもの」とされている。さらに昭和三〇年（一九五五）には基準協会とかかわりなく、大学設置審議会総会で「大学設置審査内規」が、私立大学についてはさらに「学校法人設立等認可基準」が文部大臣裁定の形で定められた（黒羽「設置基準の省令化と高等教育行政」一二八―九）。

その設置認可の具体的な業務だが、「法令に示されていないいろいろな慣行や判例にもとづいて行なわれ、相当技術的な性格をもっているのであるが、その内容は、かならずしも、申請者に正確には知らされて」こなかったと、文部省自身が認めている（『大学設置の手びき』「序」）。昭和三一年の省令「大学設置基準」の制定により、そうした隠された「大学の設置申請に対する審査」の基準の主要部分がはじめて成文化され、公表されたことになるのだが、それは同時に文部省が、大学の設置認可について権限を行使する法的根拠を手に入れたことを意味した。寺崎昌男によればこの省令化は「戦後の大学設置の方式と慣行に重大な改変をもたらすもの」であり、これによって、基準協会の「大学基準は、たんに大学基準協会の会員資格審査のための内部基準となり、新制大学設置の基準としての性格を失」い、「大学設置基準はまさに省令としての性格のゆえに、その制定・改訂にあたって大学人の専門的意志の直接の反映が保証されなくなった」（海後・寺崎、五四四）。

その昭和三一年の省令化に際しては、基準に、「三八答申」につながる二つのきわめて重要な改正が加えられたことを、あわせて指摘しておくべきだろう。

(1)一つは、一般教育の改革、具体的には「基礎教育科目」の新設である。すなわち、省令には「大学で開設すべき授業科目は、その内容により、一般教育科目、外国語科目、保健体育科目および専門教育科目に分ける」とした従来からの規定に加えて「教育上必要がある時は、専門教育の基礎となる授業科目として基礎教育科目を置くことができる」という一項が付け加えられた。これによって卒業に必要な一般教育三六単位のうち八単位までを「基礎教育科目」で代替することが認められることになった。工学系学部等からの強い要望のあった、一般教育と専門教育両課程の編成の弾力化が認められたことになる。

(2)もう一つは、「講座制・学科目制」の導入である。従来の基準には「大学はその目的、使命を達成するために必要な講座又はこれに代る適当な制度を設けなければならない」とあったのが、「大学は、その教育研究上の目的を達成するため、学科目又は講座制を設け、これらに必要な教員を置くものとする」と改められ、さらに、「学科目制は、教育上必要な学科目」を、「講座制は、教育研究上必要な専攻分野」を定め、それぞれに必要な教員を配置するものとされた。これに先立ち、昭和二八年の新制国立大学院制度発足の際に、文部省は研究科の設置を原則として旧制大学・学部を継承する、講座制をとる大学・学部に限るとし、翌二九年には「国立大学の講座に関する省令」を定めている。設置基準改正は、それとの整合性をとるための措置であったとされるが（黒羽、前掲論文、三六―七）、国立大学について言えば、後述するように、それは実質的に「大学院大学」と「大学」との種別化を図るための措置であったといえよう。

大学の設置認可に関わる文部省権限の復活・強化に象徴される新制大学制度の修正・改革は、「三八答申」以前にすでになし崩しに進行していたことになるが、こうした基準の改正、その省令化について、昭和三一年時点では、「日本教職員組合大学部が批判を発表したほかは、大学側あるいは諸協会側に目立った反対の動きはなかった」とされている（海後・寺崎、五四七）。

大学基準等研究協議会の答申

設置認可制度に関わる、こうした一連の文部省による整備過程を経て、「三八答申」が出されたのが昭和三八年（一九六三）一月、文部省は同年九月、省内に「大学基準等研究協議会」を設置し、設置認可制度の改革・整備に向けて作業を開始した。

委員の全員を大学の学長や教授が占めるこの協議会の会議は、延べ二〇〇回余に及び、昭和四〇年三月には文部大臣に宛てて、答申「大学設置基準の改善等について」を提出した。「大学設置基準改善要項」という形で示されたこの答申は、概略以下のような改善提言からなるものであった（田畑他編『大学問題総資料集』IV、一二六―二八）。

(1)一般教育、外国語、保健体育の各科目の目標を明確にし、科目本来の目標がじゅうぶん達成されるよう所要の改善をはかる。
(2)特に一般教育科目の改善充実をはかり、併せて基礎教育科目の性格を明確にして、基礎学力を基礎として専門の系統的な学習が効果的に行なわれるよう、所要の改善をはかる。
(3)単位制の趣旨を生かしつつ、さらに合理的なものとするため、講義による授業について一単位を取得するに要する授業時間を増加するよう、単位の計算方法を改める等所要の改善をはかる。
(4)各大学学部の特色がじゅうぶん発揮できるよう、一般教育、外国語、保健体育、基礎教育、専門教育の各科目それぞれの、卒業要件としての単位数の配分に弾力性を持たせるよう、所要の改善を加える。
(5)教育研究の進展に即応しうるよう、学部学科の組織に関する規定を整備し、学科および課程の概念を明確にする等の改善をはかる。
(6)専任、兼任、兼担の各教員の定義を明確にし、一般教育・外国語・保健体育・基礎教育の科目担当教員の組織について所要の改善を加える。
(7)学問の進展に即応せしめるとともに、産業界等からの人材を得やすくするよう、教員の資格に関する所要の改善をはかる。
(8)大学図書館の果たす役割の重要性にかんがみ、閲覧席数を増加させる等、所要の改善をはかる。
(9)各学部の特色に応じた教育研究がよりよく行なわれるよう、工学部の実験実習工場等を必置の付属施設として加える。
(10)厚生補導等の施設・設備の充実をはかるよう、所要の改善を加える。
(11)医・歯学部についても、他学部同様、設置基準で所要の規定を行なう。
(12)設置認可の特例としての年次計画の扱いを、設置基準上明確にする。

設置基準の全面的な見直しを求めるこの答申の扱いに、文部省はきわめて慎重であった。黒羽亮一によれば、とくに一般教育の改善や単位制度の見直し、それに教員資格等については「審議期間中論争の多かった点であり、途中委員の交代辞任があったりして、容易に全面実施のできる状況ではなかった。したがって文部省も「現行の基準を改定する方針であるが、あくまで拙速は避け、反響等をよく聞いて善処する考えである。そのため、改訂基準の実施は当初予定されていた昭和四一年度より後のことになる」と、発表直後に述べざるを得なかった。答申は答申として受け取り、省令改正という行政を拘束する手続きは、なお様子を見るという」ことであったとされている（黒羽、前掲論文、一四八）。

日教組の反対意見

答申が出ると、大学関係者の間には、さまざまな「反響」があり、批判が出されたが、その最も厳しいものは日本教職員組合大学部のそれであった（「いわゆる「大学設置基準改定案」に対する我々の見解」昭和四〇年一一月。田畑他編、一三七―四三）。

日教組の「見解」によれば、最大の問題は、文部省自身が「大学制度の根本に触れる重大な問題」と認めるこの改革案が、大学の自治を無視して「文部省の一方的選任による委員（国公私立主要大学の学長、学部長等）の間で、ほとんど全く秘密のうちにまとめられ」、しかもそれが「「省令」という形で一方的に決められようとしている」ところにあった。それは「新制大学の理念を根底からくつがえし、大学をその本来の使命とする学問、研究の府からひきずりおろし、単なる一面的知識、一面的技術の習得、伝授の場に変えようとするもの、（中略）換言すれば、独占資本の要求に応ずる「人づくり」の場にかえようとするもの」である。しかもその設置基準は「まだ省令化されないうち」から「着々と既成事実化され、実際に適用され」てきた。「つまり、この基準案は、すでに地ならしのできた、大学の「合理化」、再編成をしめくくる法的根拠として明文化されようとしているのであり、最低基準をうたいながら、実際には最高基準として適用されてきたものであるし、今後もそのようなものとして、ますます大きな規制力をもつことが予想」されるとして、逐条的に批判的検討を加えたあと、「これを要するに、大学基準等研究協議会の答申は、現在の大学を整理し(1)大学院大学＝規模、内容からみて、旧帝大に近いもの＝高級官僚、最高労務管理者の養成機関。(2)一般大学＝旧高専並みのもの＝中級官僚、中級労務管理者の養成機関。(3)教員養成大学＝旧師範学校。の方向で再編成する意図をもったものであるとみることができる」と、「種別化」構想を含めて、改革案の全面的否定に近い評価で締めくくっている。

国大協の意見書

大学基準協会と国立大学協会という、二つの有力大学団体から出された意見書は全面否定ではなく、基準の手直しが必要だとする点で日教組とは異なるが、文部省の権限強化に対しては、大学自治重視の立場からともに批判的であった。

まず、国立大学協会の「「大学設置基準の改善等について」に対する意見書」(昭和四一年二月)である。冒頭に答申について「慎重審議をへたのち到達した結論として高く評価されるべきものであり(中略)基本的態度は正しい方向を示すものと思われる」とした後で、答申が提案している「内容は、さらに検討を要すると思われる点もすくなくなく、また大学の本質に触れる重大な問題をも包含しているので、本答申についての今後の取り扱い、なかんずくその実施については、慎重を期するよう強く要請」するとしている。続く「総論」の部分には、この問題に対する国大協の基本的な立場が鮮明に打ち出されているので、長くなるが引用しておこう(田畑他編、三九–三〇)。

(1)本来、大学における教育の方法、内容等は原則として個々の大学、学部が充分その特色を発揮すべきものである。大学及び学部がすこぶる多様である現在、細目に及ぶ画一的な基準を定めることは不可能なことであって、とくにこれを法令のかたちをもって規定することは適当ではない。戦後初期、特に新学制実施の当初においては、大学についてもある程度詳細な基準を定める必要のあったことも理解しうるし、また新設大学の審査は厳密に行なわれるべきであるが、新制度が発足以来十五年余を経た今日、「大学設置基準」を改訂する場合には、むしろその内容は大綱にとどめ、細目については、個々の大学の自主的決定にゆだね、それぞれの大学が大学相互間の協力を背景として教育内容の充実を計り、特色を発揮してゆく気運の助長をはかるべきである。

(2)しかしながら「要綱」は、現行「基準」同様、本来各大学、とくに学部の教授会の決定にまつべきような細目まで画一的に決めようとしているうらみがある。したがって「要綱」中、妥当かつ必要な部分についても、これを実施に移す場合は(1)に述べた趣旨によるべきであって、新たに大学の設置を認可する基準として必要な事項があるとしても、これらは大綱的な部分は除き、法制化は避け、学部別設置基準要項にゆずることが適当と思われる。後述する「要綱」の具体的内容に対する当協会の意見も、以上の諸点を前提とするものであって、直ちに省令改正手続きの了承を意味するものではない。

(3)以上の点と関連して、現行「基準」が、例えば授業科目、単位教育の方法に関する条項等、本来異質のものを単一の省令で定めている点は、立法技術的にも再考を要するものと思われる。

(4)この「要綱」は、学部と大学院の関係について考慮していないが、学部段階だけについて新基準を定めて法制化することは、大学全体の教育、研究体制の明確を欠くおそれがあるので、目下別途検討の行なわれている大学院に関する基準との関連において、統一的に慎重な検討を重ねるべきであると思われる。

(5)「要綱」の具体的内容（中略）とくに単位制度、一般教育に関する部分は、大学制度の根本にふれるものなので、その扱いには慎重を期することが望ましい。とりわけ「要綱」の提案している単位制度の変更は、学生の自発的勉学の気運を阻害し、教員の負担を過当に増大させるおそれがあることが十分検討される必要があると思われる。

(6)現在、大学は財政上の制約から、教職員の定員、施設等の諸面において、現行「基準」の実施すらきわめて困難な条件にある。したがって、大学の設置者は、これらの状況を克服するため十分な努力をなすべきであって、国立大学についても、政府はさしあたりは、むしろ現行「基準」の完全な実施に必要な条件の充実に努めるべきであると思われる。いわんや「要綱」を実施する場合には、この面からも慎重かつ十分な検討と準備を行なうことが要望される。

要するに、「種別化」を前提とした、教育課程の編成等にまでわたる基準の厳密化、法制化は、批判の的にされてきた大学の画一化を緩和するどころか、いっそう助長することになる。必要とされるのは基準の大綱化、簡素化、自由化による、多様化・個性化に向けた大学の主体的な選択と自主的な決定の奨励だというのである。

大学基準協会の意見書

こうした大学の自主性重視の立場は、昭和三九年（一九六四）五月以来、各種の研究委員会を設けて設置基準の、とくに教育に関わる部分の検討を積み重ねてきた大学基準協会が四〇年二月に発表した意見書、「大学教育の改善について」（田畑他編、一三六-八）にも共通しており、その冒頭には次のように書かれている。

大学設置基準は、次のような方針に基いて改正されることが望ましい。

一　大学設置基準においては、大学の画一性を排して、各大学が、その大学（学部）の設置の目的に従って、教育研究の効果を発揚し、もって国家社会の要請負託にこたえうるよう、多様性を持たせる必要のあること。

二　従ってそのためには、各大学（学部）の特色が最大限に発揮し得られるよう、各大学（学部）が、教育研究を、自主的に行ない得るようにすること。

このように、多様化をはかるための改革が画一化を助長するというパラドックスをはらんだ「三八答申」に、大学諸団体から厳しく批判的な意見書が相次いで出されたことから、文部省は答申の取扱いに慎重にならざるを得なかったが、その一方で、昭和四〇年に慶應義塾大学、四一年に早稲田大学で学生が授業料値上げ反対に立ち上がり、さらに四三年には東京大学でも医学部での処分問題を契機に抗議行動が全学に広がるなど、大学の世界は「学生反乱」の時代を迎えようとしていた。「大学紛争」の嵐に多くの大学が巻き込まれるなか、「管理運営」とともに、「三八答申」がもう一つの重要課題である大学の種別化推進のために必要であるとした「設置基準」の改正も、こうして困難になり、改革の気運は失われていった。画一化の元凶とされてきた設置基準は、進行し始めた高等教育の「マス化」を押しとどめようとする文部省の権限強化という形で、逆に規制力を強め、その後、平成三年（一九九一）の大学審議会答申によるいわゆる「設置基準の大綱化・自由化」まで、大学の組織や教育課程の編成を規制し続けることになる。

設置基準の政策的運用

大学設置基準自体の改正もまた、このようにして挫折に終わった。しかし、設置審査と認可に関わる権限の復活と強化に成功した文部省が、その、とりわけ「外的事項」に関わる運用を政策的に「弾力的」に行ったことが、その後の高等教育の発展に大きな役割を演じたことを、あわせて指摘しておかねばならない。

日本の高等教育の急激な量的拡大の政策過程を分析した、先のペンペルは、文部省によるそうした基準の政策的で「弾力的な」運用が何をもたらしたかについて、次のように述べている。

一九五三［昭和二八］年から一九六一［昭和三六］年の間は、［新設大学の］認可数も学生数も比較的増加率は低かった。これは文部省が学生数の膨張を抑制するために、初めて大学の設置と認可を厳しくしたことがその理由としてある。（中略）文部省は、占領下での大規模な再編の後、或る程度の期間は学生数を安定的に推移させることが必要だと考え、とりあえず四年制大学の増加数を抑制しようとしたのである（二年制短大は急激な拡大を続けていたが、放任していた）。この方針は取り立てて公表されることはなかったが、一九五五［昭和三〇］年八月、松村文部大臣は、大学新設の際の基準引き上げを目的とする特別措置を講ずるよう要求した。一九五六［昭和三一］年初めまでに文部省は条件付きでの設置認可を廃止、その年の六月には、新たな大学設置を認可せず、大学設置審議会はこれ以降正式に要件を厳しくし、さらに厳格な審査を行なうと発表した。

しかし、こうした試みは短命に終わった。この政策に反対する声が急速に高まり、特に与党自民党の幹部、とりわけ当時の岸自民党幹事長、石井総務会長、大野副総裁、さらには竹尾文部政務次官からさえも、強い反対が出てきたからである。彼らは、地元選挙区の様々な団体が大学を新設したり、高校や短大を大学に昇格する際の認可を緩和するよう要求した。自民党はそうした政治的ニーズに柔軟に応えられないのなら、予算折衝にさしさわりがでるだろうとほのめかした。

文部省は自民党と妥協する道を選び、大学の新設に関しては毎年これを認可するものの、設置審議会での厳しい審査によってその増加を抑制しようとした。しかし、一九六一［昭和三六］年には、一方では戦後の「ベビーブーム」に応えるため、また他方では技術労働力の不足に対する産業界の懸念を払拭するため、審査はおざなりな形ばかりのものになって、審査対象の大学が実際には最低基準に全く達していなくても、設置審はとりあえず認可するよう勧告することが多くなった。明文化された基準は次第に意味のないものになってしまったのである。（中略）これらは「最低の基準」とうたわれていても、実際には、望ましい基準、つまり最高の基準として運用されている。

一九六二［昭和三七］年、さらに多くの私立大学の設置を奨励するため、私立学校振興会に財政基盤を与えるための改正がなされた。その際、実質的にすべての公式基準が無視されるようになり、その結果、大学数の自然増が加速度的に進行することになった。同年、文部省は、学生定員の変更や学部新設の際には大学当局は文部大臣と協議するという前提要件を削除した。（ペンペル、一五三-四）

「マス」化への道

昭和二三年（一九四八）から二四年にかけて、多数の新制大学を一斉に発足させるため、設置基準の適用緩和をはかり、その後の向上努力に期待するという「付属条件」付きで設置認可せざるを得なかった文部省が、このように、二五年以降は基準の適用を厳しくして抑制策に転じ、三一年には条件付きの設置認可を廃止するに至った。ところが、政権党である自民党、それに私立大学関係者はこうした文部省の抑制政策に批判的であり、昭和三六年には、政府の経済計画や科学技術振興計画をバックにした当時の池田正之輔科学技術庁長官の、いわゆる「池正勧告」に押されて基準の適用を緩和し、量的拡大を容認せざるを得なくなったことは、すでに見たとおりである。

昭和三六年七月、文部省は閣議了解を経て、私立大学を対象に設置認可基準を大幅に緩和する方針を発表したが、その骨子は以下のようなものであった（「私立大学の学科増設および学生定員の変更について」『文部広報』昭和三六年七月一三日号。黒羽、前掲論文、一三〇-一）。

一、従来、大学および学部の設置認可の際に付していた学科増設・定員変更に関する条件を解除し、これらに関する事項を学則変更として、事前の届け出をもって足るものとする。
二、（略）
三、なお現行の大学設置基準についてはその内容の整備に努めると共に、私立大学の実情に必ずしも十分にそぐわない面もあり、かつ科学技術振興計画の国家的要請の見地からも改善の余地があると考えられるので、その内容のみならず運用の面についても次のような諸点に関し、十分検討し改善を図る。

(i)学生定員について、教育方法の改善および入学してから卒業するまでの学生の減耗等を勘案して適正な基準を定め、かつその運用の合理化を図ること。
(ii)校舎については、教育方法の改善に伴う教室、実験室の効率的運用の面を考慮してその面積の基準を定めること。
(iii)校地については、最近の土地事情にかんがみ、従来の考え方に固執せず、立地条件に応じて、教育上支障のないよう面積の基準を定めること。
(iv)教員の資格要件については、特に産業界等における実務経験等を考慮すること。
(v)教員組織および施設設備の充実については、学年の進行に伴う年次的な整備計画を進める。

新制大学の設置基準は、もともと旧制大学のそれをモデルに、旧制大学関係者の手で作成されたものだが、文部省の政策変更は、その基準が「運用の面」での配慮や「合理化」の名のもとに、事実上骨抜きにされるに至ったことを教えている。「学年の進行に伴う年次的な整備計画を進める」ことを認めた前記の(v)は、とくに重要な変更であった。これにより、大学の水準維持・向上のための装置とされたアクレディテーション制度の機能不全、有名無実化と相まって、ペンペルの指摘にもあるように、「最低の基準」であるはずの設置認可基準が、「最高の基準」として適用されるという事態が生じたからである。ペンペルは、「実質的にすべての公式基準が無視されるようになり、その結果、大学数の自然増が加速度的に進行することになった」と述べているが、わが国の高等教育は、文部省の規制緩和を求めるこの政策変更によって、以後、急激な「マス化」への道をたどることになる。そして、設置認可基準のそうしたハード面での「運用の緩和」の陰で、最も重要な教育課程編成などソフト面での多様化・弾力化への要請は、「マス化」の大波にのみ込まれ、改革への気運は失われていくのである。

短期高等教育問題の決着

「三八答申」については、それが長く議論されてきた短期高等教育問題、それに大学院問題についても、ひとまず決着をはかるものであったことを指摘しておくべきだろう。

短期高等教育問題についていえば、答申の種別化構想によってようやく議論に終止符が打たれ、一方で高等専門学校制度が発足し（昭和三六年）、他方では短期大学制度が恒久化されることになった（昭和三九年）。

旧制の、とくに女子系専門学校救済のための暫定措置として出発した短期大学制度だが、昭和三九年（一九六四）に学校教育法が改正され、大学に関する規定が「大学は、第五二条に掲げる目的［学術の中心として、広く知識を授けるとともに、深く専門の学芸を教授研究し、知的、道徳的および応用的能力を展開させることを目的とする」に代えて、深く専門の学芸を教授研究し、職業又は実際生活に必要な能力を育成することをおもな目的とすることができる」と改められ、この代替規定による修業年限二年または三年の大学を「短期大学と称する」ものとされた。暫定措置のまま、学校数で大学を上回るまでに発展を遂げた短期大学が、ようやく関係者の強い要望を入れて、大学の一種別として恒久化されることになったのである。

シニア・カレッジの存在を前提とした、大学の後期課程に転学可能なアメリカ的なジュニア・カレッジではなく、職業教育主体のコミュニティ・カレッジでもない、その意味できわめて日本的な、二年制主体の完成教育機関としての短期大学制度がこうして出現したことになる。その後、短期大学はさらに数を増やし、独立の学校種としてわが国の高等教育の発展に大きく寄与することになるのだが、多数を占めたのは家政系や文学系の私立女子短大であり、「職業又は実際生活に必要な能力」の育成のうち、「実際生活」に力点が置かれ、「職業」、すなわち準専門的職業人（セミ・プロフェッション）の養成に果たした役割は限定的であった。

他方、職業人養成、とりわけ中級技術者の養成を期待されて発足した高等専門学校は、政令改正諮問委員会の答申で初めて登場し、その後くり返し議論されてきた短期大学の「専科大学」化構想が挫折した後、中等教育と高等教育にまたがる五年制の単科の短期高等教育機関として制度設計されたものである。短期大学の恒久化に先立って、「深く専門の学芸を教授し、職業に必要な能力を育成することを目的とする」高等教育の新しい種別として、昭和三六年に学校教育法に書き込まれ、翌年から設置が始まったことは、先に見たとおりである。しかし中学校卒業者を入れる五年制の特異な学校種というだけでなく、中級技術者養成へのこだわりから、「高等専門学校」には、工業に関する学科を置く」と、設置学科が限定されたこともあって、学校数も収容力も限定され、大学・短期大学と肩を並べる規模にまで成長を遂げることはなかった。大学工学部が急拡張を遂げ、また、次に見るように理工系の修士課程研究科の新増設が積極的に推進されるようになったことも、育成の目的とされた「中級技術者」の位置づけを曖昧化させ、高専制度のその後の発展を妨げたと見るべきだろう。

アメリカのコミュニティ・カレッジが担ってきた、準専門的職業人養成の役割は、わが国ではその結果、正規の学校体系の外にあって、都道府県知事の認可により学校教育に類する教育を提供する、設置や課程編成の自由度の高い「各種学校」によって担われることになった（その後、昭和五〇年に学校教育法が改正され、文部大臣の認可を受けて実務的な職業教育を行う「専修学校」の制度が新設され、多くの各種学校が専修学校に移行した）。

職業大学院問題

大学院の場合には、戦後になって新たに設けられた修士学位と修士課程の位置づけ、それと関連した高度職業人養成の問題が残された大きな政策課題であったことは、繰り返し指摘してきたとおりである。

ヨーロッパ的な専門学部制をとり続けるわが国では、専門教育は学部段階で完結的に行われるべきものとみなされ、医学・法学、それに経営学などに代表されるアメリカの「職業大学院（プロフェッショナル・スクール）」制度や、それと関連した修士学位の必要性が理解されず、大学院といえば研究者養成の場という明治以来の伝統的な考え方が、依然として支配的であったからである。わが国では医師養成は職業大学院でなく六年制の学部教育により行われ、また法曹養成も議論の末、四年制学部の枠内にとどめられることになった。職業学位としての修士学位の必要性は軽視され、大学院といえば、研究者や大学教員養成のための、博士学位主体の「研究大学院（グラデュエート・スクール）」で十分というのが、おおかたの大学人たちの認識だったのである。

昭和二四年（一九四九）に大学基準協会が作成し、設置認可基準として利用された「大学院基準」（海後・寺崎、三七二―五）の目的規定を見ても、博士課程の「独創的研究によって従来の学術水準に新しい知見を加え、文化の進展に寄与するとともに、専攻分野に関し研究を指導する能力を養う」に対して、修士課程の規定にも「学部に於ける一般的並びに専門的教養の基礎の上に、広い視野に立って、専攻分野を研究し、精深な学識と研究能力を養う」とあり、高度職業人養成に関する文言は含まれていなかった。しかも「原則として、大学院のみに専属する教員を置かない。学部の教員を充実することによって大学院の課程を担当し得るように教員組織を用意することが必要である」とされ、大学院と学部が一体の組織として、大学院は事実上学部の付帯組織として制度設計されていた。国立大学の場合、学部における講座制を大学院の基礎とするという先の文部省令は、そのことを裏書きするものといってよい。

この問題の検討を進めてきた基準協会の「大学及び大学院問題研究委員会」が出した、大学院修士課程は「高度の職業教育をもなし得ることとする」という結論に基づいて、修士課程の目的規定の「広い視野に立って」以下の部分が、「精深な学識を修め、専門分野における理論と応用の研究能力を養う」と、「応用」を加えた文言に書き改められたのは、新制大学院制度の発足から二年後の昭和三〇年のことであった（『大学基準協会十年史』三三）。

基準の改正時に出された「解説」によれば、「研究能力というととかく理論的研究のための能力と考えられ勝ちであるが、それは楯の半面であって、他の反面には理論を実地に応用してゆくための能力が当然考えられるべきである」、新しい目的規定による修士課程では「主として理論の面を対象とする教育」と「理論と応用の面を合せて対象とする教育」また「主として応用面を対象とする教育」を行うことができるが、この三面をどのように組み合わせて教育するかは各大学の自由に委ねるとされていた（海後・寺崎、三六）。

つまり、大学院での高度職業人養成の必要性は認めるが、それに特化した「職業大学院」という「種別」を新たに立てるのではなく、現行の大学院制度のもとで修士課程に研究者養成と高度職業人養成という複合的な役割をもたせ、学問分野の違いに応じた修士課程の多様化を、大学の自主的な選択のもとにはかろうというのである。それが、「職業大学院」問題について基準協会がたどりついた日本的な解決策であった。

修士課程の職業教育化

それに対して「三八答申」は、修士課程について「研究能力の高い職業人の養成をおもな目的」とするとして、職業人養成重視の方向をさらに強く打ち出している。大きな変化だが、そのこと自体は、大方の大学関係者の認識や意見から乖離したものではなかったことを指摘しておくべきだろう。答申について出された大学基準協会や日本学術会議の見解を見ると、基準協会の場合には、修士課程を「理論及び応用の面における高度の職能者の養成を主目的とする」とあり、また学術会議の勧告も、「博士課程と修士課程とは本来別個の課程」であり、「研究分野によっては修士課程は高度職能技術者養成に重点をおき、博士課程は研究者ないし研究指導者養成に重点をおく必要があることを認め」ている。敗戦後の復興期を経て本格的な成長局面を迎えた日本経済と、それに呼応するように強力に推進され始めた科学技術振興政策の下で、大学院修士レベルの「高度職能技術者養成」の必要性の認識が、大学関係者の間で広く共有されるようになっていたことが知られる。

大学諸団体の見解と「三八答申」との最大の違いは、博士課程研究科を事実上独占する、研究者養成に特化した「大学院大学」という学校種別の設定を認めるか否かにあった。「総合大学を原則とし、すべての学部のうえに博士課程を置く」大学院大学と、「博士課程は置かない。必要な場合は修士課程を置くことができる」大学とを「種別化」するという「三八答申」の構想を認めれば、大学は制度的に大きく二つに分化することになる。すべての大学の制度上の平等を主張し、自主的・主体的な選択による多様化、そのための設置基準の弾力化・柔軟化を求める大学側にとって、それは容易に受容できる提言ではなかったのである。

こうした大学側の強い反発もあって、大学院の制度改革もまた、「三八答申」の構想通りに実現されることはなかった。文部省が「大学院設置基準」を省令として公布するのは、昭和四九年（一九七四）になってからだから、それまでは、基準協会策定の「大学院基準」がそのまま設置基準として準用されていたことになる。ただし、その一方で文部省は、工学系を中心に高度職業人養成を主目的とする修士課程研究科の設置を奨励・促進し、さらに行政権限を及ぼすことの可能な国立大学について、講座制と学科目制の違いを基盤に、「三八答申」の趣旨を体した大学院大学と大学の事実上の種別化を着実に推進していく。その経緯については章を改めて取り上げることにしよう。

第7章　国立大学システムの再編成

1　一般教育組織の構築

国立大学の組織編成

提言の多くが実施されることなく先送りに終わった「三八答申」だが、最も重要な例外は「大学の組織編成」を中心とした国立大学に関わる部分である。

「大学の組織編成」についての提言は大きく「学部の分離統合」、「教養課程の教育を行なう組織」、「講座制・学科目制」、「博士課程を置いている大学」の四つの部分からなっていたが、たとえば「学部の分離統合」の部分で、冒頭に「国立大学の再編」をうたい、さらに具体的に「文理学部の改組」や「教員養成大学・学部」の問題を取り上げていることからもわかるように、目指すところは、なによりも国立大学の再編にあった。第Ⅰ部で見たように、戦後の学制改革の過程で国立セクターの大学・学校は、「一県一大学原則」を中心に短期間での再編・統合を強いられ、私立セクターに比べて制度と組織のはるかに大きな変革を経験せざるを得なかった。「組織編成」見直しの最重要課題とされたのは当然というべきだろう。

新制国立大学については、答申が指摘しているように、旧制の大学、高等学校、専門学校、師範学校を、「これらの学校のもっていたそれぞれの目的、性格、歴史、伝統、地理的位置についてじゅうぶん顧慮することなく、一律に合併したため、一つの大学として管理運営の円滑を欠いているもの」があり、それが適正な教育研究活動の妨げになっているという反省と批判が早くからあったことは、これまで見てきたとおりである。その管理運営の問題は同時に、大学としての組織編成の問題でもあり、より具体的には、一般教育制度の導入によって生じた、「教養課程の教育」を担当する組織、さらにそれと不可分に結びついた文理学部と学芸学部の問題であった。そして「大学の組織編成」に関わる答申の諸提言は、「教養部」という新たな組織を設けることにより、この新制国立大学の発足当初からの複雑な問題を一挙に解決しようとするものにほかならなかった。

一般教育の組織問題

新制大学への移行に際して、すべての大学にとって喫緊の課題となった一般教育・教養教育の組織問題への対応には、国立セクターと私立セクターとで著しい違いがあった。

私立セクターの場合、いずれも大学予科をもつ旧制私立大学では、新制大学への移行後、主としてその予科の教員が一般教育を担当することになった。ただ、小規模大学はもちろん大規模大学の場合にも、専門学部と別に一般教育担当の独立の教員組織が置かれることはなく、担当教員は多くの場合専門学部に分属し、処遇上の差異もなかった（吉田『大学と教養教育』一〇三―一〇）。人文・社会系の専門学部主体の大学が多く、また旧制の大学予科時代から専門学部との兼任教員が多かったことからすれば、当然というべきかもしれない。文系の小規模校が多数を占める、旧制専門学校から移行した私立大学の場合には、一般教育課程自体が移行時に新設されたものであり、なおさら教員組織や差異的な処遇の問題が生じることはなかった。

対照的に、国立セクターの諸大学の場合には問題は複雑であった。国立セクターが、旧制度の帝国大学・官立大学・高等学校・専門学校・師範学校という五つの種別の計二七〇校に近い学校を、約七〇の新制大学に再編統合して発足したことは、これまで見てきたとおりである。これら新制大学が一般教育課程の導入に組織としてどのように対応したかは、再編統合の形態によりさまざまだが、ここでは組織編成問題とかかわりの深い、旧制帝国大学を継承した国立「総合大学」と、「一県一大学原則」による国立「複合大学」の二つの大学群について見ることにしよう。「教養部」問題はなによりも、これらの大学群、とくに地方国立大学にとっての問題であったからである。

まず七校の国立総合大学だが、いずれも旧制度の高等学校を吸収統合し、それを一般教育担当の組織とすることで発足している。東京大学だけは、その組織を専門教育をも行う「教養学部」としたが、他はいずれも一般教育のみの担当組織とされ、「教養部」「分校」などの名称で呼ばれることになった。ただし、それらは「国立学校設置法」に明記された、つまり専門学部と同等の、法規に基づく正規の組織ではなく、学内では専門学部に対して一段低く位置づけられていた。

三八校の国立複合大学、いわゆる「地方国立大学」は同一県内所在の官立大学・高等学校・専門学校・師範学校を、さまざまな組み合わせのもとに統合して発足したものである。官立大学と専門学校はそれぞれ専門学部に移行し、高等学校は原則として文理学部、師範学校は学芸学部（文理学部を持つ大学では教育学部）として継承された。総合大学と違って、これら複合大学には一般教育担当の独立の組織は置かれず、専門学部である文理学部と学芸学部が、担当部局としての役割を同時に担うことになっており、学芸学部には下部組織として教員養成のための「教育部」と一般教育のための「教養部」が置かれていた。つまり、学芸学部は教員養成教育と一般教育、文理学部は文科・理科の専門教育と一般教育という二重の役割を背負うことになったのである。

こうして大学内での位置づけの曖昧なままに発足した一般教育の担当組織だが、どのように大学組織内に位置づけ、法的根拠を与えるのかが、大学にとっても文部省にとっても発足当初から大きな問題であった。とりわけ、教養部・分校などの名称で独立の組織を学内措置で設けている国立総合大学には、その存立根拠を明らかにするための法制化を求める声が強く、国立大学協会はその意を受けて昭和三四年（一九五九）、「一般教育特別委員会」を設置して検討を進め、三七年には委員会から報告「大学における一般教育について」が総会に提出され、承認されている（『国立大学協会五十年史』三四）。

報告は、専門教育が「知識体系の教育」であるのに対して、一般教育はそれと「相補関係に立つ」「価値判断の能力を養うもの」であると両者の違いを強調し、また一般教育を専門の準備・基礎と混同してはならないとして、「基礎教育科目」の一般教育からの分離を求め、さらに一般教育が所期の効果をあげるに至っていない理由の一半を、「一般教育の改善徹底のための組織」の未整備に求め、「一般教育を改善徹底するためには、その管理、運営の組織を確立し、責任の所在を明らか」にする必要があるとした上で、教養部を学部に準ずる組織として法制化することを要請している。

対策としては、これらの教養部を独立の一学部とすることも考えられるが、これにはまたいろいろの問題がある。そこで、実際的には、教養部の持つ上記の欠陥を改め、これを一層有効なものにするために、いわゆる教養部が学部に準ずる処遇を与えられる部局として、制度上正式に認められることを要望したい。そして、このためには、教養部には、必要数の一般教育の専任教員が置かれ、これらの専任教員をもって組織する教授会が認められ、さらにはこの部の教務・事務を掌握する部長が置かれること等々が必要とされる。

国立総合大学に置かれた教養部について、「学部に準ずる」組織としての法制化を求めたものだが、教養部を持たず、一般教育を文理学部や学芸学部に委ねている地方国立大学についても、次のように述べている。

複合大学［地方国立大学］の大部分では、前者では文理学部、後者では学芸学部が、一般教育を担当している。これらの大学においても、一般教育を担当する実質的専任者を定め、連絡のための専門学部の教員も加えて、責任をもって一般教育の管理・運営に当たる委員会が法制化されることが望ましい。

すなわち国大協の報告は、国立総合大学には「学部に準ずる」部局として教養部を置くが、地方国立大学については一般教育担当の独立部局の設置は求めず、文理学部ないし学芸学部を中心とした「[一般教育]委員会」方式による問題の解決を要望するものだったのである（国立大学協会・一般教育特別委員会『大学における一般教育について』四-七）。

教養部の設置と格差問題

「三八答申」の提言は、こうした国大協の要請を踏まえたものであり、すでに見たように「教養課程の教育を行なう組織」について、「必ずしも各大学において一様でなく、将来も、画一的な組織とすることは適当でないが、多くの学部を有する大学においては、教養課程における教育を効果的に行なうため、必要に応じて責任者を置き、担当教員の間の連絡協力を密にするための機関を設けるなど、自主性と責任をもつ組織を置くことが望ましい。このような組織を教養部として制度的に認め得るようにする必要があろう」としている。この提言に沿って、昭和三八年（一九六三）には、「国立学校設置法」が改正され、その第三条二項に、「文部省令で定める数個の学部を置く国立大学に、各学部に共通する一般教養に関する教育を一括して行うための組織として教養部を置く」と定められた。「数個の学部を置く」国立大学の一般教育担当部局は、これにより独立の組織として法的基礎を与えられ、翌三九年から四三年までの間に、国立総合大学、規模の大きい国立複合大学を合わせて三二校に教養部が設置されることになった。

このように一般教育担当の組織が、一部の大学とはいえ「教養部」として法制化され、学部に準ずる独立した組織となったことは、間違いなく大きな前進であった。しかし同時に、教養部が前期二年の一般教育のみを担当する、したがって専門教育と切り離された部局として法制化されたことは、これまでいわば隠蔽されてきたより困難な課題、すなわち学内の他の部局、専門学部との間の格差問題を顕在化させるものでもあった。

国立学校設置法改正の後、昭和三九年二月に、文部省は「国立大学の学科及び課程並びに講座及び学科目に関する省令」を公布する。省令の冒頭には、「国立大学の学部に学科又は課程を、国立大学の学部又は学科に講座を、国立大学の学部、教養部又は学科に学科目を別表第一から別表第七十二までのとおり置く」とあり、別表の形で七二校の各国立大学について、設置される学部・教養部・学科・課程、さらにはそこに置かれる講座・学科目の名称が列記されている。

無味乾燥な省令だが、学内組織としての教養部の位置づけにとって、それは重要な意味を持つものであった。なぜならそれは教養部が専門学部と異なり、一般教育のみを担当する、学科目のみからなる、言い換えれば大学院研究科の基礎となる講座の設置を認められず、したがって研究の機能を期待されない、純然たる教育担当部局であることを明記するものであったからである。旧制官立大学を継承した学部を除いて専門学部が、いずれも学科目制をとる地方国立大学は当然として、すべてが講座制の国立総合大学の場合にも、教養部だけは学科目制であった。唯一の例外は、「教養学部」の設置を認められた東京大学だが、そこでも教員は、専門教育担当と一般教育担当に区分され、前者の講座制に対して、後者は学科目制の適用を受けることになっていた。

後であらためてふれるが、こうした講座制と学科目制との違いの重要性は、研究機能への期待の如何だけでなく、それが文部省により、「積算校費」と呼ばれる予算配分の基礎単位として利用されたところにある。学科目当たりの積算校費は、時期によって異なるが、講座のそれの三分の一前後にとどめられ、それがひいては教官一人当たりの教育研究費にも大きな格差を生ずることになった。

それだけではない。教養部の設置に際して文部省が各大学に通知した「教養部設置に関する留意事項」には、「教育課程と教員人事に関する最終的な決定権は、全学的な機関である教養部運営委員会（仮称）による調整の余地を残しておくこと」という事項が含まれていた（黒羽『戦後大学政策の展開』六二）。つまり、教養部は独立したとはいえ、部局として、専門学部と同等の人事権とカリキュラムの編成権、言い換えれば対等・平等の自治権が認められていなかったのである。黒羽亮一は、当時の灘尾弘吉文部大臣が国立大学長会議での挨拶で、「これまで大学の要望に応じて教養部の制度化を進めてきたが、これは一般教育課程の学生指導の責任体制を明確にしようという趣旨に他ならない」と述べたことにふれながら、「教養部の法制化、一般教育の責任体制確立には全学連の安保反対闘争と、その後の大学管理法案をめぐる学内闘争への対処という、学生管理対策的な意味も大きかったことも、同時に無視し得ないところ」だと指摘している（同、六〇一）。教養部の法制化は、国大協が期待したような「一般教育の改善徹底のため」だけに構想され、進められたものではなかったのである。

ようやく法制化されたとはいえ、専門教育・大学院教育の担当を認められず、教育研究費は貧弱で研究活動への期待もなく、専門学部に比べて部局としての独立性と自治権限が制約された教養部が、そこに所属する教員にとって満足のいく教育研究の場とは言いがたかったことは、容易に推測される。平成三年（一九九一）の大学審議会答申に基づいて、いわゆる「設置基準の大綱化・自由化」がはかられた際に、一般教育の理念と組織が、大学側の主体的な選択により短期間に崩壊していった背景には、そうした教養部の位置づけに対する教員たちの鬱屈した感情と不満の蓄積があったと見るべきだろう。

2　学芸学部と文理学部の再編

学芸学部と文理学部

地方国立大学の場合、教養部の法制化は、これまで一般教育を担当してきた学芸学部と文理学部にも、大きな影響を及ぼさずにはおかなかった。

第Ｉ部で詳しく述べたように、この二種類の学部は、新制国立大学の発足時に、文部省の「新制国立大学実施要綱（案）」（昭和二三年八月）に示された、国立複合大学（地方国立大学）には、「必ず教養および教職に関する学部若しくは部を置く」、具体的には「教養に関する学部、部は、大学の組織、規模に応じて教養学部若しくは文理学部、文学部、理学部とするもの、または学芸学部の教養部とするものとする」、また「教職に関する学部、部は、その組織、規模に応じ教育学部とするもの、また学芸学部の教育部とするものとする」という方針に基づいて、設置されたものである。つまり、一県一大学原則により県内の諸高等教育機関を統合して発足する地方国立大学については、(1)旧制高等学校の所在県では、旧制高校は教養学部・文理学部等に、師範学校は教育学部に転換する、(2)非所在県では、師範学校を学芸学部とし、学芸学部のなかに教養部と教育部を置く、というのである（天野『新制大学の誕生』下、六〇四–五）。この方針に沿って発足した地方国立大学は三八校、その内訳は文理学部等と教育学部を置くもの二〇校、学芸学部を置くもの一八校であった。

学芸学部から教育学部へ

まず学芸学部・教育学部だが、戦前期を通じて小学校の教員養成を担ってきた師範学校を、新しい大学制度のなかにどう位置づけるかは、学制改革の最重要課題の一つであり、それを新制大学・学部に移行させることに異論はなかったものの、専門学部としての性格と名称をめぐって、教育刷新委員会での議論は紛糾した。教員養成に特化した戦前期の師範教育に対する批判が強く、それが名称問題とも深く関わっていたからである。最終的に、教員としての専門性よりも「教養」を重視する、大学関係者主体の主流派の意見が通って採用されたのが、「教育大学・学部」ではなく「学芸大学・学部」という名称であった（天野『新制大学の誕生』下、三六三–八〇）。英訳すれば「リベラルアーツ・カレッジ」となるが、その実態は基本的に教員養成学部であり、アメリカのそれをモデルとしたものでは全くなかったのである。

その名称問題を含めて、二重の教育役割を背負うことになった学芸学部の再検討は、教員養成制度の整備の必要性とも絡んで、早くから国立大学再編成問題の重要な争点の一つとされてきた。昭和二六年（一九五一）の政令改正諮問委員会の答申が、普通大学と専修大学を種別化し、専修大学をさらに専門職業教育を主とする「工、商、農各専修大学」と、教員養成を主とする「教育専修大学」に分けるという、旧師範学校制度の復活に近い再編案を打ち出したことはすでに見たとおりである。文部省は当初は、その「教育専修大学」構想に批判的であったが、教育関係者の間には、かつての師範教育の復活には反対でも、教員養成制度の整備と機能強化は必要だとする根強い声があった。そうした声を受けて、文部省は昭和三二年六月、中央教育審議会に「教員養成制度の改善方策について」諮問している。

一年後に出された答申には「教員養成の目的に即する教育課程、履修方法、学生補導、卒業認定及び教員組織、施設設備等についての基準は国が定める」、「公立の義務教育学校教員の必要数を養成するため、国はその基準に基いて教員養成を目的とする大学（学部）を設ける。（教育大学（学部）と称する）」とあり、「三八答申」以前にすでに、学芸大学・学部から教育大学・学部への名称と組織の変更が、要請されていたことがわかる（『中央教育審議会答申総覧（増補版）』七一―八一）。

これらの答申を受けて、文部省は昭和四一年から四二年にかけて一斉に、学芸大学・学部の教育大学・学部への名称変更に踏み切る。それと同時期に、文部省が先の学部・学科・課程等に関する省令に基づいて、「教員養成学部を、学生組織たる課程を柱とする課程制学部とする」と、他の専門学部とは異なる組織編制を導入する方針を打ち出したことも付け加えておこう。こうした一連の措置については、それが「単に学部の名称を変えるといった問題ではなく、戦後に定められた教員養成の理念と制度の変更を伴うものである」として、一部の学芸学部からは批判の声があがり、横浜国立大学のように学生自治会が反対運動を展開して、学園紛争に発展した大学もあった（『横浜国立大学教育学部の歩み』一〇九―一四）。学芸学部から教育学部への転換は、少なくとも一部の大学関係者にとって、単なる名称変更にとどまらない、戦後大学改革の理念の変更を意味するものと受け止められたのである。

曖昧な文理学部

文科・理科の二科からなる「高等普通教育」機関としての旧制高等学校（実質は大学予科だったが）を継承して出発した文理学部は、学芸学部に比べてアメリカのリベラルアーツ・カレッジに、より近い性格をもっていたかに見える。しかし、この場合にも、リベラルアーツ・カレッジがモデルとされたわけではなかった。

それは、旧制高校を統合した二〇校の地方国立大学のうち五校が、（アメリカ側の期待に反して）発足時にすでに文理学部制を採らなかったことにも現れている。すなわち、広島文理科大と広島高校を統合した広島大学が文学部と理学部を設置したのは当然として、金沢・岡山・熊本の三大学は法文学部と理学部、新潟大学は人文学部と理学部に分ける形で、旧制高等学校を継承している。しかも岡山・熊本の法文学部の場合、法学・哲学・史学・文学の四学科編制になっており、文理学部のなかにも、文学科・理学科のほかに、農学（弘前・佐賀）、経済学（富山）、政治経済学（茨城）、社会科学（鹿児島・信州）などの専門学科を置く大学があった。文理系の学部は当初から教養教育ではなく、専門教育への強い志向をもって発足したのであり、その後大学側が要請し、文部省が支持したのもリベラルアーツ・カレッジ化ではなく、専門学部としての発展の方向であった。

その文理学部の性格と理念について、昭和二六年（一九五一）に出された文部省の「文理学部運営要綱」は次のように述べている（橋本「文理学部の成立と改組」一二五–一二六）。

> 文理学部は、その大学のため、一般教育課程を担当するとともに、それ自身の専門課程を有する四年制の学部であって、学術の基本的諸部門にわたる構成によりその大学の基盤としての役割をもち、なお教育学部と協力して教育職員の養成の責に任ずるものとする。この学部を終えたものは、社会生活の各分野において将来性

に富む清新な文化人として民主的社会の要望する有能な市民となるであろう。また大学院に進学する場合には、広い教養と研究能力を持っているから、その特色を生かすことができよう。

「清新な文化人として民主的社会の要望する有能な市民」の育成が目的だという文面からすれば、まさにリベラルアーツ・カレッジということになるが、実質は専門学部であり、それが一般教育だけでなく、教員養成のための教育まで、二重・三重の役割を担うことを期待されていたのだから、性格の曖昧さは免れなかった。昭和二八年には、大蔵省から文部省に対して、性格の曖昧さを理由に文理学部廃止の申し入れがあり、文部省は省内に「国立大学組織研究協議会」を設置して検討を進め、昭和三一年六月に開かれた文理学部長会議に「文理学部改善参考案」を提出している。

整備改善の方向

その「参考案」は、文理学部が「当該大学における一般教育の全部と教育学部の教科教育とを担当し、かつ文理学部としての専門教育を担当するものであるが、ともすれば専門教育に重点をおきすぎ、一般教育と教育学部の教科教育が軽視されている傾きがある」としたうえで、以下のような「整備改善」策を提示するものであった（『島根大学史』二四三―四）。

(A)文理学部は、当該大学における一般教育と教育学部の教科教育とを担当し、文理学部としての専門教育は、人文、社会、自然の三課程とし、学科専攻は設けない。

(B)文理学部が専門教育科目を学科専攻とする場合には、教員組織とにらみ合わせて、学科専攻はなるべく少くし、学科専攻に属さない他の専門教育科目は関連科目とする。

(C)文理学部と教員養成を目的とする教育学部を合併して一学部とし、全学の一般教育を担当し、義務教育教員の養成に当る外、特殊学科（学科、専攻）をおくことができるものとする。

(D)文理学部は、人文科学、社会科学、自然科学の三系列のうち、一系列に属する専門技能を目的とする学部に改編し、他の一般教育等の科目は、教育学部と合体して学芸学部とし、義務教育教員養成に当たる。

文理学部の整備改善の必要は明らかだとしながら、その方向について文部省自身が議論を収斂させることができず、明確な指針を提示するには至らなかったことがわかる。文理学部長会議内部の意見も多様であったが、『島根大学史』によると、この時期には、「全国文理学部教官有志」が「全文理学部協議会を開き、「十四文理学部をいかにすべきか」について検討し、現在の文理学部の所在地に十四の専門学部を設置する以外に道なしとの改革案を示」すなどのこともあった（同、三三五）。文理学部側の期待自体が、教員養成や一般教育の機能強化よりも、参考案の(D)にあるような、専門学部としての改編にあったことがわかる。

それだけではない。昭和三六年（一九六一）六月に、日本学術会議が中教審答申に関連して内閣総理大臣に行った勧告「大学制度の改善について」も、文理学部の問題を取り上げ、「文理学部の将来については、(1)国家的ならびに地方的必要性を考慮して、これをいくつかの単純かつ充実した学部に分離改編する方向と、(2)これをそのままの形で強化し、例えば社会科学分野の拡充をはかるなどの措置を講ずることによって、複合学部として維持育成する方向とが考えられる。／したがって、現在の文理学部をこの両方向のいずれかにおいて適切に策定して、大学教育全体の強化となるよう積極的に改変または育成をはかる」必要があるとしている（『新日本教育年記』第四巻、三九六）。

大学・学術界の大勢もまた、文理学部のリベラルアーツ・カレッジ化ではなく、専門学部としての強化の方向にあったと見てよいだろう。

専門学部への移行

こうした大学側の要請にもかかわらず、文部省が専門学部化に踏み切れなかった重要な理由の一つは、経費の問題にあった。橋本鉱市の研究によれば、文理学部を置く一四大学の学長会議が、昭和三四年（一九五九）、文部省に対して「文理学部改組促進に関する要望書」を提出したところ、文部省が提示してきた「改組の三原則」は、「予算の増額、定員増、学部増を認めない」というものであり、また各大学に文部省が示唆してきたのは、例えば千葉大学と埼玉大学の文理学部を統合して、千葉大学に理学部、埼玉に経営学部を置くというような、地域ブロックごとのそれを含む再編統合案であった。「この段階での文部省試案は、複数大学の統合案はあったにせよ、文理学部自体を分離・独立するというラディカルな改革案ではなく、文理学部内での学科構成や教官定員の変更にとどまっていた」（橋本、一三〇―一）。

「三八答申」が出されたのは、こうした手詰まり状態の中においてである。文理学部はもともと、「人文科学、社会科学、自然科学にわたる教育研究の組織によって専門教育を行なうとともに、全学の一般教育を担当することを目的として発足」したものだが、目的が多様であるのに加えて教員組織および施設設備も十分でなく、「所期の教育効果をあげることが困難な実情にある。このような現状にかんがみ、文理学部は、それぞれの実情をしんしゃくして改組されることが必要である。すなわち、教員養成を目的とする学部、または人文科学系、社会科学系もしくは自然科学系の学部等に再編すべきである。この場合、他の学部あるいは他の大学との分合を行なうことによってその目的を果たすことができることを考量する必要がある」というのが、その内容であった。

これだけ見れば従来の方針とさほど違いはない。しかし時代状況は、文理学部の専門学部への改組の推進に有利な方向に、大きく変化しつつあった。高度経済成長の本格化による人材需要の増大と、それに伴う進学希望者数の急増、そして受験競争の激化などがそれである。これまで見送られてきた国立大学の拡充整備に、ようやく政治的にも社会経済的にも、支持が得られる時代がやってきたのである。文理学部の改組再編を切望してきた鹿児島大学の校史は、その経緯を次のように記している（『鹿児島大学三〇年史』三三–四）。

昭和三六年一月（中略）以降の二年余りは改組問題にさしたる進展はなく平穏にすぎていった。ところが昭和三八年一〇月三日の文理学部長会議と一一月一六日の一四大学長会議において、文部省はベビーブームによるさし迫った大学生急増対策として、一挙に文理問題の解決を図るという新方針をうち出した。翌三九年一月二七、二八日の一四大学長会議、一月三一日、二月一日の文理学部長会議において、新方針を更に具体的に述べた。文部省の新方針は、学長、学部長の談話に拠れば、かならずしも明確ではなかったが、当文理学部に関係ある部分を要約すれば次のようなものであった。

一、ベビーブームによる大学生急増対策として文理改組を昭和四〇、四一年度の予算の問題として取り扱う。

二、全国の文理学部の入学定員二〇〇〇人を四〇〇〇人に増員したい。

三、改組の方針としては、一四の全文理学部を画一的に取扱うのではなく、比較的規模の大きな大学では一般教育を充実するために教養部をつくり、その上で理系の学部、法経の学部をつくることが考えられるだろう。しかし文学部、法文学部、経文学部等は大蔵省を納得させにくいだろう。

四、教員養成制度の充実との関連を十分考慮してほしい。

五、各大学でよい改組案を考えてほしい。

この新方針が伝えられると、文理学部は俄かに活気づいた。これまで改組案作成の障害であった［改組の］三原則がはずされたからには、今度こそという気持ちであった。この急転回の背景には昭和三五年池田内閣が所得倍増計画を決定して以来、日本がいわゆる高度成長の時代に入ったことがあったのは、改めて言うまでもないだろう。

こうして発足当初から課題視されてきた文理学部の再編改組問題は、急転直下解決されるに至り、文理学部は解体され、専門諸学部に変身を遂げた（天野『新制大学の誕生』下、六三九）。それは、学芸学部の教育学部への転換、一般教育課程の「教養部」としての組織化と相まって、戦後大学改革の理念と現実にさまざまな形で影響を及ぼしてきたアメリカ・モデルのリベラルアーツ教育の理想が、結局根づくことなく完全に姿を消したことを意味している。顧みられることの少ない「三八答申」だが、高等教育の国立セクターについて見る限り、戦後大学改革の再点検を踏まえた日本的なシステムの再構築へと、大きく舵を切る役割を果たしたと見るべきだろう。

3　大学院大学の種別化

旧帝大の大学院大学化論

日本的システムの再構築といえば、「大学院大学の種別化」もまた、「三八答申」の最重要の提言の一つであった。なぜならそれは国立大学について、「旧制大学」を継承した大学、とりわけ旧帝国大学と戦後発足した「新制大学」との、制度上の差異化・「種別化」を求めるものであったからである。

繰り返し述べたように、戦前期、高等学校・大学予科を含めれば教育年限六年の大学に対して、三年のいわば短期高等教育機関である専門学校が、学校数でも入学者や卒業者数でも圧倒的に多数を占めていた。この世界的に見て特異な高等教育システムをめぐる改革論議の主流は、戦前期から常に専門学校の「新制」大学化と、帝国大学に代表される旧制度下の大学の研究機能強化、具体的には大学院化ないし研究所化にあった。

研究機能の分離・強化の問題については、戦前期の大正七年（一九一八）、帝国大学の有力教授たちが、「帝国大学と専門学校を再編統合して、専門実務教育に専念する三～四年制の新しい大学とし、研究の機能は「別に「帝国大学を継承する」完備せる学術研究所を創設」してこれに委ね、「大学卒業者中優秀なる者」を入学させ研究に専念させる」ことを提言している（天野『高等教育の時代』上、三三一─三）。まだ大学が帝国大学のみであった時代の大胆な改革構想だが、官公私立大学の設置が認められたあと、昭和一〇年代の学制改革論議で主流を占めたのも、「大学・高等学校・専門学校を再編・統合して、修業年限三年ないし五年の「大学校」」とし、別に「最高学術研究の機関として「大学院」を置く」という教育改革同志会の案であった（同、三四三）。研究と教育の機能分化による高等教育機関の差異化・種別化は、戦前期以来の政策課題であったといってよいだろう。

この問題は、教育刷新委員会を舞台にした戦後の学制改革論議のなかでも浮上する。学校教育法が公布され、すべての旧制高等教育機関の新制四年制大学への移行が決定した直後の昭和二二年（一九四七）四月、有力委員の一人で、旧制高等学校・帝国大学制度の温存論者であった天野貞祐が、旧帝国大学の学部を廃止し、大学院大学化することを強硬に主張したのである。実際に、高等教育の改革問題を審議する教刷委の第五特別委員会は議論の末、天野の意見を容れて、「現行の帝国大学を大学院主体にする」、「大学院の総合学術研究所としての独立設置を認める」ことを決定して総会に提出している。

特別委員会の安部能成委員長は、新制大学制度のもとでは「民衆の水準は高まっても、学問の水準は世界的に高まることができない虞が充分あるので、こういう総合学術研究所を（中略）独立に設けるようにしないと、学校教育法でそれぞれの大学の内部に附属されているもの［新制大学院］では指導能力が十分でない虞がある」とし、その総合学術研究所を新たに設置することは「日本の現在の状態では到底不可能」なので、「現在の帝国大学の設備と教授力とを以てしてその総合研究所に当って貰うということがさし当りは最もいい方法で、最も可能な方法」だと考えると力説したが、賛同は得られず、採択されるには至らなかった（『会議録』第二巻、二八九─九〇）。

しかし、それで決着がついたわけではない。制度の民主化・平等化・大衆化は不可避だとして、教育機会の平等化と市民教育を重視する新しい大学制度のもとで、高度の学術研究の役割を、だれがどのように担っていくのか、より具体的に言えば際立って高い総合制と強い研究機能を持つ七校の旧帝国大学（と官立単科大学）を、新制度の

表1　旧制大学を継承した大学

総合大学	(7)	北海道・東北・東京・名古屋・京都・大阪・九州（各帝国大学）
複合大学	(2)	広島（広島文理科）・神戸（神戸商業）
	(6)	千葉（千葉医科）・新潟（新潟医科）・金沢（金沢医科）・岡山（岡山医科）・長崎（長崎医科）・熊本（熊本医科）
	(5)	弘前（弘前医科）・群馬（前橋医科）・信州（松本医科）・鳥取（米子医科）・徳島（徳島医科）
単科大学	(4)	東京教育（東京文理科）・一橋（東京商科）・東京工業（東京工業）・東京医科歯科（東京医科歯科）

なかにどう位置づけるのかが、国立セクターの再編統合が日程に上るとともに、再び政策課題として浮上してきたからである。

総合・複合・単科

第I部で見たように、この問題をはじめて取り上げたのは、教育刷新委員会の昭和二三年（一九四八）七月の決議「大学の国土計画的配置について」である。昭和二四年春に一斉発足の予定された新制国立大学について、そこには国立セクターの統合・再編成に関するきわめて重要な「方針」が書き込まれていた（『会議録』第十三巻、四―五）。すなわち、(1)旧制帝国大学は全ての部門をも網羅した、地区（ブロック）の文教の中心である「総合大学」に、それ以外の大学・学校は、一県一大学を原則に統合して県の文教の中心である「複合大学」とし、そのいずれでもない大学・学校は「単科大学」とする、というのがそれである。主要な狙いは、高い研究機能・学術水準を持つ旧帝国大学を差異的に扱い、その温存を図ることにあったといってよいだろう。

こうして、昭和二四年五月に一斉に発足した七〇校の新制国立大学は、①国立総合大学七校、②複合（地方国立）大学三八校、③単科大学二五校という、大きく三つのグループから構成されることになった。

差異的な扱いといえば、もう一つ重要なのは、旧帝国大学以外の官立単科大学の存在である。表1は、三つの大学群に旧帝国大学・官立単科大学がどのように移行したかを見たものだが（括弧内は旧制時の名称）、官立単科大学一七校のうち、複合（地方国立）大学に継承されたのが一二大学、うち一一校は医科大学で、それはさらに戦前期に設立された六校（旧官大）と、敗戦直後の時期に専門学校から昇格した五校（新官大）に分かれる。残る二校は商科と文理科である。

官立大学から移行した単科大学は四校、このうち東京医科歯科大学が新官大ということになる。戦前期に設立された旧官大一六校がすべて博士学位の授与権を認められ、大学院研究科を置いていたのに対し、敗戦後、医専から昇格した新官大五校はまだどちらも持たないが、それを予定しての大学昇格であったと見てよい。そして文部省は国立総合大学だけでなく、これら研究機能の充実した、あるいは研究機能を期待される旧・新の官立単科大学を継承した大学・学部についてもまた、どう処遇するのか、昭和二八年春に予定された新制大学院制度の発足に向けて決断する必要に迫られていた。

昭和二六年三月の日付を持つ文書によれば、この政策課題について文部省が描いていたのは次のような構想であった（海後・寺崎『大学教育』三一五）。

新制大学院設置構想

○国立大学の新制大学院は昭和二十八年度から発足する予定をもって計画するものとする。
○国立大学の新制大学院は修士課程と博士課程を置く大学院を考慮するものとする。
○国立新制大学には当分の間は修士課程のみの大学院は、之を置かないこととする。但し博士課程を置くことを計画して修士課程のみを認められたときは、この限りではない。
○新制大学院は旧制大学で学位審査権を有している大学を優先的に考慮するものとする。
○当分の間高等学校専門学校等を基盤として成立した大学は先ず学部の充実を計り大学院は計画しないものとする。

すなわち、大学院の設置は、あくまでも旧制帝国大学・官立単科大学を継承した大学学部を優先し、それ以外の大学・学部には当分の間、認めないこととするというのである。

この構想を踏まえて同時期に示された「国立大学大学院編成方針（案）」には、「昭和二十八年から開設する国立大学院は次の十二大学にこれを置く。／備考　医学等の大学院は昭和三十年度から開設する予定であるから医学歯学系のみの大学はこの中に含まれていない」とある（同、三七）。二八年開設の一二大学とは、表1の七校の国立総合大学、それに広島・神戸・東京教育・一橋・東京工業の五校である。文部省は大学院の設置を、言い換えれば学位の審査・授与権を、旧制度下での大学・学部を継承した大学・学部だけに認めることを決めていたのである。

講座制と学科目制

それだけでなく、昭和二九年（一九五四）九月には大学院の基礎が講座にある、つまり講座制をとる大学・学部のみに研究科の設置を認めるとする「国立大学の講座に関する省令」を公布して、その法的根拠を明らかにした。省令の冒頭には「国立大学の学部に置かれる講座（大学院に置かれる研究科の基礎となるものとする）の種類及びその数は、別表第一から別表第十二までとする」とあり、以下講座制をとる大学・学部と講座の名称が列記されている。寺崎によれば、先の「構想」と同時期に「各大学が学部学科の講座又はこれに代る制度をいかように編成するかの目標を示」した「大学の講座等に関する要項（案）」という文書が作成されており、そこには「講座制と学科目制を採用することが明記されて」いた。文部省が早くから、講座制を大学院の基礎とする方針を固めていたことがわかる（海後・寺崎、一四九）。これが「戦後における講座に関する最初の定義」（同、一四九）であり、戦前期には帝国大学だけに認められていた講座制が、旧官立大学にも適用されることになったことが知られる。

その講座制と、それ以外の大学・学部の学科目制との違いが初めて明確に定義されたのは、昭和三一年一〇月に省令化された大学設置基準においてである。

第五条　大学は、その教育研究上の目的を達成するため、学科目制又は講座制を設け、これらに必要な教員を置くものとする。
二　学科目制は、教育上必要な学科目を定め、その教育研究に必要な教員を置く制度とする。
三　講座制は、教育研究上必要な専攻分野を定め、その教育研究に必要な教員を置く制度とする。
第六条　教育上必要と認められる学科目（以下「主要学科目」という）は、専任の教授又は上教授が担当するものとする。（後略）
第七条　講座には、教授、助教授及び助手を置くものとする。（後略）

大学基準協会が制定した「大学基準」を踏まえて、昭和二三年に大学設置委員会が設置審査のために定めた「大学基準運用要項」には、「大学は、その目的使命を達成するために必要な講座又はこれに代る適当な制度を定めなければならない」とあったが、その「講座に代る適当な制度」が「学科目制」として、省令の中に初めて明記されたのである。こうして、新制国立大学は、文部省が、講座制と学科目制のいずれを認めるかによって、学位の審査・授与権をもつ大学・学部／もたない大学・学部、大学院博士課程を置く大学・学部／置かない大学・学部、研究機能重視の大学／教育機能重視の大学・学部に「種別化」されることになった。寺崎は、この昭和三一年の省令の意義について、「結局、講座制を温存する一方、科目制を制度化し、この差別的制度のもとで、旧制時代の大学と高等学校・専門学校との間にあった、研究・教育機関と教育機関という原理的な違いを新制度のなかに再現させたのである。少なくともこの省令以後、多くのいわゆる新制大学学部は、研究と教育の統一的遂行の場にふさわしい教員組織を持つことを、制度的に制約されたのである」（同、一四九‐一五〇）としている。

国立セクターの序列構造

このように講座制と学科目制の別を定めた省令は、国立セクターに属する大学を研究機能の強弱を理由に、実質的に差異化・種別化するものであった。「三八答申」の、「大学院大学」は「総合大学を原則とし、すべての学部の上に博士課程を置く」、「大学」には「博士課程を置かない。必要な場合は修士課程を置くことができる」という種別化の提言は、こうした国立セクターの現実を踏まえてのものにほかならない。答申の「大学院大学」構想はその意味で、現状追認的な提言であったというべきだろう。

戦前期、帝国大学に限定された特権的な制度である講座制が、それ以外の官立大学を継承した大学・学部（それに六年制の医・歯学部）にも適用されることになったのは、先に見たように戦後も昭和二九年（一九五四）になってのことである。それと同時に、講座制以外の大学・学部の組織は、正式に「学科目制」と呼ばれることになった。学科目制とは、裏返せば大学院博士課程を、したがって博士学位の授与権を持たない大学・学部の組織ということになる。これによって、制度上は同じ大学という名称の高等教育機関の間に、博士学位の授与権を持つ大学と持たない大学が出現したのであり、両者を分かつ条件とされたのが、旧制度下の大学・学部の継承の有無であった。旧制度における大学と専門学校等それ以外の学校という二層的な制度が、新制国立大学において、講座制と学科目制との差異化という形で継承され、復活したことになる。

講座制・学科目制の重要性は、それが単に教育研究上の組織編制の違いというだけでなく、学位の審査・授与権、博士課程研究科の設置、さらには教員の数と配置、予算配分の基準（積算校費）等と不可分に結びつけられていた点にある。主要な授業科目ごとに一名の教授または助教授が配置される「学科目制」に対して、「講座制」では講座ごとに教授一・助教授一・助手一〜三の教員が配置される。学部の上には博士課程研究科が置かれ、講座ごとに大学院生の入学定員が配分される。つまり講座は教育研究上の組織であるだけでなく、研究者・後継者の育成組織でもあった。

それだけではない。国立大学予算の主要部分は、学科目・講座を単位に積算され配分されたが、その額にも大きな違いがあった。理工系中心の「実験」、文科系主体の「非実験」、医歯学系の「臨床」の三種に区分されて配分された積算校費の額を昭和四〇年時点で見ると、講座制と学科目制とで、実験系で三・〇倍、非実験系で二・六倍の開きがあったことがわかる（海後・寺崎、一五〇）。大学院担当の教員には別途手当が支給されたから、給与面でも差がつけられていたことになる。大学・学部の教育研究活動にとって最重要の資源である人員と予算に、講座制・学科目制の違いによる顕著な構造的格差が設定されていたのである。

昭和三八年以降、中教審答申の提言に添う形で学科目制大学・学部についても、高度専門職業人養成を目的とした修士課程研究科の設置が積極的に進められる。学科目制のままの学部の上に、学部から一部教員が選任されて兼担する「修士講座」を設置するという変則的な形だが、博士講座に比べて積算校費の単価も低くおさえられたその修士課程研究科は、理工系を中心に着実に数を増やし、昭和四五年には五八研究科（うち理工系五二）に達している。しかし、それは講座制と学科目制の違いを基軸にした、「大学院大学」と「大学」という種別の境界を大きく変えるものではなかった。講座制・学科目制が廃止される二〇〇七年まで、学科目制の新制大学・学部から講座制大学・学部への転換（昇格）は、ごく例外的に認められたにすぎなかった。

予算と人員の違いは、それぞれの大学・学部の教育研究活動に投入される人的・物的資源の差異を意味する。その基底にある講座制と学科目制のどちらを、それぞれの大学・学部に適用するかの決定権限は、大学・学部の意思や願望とかかわりなく文部省の手中にある。新制大学としての発足時に継承された資源の格差は、大幅な再配分が行われることなく存続し、研究機能の強弱、ひいては社会的な威信の大小とその象徴としての受験競争率の形で、国立セクターの大学・学部間に複雑なヒエラルヒーを生みだしていく。

「三八答申」の一連の答申はその意味で、少なくとも国立大学の未来を左右する、きわめて重要な選択と決定を含むものだったのである。

エピローグ

漠然とした不安

中央教育審議会で、諮問「大学教育の改善について」の審議が始まり、答申が出される昭和三〇年代の後半は、政界や官界、さらには第II部で見た大学・学術界や経済界だけでなく、広く社会的に新制大学制度の見直しを求める動きが、高まりを見せた時代であった。永井道雄（東京工業大学教授、後に文部大臣）は、そうした時代の空気について、こう述べている。

明確にここが悪い、あそこがだめだと指摘はできないにしても、なんとなく日本の大学が充実していないというのが、かなり多くの人がいだく偽らざる感情であると思う。（中略）人々の感じはばく然とはしているが、ばく然とはしていても不安の根が浅いとは言えない。（中略）私はここ数ヵ年、大学について勉強しつづけている。そして、以上に述べた疑問が、過去一、二年、人々の間に急速に深まりつつあると感じている。その一つの証拠は、大学をめぐる刊行物があいついで世にでている事実である。文部省は、いわゆる「大学白書」、正確に言えば「わが国の高等教育」と題する報告書を発表した。毎日新聞は「学者の森」と題する大きな連載を企画し、後に、新聞協会賞をうけた。蠟山政道氏を中心とするグループは『大学制度の再検討』という研究書を発表した。(中略)このほかにも数多くのよい本があるが、どれを読んでも強く感じるのは、日本の大学はこれではいけないということだ。それではどうすればよいのか。突破口を見つけ、そこにすすまなければならないがいまだにそこまではいってはいない。その数歩手前で、問題がにつまっているのが現状である。(中略)日本をかえりみ、大学について考えるとき、私は、あらためて大学再建の重要性を痛感する。(永井「日本に〝学園〟はあるのか」三–一〇)。

文中にある『学者の森』とは、昭和三七年(一九六二)一月から三八年六月まで毎日新聞が連載した、大学を「学者の森」になぞらえたルポルタージュである。「学者の森は今や全国至る所にある。新制大学が発足してから十三年の月日がすでに流れた。赤ちゃんでも十三歳の少年になっているはずだ。それは遠くからながめておれば、楽しい風景かもしれない。が、さて全国各地の森の環境は? 住み心地は? 研究の条件は?……」(下、二)とあるように、新制大学の研究面での実態に光を当てた、記者の藤田信勝らによるこの現況報告は、三八年一〇月に『学者の森』(上下、毎日新聞社)として出版され、反響を呼んだ。右に引用した永井の文章自体、『朝日ジャーナル』誌に三八年三月から三九年九月にかけて「大学の庭」というタイトルで連載された、八一校の大学の教育やキャンパス生活を中心にしたルポルタージュを集めて編まれた『大学の庭』(上下、弘文堂)の、序論にあたる一文から引用したものである。この時期、新制大学のあり方がいかにメディアの、ひいては社会の大きな関心事であったかがわかる。中教審の「三八答申」は、そのような時代状況のなかで登場したことを、確認しておこう。

「三八答申」の意義

その答申に対する評価が、直接の当事者である大学関係者の間で高いものではなかったことは、これまで見てきたとおりである。「新制大学発足以来はじめての大学制度の包括的見直し」を目指す、「一方では大学の種別化など戦後改革の批判的手直しを、他方では一般教育担当組織としての教養部の制度化など、戦後改革の定着を提言するという二重の性格をもった」（大崎編『大学紛争を語る』二八二-三）その答申の、とくに「批判的手直し」の主要部分は、大学・学術界からの強い抵抗のもと、実施に移されることなく終わった。

しかし、そのことは、新制大学制度の包括的な検討を試み、問題点を整理し明らかにしたこの答申の重要性を損なうものではない。戦前期以来の学制改革論議を継承しながら、敗戦直後の混乱期に、アメリカ・モデルを暗黙裡の準拠枠に、強いられた、拙速な大転換を遂げることになったわが国の大学・高等教育にとって、それは避けて通ることのできない作業であった。中教審での審議と、それをめぐる関係諸団体との間の厳しいやりとりは、再改革を目指す政府・文部省、産業界にとっても、戦後改革の理念の堅持を求める大学・学術界にとっても、新制大学制度の抱えるさまざまな問題点をあぶりだす役割を果たした。答申はまた、そこに盛られた提言の実施・不実施とかかわりなく、わが国の大学・高等教育が、アメリカ・モデルを相対化して距離をおき、日本的なシステムの確立に向けて一歩を踏み出したことを、そして「新制大学の時代」が、ひいてはわが国の大学・高等教育の「戦後」が終わり、新しい次の発展段階に向けての出発点に立ったことを、宣言するものでもあった。

アメリカ・モデルの相対化

新制大学制度の発足からほぼ一五年、GHQ／CIEが指導・助言の形で導入を求めたアメリカ・モデルの高等教育システムを、日本側はどのように受け止め、理解し、相対化し、日本的な伝統と現実に適合的なものに修正する努力を重ねて、「三八答申」にたどりついたのか。第I部で提示した六つの課題を中心に振り返っておこう。

（1）短期高等教育制度

四年制のカレッジを中核に、下層にジュニアとコミュニティの両二年制カレッジ、上層にグラデュエートとプロフェッショナルの両スクールを配した三層構造のアメリカ・モデルについて十分な情報や知識を持ち合わせぬまま、昭和二二年（一九四七）という早い時期に日本側が選択・決定したのは、大学と専門学校という旧制度の二層構造の廃止と、四年制を原則とする単層的な高等教育システムへの移行であった。

アメリカ的な二年制の短期高等教育機関の制度化を求める声が、CIEの内部にも、また教育刷新委員会の委員の間にもあったことが知られている。しかし、十分な議論のないまま、新制度への移行が現実問題となるなか、四年制大学への移行・昇格の困難な、とくに女子系の専門学校救済のための「暫定措置」として二年制の「短期大学」の設置が認められ、文学・家政学系中心の女子主体の高等教育機関として成長していく。その短期大学は、シニア・カレッジへの進学を想定したアメリカのジュニア・カレッジとも、準専門職業教育を主目的とするコミュニティ・カレッジとも異なる、二年間で一般・専門双方の教育を施す完成教育の場、いわば「二分の一大学」であったが、やがて産業界を中心に、短期大学の職業教育機関への転換を求める声が高まる。

短期大学側は、制度としての恒久化を求める一方で転換には反対であり、議論は難航し、結局、中級技術者の養成機関として工業系の「高等専門学校」制度を、別途創設することで決着する。その高等専門学校が目指したのは、旧制の高等工業学校に相当する中級技術者の養成にあったと見てよい。アメリカで公立のコミュニティ・カレッジが担ったセミプロフェッショナルな職業教育の機能は、わが国では各種学校（のちに専修学校）が果たすことになる。こうして日本の短期高等教育は、アメリカのそれとは著しく異なる発展の道をたどることになった。

（2）大学院制度

大学院制度についても、日本が選択したのは、アメリカとは異なる道である。

大学院は、戦前期のわが国の大学にも置かれていたが、年限を定めず、一定の教育課程も論文執筆に向けた教員による指導もない、学部付設の教員志望者や国家試験浪人のたまり場的な存在にすぎず、授与される学位も博士のみであった。GHQ／CIEは定められた年限と教育課程をもち、単位制を採り、博士だけでなく修士の学位を授与する、研究者養成型の大学院（グラデュエート・スクール）と専門職業人養成を目的とした職業大学院（プロフェッショナル・スクール）の双方の設置の必要性を説いたが、教育刷新委員会は関心を示さなかった。結局、CIEの別動隊視された大学基準協会が、アメリカのグラデュエート・スクールをモデルに策定した、修士二年・博士三年の課程を置く、研究者・大学教員養成重視の新制大学院案が、採択されることになる。

アメリカ的な職業大学院制度についてもさまざまな議論があったが、日本側はその導入に否定的であり、医学部・歯学部の六年制化に見るように、専門職業人養成を学部段階で完結的に実施する道を選んだ。アメリカのプロフェッショナル・スクールを代表するロー、ビジネスなどの大学院の設置は、二〇〇四年の「専門職大学院」制度の導入まで先送りされることになる。なお、産業界からの人材需要が高まるとともに理工系、とりわけ工学系については、昭和四〇年代に入る頃から大学院修士課程の職業人養成機関化が促進され、それが人文・社会系の分野にも広げられ、職業大学院の代替機能を果たすという、独自の大学院制度が構築されて現在に至っている。

（3）一般教育と学部教育

「国家のための大学」から「市民のための大学」への転換をはかるべく、すべての新制大学に導入された一般教育課程は、外形的に見ればアメリカ・モデルに最も忠実な改革であったといってよい。

しかし、その一般教育もまた、日本的な変容を免れることができなかった。アメリカのカレッジ教育における多様な教育課程編成の実態について、知識や情報がないまま、旧制大学における大学予科や高等学校での「高等普通教育」の経験を基盤に、新制四年制大学に導入されたのは、教育課程を一般・専門の二つに分離し、標準化されたカリキュラムのもと、前期一年半ないし二年をもっぱら一般教育にあてるという、画一的な学部教育のシステムであった。それは新制大学がアメリカ的なカレッジ制ではなく、戦前期以来の伝統であるヨーロッパ的な専門学部制を採り、職業大学院の制度化を見送り、専門・職業教育を学部段階で完結的に行う道を選択したことから生じた、避けがたい帰結であった。わが国にはアメリカ高等教育の重要な特徴であるリベラルアーツ・カレッジは、ついに出現することはなかった。

専門・職業教育の水準向上を求めて一時的に盛り上がった、医学・歯学以外の専門学部における年限延長論が下火になると、一般教育課程のあり方をあらためて問う声が強まる。とくに理工系学部では「基礎教育科目」の設置を求める声が高まり、一般教育は専門教育のための準備教育的な色彩を強めていく。また、「三八答申」の提言に基づいて、主として国立大学に設置された「教養部」は、一般教育課程の組織としての独立を図るための措置であったが、同時に、一般教育の専門教育に対する従属的な地位を決定づけるものでもあった。第一次アメリカ教育使節団の報告書に見られるように、アメリカ側は旧制度の高等教育機関における専門・職業教育重視に厳しく批判的であり、それが一般教育課程の導入につながったのだが、結局、ヨーロッパ的な専門学部制の強固な伝統を崩すことができなかった。

（4）設置認可と適格判定

アメリカ側が強くこだわった、設置認可（チャータリング）と適格判定（アクレディテーション）を分ける大学の水準維持と質向上の二元的な制度も、導入されたものの有名無実化していく。

州政府による大学の設置認可基準を外形的な最低水準にとどめ、届け出制に近い形で設置を認め、質の維持・向上は、会員制の自発的な大学団体である各種の大学基準協会が独自に定める基準（大学基準）に基づく評価に委ねる――すなわち政府の直接的な管理統制を排除し、大学に運営と教育研究の自由を最大限に認めるという、その二元的制度は、多様性と柔軟性に富んだアメリカの高等教育システムの独自性を象徴するものである。ＧＨＱ／ＣＩＥは、旧制大学関係者による大学基準協会の創設を主導するなど、明治以来、官公私立を問わず強い官僚統制の下に置かれてきた日本には無縁であったその二元的制度の導入を、強く求めた。大学に対する官僚統制を排除し、占領政策の主要な柱である教育の民主化を進める上で最重要の方策と考えたからである。

それが失敗に終わったのは、アメリカ的な二元的制度の理解が不十分なまま、基準協会の策定した「大学基準」が、文部省・大学設置委員会による設置審査のための「大学設置基準」に転用されたことによる。旧制大学関係者によって作成された大学基準は、「昇格」を目指す旧制専門学校にとっては最低どころか最高水準に近く、文部省・大学設置委員会は設置審査にあたって、実質的に基準を切り下げて適用することを余儀なくされた。大学設置基準には、こうして文部省による政治的・政策的な運用の余地が生まれ、アメリカ側が忌避する、文部省の大学に対する管理統制権限の復活・強化につながっていく。他方で、設置認可を受けたのち大学基準協会の会員たるべく、あらためて大学基準による「適格判定」を受ける旧専門学校系の新制大学はほとんどなかった。基準協会は旧制大学系の大学による「エリート・クラブ」化し、占領期が終わるとともに急速に、高等教育政策に対する発言力や影響力を失っていく。それぞれに異なる適格判定の基準をもつ、各種の基準協会が併存し、大学が主体的に質の向上を図るというアメリカ的な状況が、日本に出現することはなかったのである。

大学基準の大学設置基準への転用はまた、文部省・大学設置委員会が、施設設備や基本財産などの外形的条件だけでなく、教育課程そのものをも設置審査の対象としたことを意味する。設置基準はやがて省令化されるが、審査に際して一般教育はもちろん専門教育についても、標準化された課程編成モデルが文部省によって提示され、適用されたことは、学部教育の課程編成の、ひいては新制大学の画一化という、重大な副作用を生むことになる。その画一化については、新制大学制度の最大の問題点として、大学の内外から厳しい批判の声があがるが、二元的制度の理念と原点に戻ろうという声は弱かった。

画一化の批判に答えるべく打開策として政府・文部省が用意したのは、高等教育機関の「種別化」構想である。大学側はこれに強く反対し、代案として設置基準の弾力化・柔軟化による課程編成の自由に基づく「多様化」を求めるが、結局、問題は解決されず、文部省は大学に対する管理・統制の重要な手段として、設置基準を政治的・政策的に運用し続けることになる。大学基準協会の弱体化と相まって、アメリカ的理想は実現されぬままに終わった。

(5) 管理運営システム

管理運営問題については、主要な私立大学は戦前期にすでに法人格を取得し、アメリカ的な理事会・評議員会等の管理運営制度を導入しており、それが戦後、ＧＨＱ／ＣＩＥの主導で策定された「私立学校法」に、より整理された形で継承される。戦前期には一部の大学に限られていた教授会も、「学校教育法」によって設置が義務づけられた。

問題は、法人格を持たず、政府・文部省の直接の管理統制下に置かれてきた国立セクターの大学であり、官僚統制の排除を目指すＧＨＱ／ＣＩＥは、国立大学にアメリカの州立大学をモデルとした管理運営組織の導入を強く求めてきた。その過程で、旧帝国大学を除く国立大学の府県委譲案が浮上したことからも知られるように、アメリカ側の狙いは、財政を国家予算に依存する国立大学に、国民・市民の声を反映させる新しい運営組織、具体的には「理事会（ボード・オブ・トラスティーズ）」制度を導入することにあった。

評議会・教授会という、旧制度下で認められ新制度にも継承された、教員による内部管理組織のもと、人事を中心とした自治慣行を獲得してきた大学側は、国家権力や外部勢力による「学問の自由」への介入に苦しめられた戦前期の記憶もあり、外部者の大学運営への参加を認める理事会制度の導入に否定的であった。

しかし、この重要課題を放置することは許されず、文部省は大学・学術団体の代表のほかに各界の有識者を加えた協議会を設置し、昭和二六年、「国立大学管理法案」を策定して国会に上程する。アメリカ側の目指す「大学の管理に民意を反映させるという理想」と、日本側が掲げる「大学の自治の尊重という理想」との両立を求めて提示されたのは、中央には文部省による官僚統制の弊を防ぐため、文部大臣の諮問機関として「国立大学審議会」を、各大学には学長の諮問機関として「商議会」を置くという案である。大学関係者以外の外部者を委員に加えるこの二つの組織は、いずれも議決機関ではなく諮問機関として位置づけられていた。ＧＨＱ／ＣＩＥからすれば不本意な案であったと思われるが、政治的介入を恐れる日本側にとっても満足できる案ではなく、国会で審議が重ねられたものの成立を見ることなく終わった。

国立大学の管理運営組織の整備は、その後もたびたび企てられたが進展を見ず、昭和三〇年代半ばの中教審に対する諮問「大学教育の改善について」の一部として、再び取り上げられることになる。占領期が終わったこともあって、アメリカ的な民意反映の理想はさらに後退し、議論はもっぱら学内組織の整備に向けられ、中央の審議会や学内の商議会の設置構想は姿を消す。「三八答申」の提言は、もっぱら学長・学部長・評議会・教授会という、大学の内部管理組織間の権限関係の明確化を求める内容になっていたが、学長の権限強化につながるとして、教授会自治を重視する大学側は批判的であり、結局、法案化されるに至らなかった。アメリカ的な理想は、ここでも受容されなかったことになる。

（6）国立セクター再編

四〇〇余校のうち、わずか七校の国立総合大学（旧帝国大学）を除いて、すべてが単科の大学、専門学校、高等学校、師範学校からなる国立セクターについては、抜本的な再編統合が必要であるという点で日米間の意見は一致していた。国立総合大学は別扱いし、各県所在の国立高等教育機関は、県単位で再編統合を図る必要があるという点でも、意見の違いはなかった。

しかし、管理運営のあり方をめぐって突如浮上した地方委譲論に見るように、国立大学をもたないアメリカ側が想定していたのは、州立大学をモデルにしたシステムであったと見てよい。日本側の強い反対で、委譲論は早くに撤回されたが、ＧＨＱ／ＣＩＥは、一県一大学原則の厳守、県域をまたぐ再編統合の禁止、それに教員養成と教養教育を担当する学部設置の義務づけなどの形で、州立大学モデルに固執し、日本側もほぼこの要請に沿った原則を立て、再編統合計画を推し進めた。再編統合の対象とされた大学・学校側からの少なからぬ異論や反対を押し切って、短期間でことを進めるうえで、アメリカ側の要請は「魔法の接着剤」的な役割を果たすことになる。こうして昭和二四年には、全国的な国立の総合大学・複合大学のネットワークが誕生し、一県一大学原則による三八校は「地方国立大学」と呼ばれるようになった。

大都市部に集中した私立大学と対象的に、地方分散的なこれら国立大学群は、大学教育機会の開放・平等化を強く求めるアメリカ側の期待に応えるものであったといってよい。昭和二五年の時点で、国立大学だけが唯一の大学である県は二二に上り、また大学入学者全体のほぼ半数を国立セクターが占めていた。しかし、国家財政上の制約もあり、政府は国立セクターの拡充に積極的ではなく、大学・学部の新設についても入学定員の拡大についても抑制的であったから、高等教育の量的拡大の主流は急速に私立セクターに移っていった。それは理系主体の学部編成と相まって、わが国の国立セクターが、高等教育大衆化の主要な担い手となりえなかったことを意味する。

州立大学とコミュニティ・カレッジからなる公立セクターが、低廉で開放的な高等教育機会を大量に提供し、高等教育大衆化の主要な推進者としての役割を担うアメリカ的な構造が、わが国に形成されることはなかった。

遺産の継承

一般教養教育を主とし、専門・職業教育を従とするカレッジ教育、それを可能にする職業大学院と二年制のコミュニティ・カレッジの制度、大学の自由と主体性を尊重する設置認可と適格判定からなる二元的制度、大学運営に民意を反映させるための理事会制度などは、アメリカの高等教育システムの根幹部分をなす諸制度である。教育の民主化を目指すＧＨＱ／ＣＩＥは、日本に対してそれらの導入を要請し、強力な指導・助言を展開したものの、成功するに至らなかったことがわかる。

日本側は、戦前期以来の学制改革論議もあり、六・三・三・四という学校体系の外形についてはアメリカ・モデルを積極的に受け入れた。しかし、アメリカ的なシステムの根幹をなすカレッジ制を含むさまざまな制度の受容については消極的で、しばしば拒否的であり、導入した場合にも日本的な伝統と現実とに妥協的なさまざまな修正を施し、その実質的な形骸化をはかった。新制大学制度の発足から一五年を経て姿を現したのは、ヨーロッパ的な大学制度をモデルに、明治以来七〇年近くをかけてつくり上げてきたシステムを基本的に継承する、その意味できわめて「日本的」な大学と高等教育の形にほかならなかった。

戦前期以来の専門学部制のもとに導入された一般教育課程は、大学予科の伝統に重ねあわせて理解され、専門基礎教育や外国語教育の分離がはかられるなど、教養教育としての性格を薄めていく。その一方で専門・職業教育については、学部段階での完結が志向され、これも戦前期以来の伝統を継承する研究者養成主体の大学院制度のもとで、その前期課程的な位置づけとなった修士課程の一部が、理工系の専門分野で職業大学院の代替的機能を果たすことになる。旧制度の、とくに女子専門学校救済のための暫定措置として発足した短期大学は、大学への転学者のための前期教育、準専門的な職業教育のいずれの場ともならず、文学・家政学系の女子主体の高等教育機関として独自の発展を遂げ、やがて恒久化される。短期高等教育機関としては、旧制度の実業専門学校が果たしてきた機能を継承するものとして別途、工業系に限定された五年制の高等専門学校制度が発足をみる。教授会自治中心の内部管理運営システムも、戦前期、旧制度の大学で形成された自治の伝統を継承するものであり、また一時は解体論すらあった文部省だが、占領期が終わるとともに設置認可行政を中心に、大学・高等教育に対する管理統制権限を復活させ、強力な中央行政機関として復権を果たすことになる。

「三八答申」に至る模索と選択、修正と再改革の結果姿を現したのは、明治以来の伝統と遺産の見直しと修正がはかられたとはいえ、その基本的な骨格を継承する、「新制」という冠を外して呼ばれるようになった、大学と高等教育の制度にほかならなかった。

戦前期から継承されたものは、それだけではない。それぞれに異なる法規に準拠する多様な学校種からなる複雑な制度は一変し、単一の設置基準に基づく新制度の四年制大学が一斉に発足したが、制度上の平等性を認められたその新制大学については、やがて画一性が問題視され、種別化や多様化の必要性が叫ばれるようになる。

その一方で、新制大学については、それが同時に大学や専門学校、師範学校といった前身校の旧制度下での種別を基軸にした出自の違いや、教育研究機関としての歴史や蓄積、さらにはそれらに基づく社会的威信の違いを、そのまま継承するものであり、それが「種別化構想」の源泉ともなっていたことを指摘しておかねばならない。

厳しい人的・物的資源状況のもとでの、旧制から新制への短期間での一斉移行は、新しい資源の十分な投入はもちろん、資源の大幅な再配分を伴うものでもなかった。このため制度上は平等な新制大学の間に発足時においてすでに、前身校の出自によって異なる遺産を継承する形で、大学・学部間の顕著な格差構造、序列構造が形成されることになった。その序列・格差構造は、より上位を占める大学を目指す入試の難易度、さらには偏差値体制として社会的に可視化され、認知され、再生産されていくことになるのだが、こうした序列・格差構造もまた、自由で競争的な、柔軟性と流動性に富んだアメリカ・モデルの高等教育を支える諸装置の導入に消極的であった、戦後改革の重要な産物にほかならなかった。

画一性と格差構造

こうした大学・高等教育の制度的な平等性・画一性と、過当な受験競争に象徴される傾斜の大きな大学・学部間の序列・格差構造とは、その後長く、わが国の大学・高等教育システムの重要な特徴として持続されることになる。昭和四五年（一九七〇）に日本の教育政策のレビューを目的に来日したＯＥＣＤ教育調査団の報告書の、以下に紹介する一節は、戦後改革から二〇年余を経たわが国の大学・高等教育制度のそうした特質を、外部者の目で的確にとらえたものといってよいだろう。

日本の高等教育制度は、いちじるしく階層的であり、その構造は急速な成長にもかかわらず今世紀の間ほとんど変化していない。多数にのぼる大学のうち、ごく少数だけが財政的基盤、社会的威信、その提供する教育水準などの点で、他からはっきり区別されている。こうして形成される大学の構造は、頂点の鋭くとがったピラミッド状を呈し、ピラミッドを構成する各層の間で、学生や教師の移動はきわめてとぼしい。国・公立でつくられたピラミッドをみると、まずその頂点に立つのは東京・京都の二大学であり、一橋大学、東京工業大学のような専門的大学および五つの旧帝国大学がそのやや低位に位置する。さらにその下に、戦後、各都道府県に新設された四十六校の国立大学と、いくつかの公立大学がある。／この国・公立ピラミッドと並んで、大学生の七五％を収容する私立大学は、さらに巨大なピラミッドをなしている。しかしそのなかで、きわめて少数の私立大学は高い社会的評価と教育の質を維持しているものの、その底辺は国立大学のそれの遥か下方にある。（中略）大学制度のこうした階層的構造は、それだけが単独に存在しているわけではない。これと密接に関連して、各大学の内部では教授と学生との間に階層的な地位の上下関係が存在しているし、また国・公立大学とそれが関係する行政機構全体との間にも同じような関係が存在し、大学を財政当局に従属させる役割をはたしている。（ＯＥＣＤ教育調査団『日本の教育政策』五一－二）

日本の大学教育を再編成する必要は、今では広く認められている。それは現在の硬直化した大学制度に、新たな弾力性を導入しなければならないという一般的な認識にもとづいている。学生の学ぶ教育課程や専攻科目はあまりにも画一化され、大学の内部組織はあまりにも細分化され、それぞれが閉鎖的であり、また大学相互間の交流はあまりにも制限されている。さらに大学やその卒業生のなかに、公然ではないにせよ、まぎれもない現実として存在する階層的な序列は、複雑化し急速に変化する科学技術の要求や、平等主義的な、多様化し、開かれた社会にならねばならないという日本の要請を満たすには、あまりに柔軟性を欠いている。（同、七三）

エドウィン・ライシャワー（米）、ロナルド・ドーア（英）、ヨハン・ガルトゥング（ノルウェー）など知日派の学者を主体とした調査団の目には、日本の大学・高等教育が、アメリカ・モデルへの転換を目指す占領下でのドラスティックな改革にもかかわらず、過去の伝統を変えることなく継承する、しかも戦前期以上に画一的で硬直化した、新しい時代への適応力を著しく欠くものと映ったのである。

新たな諮問と「四六答申」

OECDの教育調査団によって、構造的に「今世紀の間ほとんど変化していない」と指摘された、その高等教育制度については、それがこの時期再び、政府・文部省による包括的な改革論議の対象となっていたことを指摘しておかなければならない。

すなわち、中央教育審議会が「今後における学校教育の総合的な拡充整備のための基本的施策について」諮問を受けたのは昭和四二年（一九六七）七月のことであり、「現在の学校教育については、新学制発足後二〇年を経た今日、制度的にも内容的にも多くの問題点が指摘されており、その総合的な検討が要求されている。さらに、技術革新の急速な進展と社会の複雑化とは、今後における学校教育にますます多くの新しい課題の解決を要求することが予想される。／よってこの際、わが国の学校教育のこれまでの実績を再検討し問題点を明らかにしてその改善方策を樹立するとともに、今後における国家社会の進展に即応して、長期的な展望のもとに、学校教育の総合的な拡充整備のための基本的施策を検討する必要がある」というのが、その諮問理由であった。

「四六答申」と呼ばれることになる中教審の長大な答申が出されたのは、諮問から四年後の昭和四六年六月である。すなわち、OECDの調査団は中教審での審議のさなかに来日し、調査報告書は審議会委員を含む関係者との意見交換を経て、答申とほぼ同時期に公表されたのである。

その「四六答申」（『中央教育審議会答申総覧（増補版）』一八一―二六七）だが、内容を見ると、主たる狙いがなによりも大学・高等教育の再度の見直しにあったことがわかる。答申の具体的な内容の紹介は、本書の範囲を超えるが、その中の「高等教育の改革に関する基本構想」の前文にあたる部分を読むと、前回の「三八答申」から一〇年足らずの間に、わが国の高等教育を取り巻く環境と状況に大きな変化が生じ、さらなる改革に向けて新たな議論と提言が、強く求められていたことが知られる。

この基本構想をまとめるにあたって、本審議会がとくに留意したのは、今日および今後の社会において、高等教育の伝統的な理想と社会的な現実とをいかに調和し、高等教育全体として、その役割と使命をじゅうぶんに果たすことができるような制度上のわく組みをどのように構成するかという問題であった。これまで大学は、高度の学術の研究と教育を通じて文化の継承とその批判・創造に寄与することを最高の使命としてきた。同時に、大学に対しては、人間性の尊厳に根ざした豊かな教養をつちかい、高度の知識・技術を身につけた人材を育成して国家社会の発展と人類の福祉に貢献することが要請され、さらに今日では、国民的・時代的な要請から、より多様な教育的機能が期待されている。このようなさまざまな要請を今日の高等教育全体の機能の中に生かすためには、複雑高度化した現代社会に対応する新しい制度的なくふうが必要である。とくに、学問研究の自由に対する保障は、あくまで人間理性の自由な活動から生まれる提言と批判を通じて大学が社会に貢献するための基本的な条件である。しかし同時に、大学は、進んで歴史的・社会的な現実に直面し、そこから研究と教育を発展させる創造的な契機をくみとることができるような社会との新しい関係を作ることによって、その社会的な役割をじゅうぶんに果たすことに努めるべきであろう。

(前略)高等教育の改革についてはすでに多くの提案がある。しかしながら、改革について建設的な論議を進めるためには、まず、その提案が解決しようとしている中心的な課題が何であるかについて、共通の理解を深め、国民的合意を作り出すことが必要である。(中略)

本審議会としては、これまでの高等教育に対する考え方やその制度的なわく組みが、高等教育の普及と社会の複雑高度化に伴って、(中略)複合した要素を含んだ要請に適切に対応できなくなったため、これに対する

新しい解決策を見つけることがこの基本構想の中心的な課題であると考える。(同、三一二)

エリートからマスへ

「そこから研究と教育を発展させる創造的な契機をくみと」り、「社会との新しい関係を作る」ために、「これまでの高等教育に対する考え方やその制度的なわく組み」を変革することを大学に求めている、大学の直面する新たな「歴史的・社会的な現実」として答申が指摘しているのは、なによりも「高等教育の普及と社会の複雑高度化」、すなわち、高度成長がもたらした経済と社会の構造変化と、それが可能にした大学進学率の急上昇に象徴される高等教育の急激な規模拡大である。

第Ⅱ部の末尾に掲げた、高等教育機関の数と進学率(一八歳人口を母数にした入学者の比率)を示した表1に見るように、新制度の発足以来緩やかな増加を続けてきた高等教育機関の数は、昭和三〇年代の中頃から顕著な増加に転じ、三六年から四五年の一〇年間に大学で一・五六倍、短期大学では一・六五倍に急増した。高等教育進学率の上昇はさらに急激であり、昭和三〇年から三五年の時期には一〇%前後でほぼ横ばいであったものが、三六年に一一・八%と上昇局面に入り、その後持続的な伸びを続けて四五年には二四・〇%に達している。

「エリート—マス—ユニバーサル」という高等教育の発展段階説で知られるアメリカの社会学マーチン・トロウは、同年齢人口に占める高等教育在学者数、すなわち在学率一五%を「エリートからマスへ」の段階移行の指標として設定し、アメリカが一九四〇年頃にその水準を超えたことを明らかにしている(トロウ『高学歴社会の大学』六一-七)。トロウの説に従うなら、わが国の高等教育もまた、それから四半世紀遅れて、中教審に対する新たな諮問のあった昭和四〇年(一九六五)の初めには、エリート段階からマス段階への移行期を迎えていたことになる。

トロウの発展段階説の核心は、在学率や進学率の数的な指標自体にあるのではない。「一五%というポイントを過ぎると制度の性格に変化が生じはじめる」こと、すなわち在学率・進学率の上昇という「量」的な変化が一定の水準を超えるとき、「質」的な変化を、高等教育制度の構造的な変化をもたらさずにおかないことを、まだ「エリート段階」にあるヨーロッパと、成熟した「マス段階」を迎えつつあるアメリカとを対比させながら、鮮やかに説明してみせたところにある。トロウによればその変化は、高等教育の目的・機能から、教育課程の編成や教育方法、外部・内部の管理運営組織、組織形態と規模、進学者の価値観、入学者の選抜方法、社会と大学の境界など、大学・高等教育システムのさまざまな側面に及んでいく（同、六三―八四）。進学率の急激な上昇とともに、昭和四〇年代の日本は、ヨーロッパ諸国に先んじて、「エリートからマスへ」の段階移行に伴う質的な変化の最初の局面を迎えようとしていたのである。

永井道雄が指摘した、大学に対して「多くの人たちが抱いている漠然とした不安」や、中教審が審議を重ねている最中に発生し、「学生反乱」と呼ばれるほどに激化して多くの大学がキャンパス閉鎖に追い込まれるに至った「大学紛争」は、そうした段階移行の重要な兆候を示すものと見るべきだろう。

アメリカ・モデル再び

トロウが、彼の発展段階説を整理された形で発表したのは、一九七三年（昭和四八）にOECDが開催した「中等後教育の未来構造」に関する国際会議に提出した論文においてである。したがって、数年後には翻訳され、広くわが国の高等教育関係者の間に知られることになるその段階移行論とはかかわりなく審議され、策定された「四六答申」だが、読み返してみると、諮問を受けた中央教育審議会が抱いていた問題意識の多くが、トロウの指摘する構造変化の諸側面と大きく重なり合っていることがわかる。

答申が、「新しい解決策を見つける」必要がある「中心的な課題」として挙げているのは、

一、高等教育の大衆化と学術研究の高度化の要請

二、高等教育の内容に対する専門化と総合化の要請
三、教育・研究活動の特質とその効率的な管理の必要性
四、高等教育機関の自主性の確保とその閉鎖性の排除の必要性
五、高等教育機関の自発性の尊重と国全体としての計画的な援助・調整の必要性

の五つの課題である。

また、それに対する解決策としては以下のような項目が挙げられている——①高等教育の多様化、②教育課程の改善の方向、③教育方法の改善の方向、④高等教育の開放と資格認定制度の必要、⑤教育組織と研究組織の機能的な分離、⑥第五種の高等教育機関（「研究院」）のあり方、⑦高等教育機関の規模と管理運営体制の合理化、⑧教員の人事・処遇の改善、⑨国・公立大学の設置形態に関する問題の解決の方向、⑩国の財政援助方式と受益者負担および奨学金制度の改善、⑪高等教育の整備充実に関する国の計画的な調整、⑫学生の生活環境の改善充実、⑬大学入学者選抜制度の改善の方向。

その中には当然のことながら、「三八答申」から引き継がれた課題も少なくない。しかし未解決・未達成のままに残され継承されたそれを含めて、これらの課題に対する「四六答申」の具体的な提言を見ると、その多くが新しい時代に、トロウのいう「マス高等教育」段階の課題に向けて、大学・高等教育制度の大幅な改革・改善を求めるものであることがわかる。

先に総括したように、「三八答申」は、占領下に強いられたアメリカ・モデルの相対化とそれからの脱却、日本的な伝統と蓄積を基本的に継承する「エリート段階」型の大学・高等教育システムの再構築を目指す、その意味では後ろ向きの、いわば「過去志向」の改革提言であった。それに対して「四六答申」は、わが国の社会と経済、そして教育が新しい発展段階に達したことを踏まえた、「マス段階」型のそれへの抜本的な転換を構想する、「未来志

向」の改革を目指すものであったと言えるだろう。

そのマス高等教育のモデルは、トロウの指摘するように、他に先駆けてエリートからマスへの段階移行を果たしたアメリカにある。それは、「四六答申」以降のわが国の大学・高等教育改革論議が再び、いまは成熟した「マス段階」に達したアメリカの大学・高等教育をモデルとしつつ展開されることを意味する。ただし、そのアメリカ・モデルの学習・導入は、自主的・主体的、かつ選択的という点で、占領期のそれとは根本的に異なっていたのだが。

「新制大学の時代」の終わりは、わが国の大学の、「マス高等教育」への移行に向けた、新たな模索の時代の幕開けを告げるものであった。

あとがき

この十数年、明治以降のわが国の高等教育・大学の歴史を書き継いできた。『大学の誕生』（上下、中公新書、二〇〇九）、『高等教育の時代』（上下、中公叢書、二〇一三）、『新制大学の誕生』（上下、名古屋大学出版会、二〇一六）がそれである。それぞれに独立のテーマを持ち、叙述や分析のスタイルも異なり、時期的にも若干重なり合っているが、通史としても読むことができるよう工夫したつもりである。本書『新制大学の時代』は、その続編にあたる。

前著『新制大学の誕生』では、戦時期から敗戦を挟んで、占領期の昭和二四年、新制大学が一斉に発足するまでの時代を扱った。わが国の高等教育・大学が、その短い歴史の中で最大の変革を経験した、十年余の激動の時代である。それに続く歴史的な出来事として、取り上げるべきは、昭和四〇年前後から進展する大衆化、マス高等教育への段階移行であろう。次の本のタイトルは『大衆高等教育の時代』あるいは『マス高等教育の時代』とすることを、早くから考えていた。

ところが、文献や資料を読み進めるうちに、進学率の持続的な上昇に象徴される大衆化が本格化する以前の時期、具体的には新制大学の発足直後から昭和三〇年代末に至る十数年間の重要性に気づかされることになった。

新しい大学制度は敗戦からわずか数年の準備期間をへて、ひとまず誕生した。しかし、それは大学という組織体についても、高等教育システムとしても、多くの未解決の課題を残したままの誕生であり、また、拙速な発足は、新たなさまざまな問題を生むことにもなった。新制大学については誕生の後も、「模索と選択」が求められ、「反省と批判」がくり返され、「修正と改革」が試みられる時代が続く。昭和二四年に誕生した新しい大学が、「新制大学」と呼ばれることがなくなるまで、言い換えれば社会的な認知をうけ、「大学」としての正統性を獲得するまで、十数年間のそうした模索と再改革の時間が必要とされたことを、あらためて教えられたのである。

占領期に強行された新しい高等教育システムの構築にあたっては、文部省、教育刷新審議会、大学基準協会、GHQ／CIEという、改革の青写真作成に関わった主体間でのさまざまな政治的な駆け引きがあった。占領期が終結してから後は、一方には文部省と政府の各種審議会、それに政権政党、経済団体、他方には各種の大学団体や学術団体、そして代表的な学長・大学人などとの間で、再改革に向けた論議や論争が展開される。その錯綜した議論を追っていく中で浮かび上がってきたのは、具体的には設置認可行政、教育課程編成、管理運営機構、短期高等教育制度、大学院制度、国立セクター再編の六つの主要な争点であり、その背後には、志向する大学・高等教育モデルのヨーロッパからアメリカへの転換、そして何よりも「日本的」な大学像・システム像の探求と構築をめぐる葛藤と相克が隠されていた。それらが、今もなお論議が繰り返され、改革が試みられながら、決着するに至っていない課題群であることは、法科大学院問題一つをとってみても、明らかであろう。

そうした課題群を中心に、十数年間の錯綜した議論を追いかけ、解きほぐしながら執筆を進めているうちに、それだけで一巻とするに十分過ぎるほどの字数になってしまった。自分自身の人生の残された時間という制約も考慮に入れ、ひとまず完結させ、世に送り出すことにしたのが本書にほかならない。『マス高等教育の時代』は先送りということになったが、ただ、このテーマについては、部分的で不十分ではあるが、これまでにも『高等教育の日本的構造』（一九八六）や『日本の高等教育システム』（二〇〇三）などで、すでに取り上げてきた。関心をお持ちの読者は、手に取っていただければ幸いである。

考えてみれば、昭和一一年生まれの私は純粋の「新制育ち」である。執筆を終えた今、あらためてそのことを再確認する思いでいる。

昭和二三年、新制中学校に第二期生として入学し、「六三制野球ばかりがうまくなり」の川柳通りの中学生生活を送り、昭和二六年に進学したのはもちろん新制高等学校だった。そして昭和二九年に新制大学に入学。新制大学の歴史は、言ってみれば自分にとっての同時代史であったが、当時は旧制度がどのようなものかも知らず、新制度を当然のこととして、学生生活を送ったことになる。ただし、高校は旧制中学校を継承し、大学も旧制大学から移行した大学であったから、色濃く残る旧制文化というか旧制度の名残に、それと自覚することなしに浸って過ごしたことになるのだが。

それから六〇年余をへてようやく、まだ新制大学と呼ばれていた大学で自分が過ごした時代を対象とした研究の一端を、一巻にまとめることができた。大学・高等教育をめぐる諸問題を主要な研究対象としながら、直接、新制大学とは何だったのかを問うことを避け、明治・大正・昭和戦前期と、遠回りして歴史的な研究を進めてきた私にとって、本書は、前著とあわせてようやく書き上げた新制大学の卒業論文と言うべきかも知れない。

上下二巻、七〇〇頁をこえる大冊になってしまった前著に比べれば短くなったとはいえ、五〇〇頁をこえるその遅ればせながらの卒業論文について、適切で示唆に富んだ、それ故に頁数をさらに増やすことを余儀なくさせるコメントを寄せ、また書物にする機会を与えてくださった名古屋大学出版会の橘宗吾編集部長に、心より謝意を表したい。

二〇一九年六月

天野郁夫

《著者略歴》

天《あま》 野《の》 郁《いく》 夫《お》

1936年神奈川県生まれ。一橋大学経済学部・東京大学教育学部卒業。東京大学大学院教育学研究科博士課程単位取得退学。名古屋大学教育学部助教授，東京大学教育学部教授，国立大学財務・経営センター研究部教授などを歴任。
東京大学名誉教授，教育学博士。

著　書　『試験の社会史』（東京大学出版会，1983年，サントリー学芸賞受賞；増補版，平凡社ライブラリー，2007年）
『高等教育の日本的構造』（玉川大学出版部，1986年）
『学歴の社会史』（新潮選書，1992年，平凡社ライブラリー，2005年）
『日本の教育システム』（東京大学出版会，1996年）
『日本の高等教育システム』（東京大学出版会，2003年）
『教育と選抜の社会史』（ちくま学芸文庫，2006年）
『大学の誕生』（上下，中公新書，2009年）
『高等教育の時代』（上下，中公叢書，2013年）
『新制大学の誕生』（上下，名古屋大学出版会，2016年）
『帝国大学』（中公新書，2017年）他多数

新制大学の時代

2019年8月10日　初版第1刷発行

定価はカバーに
表示しています

著　者　天　野　郁　夫
発行者　金　山　弥　平

発行所　一般財団法人　名古屋大学出版会
〒464-0814　名古屋市千種区不老町1名古屋大学構内
電話(052)781-5027 / FAX(052)781-0697

印刷・製本　亜細亜印刷㈱　ISBN978-4-8158-0956-0
乱丁・落丁はお取替えいたします。

索　引

ア　行

カ　行

サ　行

タ　行

ナ　行

ハ　行

マ　行

ヤ 行

ラ・ワ行

A-Z

答申一覧

＊本書で言及する答申とその該当頁を示す。

大正 7 年（1918）　臨時教育会議「大学教育及専門教育」に関する答申……4
昭和 15 年（1940）　教育審議会「高等教育ニ関スル件」……5, 17
昭和 26 年（1951）　政令改正諮問委員会「教育改革に関する答申」……318–323
昭和 27 年（1952）　技術教育協議会「大学における産業教育振興について」……343
昭和 28 年（1953）　中教審「義務教育に関する答申」……12–13, 337–338
昭和 29 年（1954）　中教審「医学および歯学の教育に関する答申」……177, 333, 338
中教審「大学入学者選考およびこれに関連する事項についての答申」……333, 339–340, 438–439
昭和 30 年（1955）　中教審「教育・学術・文化に関する国際交流の促進についての答申」……333
昭和 31 年（1956）　中教審「短期大学制度の改善について」……333, 350–352
昭和 32 年（1957）　中教審「科学技術教育の振興方策について」……333, 352–355, 361–363
昭和 33 年（1958）　中教審「勤労青少年教育の振興方策について」……333
中教審「教員養成制度の改善方策について」……333, 490
昭和 34 年（1959）　中教審「育英奨学および援護に関する事業の振興方策について」……333
昭和 35 年（1960）　科学技術会議「10 年後を目標とする科学技術振興の総合的基本方策について」……366–374
経済審議会「国民所得倍増計画による長期教育拡充計画」……366–367, 374–376
昭和 37 年（1962）　中教審「大学の管理運営について」……408–411
昭和 38 年（1963）　中教審「大学教育の改善について（三八答申）」……332–333, 415–440, 506, 522
昭和 40 年（1965）　大学基準等研究協議会「大学設置基準の改善等について」……467–469
昭和 46 年（1971）　中教審「今後における学校教育の総合的な拡充整備のための基本的施策について（四六答申）」……463, 518–523

図表一覧

引用文献

研究書・一般書等

朝日ジャーナル編集部編『大学の庭』上下，弘文堂，1964 年
天城勲・慶伊富長編『大学設置基準の研究』東京大学出版会，1977 年
天野郁夫『日本の教育システム――構造と変動』東京大学出版会，1996 年
――――『日本の高等教育システム――変革と創造』東京大学出版会，2003 年
――――『大学の誕生』上下，中央公論新社，2009 年
――――『高等教育の時代』上下，中央公論新社，2013 年
――――『新制大学の誕生――大衆高等教育への道』上下，名古屋大学出版会，2016 年
――――『帝国大学――近代日本のエリート育成装置』中央公論新社，2017 年
伊ケ崎暁生・吉原公一郎編『戦後教育の原典 2　米国教育使節団報告書』現代史出版会，1975 年
石原藤次郎「大学院の諸問題と五年制大学案について」大学基準協会編『新制大学の諸問題』所収
一般教育研究会編『大学――その理念と実際（共同討議）』国元書房，1950 年
オア，マーク・T『占領下日本の教育政策改革』土持ゲーリー法一訳，玉川大学出版部，1993 年
OECD 教育調査団『日本の教育政策』深代惇郎訳，朝日新聞社，1972 年
大﨑仁編『戦後大学史――戦後の改革と新制大学の成立』第一法規出版，1988 年
――――編『大学紛争を語る』有信堂高文社，1991 年
――――『大学改革 1945～1999――新制大学一元化から「21 世紀の大学像」へ』有斐閣，1999 年
大田堯編著『戦後日本教育史』岩波書店，1978 年
奥井復太郎「新制大学の反省」『大学基準協会会報』18 号，1953 年
――――他「わが国社会の実情と新制大学（座談会）」『大学基準協会会報』19 号，1954 年
海後宗臣・寺﨑昌男『戦後日本の教育改革 9　大学教育』東京大学出版会，1969 年
上泉孝「大学の職能とわが国の大学制度」大学基準協会編『新制大学の諸問題』所収
木田宏監修『証言　戦後の文教政策』第一法規出版，1987 年
城戸幡太郎他「日本の大学（座談会）」『共立講座・世界の教育 6　世界の高等教育』共立出版，1958 年，第 7 章
草原克豪『日本の大学制度――歴史と展望』弘文堂，2008 年
黒羽亮一『戦後大学政策の展開』玉川大学出版部，1993 年
――――『大学政策　改革への軌跡』玉川大学出版部，2002 年
――――「設置基準の省令化と高等教育行政」天城・慶伊編『大学設置基準の研究』所収
国立大学協会・一般教育特別委員会『大学における一般教育について』1962 年
相良惟一「大学の性格・種類について」蠟山編『大学制度の再検討』所収
佐々木重雄「新制度の大学教育と単位制度」大学基準協会編『新制大学の諸問題』所収

清水義弘編『地域社会と国立大学』東京大学出版会，1975 年
大学基準協会編『新制大学の諸問題——大学基準協会創立十年記念論文集』大学基準協会，1957 年
高橋里美「新制大学について」大学基準協会編『新制大学の諸問題』所収
舘昭『改めて「大学制度とはなにか」を問う』東信堂，2007 年
田中久子・森本武也『アメリカの短期大学』研成社，1978 年
田中征男『戦後改革と大学基準協会の形成』大学基準協会，1995 年
田畑茂二郎・山下肇・徳永清・兼子仁編『大学問題総資料集 IV　大学における研究と教育』有信堂，1971 年
玉蟲文一『科学と一般教育』岩波新書，1952 年
————「一般教育をめぐる大学の問題」大学基準協会編『新制大学の諸問題』所収
————「教養課程と専門課程」蠟山編『大学制度の再検討』所収
————『科学・教育・随想』岩波書店，1970 年
土持ゲーリー法一『米国教育使節団の研究』玉川大学出版部，1991 年
————『新制大学の誕生——戦後私立大学政策の展開』玉川大学出版部，1996 年
————『戦後日本の高等教育改革政策——「教養教育」の構築』玉川大学出版部，2006 年
寺崎昌男『東京大学の歴史——大学制度の先駆け』講談社学術文庫，2007 年
————編・解説『戦後の大学論』評論社，1970 年
トロウ，マーチン『高学歴社会の大学——エリートからマスへ』天野郁夫・喜多村和之訳，東京大学出版会，1976 年
中原稔「報告・短期大学この二十年」『短期大学教育』26 号，1969 年
中山三郎「新制大学に対する経済社会の要請」蠟山編『大学制度の再検討』所収
南原繁他『戦後大学改革を語る——一般教育を中心に』堀尾輝久・寺崎昌男編，東京大学教養学部一般教育研究センター，1971 年
野村平爾・五十嵐顕・深山正光編『大学政策・大学問題——その資料と解説』労働旬報社，1969 年
橋本鉱市「文理学部の成立と改組」『学位研究』12 号，2000 年
羽田貴史『戦後大学改革』玉川大学出版部，1999 年
日高第四郎『教育改革への道』洋々社，1954 年
————『民主教育の回顧と展開』学習研究社，1966 年
福田繁・安嶋彌『私立学校法詳説』玉川大学出版部，1950 年
藤田信勝『学者の森』上下，毎日新聞社，1963 年
ペンペル，T・J『日本の高等教育政策——決定のメカニズム』橋本鉱市訳，玉川大学出版部，2004 年
村山松雄「一県一大学設置のころ——20～30 年代行政を中心に」『IDE 現代の高等教育』199 号，1979 年
安嶋彌『戦後教育立法覚書』第一法規出版，1986 年
矢内原忠雄『大学について』東京大学出版会，1952 年
————「大学の理念と使命」大学基準協会編『新制大学の諸問題』所収
吉田文『大学と教養教育——戦後日本における模索』岩波書店，2013 年
蠟山政道編『大学制度の再検討』福村書店，1962 年
Trainor, Joseph C., *Educational Reform in Occupied Japan : Trainor's Memoir*, Tokyo : Meisei

University Press, 1983

資料等

『学制改革諸案』文部省教育調査部編，1937年
『教育刷新委員会・教育刷新審議会会議録』日本近代上育史料研究会編，全13巻，岩波書店，1995–98年
『業績と回顧　IDE 50周年・高等教育研究所25周年記念誌』民主教育協会・高等教育研究所，2004年
『近代日本教育制度史料』近代日本教育制度史料編纂会編，全35巻，大日本雄弁会講談社，1956–59年
『高等教育データ集（第三版）』広島大学高等教育研究開発センター，2006年
「神戸高等工業学校一覧・第九年（自昭和五年乃至六年）」神戸高等工業学校，1931年
「私立大学の学科増設および学生定員の変更について」『文部時報』1961年11月
『資料に見る大学基準協会五十年の歩み』大学基準協会事務局高等教育研究部門編，大学基準協会，1997年
『新日本教育年記』第一巻（1945–49），第二巻（1950–54），第三巻（1954–59），第四巻（1960–65），学校教育研究所，1966年
「政令改正諮問委員会　教育改革に関する答申」『新日本教育年記』第二巻所収
「政令改正諮問委員会の概要」広島大学・森戸辰男関係文書
「政令改正諮問委員会の教育制度の改革に関する答申をめぐって」『文部時報』1952年2月
『戦後日本教育史料集成』戦後日本教育史料集成編集委員会編，三一書房，1982–84年
『大学管理問題に関する資料集』国立国会図書館調査立法考査局，1963年
『大学設置の手びき』大学設置問題研究会編，第一法規出版，1964年
『大学における一般教育——一般教育研究委員会報告』大学基準協会，1951年
『中央教育審議会答申総覧（増補版）』教育事情研究会編，ぎょうせい，1992年
『中教審と教育改革（増補版）』横浜国立大学現代教育研究所編，三一書房，1973年
「日本における教育改革の進展——1950年8月第二次訪日アメリカ教育使節団に提出した文部省報告書」伊ケ崎・吉原編『戦後教育の原典2』所収
『日本の教育統計——新教育の歩み』文部省調査局統計課，1966年
『わが国の高等教育——戦後における高等教育の歩み』文部省，1964年

通史・学校史等

『岡山大学二十年史』岡山大学二十年史編さん委員会編，1969年
『学制七十年史』文部省編，1942年
『鹿児島大学三十年史』鹿児島大学三十年史編集委員会編，1980年
『国立大学協会三十年史』創立30周年記念行事準備委員会編，国立大学協会事務局，1980年
『国立大学協会五十年史』国立大学協会50周年記念行事準備委員会編，国立大学協会，2000年
『島根大学史』島根大学開学三十周年史編集委員会編，1981年
『大学基準協会十年史』大学基準協会編，1957年
『東京大学百年史』第三巻，東京大学百年史編集委員会編，1986年

『明治大学百年史』第四巻・通史編 II，明治大学百年史編纂委員会編，1994 年
『横浜国立大学教育学部の歩み』横浜国立大学教育学部史編纂委員会，2002 年